9급 공무원 개념서 + 문제집

말도 안되는 이 가격~ 실화임?

나두공 동영상강의

3만원 가격파괴

익사이팅한 초필살 이론 **개념서** 동영상 강의와
센세이셔널한 알짜 문제풀이 **문제집** 동영상 강의가 만나

9급 공무원으로 가는 탄탄한 길!

+ 개념서 국어
  문제집 국어 | 민상윤 교수님

종합반 국어(3만원)

+ 개념서 영어
  문제집 영어 | 조성열 교수님

종합반 영어(3만원)

+ 개념서 한국사
  문제집 한국사 | 박기훈 교수님

종합반 한국사(3만원)

+ 개념서 행정법총론
  문제집 행정법총론 | 김일영 교수님

종합반 행정법총론(3만원)

+ 개념서 행정학개론
  문제집 행정학개론 | 이승철 교수님

종합반 행정학개론(3만원)

+ 개념서 국어+영어+한국사
  문제집 국어+영어+한국사

종합반 3과목 패키지(7만원)

+ 개념서 국어+영어+한국사+행정법총론+행정학개론
  문제집 국어+영어+한국사+행정법총론+행정학개론

종합반 5과목 패키지(10만원)

 9급 공무원 행정학개론 문제집
동영상 강의 커리큘럼

01 행정학의 기초이론
- | 행정의 본질 |
- | 행정국가의 성립과 시장 및 정부실패 |
- | 행정학의 발달과 주요 접근방법 |
- | 행정이념과 행정문화 |

02 정책론
- | 정책과 정책학의 본질 |
- | 정책과정 및 기획론 |

03 조직론
- | 조직의 본질 및 기초이론 |
- | 조직의 구조 |
- | 조직의 관리 |
- | 조직의 발전과 변동 |

04 인사행정론
- | 인사행정의 기초이론 |
- | 임용 및 능력발전 |
- | 사기앙양 및 공무원 윤리 |

05 재무행정론
- | 예산의 기초이론 |
- | 예산결정이론 및 예산제도론 |
- | 예산과정 |

06 행정환류론
- | 행정책임과 행정통제 |
- | 행정개혁 |

07 지방행정론
- | 지방행정의 기초이론 |
- | 지방자치 |
- | 도시행정 |

※ 강의 커리큘럼은 사정에 따라 변경될 수 있습니다. 자세한 내용은 나두공 홈페이지를 참조하시기 바랍니다.

9급 공무원 응시자격

※ 경찰 공무원, 소방 공무원, 교사 등 특정직 공무원의 채용은 별도 법령에 의거하고 있어 응시자격 등이 다를 수 있으니 해당법령과 공고문을 참고하시기 바랍니다.

※ 매년 채용시험 관련 법령 개정으로 응시자격이 변경될 수 있으므로 필요한 경우 확인절차를 거치시기 바랍니다.

01 최종시험 예정일이 속한 연도를 기준으로 공무원 응시가능 연령(9급 : 18세이상)에 해당한다.
(단, 9급 교정·보호직의 경우 20세 이상)

02 아래의 공무원 응시 결격사유 중 어느 하나에도 해당되지 않는다.

1. 피성년후견인
2. 파산선고를 받고 복권되지 아니한 자
3. 금고 이상의 실형을 선고받고 그 집행이 종료되거나 집행을 받지 아니하기로 확정된 후 5년이 지나지 아니한 자
4. 금고 이상의 형을 선고받고 그 집행유예 기간이 끝난 날부터 2년이 지나지 아니한 자
5. 금고 이상의 형의 선고유예를 받은 경우에 그 선고유예 기간 중에 있는 자
6. 법원의 판결 또는 다른 법률에 따라 자격이 상실되거나 정지된 자
7. 징계로 파면처분을 받은 때부터 5년이 지나지 아니한 자
8. 징계로 해임처분을 받은 때부터 3년이 지나지 아니한 자

단, 검찰직 지원자는 금고 이상의 형을 선고받은 경우 응시할 수 없습니다.

03 공무원으로서의 직무수행에 지장을 주지 않는 건강상태를 유지하고 있어, 공무원 채용 신체검사에서 불합격 판정기준에 해당되지 않는다.

04 9급 지역별 구분모집 지원자의 경우, 시험시행년도 1월 1일을 포함하여 1월 1일 전 또는 후로 연속하여 3개월 이상 해당 지역에 주민등록이 되어 있다.

05 지방직 공무원, 경찰 등 다른 공무원시험을 포함하여 공무원 임용시험에서 부정한 행위를 한 적이 없다.

06 국어, 영어, 한국사와 선택하고자 하는 직류의 시험과목 기출문제를 풀어보았으며, 합격을 위한 최소한의 점수는 과목별로 40점 이상임을 알고 있다.

- 위의 요건들은 7급, 9급 공무원 시험에 응시하기 위한 기본 조건입니다.
- 장애인 구분모집, 저소득층 구분모집 지원자는 해당 요건을 추가로 확인하시기 바랍니다.

2026
나두공 9급 공무원 행정학개론 문제집

인쇄일 2025년 10월 1일 5판 1쇄 인쇄
발행일 2025년 10월 5일 5판 1쇄 발행
등 록 제17-269호
판 권 시스컴2025

발행처 시스컴 출판사
발행인 송인식
지은이 나두공 수험연구소

ISBN 979-11-6941-707-5 13350
정 가 18,000원

주소 서울시 금천구 가산디지털1로 225, 514호(가산포휴) | **시스컴** www.siscom.co.kr / **나두공** www.nadoogong.com
E-mail siscombooks@naver.com | **전화** 02)866-9311 | **Fax** 02)866-9312

이 책의 무단 복제, 복사, 전재 행위는 저작권법에 저촉됩니다. 파본은 구입처에서 교환하실 수 있습니다.
발간 이후 발견된 정오 사항은 나두공 홈페이지 도서정오표에서 알려드립니다(나두공 홈페이지 → 교재 → 도서정오표).

INTRODUCTION

최근 20, 30대 청년은 취업에 대한 좌절로 N포세대가 되는 경우가 많으며 그나마 국가의 지원으로 버티고 있는 실정이다. 취업의 안정성마저 불안해진 현재, 정규직 평가에서 떨어진 계약직 노동자들은 다른 일자리를 구해야 하는 실정이다.

이러한 사회 현상으로 인해 오래전부터 9급 공무원의 안정성은 청년들로 하여금 취업 안정성에 있어 좋은 평가를 받고 있으며 경쟁도 치열하다. 때문에 고등학생일 때부터 공무원시험을 준비하여 성인이 되자마자 9급 공무원이 되는 학생이 부쩍 늘어났으며, 직장인들 또한 공무원 시험을 고민하고 있다. 이에 발맞춰 지역인재를 채용하는 공고를 신설하기에 이르러 공개경쟁채용시험의 다양화로 시험 출제 방식도 체계화되었다.

이 책은 현재 출제되는 문제 위주로 고득점을 획득할 수 있도록 하였다. 대표 유형문제를 통해 최신 출제 유형을 파악할 수 있으며, 문제는 다양하고 풍부하게 구성하여 어려운 유형을 맞닥뜨리더라도 쉽게 풀어나갈 수 있게 해설 및 핵심정리를 덧붙여 점수 획득에 있어 도움이 될 수 있도록 하였다.

이 책을 통해 공무원 시험을 시작하려는 수험생과 기존에 시험을 봐왔던 수험생의 건승을 기원한다.

9급 공무원 시험 안내

시험 과목

직렬	직류	시험 과목
행정직	일반행정	국어, 영어, 한국사, 행정법총론, 행정학개론
	고용노동	국어, 영어, 한국사, 행정법총론, 노동법개론
	선거행정	국어, 영어, 한국사, 행정법총론, 공직선거법
직업상담직	직업상담	국어, 영어, 한국사, 노동법개론, 직업상담·심리학개론
세무직(국가직)	세무	국어, 영어, 한국사, 세법개론, 회계학
세무직(지방직)		국어, 영어, 한국사, 지방세법, 회계학
사회복지직	사회복지	국어, 영어, 한국사, 사회복지학개론, 행정법총론
교육행정직	교육행정	국어, 영어, 한국사, 교육학개론, 행정법총론
관세직	관세	국어, 영어, 한국사, 관세법개론, 회계원리
통계직	통계	국어, 영어, 한국사, 통계학개론, 경제학개론
교정직	교정	국어, 영어, 한국사, 교정학개론, 형사소송법개론
보호직	보호	국어, 영어, 한국사, 형사정책개론, 사회복지학개론
검찰직	검찰	국어, 영어, 한국사, 형법, 형사소송법
마약수사직	마약수사	국어, 영어, 한국사, 형법, 형사소송법
출입국관리직	출입국관리	국어, 영어, 한국사, 국제법개론, 행정법총론
철도경찰직	철도경찰	국어, 영어, 한국사, 형사소송법개론, 형법총론
공업직	일반기계	국어, 영어, 한국사, 기계일반, 기계설계
	전기	국어, 영어, 한국사, 전기이론, 전기기기
	화공	국어, 영어, 한국사, 화학공학일반, 공업화학
농업직	일반농업	국어, 영어, 한국사, 재배학개론, 식용작물
임업직	산림자원	국어, 영어, 한국사, 조림, 임업경영
시설직	일반토목	국어, 영어, 한국사, 응용역학개론, 토목설계
	건축	국어, 영어, 한국사, 건축계획, 건축구조
	시설조경	국어, 영어, 한국사, 조경학, 조경계획 및 설계

방재안전직	방재안전	국어, 영어, 한국사, 재난관리론, 안전관리론
전산직	전산개발	국어, 영어, 한국사, 컴퓨터일반, 정보보호론
	정보보호	국어, 영어, 한국사, 네트워크 보안, 정보시스템 보안
방송통신직	전송기술	국어, 영어, 한국사, 전자공학개론, 무선공학개론
법원사무직 (법원직)	법원사무	국어, 영어, 한국사, 헌법, 민법, 민사소송법, 형법, 형사소송법
등기사무직 (법원직)	등기사무	국어, 영어, 한국사, 헌법, 민법, 민사소송법, 상법, 부동산등기법
사서직 (국회직)	사서	국어, 영어, 한국사, 헌법, 정보학개론
속기직 (국회직)	속기	국어, 영어, 한국사, 헌법, 행정학개론
방호직 (국회직)	방호	국어, 영어, 한국사, 헌법, 사회
경위직 (국회직)	경위	국어, 영어, 한국사, 헌법, 행정법총론
방송직 (국회직)	방송제작	국어, 영어, 한국사, 방송학, 영상제작론
	취재보도	국어, 영어, 한국사, 방송학, 취재보도론
	촬영	국어, 영어, 한국사, 방송학, 미디어론

- 교정학개론에 형사정책 및 행형학, 국제법개론에 국제경제법, 행정학개론에 지방행정이 포함되며, 공직선거법에 '제16장 벌칙'은 제외됩니다.
- 노동법개론은 근로기준법 · 최저임금법 · 노동조합 및 노동관계조정법에서 하위법령을 포함하여 출제됩니다.
- 시설조경 직류의 조경학은 조경일반(미학, 조경사 등), 조경시공구조, 조경재료(식물재료 포함), 조경생태(생태복원 포함), 조경관리(식물, 시설물 등)에서, 조경계획 및 설계는 조경식재 및 시설물 계획, 조경계획과 설계과정, 공원 · 녹지계획과 설계, 휴양 · 단지계획과 설계, 전통조경계획과 설계에서 출제됩니다.

※ 추후 변경 가능성이 있으므로 반드시 응시 기간 내 시험과목 및 범위를 확인하시기 바랍니다.

9급 공무원 시험 안내

응시자격

1. 인터넷 접수만 가능
2. 접수방법 : 사이버국가고시센터(www.gosi.kr)에 접속하여 접수할 수 있습니다.
3. 접수시간 : 기간 중 24시간 접수
4. 비용 : 응시수수료(7급 7,000원, 9급 5,000원) 외에 소정의 처리비용(휴대폰·카드 결제, 계좌이체비용)이 소요됩니다.

※ 저소득층 해당자(국민기초생활 보장법에 따른 수급자 또는 한부모가족지원법에 따른 지원대상자)는 응시수수료가 면제됩니다.
※ 응시원서 접수 시 등록용 사진파일(JPG, PNG)이 필요하며 접수 완료 후 변경 불가합니다.

학력 및 경력

제한 없음

시험방법

1. 제1·2차시험(병합실시) : 선택형 필기
2. 제3차시험 : 면접

※ 교정직(교정) 및 철도경찰직(철도경찰)의 6급 이하 채용시험의 경우, 9급 제1·2차 시험(병합실시) 합격자를 대상으로 실기시험(체력검사)을 실시하고, 실기시험 합격자에 한하여 면접시험을 실시합니다.

원서접수 유의사항

1. 접수기간에는 기재사항(응시직렬, 응시지역, 선택과목 등)을 수정할 수 있으나, 접수기간이 종료된 후에는 수정할 수 없습니다.
2. 응시자는 응시원서에 표기한 응시지역(시 도)에서만 필기시험에 응시할 수 있습니다.

※ 다만, 지역별 구분모집[9급 행정직(일반), 9급 행정직(우정사업본부)] 응시자의 필기시험 응시지역은 해당 지역모집 시·도가 됩니다.(복수의 시·도가 하나의 모집단위일 경우, 해당 시·도 중 응시희망 지역을 선택할 수 있습니다.)

3. 인사혁신처에서 동일 날짜에 시행하는 임용시험에는 복수로 원서를 제출할 수 없습니다.

양성평등채용목표제

1. **대상시험** : 선발예정인원이 5명 이상인 모집단위(교정·보호직렬은 적용 제외)
2. **채용목표** : 30%

   ※ 시험실시단계별로 합격예정인원에 대한 채용목표 비율이며 인원수 계산 시, 선발예정인원이 10명 이상인 경우에는 소수점 이하를 반올림하며, 5명 이상 10명 미만일 경우에는 소수점 이하는 버립니다.

응시 결격 사유

해당 시험의 최종시험 시행예정일(면접시험 최종예정일) 현재를 기준으로 국가공무원법 제33조(외무공무원은 외무공무원법 제9조, 검찰직·마약수사직 공무원은 검찰청법 제50조)의 결격사유에 해당하거나, 국가공무원법 제74조(정년)·외무공무원법 제27조(정년)에 해당하는 자 또는 공무원임용시험령 등 관계법령에 의하여 응시자격이 정지된 자는 응시할 수 없습니다.

가산점 적용

구분	가산비율	비고
취업지원대상자	과목별 만점의 10% 또는 5%	• 취업지원대상자 가점과 의사상자 등 가점은 1개만 적용 • 취업지원대상자/의사상자 등 가점과 자격증 가산점은 각각 적용
의사상자 등	과목별 만점의 5% 또는 3%	
직렬별 가산대상 자격증 소지자	과목별 만점의 3~5% (1개의 자격증만 인정)	

기타 유의사항

1. 필기시험에서 과락(만점의 40% 미만) 과목이 있을 경우에는 불합격 처리됩니다. 필기시험의 합격선은 공무원임용시험령 제4조에 따라 구성된 시험관리위원회의 심의를 통해 결정되며, 구체적인 합격자 결정 방법 등은 공무원임용시험령 등 관계법령을 참고하시기 바랍니다.
2. 9급 공채시험에서 가산점을 받고자 하는 자는 필기시험 시행 전일까지 해당요건을 갖추어야 하며, 반드시 필기시험 시행일을 포함한 3일 이내에 사이버국가고시센터(www.gosi.kr)에 접속하여 자격증의 종류 및 가산비율을 입력해야 합니다.

※ 자격증 종류 및 가산비율을 잘못 기재하는 경우에는 응시자 본인에게 불이익이 있을 수 있습니다.

※ 반드시 응시 기간 내 공고문을 확인하시기 바랍니다.

구성 및 특징

대표유형문제

각 장에 기출문제 또는 예상문제를 실어 대표적인 유형을 빠르게 파악할 수 있도록 하였습니다. 정답해설 및 오답해설을 통하여 문제 풀이의 핵심을 익히고, 핵심정리를 통하여 유사 주제의 문제에도 대비할 수 있도록 하였습니다.

단원별 구성

편과 장을 나두공 개념서 시리즈에 맞는 문제들로 구성하여 이론 학습과 문제 풀이를 간단하게 연계될 수 있도록 하였고, 최근 출제되는 유형들로 구성하여 효율적으로 시험에 대비할 수 있도록 하였습니다.

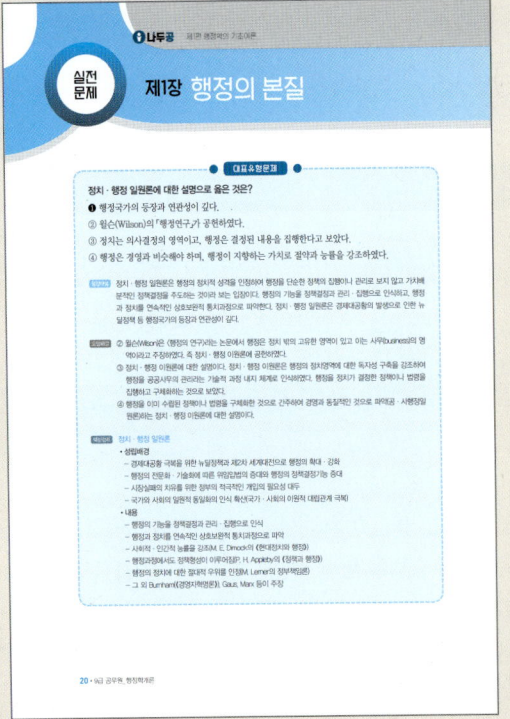

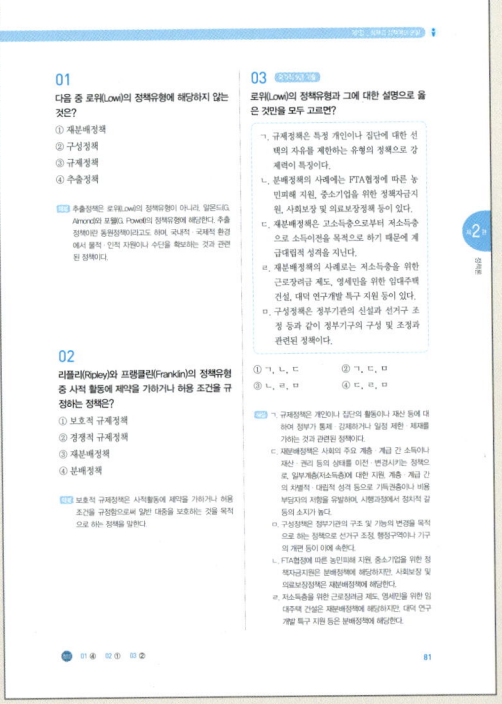

해 설

문제아래 해설을 통해 문제풀이 도중에 막히는 부분을 쉽게 알 수 있게 설명하여 주도적으로 정답을 찾을 수 있게 하였습니다. 또한 유사 문제를 풀 시에 오답을 방지할 수 있도록 보충 설명을 기재하였습니다.

핵심정리

문제에서 다룬 개념과 이론 등을 실어 주요 내용을 빠르게 파악할 수 있게 구성하였습니다. 요약한 이론을 통해 관련된 문제를 푸는데 있어 막힘이 없게 핵심만을 추려냈습니다.

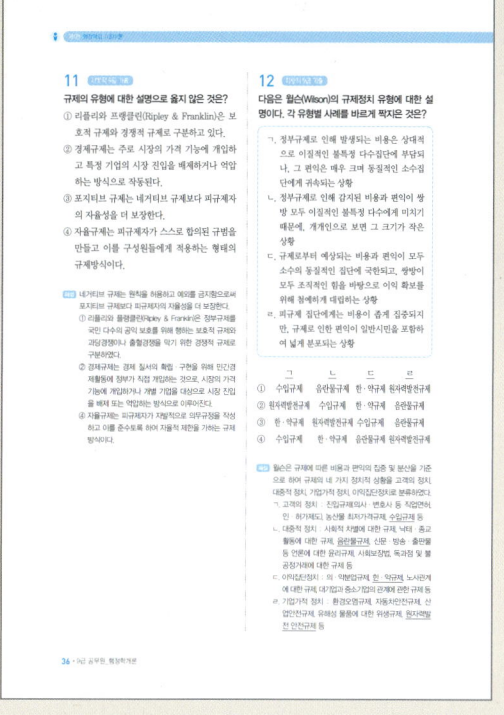

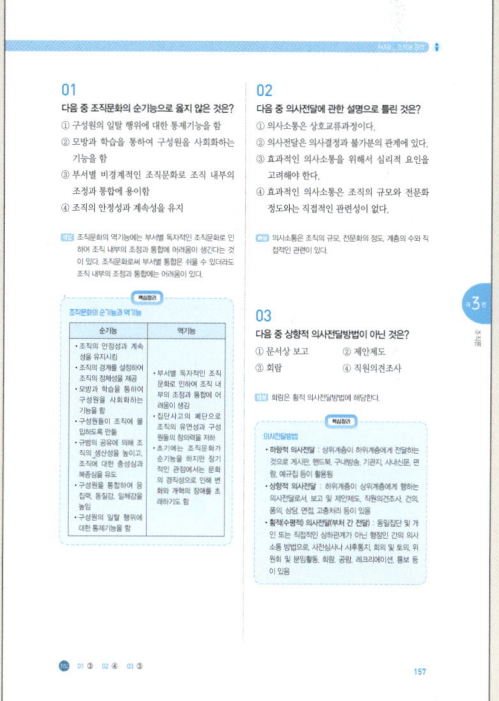

목 차

1편 행정학의 기초이론

- 제1장 행정의 본질 ·· 20
- 제2장 행정국가의 성립과 시장 및 정부실패 ·················· 30
- 제3장 행정학의 발달과 주요 접근방법 ·························· 46
- 제4장 행정이념과 행정문화 ·· 70

2편 정책론

- 제1장 정책과 정책학의 본질 ······································ 80
- 제2장 정책과정 및 기획론 ··· 88

3편 조직론

- 제1장 조직의 본질 및 기초이론 ·································· 128
- 제2장 조직의 구조 ·· 144
- 제3장 조직의 관리 ·· 156
- 제4장 조직의 발전과 변동 ··· 170

4편 인사행정론

- 제1장 인사행정의 기초이론 ········· 176
- 제2장 임용 및 능력발전 ··········· 196
- 제3장 사기앙양 및 공무원 윤리 ······ 206

5편 재무행정론

- 제1장 예산의 기초이론 ············ 216
- 제2장 예산결정이론 및 예산제도론 ··· 230
- 제3장 예산과정 ·················· 246

6편 행정환류론

- 제1장 행정책임과 행정통제 ········· 262
- 제2장 행정개혁 ·················· 272

7편 지방행정론

- 제1장 지방행정의 기초이론 ········· 286
- 제2장 지방자치 ·················· 296
- 제3장 도시행정 ·················· 314

20일 완성 Study Plan

분류			날짜	학습 시간
제1편 행정학의 기초이론	Day 1	제1장 행정의 본질		
	Day 2	제2장 행정국가의 성립과 시장 및 정부실패		
	Day 3	제3장 행정학의 발달과 주요 접근방법		
	Day 4	제4장 행정이념과 행정문화		
제2편 정책론	Day 5	제1장 정책과 정책학의 본질		
	Day 6	제2장 정책과정 및 기획론		
제3편 조직론	Day 7	제1장 조직의 본질 및 기초이론		
	Day 8	제2장 조직의 구조		
	Day 9	제3장 조직의 관리		
	Day 10	제4장 조직의 발전과 변동		
제4편 인사행정론	Day 11	제1장 인사행정의 기초이론		
	Day 12	제2장 임용 및 능력발전		
	Day 13	제3장 사기앙양 및 공무원 윤리		
제5편 재무행정론	Day 14	제1장 예산의 기초이론		
	Day 15	제2장 예산결정이론 및 예산제도론		
	Day 16	제3장 예산과정		
제6편 행정환류론	Day 17	제1장 행정책임과 행정통제		
	Day 18	제2장 행정개혁		
제7편 지방행정론	Day 19	제1장 지방행정의 기초이론		
	Day 20	제2장 지방자치		
		제3장 도시행정		

[SISCOM **]** Special Information Service Company
독자분들께 특별한 정보를 제공하고자 노력하는 마음

www.siscom.co.kr

나두공

9급 공무원

제1편

행정학의 기초이론

제1장 행정의 본질

제2장 행정국가의 성립과 시장 및 정부실패

제3장 행정학의 발달과 주요 접근방법

제4장 행정이념과 행정문화

제1장 행정의 본질

대표유형문제

정치 · 행정 일원론에 대한 설명으로 옳은 것은?

❶ 행정국가의 등장과 연관성이 깊다.
② 윌슨(Wilson)의 「행정연구」가 공헌하였다.
③ 정치는 의사결정의 영역이고, 행정은 결정된 내용을 집행한다고 보았다.
④ 행정은 경영과 비슷해야 하며, 행정이 지향하는 가치로 절약과 능률을 강조하였다.

정답해설 정치 · 행정 일원론은 행정의 정치적 성격을 인정하여 행정을 단순한 정책의 집행이나 관리로 보지 않고 가치배분적인 정책결정을 주도하는 것이라 보는 입장이다. 행정의 기능을 정책결정과 관리 · 집행으로 인식하고, 행정과 정치를 연속적인 상호보완적 통치과정으로 파악한다. 정치 · 행정 일원론은 경제대공황의 발생으로 인한 뉴딜정책 등 행정국가의 등장과 연관성이 깊다.

오답해설 ② 윌슨(Wilson)은 〈행정의 연구〉라는 논문에서 행정은 정치 밖의 고유한 영역이 있고 이는 사무(business)의 영역이라고 주장하였다. 즉 정치 · 행정 이원론에 공헌하였다.
③ 정치 · 행정 이원론에 대한 설명이다. 정치 · 행정 이원론은 행정의 정치영역에 대한 독자성 구축을 강조하여 행정을 공공사무의 관리라는 기술적 과정 내지 체계로 인식하였다. 행정을 정치가 결정한 정책이나 법령을 집행하고 구체화하는 것으로 보았다.
④ 행정을 이미 수립된 정책이나 법령을 구체화한 것으로 간주하여 경영과 동질적인 것으로 파악(공 · 사행정일원론)하는 정치 · 행정 이원론에 대한 설명이다.

핵심정리 **정치 · 행정 일원론**
- **성립배경**
  - 경제대공황 극복을 위한 뉴딜정책과 제2차 세계대전으로 행정의 확대 · 강화
  - 행정의 전문화 · 기술화에 따른 위임입법의 증대와 행정의 정책결정기능 증대
  - 시장실패의 치유를 위한 정부의 적극적인 개입의 필요성 대두
  - 국가와 사회의 일원적 동일화의 인식 확산(국가 · 사회의 이원적 대립관계 극복)
- **내용**
  - 행정의 기능을 정책결정과 관리 · 집행으로 인식
  - 행정과 정치를 연속적인 상호보완적 통치과정으로 파악
  - 사회적 · 인간적 능률을 강조(M. E. Dimock의 《현대정치와 행정》)
  - 행정과정에서도 정책형성이 이루어짐(P. H. Appleby의 《정책과 행정》)
  - 행정의 정치에 대한 절대적 우위를 인정(M. Lerner의 정부책임론)
  - 그 외 Burnham(《경영자혁명론》), Gaus, Marx 등이 주장

01

윌슨(W. Wilson)의 「행정의 연구(The Study of Administration)」에 대한 설명으로 가장 옳지 않은 것은?

① 19세기 말엽 미국 정부의 규모가 그 이전과 비교도 안 될 정도로 커지고, 행정의 수요가 급증한 상황에서 행정학 연구의 중요성을 역설하였다.
② 19세기 말엽 미국 내 정경유착과 보스 중심의 타락한 정당정치로 인하여 부패가 극심한 상황에서 행정이 정치로부터 독립해야 한다고 주장하였다.
③ 윌슨은 행정의 전문성을 강조하면서, 정치와 행정의 분리와 함께 행정의 영역(field of administration)을 비즈니스의 영역(field of business)으로 규정하기도 하였다.
④ 윌슨은 행정의 본질을 의사결정과 이에 따른 집행의 효과성을 높이는 것으로 파악하고 있으며, 근본적으로 효율적인 정부가 되어 돈과 비용을 덜 들여야 한다고 주장하고 있다.

> **해설** ④ 윌슨은 행정의 본질을 정책결정[의사결정]이 아닌 정책집행으로 보았다.
> • 정치는 '목표의 영역'이며, 책임성·민주성·대표성·선거와 관련된다고 보았다.
> • 행정은 '수단의 영역'이며, 전문성(specialism)·기술성·능률성·계속성·성과 등과 관련된다고 보았다.
>
> | 정치(의회) | 행정 |
> |---|---|
> | 정책결정, 국가의사의 결정 | 정책집행, 국가의사의 집행 |
> | 법 제정·정립 | 법의 구체화·실현 |
> | 가치판단, 목표 | 사실판단, 수단 |
> | 권력현상 | 관리현상 |
> | 민주성·대응성·책임성 중시 | 능률성·전문성·기술성 중시 |
>
> 엽관제의 폐해를 시정하기 위하여 대두된 정치·

행정이원론인 행정관리학파의 초기학자가 윌슨(W. Willson)이다. 윌슨은 「행정의 연구(1887)」에서 정치에 예속되어 있던 행정의 고유영역을 내세우면서 행정의 전문성·중립성·능률성을 강조하고 '행정은 경영의 분야로서 정치의 분야에서 형성된 법과 정책을 구체적인 상황에 적용하고 관리하는 과정'이라고 주장함으로써 기업에서의 관리원칙을 공공기관에 적용할 것을 제안함으로써 행정학이 정치학으로부터 독립하여 하나의 분과학문으로 발전하는데 기여하였다.

①·②·③ 19세기 말 산업화·도시화에 따른 행정수요 증가와 행정국가화, 엽관주의의 폐해와 행정의 능률성 요구 증대 등의 배경 하에서 1887년 윌슨(W. Wilson)이 쓴 「행정의 연구」는 행정학의 효시가 되었으며, 이 논문은 정치행정2원론 입장에서 행정은 사무(Business)의 분야이고 정치의 영역 밖에 존재하며 이미 수립된 법률·정책을 구체화하고 집행하는 관리·사무·기술체계라고 보았다.

02

다음 중 행정에 대한 개념으로 올바르지 않은 것은?

① 넓은 의미의 행정은 고도의 합리성을 띠는 협동적 집단행위로서 정부조직을 포함하는 대규모 조직에서 보편적으로 나타난다.
② 최근 행정의 개념에는 공공문제의 해결을 위해 정부 외의 공·사조직들 간의 연결 네트워크, 즉 거버넌스(governance)를 강조하는 경향이 있다.
③ 좁은 의미의 행정은 공익 달성을 위한 정부나 공공조직의 기능과 역할을 의미한다.
④ 행정은 정치과정과는 분리된 정부의 활동으로 공공서비스의 생산 및 공급, 분배에 관련된 모든 활동을 의미한다.

정답 01 ④ 02 ④

해설 오늘날의 행정은 정치적 환경 속에서 이루어지는 정부의 제반 활동 또는 정치권력을 토대로 한 공적 목표의 설정과 정책의 형성·집행 등으로 파악되므로, 정부의 행정활동을 정치과정과 분리된 것으로 볼 수는 없다.
① · ③ 넓은 의미의 행정 개념은 고도의 합리성을 띠는 협동적 집단행위라 할 수 있으므로 공·사조직을 막론하고 대규모 조직에서 보편적으로 나타나며, 좁은 의미의 행정은 공공목적 달성을 위한 정부나 공공조직의 기능과 역할이라 정의되므로 행정부의 공행정만을 지칭하는 개념이 된다.
② 최근에는 행정을 정부와 다양한 비정부조직 간의 신뢰와 협조를 바탕으로 하는 공동체(서비스 연계망)에 의해 공공서비스를 제공하는 것으로 인식하는 경향이 부각되고 있다.

04

정치·행정이원론과 관련하여 가장 거리가 먼 것은?

① 행정의 능률성
② 엽관주의의 폐단 극복
③ 뉴딜정책
④ 정당정치로부터의 행정의 독립

해설 정치·행정일원론은 경제대공황 극복을 위한 뉴딜정책과 제2차 세계대전으로 행정의 확대·강화를 위해 등장하게 되었다.

03 [서울시 9급 기출]

다음 중 귤릭(L. H. Gulick)이 제시하는 POSDCoRB에 대한 설명으로 가장 옳지 않은 것은?

① P는 기획(Planning)을 의미한다.
② O는 조직화(Organizing)를 의미한다.
③ Co는 협동(Cooperation)을 의미한다.
④ B는 예산(Budgeting)을 의미한다.

해설 귤릭의 POSDCoRB는 Planning(기획), Organizing(조직), Staffing(인사배치), Directing(지휘), Coordinating(조정), Reporting(보고), Budgeting(예산)을 말한다.

05

다음 중 정치·행정일원론이 강조되게 된 배경이 아닌 것은?

① 시장실패
② 경제대공황의 발생
③ 정치로부터 행정의 독립
④ 행정의 정책결정 기능 증대

해설 ③은 엽관주의가 만연하던 19세기 후반(1890년대)에 정치로부터 독립하여 행정이 성립한 것을 말하는 것으로, 이는 정치·행정이원론의 성립배경과 관련된다.

06

행정의 개념 규정에 있어서 행정관리설에 대한 설명으로 옳은 것은?

① 행정을 집단적 협동행위로 본다.
② 행정을 적극적인 가치배분 기능으로 본다.
③ 행정을 정책형성기능으로 본다.
④ 행정을 공공사무의 관리라고 본다.

해설 ①은 행정행태설, ②는 통치기능설, ③은 정책화기능설에 해당한다.

핵심정리

행정학적 행정개념

- **행정관리설(1887년~1930년대)**
  - 행정의 정치영역에 대한 독자성 구축을 강조하여, 행정을 공공사무의 관리라는 기술적 과정 내지 체계로 인식(정치·행정이원론)
  - 행정을 이미 수립된 정책이나 법령을 구체화한 것으로 간주하여, 경영과 동질적인 것으로 파악(공·사행정일원론)
- **통치기능설(1930년대~1940년대 중반)**
  - 정치·행정일원론(공·사행정이원론) : 행정을 통치과정을 수행하여 정책을 결정하고 결정된 정책을 집행하는 일련의 작용으로 이해하는 입장
  - 기능적 행정학 : 행정을 단순한 기술적 관리과정으로 보지 않고, 정책을 수립·형성하며 가치를 배분하는 기능으로 이해함
- **행정행태설(1940년대~1960년대 초반)**
  - 행정을 인간의 집단적 의사결정을 위한 협동적 집단행동(행태)이라 하면서 인간의 집단적 행동과 태도에 초점을 두는 이론으로, H. Simon을 비롯한 카네기학파들에 의하여 주창됨
  - 연구의 초점을 구조나 제도보다는 인간의 행태에 중점을 두며, 의사결정에 사회심리학적인 방법을 취함
  - 가치(정치)와 사실(행정)을 구분하여, 가치판단을 배제하고 순수한 과학성을 추구(논리실증주의)
- **발전기능설(1960년대)**
  - 행정을 국가발전 목표 달성을 위하여 정책결정과 정책집행, 기획의 기능을 주도하는 제 과정으로 파악(정치·행정새일원론)
  - 사회를 의도적·능동적·계획적으로 변동하는 주체(담당자, 역군)로서의 행정을 강조
- **정책화기능설(1970년대)**
  - 행정의 정책형성기능을 강조하는 입장으로, 행정은 공공정책 형성에 중요한 역할을 하는 정치과정의 일부로 파악(정치·행정일원론)
- **신공공관리론(New Public Management, 국정관리설, 1980년대)**
  - 정부실패 극복을 위한 정부기능 감축을 주장하는 신행정국가의 행정개념으로, 행정을 시장메커니즘에 의한 국가경영으로 파악(정치·행정이원론, 공·사행정일원론)
- **뉴거버넌스론(New Governance, 신국정관리설, 1990년대)**
  - 공공문제 해결을 위해 정부와 다양한 비정부조직 간의 신뢰와 협조를 바탕으로 형성된 네트워크나 공동체(공공서비스 연계망)에 의한 행정을 강조
  - 행정을 정부의 독점적 통치나 지배가 아닌 정부와 준정부·비정부조직, 비영리·자원봉사조직 등 다양한 사회세력에 의한 참여적·협력적 공동생산(co-product)로 파악

07

정치 · 행정이원론에 관한 설명으로 옳지 않은 것은?

① 우리나라에서의 행정은 국가의사를 전문적 능력과 법령에 따라 집행하는 일선행정임을 강조하는 이론으로 설명되기도 한다.
② 미국에서는 1880년대의 공무원제도 개혁의 중심이론으로 작용했다.
③ 행정은 원리에 충실하면서 국가의사를 결정하여야 한다.
④ 행정은 전통적인 당파정치에서 분리되어 전문적 · 과학적 관리 중심이어야 한다.

해설 정치 · 행정이원론에서는 행정이 국가의사나 정책을 결정하는 것으로 보지 않으며, 행정을 단순히 정치가 결정한 법령이나 정책 등을 집행하고 구체화하는 것으로 파악한다(과학적 법칙이나 원리를 강조하는 관리나 집행작용으로 파악).
① 우리나라는 오랜 중앙집권적 · 권위주의적 권력체계라는 전통과 박정희정권의 독재체제로 행정이 정치적 기능을 광범하게 대행하면서 정치가 행정에 종속되는 형태를 띠었으며 '행정통치(administocracy)'나 '관료적 지배현상'이 나타났다. 따라서 정치 · 행정이원론은 '정치에 종속된 행정이 정치로부터의 독립함'이라는 미국식 의미보다는 국가의사를 전문적 능력과 법령에 따라 집행하는 일선행정이라는 의미를 지니게 되었다.
② · ④ 정치 · 행정이원론은 19세기 후반 당파적인 엽관주의의 폐단을 극복하고 행정의 전문성과 독자성을 확보하기 위해 전개된 공무원제도 개혁운동의 중심이론으로 작용했다.

08

다음 중 행정이론과 그 행정변수의 연결이 옳지 않은 것은?

① 과학적 관리론 – 인간
② 비교행정론 – 기능
③ 행정행태론 – 인간 · 행태
④ 생태론 – 환경

해설 과학적 관리론의 행정변수는 인간이 아니라, 구조(공식적 구조)이다. 행정변수를 인간으로 하는 행정이론은 인간관계론, 행정행태론, 발전행정론, 신행정론이다.

핵심정리

행정변수의 변천

구분	행정이론	행정변수
1880~1920년대	과학적 관리론(고전적 조직이론), 관료제론, 행정원리론	구조(공식적 구조)
1930년대	인간관계론	인간(비공식구조)
1940년대	행정행태론	인간 · 행태
1950년대	생태론 및 체제론	환경
	비교행정론	기능
1960~1970년대	발전행정론, 신행정론	인간(가치관, 이념, 태도)

09

행정이론 중 관료를 적극적인 사회문제 해결자로 인정하고 행정인의 가치관과 태도를 중시하는 것은?

① 인간관계론
② 비교행정론
③ 신행정론
④ 행정행태론

해설 행정이론에서 신행정론은 관료를 적극적인 사회문제 해결자로 인정하고 행정인의 가치관과 태도를 중시한다.

핵심정리

행정이론과 변수로서의 인간
- **인간관계론** : 인간의 사회적·심리적 요인, 대인관계, 비공식 집단 등을 중요한 요인으로 봄
- **행정행태론** : 인간의 행태연구를 통한 행정의 과학화를 도모
- **발전행정론** : 관료를 국가발전을 주도하는 변동의 역군(change agent)으로 간주, 관료의 가치관과 태도를 중시함
- **신행정론** : 관료를 적극적인 사회문제 해결자로 인정하고 행정인의 가치관과 태도를 중시함

10

다음 중 행정의 공공재적 특성과 관련이 없는 것은?

① 무임승차의 문제 발생
② 비배제성과 비경합성
③ 내생적 선호
④ 축적성과 유형성

해설 공공재는 서비스가 이루어지는 동시에 누군가가 그것을 이용하는지의 여부와는 관계없이 소비되는 것으로, 따로 축적해 둘 수 없다.

핵심정리

행정의 공공재적 특성
- **공급측면의 특성**
  - 비시장성 : 시장에서 공급되지 않고 이윤을 추구하지도 않으며, 성과나 가치를 화폐로 표현하기도 곤란함
  - 비경쟁성(독점성) : 정부가 독점적 형태로 공급함
  - 비저장성(비축적성) : 생산과 동시에 소비되므로 서비스를 따로 저장하여 둘 수 없음
  - 비분할성 : 특정인에게만 분할하여 배타적으로 공급되지 않음
- **소비측면의 특성**
  - 비경합성 : 다수가 동시에 이용하더라도 타인의 소비가 자신의 소비에 영향을 미치지 않아 모두가 이용(소비)할 수 있음
  - 비배제성(무임승차) : 대가에 대한 비용부담을 하지 않는 사람도 소비에서 배제시킬 수 없음(수익자부담주의를 적용할 수 없으며 무임승차 현상이 발생함)
  - 등량소비성 : 다수가 동일한 재화를 동시에 소비하여 동일한 이익을 얻음
  - 내생적 선호 : 서비스 선택에 있어 선호의 형성·표출이 제약되므로 시장에서와 같이 개인의 선호에 따라 서비스를 자유롭게 선택할 수 없음

정답 07 ③ 08 ① 09 ③ 10 ④

11

행정과 법의 관계에 대한 설명으로 옳지 않은 것은?

① 법규는 행정에 합리적·합법적 권위를 부여하는 원천이다.
② 법은 행정활동을 정당화하는 기능을 수행한다.
③ 정부가 행정을 수행하는 과정에서 국민의 권리구제를 위한 사법적 결정을 하는 경우도 있다.
④ 경직적인 법규의 적용은 행정과정에서 목표와 수단이 전도되는 상황을 유발시킬 수 있다.

해설 정부가 합의제 행정기관(행정심판위원회)에 의한 행정심판기능 등 준사법적(準司法的) 기능을 수행하는 경우는 있지만 행정행위에 대한 사법적(司法的) 심사(재판을 통한 판결)를 통한 국민의 권리구제기능은 사법부(법원)의 역할이다. 행정은 법원에 의한 사법적 심사를 통해 통제를 받으며 책임성을 확보하게 된다.

핵심정리

법이 행정에 미치는 영향
- 법은 행정의 합법적·합리적 권위를 부여
- 행정에 대한 법적 정당성 및 권한을 부여하며, 행정의 한계와 근거로 작용
- 행정과정과 절차에 대한 적절한 통제수단이 됨
- 행정에 대한 예측가능성을 보장하고 안정성을 제고
- 행정의 책임성을 확보하며, 정책 및 행정관리, 갈등 조정의 도구로 작용

12

다음 중 현대적 행정과정의 단계가 순서대로 바르게 나열된 것은?

① 조직화 – 동작화 – 통제 – 환류 – 정책결정
② 정책결정 – 조직화 – 동작화 – 통제 – 환류
③ 정책결정 – 동작화 – 조직화 – 통제 – 환류
④ 조직화 – 동작화 – 통제 – 정책결정 – 환류

해설 현대적 행정과정의 단계는 '목표설정 – 정책결정 – 기획 – 조직화 – 동작화 – 통제 – 환류'의 순이다.

핵심정리

현대적 행정과정
- **목표설정** : 행정의 기본방향이나 바람직한 미래 상태를 설정하는 단계
- **정책결정** : 목표를 달성하기 위하여 합리적이고 바람직한 대안을 선택하는 단계
- **기획** : 목표나 정책을 보다 구체화하고 구체적인 세부 활동계획을 수립하는 단계
- **조직화** : 조직을 구조적으로 편성하거나 분업체제를 확립하고 인적·물적 자원이나 정보 등을 동원·배분하는 단계
- **동작화** : 조직이 계획대로 움직이도록 필요한 유인을 제공하는 단계로서, 구성원의 능동성과 의사소통의 원활화, 민주적 리더십의 확보, 결정과정의 참여, 인간관계의 개선 등이 중시됨
- **통제(평가)** : 조직화와 동작화에 근거한 실적과 성과를 목표 또는 기준과 비교하는 심사분석 및 평가 단계
- **환류(시정조치)** : 성과를 분석·평가하여 행정체제의 능력향상과 행정서비스 개선에 기여하는 단계

13
다음 중 공행정과 사행정의 특징으로 적절한 것은?

① 사행정과 달리 공행정은 본질적으로 관료제라는 문제해결 매커니즘을 적용하고 있다.
② 공행정과 사행정은 법적 규제가 엄격하지 않으므로 업무를 자율적·재량적으로 처리한다.
③ 공행정은 공익을 최고의 가치로 하나, 사행정은 이윤추구를 최고의 가치로 한다.
④ 공행정은 집단적 협동행위인 점에서 사행정과 차이가 있다.

해설 공행정은 공익이나 공적 목표달성을 위한 행정이며, 사행정은 이윤극대화를 목적으로 한다.
① 관료제는 공행정·사행정의 유사점이다.
② 공행정은 공공성으로 인하여 법적 규제가 엄격하나, 사행정은 재량적·자율적으로 처리한다.
④ 공행정과 사행정은 집단적 협동행위이고, 합리적 의사결정인 점에서는 유사하다.

14
다음 중 공행정과 사행정의 유사성으로 거리가 먼 것은?

① 전 국민에게 광범위하게 영향력을 끼치며 엄격한 기속행위의 법적 규제가 따른다.
② 목표달성을 위한 수단성을 지닌다.
③ 고객에 대한 봉사성을 띠고 일정한 서비스를 제공한다.
④ 관리기술적 성향과 관료제적 성격 및 구조를 가진다.

해설 전 국민에게 광범위하게 영향력을 끼치며 엄격한 기속행위의 법적 규제가 따르는 것은 공행정에 대한 설명이다.
② 공행정과 사행정은 목표의 종류와 성격은 다르나 공익과 사익의 추구라는 목표달성을 위한 수단이 된다는 점에서 유사하다.
③ 정부(공행정)는 국민에게 일정한 서비스를 제공하며, 기업(사행정) 역시 소비자에게 각종 서비스를 제공한다.
④ 공행정과 사행정은 인적·물적 자원을 효율적으로 활용하기 위한 관리성을 지니며, 계층제 형태를 특징으로 하는 관료제적 성격을 지닌다.

핵심정리
공행정과 사행정의 유사점
- 목표달성을 위한 수단성
- 능률적·합리적인 의사결정행위
- 관리기술적 성향
- 관료제적 성격 및 구조
- 목표달성을 위한 수단성
- 고객에 대한 봉사성
- 동기부여의 방법
- 개방체제적 성격
- 탈관료제와 지식조직의 활용

15

경영과 구분되는 행정의 속성이라고 보기 어려운 것은?

① 행정은 사익이 아닌 공익을 우선적으로 추구한다.
② 행정은 모든 시민을 평등하게 대우하여야 한다.
③ 행정조직 구성원은 원칙상 법령에 의해 신분이 보장된다.
④ 행정은 효과적인 업무수행을 위해 관리성이 강조된다.

해설 관리성은 행정과 경영의 공통점에 해당한다. 행정과 경영은 인적·물적 자원을 효율적으로 활용하기 위해 관리성을 지닌다.
① 행정은 공적 목표와 공익을 우선적으로 추구하는 다원적 목적을 지닌다.
② 행정은 국민에게 일정한 서비스를 제공하며 모든 시민을 평등하게 대우하여야 한다.
③ 행정조직의 구성원은 원칙상 법령이 정하는 바에 의하여 신분과 정년이 보장된다.

16

비정부기구(NGO)에 대한 설명으로 가장 옳지 않은 것은?

① 높은 전문성을 보유하고 있어 정책과정에서 영향력이 크다.
② 정부나 시장에 대한 감시와 견제의 역할을 한다.
③ 이상주의에 치우쳐 결과에 무책임하다고 비판을 받기도 한다.
④ 재정상의 독립성 결여로 인해 자율성 확보에 문제가 있다는 비판이 존재한다.

해설 비정부기구(NGO)는 시민들의 사적·자발적 봉사기구이므로 대체로 전문성이 높지 않으며, 정책적 영향력이나 구속력이 부족하다는 것이 특징이다.
② 비정부기구(NGO)는 정책감시자로서, 정부나 시장에 대한 감시나 견제의 역할을 수행한다.
③ 비정부기구(NGO)는 이상주의에 치우친 나머지 결과에 대한 책임성이 떨어진다는 비판을 받기도 한다.
④ 비정부기구(NGO)는 재정상 지원을 받는 경우가 많아 독립성이 떨어지며 이로 인해 자율성이 저해되고 활동에 제약을 받는다는 비판이 있다(관변단체화의 우려가 있음).

핵심정리

비정부기구(NGO)의 역할 및 기능
- 정책제언자(Governance) 또는 정책파트너
- 정부나 시장에 대한 감시·견제·통제의 역할 수행
- 공공서비스의 공동생산 및 공급자로서 활동 분야를 확대
- 민주주의적 참여의 장이며, 근린정부 실현에 기여
- 시민사회의 요구를 국가 정책에 반영
- 작은 정부 구현을 통한 신뢰성 회복에 기여
- 정부실패와 시장실패를 보완

17

비정부기구(NGO)의 개념적 특징으로 옳은 것만을 고른 것은?

> ㄱ. 비영리 조직 ㄴ. 비공식 조직
> ㄷ. 공적 조직   ㄹ. 자치적 조직

① ㄱ, ㄴ ② ㄴ, ㄷ
③ ㄷ, ㄹ ④ ㄱ, ㄹ

해설 비정부기구(NGO)는 이윤 획득이 아닌 공익을 추구하는 비영리 조직이며 정기적 회의활동, 사업계획을 갖고 정관·회칙을 갖춘 공식적(formal) 제도적(institutional) 조직이다. 또한, 정부조직이나 공적 조직이 아닌 민간조직(사적 조직, private organization)이며, 다른 조직에 지배되지 않고 독립된 조직을 스스로 운영하는 관리능력을 지닌 자치적 조직이다.

핵심정리

NGO의 성격(L. Salamon)

- **사적(private) 조직, 민간조직** : 정부의 일부 조직이어서는 안 됨
- **비영리조직** : 이타성, 무보수성 또는 편익의 비배분성(조직활동을 통해 발생된 이윤을 이해관계자에게 배분하지 않음)
- **제3섹터 조직** : 정부나 시장의 영역과 구별되는 제3섹터에서 활동하는 민간의 조직
- **자원적·자발적(voluntary) 조직** : 시민의 자발적 참여에 의해 형성·운영
- **자율적(self-governing) 조직, 자치조직** : 다른 조직에 지배되지 않고 독립된 조직을 스스로 운영하는 관리능력을 갖춤
- **지속적 조직** : 일회적이거나 임시적인 모임이 아닌 지속적 조직
- **공식적(formal) 제도적(institutional) 조직** : 정기적 회의활동, 사업계획을 갖고 정관·회칙을 갖춘 조직
- **비종교적(non-religious) 조직** : 종교단체가 설립했더라도 주요사업이 종교적 서비스와 종교교육에 목적을 두지 않음
- **비정치적(non-political) 조직** : 정부정책에 영향력과 압력을 행사하기도 하나 기본적으로 정권획득을 목적으로 하거나 정치활동을 중심으로 하는 조직은 아님

18

현대 민주주의 국가에서 정부와 시민사회의 관계에 대한 설명으로 적절하지 않은 것은?

① 시민사회의 역량이 커지면서 정부중심의 통치에서 거버넌스로 관점이 변화하고 있다.
② 정부 주도의 성장 과정에서 초래된 사회적 부작용을 완화하는 방안으로 시민사회의 역할이 강조되고 있다.
③ 시민의식이 성숙되고 시민의 참여욕구가 증대하면서 정부와 시민사회의 새로운 파트너십이 요구되고 있다.
④ 시민사회에 발생하는 이해관계자 간의 다양한 갈등을 해결하기 위하여 심판자로서의 정부 역할이 강화되고 있다.

해설 전통적인 다원론체제에서는 시민사회에 발생하는 이해관계자 간의 갈등해결을 위한 심판자로서의 정부 역할이 강조되었으나, 현대 민주주의 국가에서는 이해관계자 간 다양한 갈등을 정부에 의해 해결하기보다는 시민사회의 자율적 조정기제에 의해 해결하는 것이 강조된다.
① 현대 민주주의 국가에서는 시민사회의 역량이 커지면서 전통적인 정부중심의 통치에서 다양한 참여를 통한 거버넌스(협력적 통치)로 관점이 변화하고 있다.
② 오늘날의 시민사회는 정부 주도의 성장 과정에서 파생된 부패와 부작용, 비효율 등의 문제를 완화·제거하기 위한 유력한 방안으로서의 역할이 강조되고 있다.
③ 시민의식의 성장과 시민의 참여욕구의 증대로 정부와 시민사회의 새로운 파트너십이 요구되고 있으며, 정부와의 관계에서 시민은 수동적 고객이 아닌 능동적인 참여자로 파악된다.

정답 15 ④ 16 ① 17 ④ 18 ④

제2장 행정국가의 성립과 시장 및 정부실패

실전문제

대표유형문제

국가직 9급 기출

정부규제에 대한 설명으로 옳은 것만을 모두 고르면?

ㄱ. 포지티브(positive) 규제가 네거티브(negative) 규제보다 자율성을 더 보장해준다.
ㄴ. 환경규제와 산업재해규제는 사회규제의 성격이 강하다.
ㄷ. 공동규제는 정부로부터 위임을 받은 민간집단에 의해 이뤄지는 규제를 의미한다.
ㄹ. 수단규제는 정부의 목표를 달성하기 위해 필요한 기술이나 행위에 대해 사전적으로 규제하는 것을 의미한다.

① ㄱ, ㄴ ② ㄷ, ㄹ ③ ㄱ, ㄴ, ㄷ ❹ ㄴ, ㄷ, ㄹ

정답해설
ㄴ. 사회규제에는 소비자안전 및 산업안전규제, 소비자 권익 침해규제, 환영(오염)규제, 사회적 차별규제, 범죄자 규제 등이 이에 속한다.
ㄷ. 공동규제는 정부로부터 위임을 받은 민간집단에 의해 이뤄지는 규제로, 직접규제와 자율규제의 중간 형태이다.
ㄹ. 수단규제는 정부의 목표를 달성하기 위해 필요한 기술이나 행위에 대해 사전적으로 규제하는 것을 의미한다.

오답해설
ㄱ. 네거티브(negative) 규제는 '원칙 허용, 예외 금지'를 의미하는 것으로, 명시적으로 금지하는 것 이외의 모든 것을 자유로이 할 수 있는 규제이다. 그러므로 네거티브 규제는 포지티브(positive) 규제에 비해 피규제자의 자율성을 더 보장해준다고 볼 수 있다.

핵심정리 포지티브 규제와 네거티브 규제

구분	포지티브(positive) 규제	네거티브(negative) 규제
특징	• 원칙적 금지, 예외적 허용 • 사전규제 예 주로 허가제 · 인가제	• 원칙적 허용, 예외적 금지 • 사후규제 예 주로 신고제 · 등록제
법 규정 형식	~할 수 있다. ~이다. – 허용 사항 명시(특정 행위만 허용, 나머지는 금지)	~할 수 없다. ~가 아니다. – 금지 사항 명시(특정 행위만 금지, 나머지는 허용)
입증책임	피규제자가 규제법규 준수를 입증	규제기관이 규제법규 위반을 입증
효과	피규제자의 자율성이 더 제약됨	피규제자의 자율성이 더 보장됨

01

다음 중 현대 행정의 특징이 아닌 것은?

① 행정의 광역화
② 행정기능의 단순화와 소극화
③ 행정사무의 양적 증가 및 질적 전문화
④ 정부가 시장부분에 적극적 개입

해설 일반적으로 오늘날 행정은 적극화·복잡화·다양화·전문화 경향을 지닌다고 할 수 있다. 행정기능의 단순화와 소극화는 19세기 입법국가 시대 행정의 특징이다.

핵심정리

현대 행정의 특징
- **일반적 특징**
  - 행정이 정치에 대한 수동적 관계에서 탈피하여 정치적 측면에서도 중요한 역할을 담당
  - 단순한 질서유지나 전통수호 역할에 국한하는 것이 아니라 바람직한 사회변동을 유도·촉진하고 갈등조정의 기능을 수행
  - 국가발전을 위해 적극적으로 발전목표를 설정하고 국민생활의 질적 향상을 추구
  - 행정기능의 확대·강화로 광범위한 분야에서 행정의 재량권이 증대
- **양적 측면의 특징**
  - 행정수요의 복잡화·다양화·전문화·기술화에 기인하여 행정기능이 확대·강화됨
  - 행정기구 및 공무원 수가 증가(파킨슨의 법칙)
  - 행정기능의 확대 및 공무원 수의 증가로 인해 재정규모가 팽창됨
  - 경제·사회 발전과 문제 해결을 위해 공기업 및 제3부문이 증가

02

행정국가에 대한 설명으로 가장 적절한 것은?

① 정책이 정책을 낳는 관성은 행정의 팽창을 가져온다.
② 행정의 과부하는 행정수요의 감소를 가져온다.
③ 행정의 팽창은 시장실패의 가능성을 증가시킨다.
④ 행정국가는 삼권분립을 전제하지 않은 국가구성 원리이다.

해설 행정국가는 국가의 권력 및 통치기능 중에서 행정권력과 기능이 상대적으로 우월한 지위에 있는 국가를 말하는데, 정책이 정책을 낳는 관성으로 인해 행정의 조직과 기능이 확대되는 것은 이러한 행정국가의 특징에 해당한다.
② 행정의 과부하가 곧 행정수요 감소로 이어지는 것은 아니다. 행정의 과부하는 행정의 효율성·대응성을 저해하고 행정수요에 적절히 대처할 수 없게 하므로 정부실패를 초래하는 원인이 된다.
③ 행정의 팽창은 시장실패가 아닌 정부실패의 가능성을 증가시킨다.
④ 행정국가도 삼권분립을 전제로 하는 국가구성 원리이다. 다만 행정국가의 경우 여러 요인으로 인해 상대적으로 행정부의 조직과 기능이 확대·강화되어 삼권분립을 저해하는 측면이 있는 것은 사실이다.

정답 01 ② 02 ①

03

다음 중 파킨슨의 법칙 내용과 거리가 먼 것은?

① 공무원은 자신과 동일한 수준의 경쟁자를 원한다.
② 공무원의 수는 업무량과는 관계없이 일정한 비율로 증가한다.
③ 공무원은 부하직원과 같이 일을 하면서 파생적 업무를 만든다.
④ 공무원의 수는 전쟁 및 경제공황과 관계가 없다.

해설 공무원은 자신과 동일한 수준의 경쟁자보다는 부하직원의 증가를 원한다.
파킨슨의 법칙(Parkinson's law)은 본질적인 업무량과는 관계없이 공무원의 수나 업무가 일정한 비율로 증가한다는 법칙이다.
② 공무원의 수와 업무는 본질적인 업무량이나 조직의 구조적 특징과 관계없이 일정한 비율로 증가한다.
③ 공무원은 부하와 같이 일을 하면서 파생적 업무가 창조된다(업무 배증의 법칙).
④ 전쟁 및 경제공황 등 국가 비상시에 행정업무 증가가 공무원 수의 증가를 수반한다는 사실을 설명할 수 없다(한계점).

04 지방직 9급 기출

행정 가치에 대한 설명으로 옳지 않은 것은?

① 공익 과정설에 따르면 사익을 초월한 별도의 공익이란 존재할 수 없다.
② 롤스(Rawls)는 사회정의의 제1원리와 제2원리가 충돌할 경우 제1원리가 우선이라고 주장한다.
③ 파레토 최적 상태는 형평성 가치를 뒷받침하는 기준이다.
④ 근대 이후 합리성은 목표를 달성하는 수단과 관련된 개념이다.

해설 파레토 최적 상태란 누군가의 효용을 감소시키지 않으면서 누군가의 효용을 증가시킬 수 없는 상태로 가장 효율적으로 자원이 배분되어 있는 상태를 의미하며 형평성이 아닌 효율성 가치를 뒷받침하는 기준이다.
① 공익의 과정설이란 공익이 사익과 별도로 실체가 존재하는 것이 아니라 다양한 사익이 조정 및 타협된 결과를 공익으로 보는 입장으로 사익을 초월한 별도의 공익은 없다고 본다.
② 롤스(Rawls)는 자신이 제시한 정의의 제1원리(기본적 자유의 평등)와 제2원리(기회균등, 차등)가 충돌하는 경우 제1원리가 제2원리에 우선하고, 제2원리 중에서도 기회균등의 원리와 차등의 원리가 충돌할 때는 차등의 원리가 우선한다는 입장이다.
④ 합리성은 목표를 달성하기 위하여 최선의 수단을 선택하는 것을 말하나, 오늘날은 대체로 목표에 대한 수단의 적합성을 의미한다.

05

파킨슨의 법칙에 대한 설명으로 옳지 않은 것은?

① 조직의 구조적 특징이 조직의 규모를 결정한다.
② 상승하는 피라미드의 법칙(the law of rising pyramid)이라고도 불린다.
③ 공무원 수는 업무와 무관하게 일정비율로 증가한다.
④ 부하 배증의 법칙과 업무 배증의 법칙을 핵심 내용으로 한다.

> **해설** 파킨슨의 법칙(Parkinson's law)은 본질적인 업무량과는 관계없이 공무원의 수나 업무가 일정한 비율로 증가한다는 것을 설명한 것으로, 조직의 구조적 특징과는 관련이 없다.
> ② 관료제는 자기보존 및 세력 확장을 도모하려 하기 때문에 그 업무량과는 상관없이 기구와 인력을 증대시키는 경향을 보인다는 파킨슨의 법칙은, 관료제는 권한행사의 영역을 계속 확장하여 이른바 '제국건설'(empire building)을 기도한다고 하여 '관료제의 제국주의' 또는 '상승하는 피라미드의 법칙(the law of rising pyramid)'이라고도 부른다.
> ③ 공무원의 수와 업무는 본질적인 업무량이나 조직의 구조적 특징과 관계없이 일정한 비율로 증가한다.
> ④ 파킨슨의 법칙은 공무원은 부하직원을 늘리려 하는 반면, 동일 직급의 경쟁자가 늘어나는 것은 바라지 않는다는 부하 배증의 법칙과 공무원은 서로를 위해 파생적 업무를 만들어 내는 경향이 있다는 업무 배증의 법칙을 핵심내용으로 한다.

06

다음 중 시장실패의 요인이 아닌 것은?

① 내부성(사적목표 추구)   ② 공공재의 존재
③ 외부효과의 발생   ④ 정보의 비대칭성

> **해설** 사적목표의 설정은 정부실패의 요인이다.

핵심정리

시장실패의 근거이론과 시장실패의 원인

- 시장실패의 근거이론
  - 죄수의 딜레마(prisoner's dilemma)이론 : 두 명의 죄수가 각자의 입장에서 보다 낮은 형량을 받기 위해 합리적인 선택(자백)을 하지만, 결과적으로는 모두 자백을 하게 되어 모두 자백을 하지 않은 경우보다 높은 형량을 받게 되는 것을 설명한 것으로 개인의 사적이익의 지나친 추구는 공익의 파멸로 귀결된다는 이론
  - 공유지의 비극(tragedy of commons)이론 : 공유지에서 농민이 양을 많이 사육할수록 개인의 이익은 늘어나지만 과중한 방목으로 목초지가 모두 황폐되어 버린다는 것을 설명한 이론으로, 개인의 합리성 추구가 반드시 전체적 합리성을 보장하는 것이 아니라는 것을 보여줌(G. Hardin이 제시)
  - 구명보트의 윤리배반현상 : 구명보트에 너무 많은 사람이 탑승하여 결국 보트가 가라앉게 된다는 것을 설명하는 이론으로, 이것도 또한 개인의 합리성 추구가 반드시 전체적 합리성 보장으로 이어지는 것이 아님을 보여줌
- 시장실패의 원인
  - 불완전경쟁(독과점)
  - 공공재의 존재 및 공급부족
  - 외부효과의 발생
  - 정보의 비대칭성(불완전 정보)
  - 규모의 경제 존재
  - 소득분배의 불공정성(형평성의 부재)
  - 시장의 불안전성과 고용불안
  - 인플레이션의 발생

07

다음 중 사회적 규제에 해당하지 않는 것은?

① 식품안전규제
② 소비자 권익 침해규제
③ 진입·퇴거규제
④ 환경오염규제

해설 진입·퇴거 규제는 사회적 규제가 아니라 경제적 규제에 해당한다.

핵심정리

경제적 규제와 사회적 규제의 종류

경제적 규제	사회적 규제

• 경제적 규제(일반적 경제규제) : 개별 기업을 대상으로 한 차별적 규제(제한·억제)
  – 가격규제 : 최고·최저 가격규제, 가격구조 규제
  – 진입·퇴거규제 : 인허가, 면허, 특허 등
  – 공급·생산량규제, 수입규제
  – 품질규제
• 독과점 규제 : 모든 산업과 기업에 대한 비차별적 규제
  – 불공정거래규제, 경쟁 촉진
  – 합병규제, 경제력 집중 억제 등
	• 소비자안전 및 산업안전규제
	  – 의약품규제
	  – 식품안전규제
	  – 자동차안전규제
	  – 근로자의 보건 및 안전규제
	  – 소비자보호시책의 종합적 추진 등
	• 소비자 권익 침해규제
	• 환경(오염)규제
	• 사회적 차별규제
	• 범죄자규제

08

정부규제의 수단에 따른 유형 중 법령보다는 정책에 근거하기 때문에 무책임하고 포괄적인 규제로 전락할 소지가 있는 것은?

① 민간자율규제
② 공동규제
③ 직접규제
④ 간접규제

해설 간접규제는 세제 혜택, 보조금 지원, 환경오염부담금, 중과세 등 어떠한 사항에 대해서 인센티브를 제공하여 유인하거나 제재를 함으로써 일정 방향으로 유인·유도하는 규제이며, 민간의 자율 판단에 따른 순응을 확보하는 장점이 있는 반면, 대부분 법령보다는 정책에 근거하기 때문에 무책임하고 포괄적인 규제로 전락할 소지가 있으며, 직접규제보다는 규제의 효과성이 떨어진다.

핵심정리

정부규제의 수단에 따른 유형

- **직접규제** : 강제수단에 의한 강력한 규제(법령·행정처분 등에 규제기준을 직접 설정)로, 반드시 법령의 근거를 요하며 규제도 최소한에 그쳐야 함
- **간접규제**
  – 어떠한 사항에 대해서 인센티브를 제공함으로써 유인하거나 제재를 함으로써 일정 방향으로 유인·유도하는 규제 예 세제 혜택, 보조금 지원, 환경오염부담금, 중과세 등
  – 민간의 자율 판단에 따른 순응을 확보하는 장점이 있는 반면, 대부분 법령보다는 정책에 근거하기 때문에 무책임하고 포괄적인 규제로 전락할 소지가 있으며, 직접규제보다 규제의 효과성이 떨어짐
- **자율규제**
  – 조합자율규제 : 관련 업계가 조합·단체를 결성하고 자체적으로 의무 규정을 작성하여 조합원이 준수하도록 함으로써 자율적 제한을 가하는 규제
  – 민간자율규제 : 민간에서 자발적으로 협동하여 문제를 해결하게 하는 탈규제·불간섭적 성격의 규제(정책)
- **공동규제** : 정부로부터 위임 받은 민간집단에 의해 이루어지는 규제로서, 직접규제와 자율규제의 중간 상태

09

정부의 개입활동 중에서 외부효과, 자연독점, 불완전경쟁, 정보의 비대칭 등의 상황에 모두 적절한 대응방식은?

① 공적공급 ② 공적유도
③ 정부규제 ④ 민영화

해설 외부효과·자연독점·불완전경쟁·정보의 편재 모두 시장실패의 원인에 해당하는데, 이러한 4가지 원인에 대해 모두 적절하게 대응할 수 있는 정부의 활동은 정부규제(권위)이다.
① · ② 시장실패에 대한 정부의 대응방식 중 공적공급은 공공재의 존재와 자연독점에 대한 적절한 대응방식이 되며, 공적유도는 외부효과와 정보의 비대칭(편재)에 대한 대응방식이 된다.
④ 민영화·민간화는 일반적으로 시장실패가 아닌 정부실패에 대한 대응방식에 해당한다.

핵심정리
시장실패에 대한 정부의 개입(대응방식)

구분	공적 공급 (조직)	공적 유도 (유인)	공적 규제 (권위)
공공재의 존재	○		
불완전경쟁 (독과점)			○
자연독점	○		○
외부효과의 발생		○ (외부경제)	○ (외부비경제)
정보의 비대칭성		○	○

10 국가직 9급 기출

정부개입의 근거가 되는 시장실패의 원인으로 옳지 않은 것은?

① 외부효과 발생
② 시장의 독점 상태
③ X-비효율성 발생
④ 시장이 담당하기 어려운 공공재의 존재

해설 비효율성은 시장실패가 아니라 정부실패의 원인이다. X-비효율은 Leibenstein이 주장한 것으로, 법 규정으로 명시할 수 없는 행정이나 관리상의 심리적 요인에 의해 발생하는 비효율을 말한다.
① 외부효과란 특정 경제주체의 행위가 다른 경제주체에게 중요한 영향을 미침(외부경제, 외부불경제)에도 불구하고 그 영향에 대한 대가의 청산(지불)이 이루어지지 않는 현상을 말하는데, 외부효과가 존재하면 시장은 자원을 효율적으로 배분하는 역할을 하지 못한다.
② 불완전 경쟁(독과점)은 생산자(공급자) 1인 또는 소수가 시장을 점유하여 경쟁이 결여되는 경우 이들에 의해 가격이 좌우되므로 시장실패가 발생하게 된다.
④ 시장이 담당하기 어려운 공공재의 존재는 비경합성과 비배제성으로 시장에서 무임승차의 문제 등 적절하게 공급하기 어려운 시장실패의 원인이다.

정답 07 ③ 08 ④ 09 ③ 10 ③

11 지방직 9급 기출

규제의 유형에 대한 설명으로 옳지 않은 것은?

① 리플리와 프랭클린(Ripley & Franklin)은 보호적 규제와 경쟁적 규제로 구분하고 있다.
② 경제규제는 주로 시장의 가격 기능에 개입하고 특정 기업의 시장 진입을 배제하거나 억압하는 방식으로 작동된다.
③ 포지티브 규제는 네거티브 규제보다 피규제자의 자율성을 더 보장한다.
④ 자율규제는 피규제자가 스스로 합의된 규범을 만들고 이를 구성원들에게 적용하는 형태의 규제방식이다.

해설 네거티브 규제는 원칙을 허용하고 예외를 금지함으로써 포지티브 규제보다 피규제자의 자율성을 더 보장한다.
① 리플리와 플랭클린(Ripley & Franklin)은 정부규제를 국민 다수의 공익 보호를 위해 행하는 보호적 규제와 과당경쟁이나 출혈경쟁을 막기 위한 경쟁적 규제로 구분하였다.
② 경제규제는 경제 질서의 확립·구현을 위해 민간경제활동에 정부가 직접 개입하는 것으로, 시장의 가격 기능에 개입하거나 개별 기업을 대상으로 시장 진입을 배제 또는 억압하는 방식으로 이루어진다.
④ 자율규제는 피규제자가 자발적으로 의무규정을 작성하고 이를 준수토록 하여 자율적 제한을 가하는 규제방식이다.

12 지방직 9급 기출

다음은 윌슨(Wilson)의 규제정치 유형에 대한 설명이다. 각 유형별 사례를 바르게 짝지은 것은?

> ㄱ. 정부규제로 인해 발생되는 비용은 상대적으로 이질적인 불특정 다수집단에 부담되나, 그 편익은 매우 크며 동질적인 소수집단에게 귀속되는 상황
> ㄴ. 정부규제로 인해 감지된 비용과 편익이 쌍방 모두 이질적인 불특정 다수에게 미치기 때문에, 개개인으로 보면 그 크기가 작은 상황
> ㄷ. 규제로부터 예상되는 비용과 편익이 모두 소수의 동질적인 집단에 국한되고, 쌍방이 모두 조직적인 힘을 바탕으로 이익 확보를 위해 첨예하게 대립하는 상황
> ㄹ. 피규제 집단에게는 비용이 좁게 집중되지만, 규제로 인한 편익이 일반시민을 포함하여 넓게 분포되는 상황

	ㄱ	ㄴ	ㄷ	ㄹ
①	수입규제	음란물규제	한·약규제	원자력발전규제
②	원자력발전규제	수입규제	한·약규제	음란물규제
③	한·약규제	원자력발전규제	수입규제	음란물규제
④	수입규제	한·약규제	음란물규제	원자력발전규제

해설 윌슨은 규제에 따른 비용과 편익의 집중 및 분산을 기준으로 하여 규제의 네 가지 정치적 상황을 고객의 정치, 대중적 정치, 기업가적 정치, 이익집단정치로 분류하였다.
ㄱ. 고객의 정치 : 진입규제(의사·변호사 등 직업면허, 인·허가제도), 농산물 최저가격규제, 수입규제 등
ㄴ. 대중적 정치 : 사회적 차별에 대한 규제, 낙태·종교활동에 대한 규제, 음란물규제, 신문·방송·출판물 등 언론에 대한 윤리규제, 사회보장법, 독과점 및 불공정거래에 대한 규제 등
ㄷ. 이익집단정치 : 의·약분업규제, 한·약규제, 노사관계에 대한 규제, 대기업과 중소기업의 관계에 관한 규제 등
ㄹ. 기업가적 정치 : 환경오염규제, 자동차안전규제, 산업안전규제, 유해성 물품에 대한 위생규제, 원자력발전 안전규제 등

13

다음 중 정부실패의 원인이 잘못 기술된 것은?

① 민간부문과 달리 정부조직은 이윤 등의 시장 판단기준과 같은 명확한 성과기준이 없다.
② 정부조직에 의해 공급되는 서비스에 대한 수요는 대부분 정치과정을 통해 표출되므로 비통합적·점증적 성향을 띤다.
③ 정부조직은 거대 조직이므로 외부에 영향을 미치는 수단에 유연성이 결여되며, 관련기술이 불확실하므로 정책효과가 광범위함에도 불구하고 그 예측이 어렵다.
④ 자원의 효율적인 배분은 완전경쟁을 전제로 하지만 현실적으로는 불완전경쟁이 존재하며, 공공재·외부효과·정보의 비대칭성이 발생한다.

해설 불완전경쟁(독과점), 정보의 비대칭성(불완전 정보) 등은 시장실패의 원인에 해당한다.

핵심정리

정부실패의 원인
- 행정조직의 내부성(조직목표와 사회적 목표의 괴리, 사적 목표의 설정) – 예산극대화, 정보 획득과 통제에 집착, 최신기술에의 집착, 관료집단의 이익추구
- 철의삼각, 포획, 지대추구
- **정보의 비대칭성** : 주인 – 대리인이론, 정보의 편재(偏在)
- 파생적 외부효과
- 편익과 비용의 절연(미시적 절연, 거시적 절연)
- 비용과 수익의 괴리
- 권력의 편재(권력과 특혜에 따른 가치분배의 불평등)
- 정부서비스 공급의 독점성에 따른 X-비효율성
- 정치인의 단견(정책결정의 높은 시간할인율), 정치적 보상체계의 왜곡
- 생산기술의 불명확성, 종결메커니즘의 부재

14

지방의 재정난으로 인해 감축관리를 하려고 한다. 다음 중 감축관리의 방법으로 옳지 않은 것은?

① 영기준예산제도(ZBB)의 도입
② 계획예산제도(PPBS)의 도입
③ 행정규제 및 감독의 완화
④ 일몰법의 도입

해설 계획예산제도(PPBS)는 장기적인 계획수립(planning) 과 단기적인 예산(budgeting)을 프로그램 작성(programming)을 통하여 유기적으로 결합함으로써 자원배분에 관한 의사결정을 합리적으로 행하려는 제도로, 감축관리와는 직접적인 관련이 없다.
감축관리는 특정 정책이나 사업, 조직이나 기구 등을 의도적·계획적으로 축소·정비하여 조직 전체의 효과성 제고를 추구하는 관리전략으로 조직·인력의 축소 및 정비, 정부기능의 공기업화 또는 민간화, 총액예산제도의 도입, 조직구조·과정의 개선에 의한 비용절감 등의 방법이 있다.
① 영기준예산은 기존의 점증주의적 예산을 탈피하여 조직체의 모든 사업·활동을 원점에서 총체적으로 분석·평가하고 우선순위를 결정한 뒤 이에 따라 예산을 근원적·합리적으로 결정하는 예산제도이므로 재정난으로 인한 감축관리 방안에 해당된다.
③ 행정절차의 간소화 및 행정규제 및 감독의 완화·폐지, 업무의 정비 등은 모두 감축관리의 방법이 된다.
④ 일몰법은 특정 행정기관이나 사업이 일정기간 경과 후 국회의 재보증을 얻지 못할 경우 자동적으로 폐지·폐기되게 하는 제도로, 감축관리의 일환이라 할 수 있다.

15

다음 중 감축관리의 저해요인으로 볼 수 없는 것은?

① 일몰법의 도입
② 감축절차의 복잡성
③ 이해관계자의 반대
④ 조직의 자구적 생존 본능

해설 감축관리의 저해요인으로는 조직의 자구적 생존 본능, 감축절차의 복잡성, 이해관계자의 반대, 감축관리기법의 모색을 위한 과다한 비용부담 등을 들 수 있다. 일몰법 도입을 통한 예산감축은 감축관리의 한 방안이 된다.

16

정부 경쟁력 제고를 위하여 공무원의 수를 감축하는 방법 중 가장 합리적인 것은?

① 정년단축
② 자연감소인력 미충원
③ 성과평가 결과로 퇴직자 선별
④ 산하단체와 기업체에 취업 보장

해설 국가 경쟁력 강화를 위해서는 공공부문에도 경쟁원리를 도입하여 저비용 고효율을 추구할 필요가 있으므로, 성과나 생산성이 낮은 부문의 인력을 감축하는 것이 가장 합리적이다.

17

다음 중 민영화의 필요성에 대한 설명으로 옳지 않은 것은?

① 행정통제 및 책임 확보에 용이하다.
② 경쟁으로 인해 비용 절감과 더 나은 서비스를 제공할 수 있다.
③ 행정의 체제과중부담을 완화해 공공부문의 작은 정부를 확립할 수 있게 한다.
④ 새로운 재원의 확보로 공공재정이 확충되고 재정운영의 건전성과 탄력성이 높아진다.

해설 공공부문의 민영화는 국민에 대한 서비스 제공의 책임 회피 수단화, 민간위탁이나 준정부조직의 경우 공공의 관심사가 민간부문의 책임으로 전가되어 사적이익화할 수 있고 서비스에 대한 책임소재가 불분명해진다는 한계가 있다.

> **핵심정리**
>
> **민영화의 한계(폐단)**
> - **형평성의 저해** : 시장에서는 약자에 대한 배려가 없고 구매력이 없는 저소득층 등에 대해서는 서비스를 기피하는 보편적 서비스와 형평성의 문제를 불러일으킴
> - **안정성의 저해** : 기업은 도산할 우려도 있고 민간은 이윤보장이 안 되면 언제라도 사업을 포기할 수도 있어 서비스의 안정적 공급을 저해하고 공공서비스의 원활한 공급이 곤란해질 수 있음
> - **역대리인이론(도덕적 해이)** : 정보격차로 인한 대리손실문제는 정부와 국민 간에도 발생하지만 소비자의 무지를 이용해 영리를 창출하려는 기업의 속성상 시장에서는 더욱 심해짐. 즉 민영화가 부패를 제거해 준다는 보장이 없음
> - **크림스키밍(cream skimming) 현상, 탈지(脫脂) 현상** : 공기업 민영화과정에서 민간이 흑자 공기업만 인수하려 하므로 적자 공기업은 매각되지 않고 흑자 공기업만 매각되는 현상. 민영화 후에도 흑자 분야만 운영하거나 저소득층과 관련된 적자 분야는 폐지하려는 경우가 있음. 이 경우 흑자분야와 적자분야를 함께 넘기는 교차보조방식이 필요함

18 [국가직 9급 기출]

공공서비스 제공 시 사용료 부과 등 수익자 부담의 원칙을 적용할 때 발생할 수 있는 현상은?

① 공공서비스의 불필요한 수요를 줄일 수 있다.
② 누진세에 비해 사회적 형평성 제고 효과가 크다.
③ 일반 세금에 비해 조세저항을 강하게 유발한다.
④ 비용편익분석이 곤란하게 되어 경제적 효율성을 저하시킨다.

해설 수익자 부담의 원칙은 공공서비스 이용에 비례하여 비용을 부담하는 방식으로, 불필요한 수요를 줄일 수 있어 행정비용의 낭비를 줄일 수 있다는 장점이 있다.
② 수익자 부담의 원칙은 비용을 부담할 능력이 없는 저소득층의 공공서비스 이용을 어렵게 하므로 사회적 형평성을 저해하게 된다. 사회적 형평성 제고 효과가 큰 것은 누진세이다.
③ 조세가 아니므로 일반 세금에 비해 조세저항을 줄여준다.
④ 공공서비스 생산에 소요되는 비용과 공공서비스 소비로 인한 편익을 명확하게 하기 때문에 비용편익분석이 용이하여 경제적 효율성을 제고시킨다.

핵심정리

수익자 부담의 장단점
- 장점
  - 편익과 비용부담과의 관계를 명확하게 하므로 비용편익분석이 용이하여 경제적 효율성을 제고시킴
  - 일반세에 비해 국민의 부담감이 감소되므로 그만큼 세입의 조달이 쉬움
  - 공공서비스의 낭비가 억제되고 재원 배분의 효율이 높음
- 단점
  - 소득수준에 관계없이 무차별적으로 적용되기 때문에 역진적인 부담구조를 초래할 우려가 있음
  - 소득의 분배에 바람직하지 못한 영향을 미칠 수 있음

19

다음 중 민영화의 기법이 아닌 것은?

① 민간이양, 민간계약
② 독점판매권(프랜차이즈) 부여
③ 리스트럭처링(Re-structuring)
④ 바우처 교부

해설 리스트럭처링(Re-structuring, 재구조화)은 정부조직 내부의 조직혁신이나 개편의 방안이며, 민영화와는 직접적인 관련이 없다.

핵심정리

민영화의 방식
- 정부자산·주식의 매각
- 규제완화·자율화(정부의 독점공급 방식에서 민간부문에 의한 생산·공급을 인정하여 경쟁방식으로 전환)
- 민간이양
- 계약방식·위탁계약(contracting-out, 협의의 민간위탁)
- 면허(franchise, 허가·지정·특허·독점판매권의 부여)
- 생산자에 대한 보조금지급·재정지원(grants, subsidies)
- 규제 및 조세유인(regulatory and tax incentive)
- 바우처(이용권·구매권·증서) 지급(vouchers)
- 자원봉사방식(volunteers)
- 자급(self service)·자조(self help)
- 대여제도(Lease)
- 준정부조직, NGO의 활용
- 민자유치(BOO, BOT, BTO, BTL, BLT)

20
다음 중 공기업의 민영화 방안이 아닌 것은?
① 정부기업의 공사화
② 정부주식의 매각
③ 정부기능의 전부 또는 일부 이양
④ 정부독점과 규제의 완화

해설 정부기업을 공사로 전환하더라도 이는 여전히 공공부문에 해당하므로 민영화 방안은 아니다.

21
다음 중 민영화를 통해 효과적으로 해결하기 어려운 정부실패 유형에 해당하는 것은?
① 사적 목표의 설정   ② X-비효율성
③ 파생적 외부효과   ④ 권력의 편재

해설 파생적 외부효과란 시장실패를 치료하기 위한 정부의 개입이 초래하는 의도하지 않은 잠재적 부작용을 말하며, 주로 정치적 개입에 의한 졸속행정이 그 원인이 되어 발생한다. 파생적 외부효과에 대한 대응 방안은 정부보조 삭감이나 규제완화이며 민영화는 대응방안이 아니다.

핵심정리

정부실패 원인별 대응방안

구분	민영화	정부보조 삭감	규제완화
사적 목표 설정 (행정조직의 내부성)	○		
X-비효율, 비용체증 (비용≠수익)	○	○	○
파생적 외부효과		○	○
권력의 편재	○		○

22 국가직 9급 기출
공공서비스의 공급방식 중에서 민간이 공공시설을 짓고 정부가 이를 임대해서 쓰는 민간투자 방식을 의미하는 용어는?
① BTL   ② BTO
③ Voucher   ④ Contracting Out

해설 공공서비스 공급에 대한 민간투자 방식 중, 민간이 공공시설을 건설(Build)하여 완공 후 정부에 소유권을 이전(Transfer)하는 대신 일정기간 사용권 등을 가지고 정부에 임대(Lease)하는 방식은 BTL(Build-Transfer-Lease) 방식이다.
② BTO(Build-Transfer-Operate) 방식은 민간이 건설(Build)하여 완공 후 소유권을 정부에 이전(Transfer)하지 않고 직접 운용(Operate)하여 투자비용을 회수하는 방식이다. 이는 정부와 적자보존협약을 체결하여 적자 발생 시 정부 보조금으로 운영 수입을 보장한다는 장점이 있다.
③ Voucher(증서, 서비스구매권)는 공공서비스 생산을 민간부문에 위탁하면서 시민들의 서비스 구입 부담을 완화시키기 위해 금전적 가치가 있는 구입증서를 제공하는 방식이다. 시민들은 바우처를 활용해 서비스 제공기관을 자유롭게 선택할 수 있으며, 사회복지 서비스의 제공이나 특정 서비스 이용을 장려할 경우에 사용된다.
④ Contracting Out(계약방식, 민간위탁)은 정부가 위탁계약을 통해 민간부문에 서비스의 생산을 맡기는 대신, 정부가 서비스 생산 비용 전액을 현금으로 지불하고 그 서비스에 대하여 일정한 책임을 지는 방식이다. 정부는 서비스공급권을 전면적으로 민간에게 넘기지는 않고, 재원부담책임·감독책임·공적 규제권한을 보유한다. 기업 간 경쟁입찰을 통해 서비스 생산주체를 결정하므로 정부의 재정부담을 경감시키는 효과가 있는 반면, 외부기관이 집행하므로 집행구조가 복잡해지고 통제나 책임성을 확보하기 어려운 단점이 있다.

23

다음 중 민영화에 대한 설명으로 옳지 않은 것은?

① 바우처 – 소비자가 재화의 선택권을 가짐
② 보조금 – 신축적 인력운영이 가능하고 서비스 수준을 개선하는 효과가 큼
③ 자조활동 – 정부의 서비스 생산 업무를 대체하기보다는 보조하는 성격을 가짐
④ 면허 – 경쟁이 약하면 이용자의 비용부담이 과중하게 될 수 있음

해설 공공서비스의 생산에 대하여 신축적 인력운영이 가능하고 서비스 수준을 개선하는 효과가 큰 것은 보조금 방식이 아니라 자원봉사 방식이다. 보조금 방식은 민간조직 혹은 개인의 서비스 제공에 대한 재정 또는 현물을 지원하는 방식이며, 공공서비스에 대한 요건을 구체적으로 명시하기 곤란하거나 기술적으로 복잡한 서비스가 목표를 어떻게 달성할 것인지 불확실한 경우에 사용한다.

24 [국가직 9급 기출]

지방정부의 행정서비스 공급체계 및 방식에 대한 설명으로 옳지 않은 것은?

① 정부의 직접적 공급이 아닌 대안적 서비스 공급체계(ASD ; Alternative Service Delivery)는 생활쓰레기 수거, 사회복지사업 운영, 시설 관리 등의 분야에 적용되고 있다.
② 과잉생산과 독점 등이 야기한 공공부문 비효율의 해결책으로 계약방식을 통한 서비스 공급이 도입되고 있다.
③ 사용자부담 방식의 활용은 재정부담의 공평성 제고에 기여한다.
④ 사바스(E. Savas)가 제시한 공공서비스 공급유형론에 따르면, 자원봉사(voluntary service)방식은 민간이 결정하고 정부가 공급하는 유형에 속한다.

해설 사바스(E. Savas)가 제시한 공공서비스 공급유형론에 따르면, 자원봉사(voluntary service) 방식은 민간이 공급을 결정하고 민간이 생산하여 공급하는 유형에 속한다.

핵심정리

사바스(E. Savas)의 10가지 서비스 제공방식

구분		공급자(provider, 제공자)·배열자(arranger, 기획자)	
		정부가 공급 결정	민간이 공급 결정
생산자 (producer)	정부가 생산	• 정부의 직접 공급 • 정부 간 협약	정부의 서비스 판매
	민간이 생산	계약방식(contracts), 보조금(grants), 면허(franchises)	vouchers, 시장공급(market), 자원봉사(voluntary service), 자조(self-service)

25

공공서비스를 민영화하는 경우 기대되는 효용으로 보기 어려운 것은?

① 국민의 조세부담을 경감시키는 여건을 조성할 수 있다.
② 정부와 민간 모두에 서비스가 공평하게 공급될 수 있다.
③ 작은 정부 구현에 의한 정부의 경쟁력을 증진할 수 있다.
④ 전문적인 기술력에 의한 생산으로 능률이 향상될 수 있다.

해설 공공서비스 민영화의 한계는 수익성이 높은 고객에게는 충실하지만 소외된 약자나 저소득층 고객에게는 서비스를 기피하므로 형평성의 문제가 생긴다는 것이다.

핵심정리

공공부문 민영화의 한계
- 민간부문으로의 책임전가 및 책임소재의 문제 발생
- 정치권, 관련 공무원과의 결탁이나 이권에 연루될 가능성 증가
- 소외된 약자나 저소득층에게 서비스를 기피하여 형평성 문제 발생(효율성 강조)
- 정부의 지식·기술·관리능력의 축적 기회 박탈
- 서비스 공급의 공공성과 안정성 저해(경제적 측면의 수익성 추구)
- 저렴한 서비스 공급 제약
- 역대리인 이론(도덕적 해이 증가)
- 크림스키밍 현상(cream skimming)

26

시장실패의 원인과 그 대응방안으로 옳지 않은 것은?

① X-비효율성이 발생할 경우 민영화와 규제완화로 문제해결이 가능하다.
② 규모의 경제로 인한 자연독점은 공기업이 공급한다.
③ 무임승차로 인한 공공재의 부족은 조세를 재원으로 하여 국가가 제공하는 것으로 해결할 수 있다.
④ 공유자원의 문제는 소유권 설정으로 문제해결이 가능하다.

해설 X-비효율성은 시장실패가 아니라 정부실패의 원인이며 이에 대한 대응방안은 민영화, 정부보조 삭감, 규제완화이다.

핵심정리

시장실패의 원인별 정부의 대응방식

구분	공적 공급	공적 유도	정부규제 (권위)
불완전경쟁 (독과점)			○
자연독점 (요금재)	○		○
정보의 비대칭성		○	○
외부효과의 발생		○ (외부경제)	○ (외부비경제)
공공재의 존재	○		

27 지방직 9급 기출

감축관리 방안으로 옳지 않은 것은?

① 정책종결제도
② 영기준예산(ZBB) 도입
③ 일몰법 실시
④ 감독과 규제를 강화

해설 감독과 규제를 완화하고 번거로운 문서와 낭비적인 절차를 축소·폐지시켜야 한다.
① 우선순위가 낮은 정책을 폐지하는 것으로 이에는 기능적 종결(사무, 인력, 예산의 감축)과 구조적 종결(대국대과주의, 조직동태화, 조직 개편 등)이 있다.
② 전년도 예산을 기준으로 하지 않고 계속사업과 신규사업 모두에 대한 효과성 측정, 사업의 우선순위를 정한 다음 예산을 편성함으로써 예산의 점증현상을 억제하는 방법을 영기준예산(ZBB)이라 한다.
③ 3~7년마다 국회에서 재보증을 얻지 못하는 사업을 자동폐기되도록 하는 입법제도를 일몰법이라 한다.

28

정부는 공공서비스를 효율적으로 공급하기 위한 방법의 하나로서 민간위탁 방법을 사용하기도 하는데, 민간위탁 방식에 해당하지 않는 것은?

① 면허 방식
② 이용권(바우처) 방식
③ 보조금 방식
④ 책임경영 방식

해설 광의의 민간위탁에는 협의의 민간위탁(계약방식, contracting-out), 면허(franchise), 보조금, 바우처, 자원봉사, 자조, 규제 및 조세 유인 등이 포함된다.
책임경영방식은 서비스 소비의 배제성이 있지만, 사회적 차원의 중요성 때문에 정부의 직접 생산이 필요한 경우 정부조직 내 또는 산하에 단일 서비스 생산을 담당하는 독립조직(공기업, 책임운영기관)을 설치해 생산·공급 방식으로서 공공부문의 고유 업무 영역으로 계속 존치시키지만 서비스 제공방식은 시장논리에 따라 작동된다.
① 면허 방식은 민간조직에게 일정 구역이나 지역 내 공공서비스 제공의 권리를 인정하는 방식으로, 시민이 서비스 제공자에게 비용을 지불하는 대신 정부는 서비스의 수준과 질을 규제한다.
② 이용권(바우처) 방식은 쿠폰을 시민들에게 제공하고 이를 통해 서비스를 이용할 수 있게 하는 방식으로, 시민들에게 서비스의 선택권을 제공하는 장점이 있다.
③ 보조금 방식은 민간의 서비스 제공활동에 대해 재정상 지원이나 현물 지원을 제공하는 방식으로, 공공서비스에 대한 요건을 구체적으로 명시하기 곤란하거나 서비스가 기술적으로 복잡한 경우에 적합하다.

핵심정리

공공서비스의 공급 방식

구분		주체	
		공공부문	민간부문
수단	권력	일반행정형 - 정부의 기본 업무(법령상 규정된 업무)	민간위탁형 - 안정적 서비스 공급
	시장	책임경영형 - 공적 책임이 강한 경우	민간기업형 - 시장 탄력적 공급

정답 25 ② 26 ① 27 ④ 28 ④

29

임대형 민자사업(Build-Transfer-Lease)의 효과가 아닌 것은?

① 재정부담의 세대 간 이전을 통해 미래세대가 금전적 부담 없이 시설에 대한 혜택을 볼 수 있다.
② 정부의 재정운영 방식의 탄력성을 높일 수 있다.
③ 민간부문의 유휴자금을 장기 공공투자로 유인할 수 있다.
④ 정부가 통상적으로 연간 예산으로 건설하기에는 소요시간이 많이 드는 긴요한 공공시설을 민간자본을 통해 조기에 공급할 수 있다.

해설 BTL사업은 민간사업자가 건설하여 준공과 동시에 해당 시설의 소유권이 정부에 귀속되며(transfer) 민간사업자에게 일정기간 시설관리운영권을 인정하되, 그 시설을 정부가 협약에서 정한 기간 동안 임차하여(lease) 사용·수익하며 임대료를 지급하는 방식이다. 정부가 매년 임대료를 지급해야 하는 BTL은 공공시설 건설에 따른 재원 부담을 미래세대에게 전가하는 결과를 초래할 수 있다.
②·③·④ 재정적 부담이 큰 대규모 장기 공공사업에 민간의 자금을 유인하여 시행하는 방식이므로 정부의 재정운영에 탄력성을 높이고 시설의 조기 착공과 공급이 가능한 장점이 있다.

30

새로운 공공서비스 공급방식으로 제시된 BTO(Build-Transfer-Operate)와 BTL(Build-Transfer-Lease)에 대한 설명으로 옳지 않은 것은?

구분	BTO 방식	BTL 방식
ㄱ. 실제 운영의 주체	민간	정부
ㄴ. 운영 시 소유권	정부	민간
ㄷ. 투자비 회수방법	사용료	임대료
ㄹ. 소유권 이전시기	준공	준공

① ㄱ
② ㄴ
③ ㄷ
④ ㄹ

해설 BTL 방식에 있어 운영 시 소유권은 정부가 가진다. BTO(Build-Transfer-Operate) 방식과 BTL(Build-Transfer-Lease) 방식 모두 준공 시 소유권이 정부로 이전되므로, 운영 시 소유권은 정부가 가지게 된다는 점에서 동일하다. 다만 BTO 방식은 소유권 이전 이후 민간이 운영하고, BTL 방식은 정부가 운영한다는 점에서 차이가 있다.

핵심정리

민간투자제도 간 비교

유형	수익형 민자사업		임대형 민자사업	
	BOT	BTO	BLT	BTL
대상시설	수익사업		비수익사업	
투자비 회수방법	최종사용자의 사용료 (수익자부담 원칙)		정부가 지급하는 임대료 (정부가 재정 부담)	
사업 risk	민간이 수요위험 부담		민간의 수요위험 부담 배제	
실제 운영 주체	민간이 운영		정부가 운영	
소유권 이전 시기	운영 종료 시점	준공 시점	운영 종료 시점	준공 시점
운영기간 동안 시설 소유	민간	정부	민간	정부

31
민간위탁 방식에 대한 설명으로 옳지 않은 것은?

① 자조활동(self-help) 방식은 서비스의 생산과 관련된 현금 지출에 대해서만 보상받고 직접적인 보수는 받지 않으면서 공익을 위해 봉사하는 사람들을 활용하는 것이다.
② 보조금 방식은 민간조직 또는 개인이 제공한 서비스 활동에 대해 정부가 재정 또는 현물을 지원하는 것이다.
③ 바우처(voucher) 방식은 공공서비스의 생산을 민간부문에 위탁하면서 시민들의 구입부담을 완화시키기 위해 금전적 가치가 있는 쿠폰(coupon)을 제공하는 것이다.
④ 면허 방식은 민간조직에게 일정한 구역 내에서 공공서비스를 제공하는 권리를 인정하는 것이다.

해설 ①은 자원봉사(volunteers) 방식에 대한 설명이다. 자조활동(self-help) 방식은 공공서비스의 수혜자와 제공자가 같은 집단에 소속되어 서로 돕는 형식을 말한다.
② 보조금 방식은 공공부문만으로 필요한 서비스나 재화를 충분히 공급하지 못하는 경우 유사한 서비스를 공급하는 민간조직이나 개인에 대해 정부가 재정 또는 현물을 지원하는 방식을 말한다.
③ 바우처(voucher) 방식은 주로 저소득층 시민들의 구입부담을 완화하기 위해 금전적 가치가 있는 이용권·교환권 등의 증서(쿠폰)를 제공하는 것을 말한다.
④ 면허(license) 방식은 민간조직에게 일정구역 내에서 공공서비스를 제공하는 권리를 인정하는 방식으로, 정부가 면허를 통해 운영권이나 영업권 등을 부여한다.

32
행정지도에 관한 내용으로 옳지 않은 것은?

① 공무원들이 어떤 목적을 달성하기 위해 국민에게 영향력을 미치려는 활동의 하나이다.
② 법적 구속력을 수반하는 권고, 협조요청, 알선행위 등을 말한다.
③ 행정지도는 민간부문의 정부 의존도가 높을수록 유용성이 커진다.
④ 행정수요의 변화에 비해 입법조치가 탄력적이지 못할 때 활용된다.

해설 행정지도는 행정기관이 행정목적 실현을 위하여 그 소관사무의 범위 안에서 일정한 지도·권고·조언 등을 하는 행정작용으로, 법적 구속력을 수반하지 않고 국민의 임의적인 협력을 전제로 하는 비권력적 작용이다.
① 행정지도란 일정한 행정목적을 실현하기 위해 국민에게 지도·권고·조언 등을 하는 행정작용이다.
③ 행정지도는 강제력을 띠지 않고 국민의 자발적·임의적 협력을 전제로 하므로, 민간부문의 정부 의존도가 높을수록 유용성과 실효성이 커진다.
④ 행정지도는 행정수요의 다양화와 행정영역의 확대에 다른 탄력적이고 신속한 행정작용을 가능하게 한다.

제1편 행정학의 기초이론

실전문제

제3장 행정학의 발달과 주요 접근방법

대표유형문제

서울시 9급 기출

행정학의 접근방법에 대한 설명으로 가장 옳지 않은 것은?

① 행태론적 접근방법은 과학적 방법의 적용을 강조한다.
② 체제론적 접근방법은 환경의 영향을 중시한다.
❸ 사회학적 제도주의는 신제도주의에서 제도의 개념을 가장 좁게 해석한다.
④ 논변적 접근방법은 결정에 대한 주장을 정당화할 수 있도록 논거를 전개할 수 있는 모형을 제공한다.

정답해설 신제도주의의 유파 중 사회학적 신제도주의가 제도의 범위를 사회문화 등으로 가장 넓게 해석한다. 제도의 범위를 가장 좁게 해석하는 것은 개인의 전략적 선택의 결과를 제도로 보는 합리적 선택의 신제도주의, 즉 경제학적 신제도주의이다.

오답해설 ① 행정학 발달과 전개사상 논리실증주의 등 가장 과학적인 연구를 중시했던 접근법이 행태론이다.
② 체제론은 체제와 환경간의 상호작용에 초점을 두는 거시적 접근법이다.
④ 논변적 접근법은 자연과학과 달리 규범적 가치를 다루는 행정현상을 연구함에 있어서는 결정에 대한 주장의 정당성을 갖추기 위한 타협과 합의 등 민주적 절차를 거치는 것이 중요하다는 입장이다.

핵심정리 신제도주의

• 의의
– 제도를 법으로 규정된 공식적 요소로 한정하지 않고 인간행위와 사회현상 등의 다양한 변수를 포함한 공식·비공식 요소의 결합으로 인식하며, 규범(norm)이나 절차, 규칙(rule), 균형점 등을 포함하는 개념으로 파악
– 인간의 행위와 사회적 현상을 설명하는 과정에서 제도의 중요성을 강조하는 이론으로, 인간과 제도의 상호작용을 동태적으로 연구하고 제도의 개념 속에 인간을 포함함으로써 거시와 미시를 연계시킨 새로운 제도이론(제도 자체가 수행하는 독립적 기능이나 제도가 인간의 선호체계에 미치는 제약을 분석하여 제도의 발생 동기나 인간행위에의 제약, 기능·효과 연구에 초점을 둠)

• 특성
– 유·무형의 제도까지도 제도로 다룸
– 조직의 구조적 특성뿐만 아니라 가치나 규범, 문제 해결방식까지 제도에 포함시킴
– 분석의 수준이 다양함(미시, 거시)
– 정책의 보편성보다는 특수성에 기인한 개별 정책구조의 특성에 주목함
– 정책의 차이와 변화를 설명하기 위한 중범위수준의 변수들을 제시하여 미시 또는 거시적 행정학이 지닌 한계를 보완해 줌(정책현상 등 다른 변수들과의 관계 분석도 추구)
– 사회적 성과의 차이를 야기하는 일단의 규칙도 제도의 범위에 포함시킴
– 생산 활동에 참여하는 인간을 합리적 행위자라 가정하며, 경제활동과 사회를 지배하는 정치적·사회적 제도인 규칙을 강조함

01

다음 과학적 관리론에 대한 설명 중 가장 타당하지 않은 것은?

① 인간을 경제적·합리적으로 가정하는 X이론적 인간관에 근거하고 있다.
② 과학적 분석에 의해 최소의 투입비용으로 최대의 산출을 올릴 수 있는 방법을 탐구한다.
③ 조직이 추구하는 가치로 사회적 능률성을 가장 중요시한다.
④ 조직 내 인간을 경제적 유인에 의해 동기가 유발되는 타산적 존재로 가정한다.

해설 과학적 관리론에서는 기계적 능률을, 인간관계론에서는 사회적 능률을 강조하였다.

02

다음 중 과학적 관리론과 인간관계론의 공통된 인간관은?

① 욕구체제의 단일성
② 인간의 능동성
③ 인간의 합리성
④ 내재적 동기부여

해설 동기유발에 작용하는 욕구체제의 단일성(과학적 관리론은 경제적 욕구 인간관계론은 사회적 욕구), 외재적 동기부여, 인간행동의 피동성·수동성이 공통된 특징이다. 인간의 합리성은 과학적 관리론의 특징이다.

03 [서울시 9급 기출]

행정가치 중 수단적 가치에 대한 설명으로 가장 옳지 않은 것은?

① 대외적 민주성을 확보하기 위해 행정통제가 필요하다.
② 수단적 가치는 본질적 가치의 실현을 가능하게 하는 가치들이다.
③ 전통적으로 책임성은 제도적 책임성(account ability)과 자율적 책임성(responsibility)으로 구분되어 논의되었다.
④ 사회적 효율성(social efficiency)은 과학적 관리론의 등장과 함께 강조되었다.

해설 과학적 관리론 → 통치기능설·인간관계론
사회적 효율성(social efficiency)은 인간 존엄성의 인정, 사회목적 실천이라는 사회적 효용 차원의 효율성으로, 과학적 관리론이 아니라 통치기능설이나 인간관계론의 등장과 함께 강조되었다. 과학적 관리론에서 강조한 것은 기계적 효율성이다.

핵심정리

기계적 효율성과 사회적 효율성

구분	기계적 효율성	사회적 효율성
의의	최소의 투입(비용)으로 최대의 산출을 가져오는 것, 수단적 가치	인간 존엄성의 인정, 사회목적 실천이라는 사회적 효용 차원의 능률
행정이념	행정관리설, 과학적 관리론(1910~1930)	인간관계론, 통치기능설(1930~1940)
대두요인	과학적 관리론의 영향, 행정기능의 확대·변동	인간관계론의 영향, 과학적 관리론에 따른 비인간화에 반대
대표학자	L. Gulick	M. E. Dimock, G. E. Mayo
비판	목적보다 수단을 중시, 인간적 가치를 무시, 행정활동의 계량화 곤란유용성·실용성의 한계, 시간이나 경비의 남용 우려, 효율성의 개념을 지나치게 확대	유용성·실용성의 한계, 시간이나 경비의 남용 우려, 효율성의 개념을 지나치게 확대

정답 01 ③ 02 ① 03 ④

04

인간관계론의 핵심인 호손(Hawthorne)실험의 결론으로 거리가 먼 것은?

① 비공식집단의 단점 극복을 위하여 권위주의적 리더십 유형을 필요로 한다.
② 비공식집단은 개인의 생산성을 제고하는 데 결정적인 역할을 한다.
③ 관리자는 기술적 능력뿐만 아니라 사회적 기술도 갖추어야 한다.
④ 조직의 생산성은 비공식집단 및 사회심리적 요인에 영향을 받는다.

해설 인간관계론은 권위적 리더십이 아니라 민주적 리더십을 중시한다.

핵심정리

호손(Hawthorne)실험
- 주요 내용
  - 조명실험 : 조명은 생산성 제고의 직접적인 영향을 미치는 변수가 아님을 발견
  - 계전기 조립실험 : 휴식시간이나 근무일수, 간식 등 작업조건의 변화도 생산성과 관련이 없음을 발견
  - 면접실험 : 근로자의 인간적 감정이 작업상황에 영향을 미친다는 것을 발견
  - 뱅크선 작업실 실험 : 자생적 비공식집단에서 합의한 규범에 근거하여 작업이 이루어짐을 발견
- 실험의 결과
  - 근무의욕이나 조직의 생산성은 비공식적·비경제적 요인이라 할 수 있는 비공식적 조직 및 소집단, 사회적·심리적 요인에 크게 영향을 받음(따라서 관리자는 기술적 능력뿐만 아니라 인간의 심리적 측면을 관리할 수 있는 사회적 기술도 갖출 것이 요구됨)
  - 노동의 작업량은 그의 육체적 능력이 아니라 사회적 결속력에 의하여 결정
  - 대인관계와 비공식적 조직을 통해 인간의 소외감이 극복되며, 이것이 결국 생산성 제고로 이어짐

05

아래 기술된 항목 중 후기행태주의적 접근방법에 관한 설명으로 짝지어진 것은?

㉠ 배경은 1960년대 흑인에 대한 인종차별, 월남전에 대한 반전데모 및 강제징집에 대한 저항 등 미국사회의 혼란이라고 볼 수 있다.
㉡ 1960년대 중반부터 존슨 행정부가 위대한 사회의 건설이라는 기치를 내걸고 하류층 – 소외계층의 복지 향상을 위하여 사회복지 정책을 추진하면서 이의 추진에 지적 자원을 제대로 제공하지 못했던 정치학에 대한 비판
㉢ 사회과학자들은 그 사회의 급박한 문제를 연구대상으로 삼아서 사회의 개선에 기여하기보다는 과학적 방법을 적용할 수 있는 것을 연구대상으로 삼아야 한다.
㉣ 가치평가적인 정책연구보다 가치중립적인 과학적 연구를 지향하고 있으며 정책학의 발전과는 무관하다.

① ㉠, ㉡ ② ㉡, ㉢
③ ㉢, ㉣ ④ ㉠, ㉣

해설 ㉢ 후기행태주의에 따르면 사회과학자들은 과학적 방법을 적용할 수 있는 것을 연구대상으로 삼기보다 사회의 급박한 문제를 연구대상으로 삼아서 사회의 개선에 기여해야 한다고 보았다.
㉣ 후기행태주의는 가치중립적인 과학적 연구보다는 가치평가적인 정책연구를 지향하기 때문에 정책학의 발전에 견인차 역할을 하였다.

06

다음 중 비교행정론의 한계로 거리가 먼 것은?

① 정신적·인간적 요소를 과소평가하고 있다.
② 안정·균형을 강조하는 정태적 균형이론으로서 사회변동 측면을 다루기 곤란하다.
③ 처방성과 문제해결성을 강조함에 따라 행정의 비과학화를 초래하였다.
④ 행정을 지나치게 과소평가함으로써 행정의 독자성을 무시하고 행정의 종속성을 강조하였다

해설 비교행정론은 신생국 낙후원인에 대한 설명을 제공했지만 그 해결을 위한 처방은 제시하지 못했다. 비교행정론은 미국 행정학의 과학적 성격에 의문을 제기하면서 미국행정학의 과학화를 위하여 각국의 행정현상을 비교연구함으로써 행정연구의 과학화에 기여하였다.

07

신행정학에 관한 설명으로 옳지 않은 것은?

① 미노부르크 회의에서 신행정학이 태동하였다.
② 사회적 적실성과 실천을 강조하였다.
③ 전문직업주의와 가치중립적인 관리를 지향하였다.
④ 민주적 가치규범에 입각하여 분권화, 고객에 의한 통제, 가치에 대한 합의 등을 강조하였다.

해설 신행정학은 행정학의 실천적 성격과 적실성을 회복하기 위해 정책 지향적인 행정학을 요구하였으며, 전문직업주의와 가치중립적인 관리론에 대한 집착을 비판하면서 민주적 가치규범에 입각하여 분권화, 고객에 의한 통제, 가치에 대한 합의 등을 강조하였다. 여기서 전문직업주의란, 윤리나 도덕적 규범의 고려 없이 관리작용인 행정을 전문적·능률적으로 수행하는 것을 의미하며 행정관리론의 특징과 관련되고, 신행정론 학자인 왈도(D. Waldo)가 제시한 행정학의 학문적 성격으로서 응용과학성을 의미하는 전문직업성(professional)과는 다른 의미이다.

08 국가직 9급 기출

신공공관리와 뉴거버넌스에 대한 설명으로 옳은 것은?

① 뉴거버넌스가 상정하는 정부의 역할은 방향잡기(steering)이다.
② 신공공관리의 인식론적 기초는 공동체주의이다.
③ 신공공관리가 중시하는 관리 가치는 신뢰(trust)이다.
④ 뉴거버넌스의 관리 기구는 시장(market)이다.

해설 신공공관리와 뉴거버넌스가 상정하는 정부의 역할은 방향잡기(steering)이다.
② 신공공관리의 인식론적 기초는 신자유주의이고, 뉴거버넌스의 인식론적 기초는 공동체 주의이다.
③ 신공공관리가 중시하는 관리 가치는 결과이고, 뉴거버넌스가 중시하는 관리 가치는 신뢰이다.
④ 신공공관리의 관리기구는 시장이고, 뉴거버넌스의 관리기구는 연계망이다.

핵심정리

신공공관리론과 뉴거버넌스

구분	신공공관리론	뉴거버넌스 (신국정관리론)
인식론적 기초	신자유주의(우파적 자유주의, 신보수주의)·신공공관리	공동체주의(좌파적 공동체주의, 진보주의, 참여주의)
인간관	이기적 인간관	이타적 인간관
관리 가치	결과 지향(효율성, 생산성)	신뢰, 과정 지향(민주성, 정치성)
분석수준	조직 내(intra-organizational), 부문 내	조직 간(inter-organizational), 부문 간
관리기구 (주체)	시장(시장주의에 입각한 정부)	공동체(네트워크, 서비스 연계망)
관리 방식	고객 지향	임무 지향
작동 및 조정의 원리	갈등과 경쟁·시장원리(시장메커니즘), 서비스 품질의 사후적 확보	신뢰와 협력·정치적 조정 및 참여(참여메커니즘), 서비스 품질의 사전적 확보

정답 04 ① 05 ① 06 ③ 07 ③ 08 ①

공급자 간의 관계	경쟁관계	서비스 연계망(참여주의)
서비스 공급 방식	민영화, 민간위탁	공동생산·공급(시민과 기업의 참여)
문제해결 방식	시장적 방법, 민간 경영기법 도입	정치적 방법, 다양한 참여자와 방법 모색
정부의 역할	방향잡기	방향잡기(정부·시장·시민사회의 평등한 관계 중시)
관료의 역할	공공기업가	조정자
정치성	탈정치화	시민주의
국민	고객(수동자)	주인(능동자, 참여자)
참여방식	자원봉사주의	시민주의

핵심정리

비교행정론과 발전행정론의 비교

구분	비교행정론	발전행정론
시기	1950년대	1960년대
행정이념	과학성·보편성·일반성	효과성·생산성 강조
변수로서의 행정	종속변수로서의 행정, 비관주의, 결정론	독립변수로서의 행정, 낙관주의, 임의론
이론	균형이론	불균형이론, 변동이론
행정행태	행정인의 자격으로 과학적 사고 중시	행정인의 자격으로 쇄신 및 성취지향성 요구
정치·행정	정치·행정 이원론	정치·행정 일원론

09
다음 중 비교행정과 발전행정의 비교로 틀린 것은?

① 발전행정은 동태적·목표지향적 성격이 강하다.
② 비교행정은 행정학의 과학성을, 발전행정은 기술성을 강조한다.
③ 양 이론은 행정을 독립변수로 보았다는 점에서 유사하다.
④ 비교행정은 1950년대, 발전행정은 1960년대에 발전하였다.

해설 행정을 비교행정은 종속변수로, 발전행정은 독립변수로 파악하였다.
① 비교행정은 정태적 균형이론으로 일반법칙의 모색을 특징으로 하는 데 비해, 발전행정은 동태적 불균형이론으로 사회문제에 대한 처방과 변화 및 발전을 적극적으로 모색하는 목표지향적·발전지향적 성격을 지닌다.

10
공공선택이론에 대한 설명으로 옳지 않은 것은?

① 사회의 비시장적인 영역들에 대해서 경제학적 방식으로 연구한다.
② 시민들의 요구와 선호에 민감하게 부응하는 제도 마련으로 민주행정의 구현에도 의의가 있다.
③ 전통적 관료제를 비판하고 그것을 대체할 공공재 공급방식의 도입을 강조한다.
④ 효용극대화를 추구한다는 합리적 개인에 대한 가정은 현실 적합성이 높다고 평가받는다.

해설 공공선택이론은 모든 개인을 철저하게 자기 이익을 추구하는 합리적 이기주의자로 가정하나, 인간의 가치나 개인의 자유보다 경제적 동기만을 중시한 효용극대화의 추구는 비현실적이라는 비판을 받는다.
① 공공선택이론은 공공부문에 경제학적 관점을 도입한 비시장적 경제학이란 평가를 받는다.
② 공공선택이론은 시민의 선호와 선택에 초점을 둔 민주행정 패러다임이다.

③ 공공선택이론은 공공재의 공급을 위한 의사결정방법과 조직배열을 연구하는 이론으로, 정부(관료·정당)를 공공재의 생산자로 국민(시민·이익집단)을 공공재의 소비자로 파악한다.

11 지방직 9급 기출

신행정학(new public administration)에서 중시했던 가치에 해당하지 않는 것은?

① 정치적 중립성 ② 조직의 인간화
③ 행정의 대응성 ④ 사회적 형평성

해설 신행정학은 1970년 전후 미국 격동기의 여러 당면 문제를 행태론 등 가치중립적인 기존의 행정이론이 해결하지 못한다는 점을 비판하고, 사회현실 문제의 해결을 위한 행정의 적실성과 처방성, 정치성 등을 강조하였다.
②·③·④ 신행정학은 사회문제와 행정수요에 대응하기 위한 행정의 대응성과 민주성, 하류층이나 소외계층을 위한 사회적 형평성(인본주의) 등의 가치를 강조하였다.

12

다음 중 신행정학이 추구하는 내용으로 틀린 것은?

① 형평성·사회정의 구현
② 정책분석 및 평가체제의 강조
③ 도덕적 조직의 협력체제 형성
④ 행정이론의 과학화

해설 행정이론은 과학성보다는 기술성(처방성)을 중시하며, 현실 문제의 해결에 중점을 두었다. 행정이론의 과학화는 실증주의를 추구하는 행태론에 적합한 표현이다.

13 지방직 9급 기출

신공공관리론(New Public Management)에 대한 설명으로 옳은 것은?

① 업무의 결과보다 과정을 중시한다.
② 정부의 역할을 방향제시보다 노젓기로 본다.
③ 권력의 집중화보다는 분권화를 지향한다.
④ 시장실패의 치유를 위한 국가의 역할을 강조한다.

해설 신공공관리론(NPM ; New Public Management)은 권력의 집중화보다는 분권화된 정부를 지향하며, 분권화를 통해 의사결정권 위임과 구성원의 책임과 역량강화, 문제해결능력의 증대, 조직 간의 권한이양 등을 모색한다.
① 신공공관리론에서는 성과중심의 행정을 강조하여 투입이나 과정중심에서 산출과 결과중심으로의 전환을 모색한다.
② 정부의 역할을 노젓기보다 방향잡기 역할로 전환할 것을 강조한다(촉진적 정부 지향).
④ 신공공관리론은 거대 정부의 비효율성으로 인한 정부실패를 치유하기 위해 대대적인 감축관리를 추진한다(작고 효율적인 정부를 지향).

핵심정리

NPM에서의 정부 패러다임 전환방향
- 노젓기 역할 → 방향키 역할
- 지출중심, 투입지향예산 → 수익중심, 산출 및 성과지향예산
- 행정메커니즘 → 시장메커니즘
- 규칙이나 과정(절차)중심 → 임무나 결과(성과)중심
- 행정편의주의 → 고객편의주의
- 서비스의 독점공급 → 경쟁체제
- 사후치료 → 사전예측·예방

정답 09 ③ 10 ④ 11 ① 12 ④ 13 ③

14

다음 중 신공공관리론의 전략적 관리기법에 해당하지 않는 것은?

① 벤치마킹(bench-marking)
② 리스트럭처링(Re-structuring)
③ 총체적 품질관리(TQM)
④ 종신고용제

해설 정부는 민간관리기법을 수용하면서 고정급, 공식적 채용 규정, 모범적 고용주, 집권적 인사구조, 종신고용 등에서 탈피하고, 생산성을 향상을 위해 이미 효과가 검증된 우수한 민간경영기법(아웃소싱, TQM, 리오리엔테이션, 리스트럭처링, 리엔지니어링, 마켓테스팅 등)을 행정에 도입하고 있다.
① 벤치마킹(Bench-marking)은 국내외 우수기업이나 조직의 성공적 경영혁신방식을 행정에 수용하는 경영기법이다.
② 리스트럭처링(Re-structuring)은 유·무형의 사회간접자본을 재구축하는 것으로서, 투자역량 및 교육환경 개선, 인적·물적 자본의 형성, 과학기술의 수준 제고, 시민참여를 통한 사회통합역량의 강화 등을 포함하는 전략을 말한다.
③ 총체적 품질관리(TQM : Total Quality Management)란 고객만족을 위한 서비스 품질제고를 1차적 목표로 삼고 구성원의 광범위한 참여하에 조직의 과정·절차·태도를 지속적으로 개선하여 나가려는 고객지향적·장기적·전략적·총체적 품질관리철학을 말한다.

15

다음 중 신공공관리론에 대한 비판으로 볼 수 없는 것은?

① 민영화로 인하여 행정의 공공성·책임성 문제가 제기될 수 있다.
② 정부활동의 성과에 대한 측정과 평가가 어렵다.
③ 관리자의 재량권을 축소시켜 행정의 신축성을 저해할 수 있다.
④ 공공부문과 민간부문 사이의 근본적인 환경 차이를 도외시하고 있다.

해설 관리자에게 재량권을 인정, 확대하여 행정의 융통성·신축성을 부여하고, 그 결과에 대한 책임을 강조한다.
① 신공공관리론은 정부의 역할을 줄이고 시장기능을 회복하려는 것을 골자로 하며, 민영화·민간화를 중시하여 행정의 공공성과 책임성 문제가 제기될 수 있다.
④ 시장과 민간부문에 지나치게 의존하여 행정의 공공성·형평성, 공행정의 특수성을 저해한다(공공부문과 민간부문의 차이를 경시).

핵심정리

신공공관리론의 문제점 및 한계
- 시장과 민간부문에 지나치게 의존하여 행정의 공공성·형평성, 공행정의 특수성을 저해
- 정책 집행의 분리문제와 조직 축소로 인한 행정의 공동화 현상 초래
- 외부 전문가에 대한 행정운영으로 과다 비용의 발생
- 모든 계층에 대한 대표성을 확보하지 못해 민주성이 훼손될 우려가 존재
- 성과중심 행정의 지나친 강조로 참여 등 절차적 정당성이 경시되며, 창조적·창의적 사고를 저해

16 국가직 9급 기출

신공공서비스론의 특성에 대한 설명으로 옳지 않은 것은?

① 정부의 역할은 시민에 대한 봉사여야 한다.
② 공익은 개인적 이익의 집합체이기 때문에 시민들과 신뢰와 협력의 관계를 확립해야 한다.
③ 책임성이란 단순하지 않기 때문에 관료들은 헌법, 법률, 정치적 규범, 공동체의 가치 등 다양한 측면에 관심을 기울여야 한다.
④ 생산성보다는 사람에게 가치를 부여하기 때문에 공공조직은 공유된 리더십과 협력의 과정을 통해 작동되어야 한다.

해설 공익을 개인적 이익의 집합(총합)으로 보는 것은 신공공관리론이다. 신공공서비스론에서 공익이란 공유된 가치를 창출하는 담론을 통해 얻은 결과물로 인식하였으며 업무수행의 효율성 제고보다는 시민에 대한 봉사나 서비스를 통한 공익의 실천을 강조하였다.
① 신공공서비스론은 주인으로서의 시민, 다양세력의 협력, 시민에 대한 정부의 봉사 등을 특히 강조하는 제3의 대안적 이론모형으로 제시되었다.
③ 신공공서비스론에서는 책임성을 복잡하고 다원적으로 보았다. 법, 지역공동체 가치, 정치규범, 전문적 기준 및 시민들의 이익에 기여하고 다양한 측면에 관심을 기울여야 한다.
④ 신공공서비스론에서는 생산성보다는 인간 존중 의식을 바탕으로 공유된 리더십과 협력의 과정을 통해 작동되어야 한다고 본다.

> **핵심정리**
> **신공공서비스론의 이론적 배경(Denhardt, Leftwich, Minogue 등)**
> 종전의 신공공관리론 등은 정부의 주체인 시민을 배제한 채 관료들이 방향잡기와 노젓기 중 어느 것에 치중해야 하는가와 같은 문제에만 관심을 둔 결과 관료의 권력만 강화시키는 결과를 초래했다고 비판하고, 그 권력을 시민들에게 되돌려주어야 한다는 의식이 대두되면서 신공공서비스론(NPS)이 등장하였다.

17 서울시 9급 기출

행정이론에 대한 설명으로 가장 옳지 않은 것은?

① 과학적 관리론은 19세기 말부터 20세기 초 경제 상황의 산물로 절약과 능률을 행정의 가장 중요한 가치로 삼는다.
② 행태주의는 객관성을 유지하기 위해 연구에서 가치와 사실을 명백히 구분하고, 가치중립성을 지킨다.
③ 체제이론은 체제의 부분적인 특성이나 구체적인 행태측면에 관심을 갖는 미시적 접근방법을 사용한다.
④ 신행정론은 규범성, 문제지향성, 처방성을 강조한다.

해설 체제이론은 체제의 부분적인 특성이나 구체적인 행태측면 같은 미시적 요인이 아니라 체제와 환경 간의 상호작용 등 거시적인 측면에 중점을 두는 전체주의적 접근법을 사용하여 지나치게 거시적 이론이라는 비판을 받는다. 따라서 체제의 전체적 국민은 잘 설명하나, 체제의 구체적 운영이나 형태적 측면은 설명하기 곤란하다.
① 행정학 성립초기의 고전적인 행정이론인 과학적 관리론에 대한 올바른 설명이다.
② 행정학 발달과 전개사상 가장 과학적인 연구를 중시했던 행태론에 대한 올바른 설명이다.
④ 신행정론은 1960년대말 미국 격동기시대의 절박한 사회 문제를 해결하기 위한 규범적이고 문제지향적이며 처방적인 이론이다.

정답 14 ④ 15 ③ 16 ② 17 ③

18 지방직 9급 기출

신공공관리론에서 지향하는 '기업가적 정부'의 특성에 해당하지 않는 것은?

① 경쟁적 정부
② 노젓기 정부
③ 성과 지향적 정부
④ 미래 대비형 정부

해설 신공공관리론은 정부의 역할을 노젓기(rowing)가 아닌 방향잡기(steering)로 본다.
①·③·④ 경쟁적 정부, 성과 지향적 정부, 미래 대비형 정부는 신공공관리론에서 지향하는 '기업가적 정부'의 특성에 해당한다.

핵심정리

신공공관리론(C. Hood, D. Osborne, T. Gaebler 등)
- **작지만 효율적인 정부** : 거대 정부의 비효율성으로 인한 정부실패를 치유하기 위해 대대적 감축관리를 추진함
- **촉진적 정부** : 집행 및 서비스 전달은 민간에 이양하고 목표 및 전략기능에 역량을 집중
- **성과 중심의 정부** : 명확한 목표의 설정과 조직구성원의 자율적 참여에 의한 성과 중심의 정부를 지향함(지출과 투입 중심에서 수익과 결과·산출 중심으로 전환)
- **분권화된 정부** : 신뢰를 바탕으로 의사결정권을 최대한 위임(조직 내부의 권한위임 ; empowerment)하여 구성원들의 책임과 역량강화를 모색하고 조직 전체 차원의 문제 해결능력을 증대하고, 조직 간에도 권한이양(조직 외부의 권한이양)을 추진, 통제와 공급자 위주의 행정에서 벗어나 지역주민들에게 권한을 부여하고 주민과 지역공동체를 서비스공급 주체의 일원으로 참여시킴
- **시장지향적 정부** : 정부가 경쟁원리를 핵심으로 하는 시장화를 지향하고 민간부문의 생산성을 향상시키기 위하여 각종 규제를 완화 또는 철폐, 내부시장화(수익자부담주의, 시장성테스트 등), 외부시장화(민영화, 공동 생산), 규제완화 등을 내용으로 함
- **고객지향적 정부** : 시민을 정부의 고객으로 인식하고 정부나 공무원들의 편의보다 시민의 요구와 평가를 반영함으로써 시민 만족을 최우선으로 추구, 주요한 고객지향적 기법으로 총체적 품질관리(TQM), 시민헌장제(citizen's charter), 전자정부(EG) 등이 있음

19 지방직 9급 기출

신공공서비스론(New Public Service)에 대한 설명으로 적절하지 않은 것은?

① 민주주의이론, 비판이론, 포스트모더니즘 등이 인식론적 토대이다.
② 공익은 공유하고 있는 가치에 대하여 대화와 담론을 통해 얻은 결과물이다.
③ 시장의 가격 메커니즘과 경쟁의 원리를 적극적으로 도입한다.
④ 내외적으로 공유된 리더십을 갖는 협동적인 구조가 바람직하다.

해설 시장의 가격 메커니즘과 경쟁의 원리를 적극 도입하는 것은 신공공관리론(NPM)이다. 신공공서비스론(NPS)은 전통적 행정이론과 신공공관리론에 대한 반작용으로 등장한 이론으로, 행정과정에서 시민참여에 기반을 둔 대화, 담론을 통한 행정업무수행을 주장하며, 행정이 소유주(owner)인 시민을 위해 봉사(service)하고 시민을 중심으로 공적 제도를 구축하는 행정개혁운동이다.
① 신공공서비스론은 민주주의와 실증주의, 현상학, 포스트모더니즘, 비판이론 등을 인식론적 토대로 한다.
② 신공공서비스론은 공익을 공유하고 있는 가치에 대한 대화와 담론의 결과물로 본다.
④ 신공공서비스론은 조직 내·외적으로 공유된 리더십을 갖는 협동적 구조를 지향한다.

핵심정리

R. Denhardt & J. Denhardt의 신공공서비스론(New Public Service)
- 전통적 행정이론과 신공공관리론에 대한 반작용으로 등장한 이론으로, 업무수행의 효율성 제고보다는 시민에 대한 봉사나 서비스를 통한 공익의 실천을 강조
- 주인으로서의 시민, 다양한 세력의 협력, 시민에 대한 정부의 봉사 등을 특히 강조하는 제3의 대안적 모형으로 제시됨

20 서울시 9급 기출

현대 행정학의 주요 이론에 대한 설명으로 가장 옳지 않은 것은?

① 신공공관리론은 공공선택이론의 주장과 같이 정부의 역할을 대폭 시장에 맡겨야 한다는 입장은 아니며, 기존의 계층제적 통제를 경쟁원리에 기초한 시장체제로 대체함으로써 관료제의 효율성과 성과를 높이려 한다.
② 탈신공공관리(post-NPM)는 신공공관리의 역기능적 측면을 교정하고 통치역량을 강화하며, 구조적 통합을 통한 분절화의 확대, 재집권화와 재규제의 축소, 중앙의 정치·행정적 역량의 강화를 강조한다.
③ 피터스(B. Guy Peters)는 뉴거버넌스에 기초한 정부개혁 모형으로 시장모형, 참여정부 모형, 유연조직 모형, 저통제정부 모형을 제시한다.
④ 신공공관리론이 시장, 결과, 방향잡기, 공공기업가, 경쟁, 고객지향을 강조한다면 뉴거버넌스는 연계망, 신뢰, 방향잡기, 조정자, 협력체제, 임무중심을 강조한다.

해설 탈신공공관리(post-NPM)는 신공공관리의 역기능적 측면을 교정하고 통치역량을 강화하며, 구조적 통합을 통한 분절화의 축소, 재집권화와 재규제의 주창, 중앙의 정치·행정적 역량의 강화를 강조한다.
① 신공공관리론은 민간기업의 경영이론을 행정부문에 적용하여 경쟁원리에 기초한 시장체제로 대체함으로써 관료제의 효율성과 서비스의 질 향상을 도모한다.
③ 피터스(B. Guy Peters)는 전통적 정부가 지닌 독점, 계층제, 영속성, 내부규제라는 문제에 각각 대응하는 정부개혁 모형으로 시장모형, 참여정부 모형, 유연조직 모형, 저통제정부모형을 제시하였다.
④ 신공공관리론은 신자유주의에 입각한 시장, 결과, 방향잡기, 공공기업가, 경쟁, 고객지향을 강조한다면 뉴거버넌스는 공동체주의에 입각한 연계망, 신뢰, 방향잡기, 조정자, 협력체제, 임무중심을 강조한다.

21

다음 중 정부에 대한 이해를 달리하는 제도는?
① 공립학교의 운영
② 성과연계예산
③ 법규중심의 통제
④ 계층제 조직

해설 성과연계예산은 1992년 Osborne와 Gaebler 〈정부재창조론〉에서 미래형 정부조직으로 제시한 기업가적 정부의 특징에 해당되는데 비해, 나머지는 모두 전통적 관료제 정부의 특징에 해당한다. 기업가적 정부는 성과중심의 관리를 강조하므로 투입보다는 산출이나 결과(성과)를 중시하며 예산에 있어서도 성과연계예산을 추구한다.
① 공립학교의 운영은 정부가 서비스의 직접적 공급자로서의 역할을 수행하는 것이므로 전통적 관료제 정부의 운영방식에 해당한다. 기업가적 정부는 서비스 공급자가 아닌 촉진자·촉매자로서 서비스의 경쟁적 공급이 이루어지도록 한다.
③·④ 법령 및 규칙중심의 관리와 집권적 계층제 조직에 의한 관리는 모두 전통적 관료제 정부의 특징이다. 기업가적 정부는 임무나 성과중심의 관리와 참여 및 팀워크에 의한 관리를 특징으로 한다.

22

신공공관리론과 뉴거버넌스론을 비교한 것으로 틀린 것은?

① 신공공관리론은 과정을 중시하는 반면, 뉴거버넌스론은 결과를 중시한다.
② 신공공관리론은 시민을 고객으로 보지만, 뉴거버넌스론은 시민을 정부의 주인으로 본다.
③ 신공공관리론은 갈등과 경쟁을 중시하고, 뉴거버넌스론은 신뢰와 협력을 중시한다.
④ 신공공관리론은 신자유주의를 기초로 하고, 뉴거버넌스론은 공동체주의를 기초로 한다.

해설 신공공관리론은 효율성이라는 결과를 중시하며, 뉴거버넌스는 시민참여라는 과정을 중시한다. 즉, 신공공관리론은 정부기관에 민간기업의 효율성을 도입하고자 하는 공공관리기법으로 효율성 중시, 고객중심, 기업가적 정부, 시장중심적 정부, 정부의 민간기업화 등을 지향한다. 이에 비해 뉴거버넌스는 공공서비스 공급 등 정부의 활동은 정부만이 아니라 민간, 비영리부문 등 다양한 주체의 참여에 의한 연계망이나 네트워크에 의하여 이루어져야 한다는 것을 주장한다.

② 신공공관리론은 시민을 수동적 의미의 고객으로 보지만, 뉴거버넌스론은 시민을 능동자, 참여자의 의미로 정부의 주인으로 본다.
③ 신공공관리론은 갈등과 경쟁의 시장메커니즘을 중시하고, 뉴거버넌스론은 신뢰와 협력의 참여메커니즘을 중시한다.
④ 신공공관리론은 신자유주의를 인식론적 기초로 하고, 뉴거버넌스론은 공동체주의, 참여주의를 인식론적 기초로 한다.

23 서울시 9급 기출

〈보기〉에 해당하는 행정이론을 옳게 짝지은 것은?

― 보기 ―
ㄱ. 집단 동조성과 제한된 결속력은 외부인을 암묵적으로 배제할 수 있고, 구성원의 사적 자유를 제한하게 한다.
ㄴ. 공익이나 시민 간의 담론을 통합하는 기능에 관료의 역할이 맞춰져야 함을 강조한다.

	ㄱ	ㄴ
①	사회자본론	신공공서비스론
②	사회자본론	신공공관리론
③	뉴거버넌스론	신공공서비스론
④	뉴거버넌스론	신공공관리론

해설 ㄱ. 사회자본의 한계에 대한 설명으로 종전의 인적·물적 자본, 즉 경제적 자본에 대응되는 개념인 사회적 자본은 사회구성원들이 신뢰와 협력을 바탕으로 공동의 문제를 해결하는 데 자발적이고 적극적으로 참여하는 사회의 조건 또는 특성을 지칭하나, 지나친 결속성과 신뢰성 및 폐쇄성이 지나친 동조성(conformity)이나 집단규범을 요구하여 개인의 자유로운 행동이나 사적 선택을 제약하는 역기능을 초래할 수 있다.

ㄴ. 신공공서비스론에서 제시하는 정부나 행정관료의 역할로서 '봉사(public service)'를 의미하며, 신공공서비스론은 공익을 추구하려는 시민의 적극적 역할과 의욕을 존중하여 시민에게 힘을 실어주고 시민에게 봉사하는 정부의 역할을 강조한다. 구성원들을 통합시키는 방법이 사회공동체라고 규정하며 정부나 관료의 역할은 지역사회가 직면한 문제를 해결하기 위해 공유가치를 창출하고 의사일정을 마련하여 관련 당사자들을 한 자리에 모아 문제해결 방안을 촉진한 다음 시민과 지역공동체 간 이익을 중재하고 협상하게 함으로써 사회공동체의 발전은 물론, 담론을 통한 시민들의 공유된 이익을 달성하도록 도와주고 이를 지지하여 모든 사람에게 더 나은 생활을 보장하게 한다.

24 [서울시 9급 기출]

오스본(D. Osborne)과 게블러(T. Gaebler)의 '정부재창조론'에서 제시된 기업가적 정부 운영의 원리에 관한 내용으로 가장 옳지 않은 것은?

① 시민에 대한 봉사 지향적 정부
② 지역사회가 주도하는 정부
③ 분권적 정부
④ 촉진적 정부

해설 오스본(D. Osborne)과 게블러(T. Gaebler)의 정부재창조론에서 제시된 기업가적 정부 운영의 원리는 신공공관리론(NPM; New Public Management)에 대한 것이며, 시민에 대한 봉사 지향적 정부는 신공공서비스론(NPS; New Public Service)에 해당한다. 신공공서비스론은 신공공관리론의 지나친 시장주의와 시민의 객체화 등에 대한 대안적 이론으로, 정부의 소유주인 시민의 권리를 회복하고 지역공동체 의식을 회복하는데 초점을 두고 시민정신, 참여의식, 공익과 같은 공동체적 가치들을 중시한다.

핵심정리

기업가적 정부 운영의 10대 원리(오스본과 게블러의 정부재창조론)

- 촉진적 정부
- 지역사회가 주도하는 정부
- 경쟁적 정부
- 사명지향적 정부
- 성과지향적 정부
- 고객지향적 정부
- 기업가적 정부
- 미래에 대비하는 정부
- 분권적 정부
- 시장지향적 정부

25

다음 신공공관리론과 뉴거버넌스이론의 비교에서 옳지 않은 것만을 고른 것은?

	신공공관리론	뉴거버넌스
㉠ 인식론의 기초	신자유주의	공동체주의
㉡ 관리기구	시장	네트워크
㉢ 관리가치	결과	신뢰
㉣ 관료의 역할	조정자	공공기업가
㉤ 작동원리	협력	갈등

① ㉠, ㉢
② ㉠, ㉤
③ ㉡, ㉢
④ ㉣, ㉤

해설 ㉣ 신공공관리론에서는 관료가 공공기업가로서의 역할을 한다고 보며, 뉴거버넌스이론(신국정관리론)에서는 관료가 조정자의 역할을 한다고 본다.
㉤ 신공공관리론에서의 작동원리는 갈등과 경쟁이며, 뉴거버넌스에서는 신뢰와 협력이다.

핵심정리

신공공관리론과 뉴거버넌스론의 비교

구분	거버넌스론 (신공공관리론)	뉴거버넌스론 (신국정관리론)
관리 가치	결과지향	신뢰, 과정지향
관리기구(주체)	시장	공동체
관리 방식	고객지향	임무지향
작동 및 조정의 원리	갈등과 경쟁·시장원리	신뢰와 협력·정치적 조정 및 참여
공급자 간의 관계	경쟁관계	서비스연계망
서비스 공급 방식	민영화, 민간위탁	공동생산·공급
국민	고객(수동자)	주인(능동자,참여자)

26

포스트모더니즘에 기초한 행정이론의 특징으로 가장 옳지 않은 것은?

① 다원주의·보편주의적 세계관을 토대로 상대주의와 객관주의를 배척한다.
② 사회적 현실은 인간의 내면에서 구성된다고 보는 구성주의를 지지한다.
③ 개인은 조직과 사회적 구조의 지시와 제약으로부터 해방되어야 한다고 주장한다.
④ 대표적인 이론으로 D. Farmer의 반관료제이론이 있다.

해설 포스트모더니즘에 기초한 행정이론은 다원주의적·보편주의적 세계관이 아닌, 상대주의적·다원주의적 세계관을 토대로 보편주의와 객관주의를 배척한다.

핵심정리
D. Farmer의 반관료제이론
- **의의**: 과학주의·기술주의·기업주의 등의 근대성을 탈피하고 탈근대성을 지향하면서 포스트모더니즘 행정이론의 특징으로 상상, 해체(탈구성), 탈영역화, 타자성(他者性) 등을 제시
- **상상(imagination)**: 단순히 상상력을 키운다는 것 이상의 의미를 지니며 새로운 사고의 틀로 현상과 문제를 접하는 태도임. 소극적으로는 규칙에 얽매이지 않는 것이며, 적극적으로는 문제의 특수성을 인정하는 것
- **영역해체[탈영역화, 탈영토화](deterritorialization ; 학문 간 경계 파괴)**: 모든 지식은 그 성격과 조직에 있어서 '고유'영역이 해체되어 지식의 경계가 사라짐. 행정학의 고유영역이라 믿는 지식의 성격이 변화하고 행정조직의 계층성 등이 약화된 탈관료제화된 모습으로 나타나게 될 것으로 봄
- **타자성(alterity ; 주체와 객체의 구별 해소)**: 나 아닌 다른 사람을 관찰대상에 불과한 인식적 객체(epistemic other)로서가 아니라, 자신과 언제든지 소통과 교류가 가능하고 인격체로서 존중받아야 할 도덕적 타자(moral other)로서 인정하는 것. 타자성은 타인에 대한 개방성, 다양성의 선호, 상위설화에 대한 반대, 기존 질서에 대한 반대 등을 특징으로 함

27 국가직 9급 기출

신공공관리론과 뉴거버넌스론을 비교 설명한 것으로 가장 옳지 않은 것은?

		신공공관리론	뉴거버넌스론
①	작동원리	경쟁	협력
②	서비스	민영화, 민간위탁 등	공동공급
③	관리가치	결과(outcome)	신뢰(trust)
④	인식론적 기초	공동체주의	신자유주의

해설 신공공관리론에서는 신자유주의를 인식론적 기초로 하며, 뉴거버넌스론에서는 공동체주의를 인식론적 기초로 한다.
① 신공공관리에서는 갈등과 경쟁원리가, 뉴거버넌스론에서는 신뢰와 협력·조정의 원리가 적용된다.
② 서비스 공급 방식의 경우 신공공관리에서는 민영화, 민간위탁 방식이, 뉴거버넌스론에서는 공동생산 및 공급 방식이 적용된다.
③ 신공공관리론이 효율성·생산성 등의 결과지향적 가치를 강조하는데 비해, 뉴거버넌스론은 신뢰에 바탕을 둔 과정지향적 가치(민주성·정치성 등)를 강조한다.

핵심정리
신공공관리론과 뉴거버넌스론의 비교

구분	거버넌스론 (신공공관리론)	뉴거버넌스론 (신국정관리론)
인식론적 기초	신자유주의	공동체주의
관리 가치	결과지향	신뢰, 과정지향
관리기구(주체)	시장	공동체
관리 방식	고객지향	임무지향
작동 및 조정의 원리	갈등과 경쟁·시장원리(시장메커니즘)	신뢰와 협력·정치적 조정 및 참여(참여메커니즘)
국민	고객(수동자)	주인(능동자, 참여자)

28

신공공관리론과 거버넌스이론에 관한 다음의 설명 가운데 부적절한 것은?

① 신공공관리론은 수익자부담원칙의 강조, 민간부문 상호 간의 경쟁원리를 활용한 공공서비스 제공을 강조한다.
② 신공공관리론은 민간위탁, 민영화의 확대, 정부부문 내 경쟁원리의 확대, 규제완화 등을 행정개혁의 방향으로 제시한다.
③ 촉진적 정부, 사명지향적 정부, 성과지향적 정부, 고객지향적 정부 등을 제시한 오스본과 게블러의 행정개혁원리도 신공공관리론과 맥을 같이한다.
④ 신공공관리론은 참여, 적실성 등 사회적 문제에 대한 정부의 공적 역할을 중시한다.

해설 신공공관리론은 기업형 정부에 의하여 시장원리만을 강조한 나머지 국민의 참여나 소외계층에 대한 배려, 사회적 적실성 추구 등이 곤란하여 민주성·형평성 등을 저해할 우려가 있다. 특히 공행정의 특수성을 저평가하고 시장에 대한 정부의 공적 역할을 지나치게 부정적으로 본다는 비판을 받는다.

29

뉴거버넌스와 신공공관리론은 서로 다른 가치를 가지고 있으나, 공통점도 있다. 다음 중 뉴거버넌스와 신공공관리론의 공통점인 것은?

① 정부역할
② 관리기구
③ 관료역할
④ 서비스

해설 뉴거버넌스와 신공공관리론은 '방향잡기'라는 정부역할을 중시한다는 점이 공통점이다.
② 신공공관리에서는 시장이 관리기구의 역할을 하나, 뉴거버넌스에서는 공동체(서비스연계망)가 관리기구의 역할을 한다.
③ 신공공관리에서의 관료는 공공기업가의 역할을, 뉴거버넌스에서는 조정자의 역할을 한다.
④ 신공공관리에서는 서비스가 민영화나 민간위탁의 방식으로 공급되며, 뉴거버넌스에서는 공동생산·공급을 통해 공급된다.

핵심정리

신공공관리론과 뉴거버넌스론의 비교

구분	거버넌스론 (신공공관리론)	뉴거버넌스론 (신국정관리론)
관리기구(주체)	시장	공동체
관리 방식	고객지향	임무지향
작동 및 조정의 원리	갈등과 경쟁·시장원리	신뢰와 협력·정치적 조정 및 참여
공급자 간의 관계	경쟁관계	서비스연계망
정부의 역할	방향잡기	방향잡기
관료의 역할	공공기업가	조정자

30

다음 중 신제도론의 특성으로 옳지 않은 것은?

① 경험적 · 실증적 · 분석적이다.
② 거시적인 제도와 미시적인 인간행동의 연계하는 접근법을 사용한다.
③ 다양한 제도의 동태적 관계를 중시한다.
④ 행태주의의 비판을 받았다.

해설 1980년대 이후 등장한 신제도론은 행태주의를 비판하며 나타났다. 행태주의의 비판을 받은 것은 구제도론이다.

핵심정리

신제도론

구분	내용
의의	• 제도와 인간 간의 상호 작용으로 형성 · 공유된 공식적 · 비공식적 규범 • 공식적으로 표명되지 않은 조직이나 문제해결기제까지도 제도로 봄 • 인간 행태나 사회현상을 제도의 범위에 포함
형성	제도와 인간 간의 상호작용으로 형성
특성	• 비공식적, 상징적, 문화적 • 다양한 제도의 동태적 관계를 중시(분석적) • 거시적인 제도와 미시적 인간행동의 연계 • 경험적 · 실증적 · 분석적 • 행태주의를 비판
연구	• 제도와 행위자의 상호작용에 따른 정책 내용과 효과의 차이를 설명하기 위한 동태적 연구 • 제도와 행위자의 동태적 상호관계 연구(사회현상을 설명)
학문적 토대	행정학적 기술

31

다음 중 신공공관리론자들이 지향하는 가치와 거리가 먼 것을 모두 고른 것은?

ㄱ. 미국의 '위대한 사회(The Great Society)' 정책
ㄴ. 성과에 의한 관리
ㄷ. 오스본과 게블러의 『정부 재창조』
ㄹ. 유럽식의 '최대의 봉사자가 최선의 정부'

① ㄱ, ㄴ
② ㄱ, ㄷ
③ ㄴ, ㄷ
④ ㄱ, ㄹ

해설 신공공관리론이 지향하는 가치는 비대한 정부로 초래된 정부실패를 치유하기 위한 '작지만 효율적인 정부, 기업가적 정부'이므로, 큰 정부를 지향하는 ㄱ, ㄹ은 해당되지 않는다.
ㄱ. 미국의 '위대한 사회(The Great Society)' 정책은 1960년대 미국 사회의 격동기에 대처하기 위하여 복지지출을 대폭 강화시킨 빈곤추방 · 경제 번영정책으로서 큰 정부를 지향하므로 신공공관리론과 거리가 멀다.
ㄹ. 신공공관리론은 최대의 봉사자가 아닌, 방향잡기를 강조하는 정부이므로 신공공관리론과 거리가 멀다.
ㄴ · ㄷ. 오스본과 게블러의 『정부 재창조』는 미래형 정부조직으로 성과에 의한 관리를 바탕으로 한 기업가형 정부를 제시하였다. 이는 신공공관리론의 주요 내용이다.

32

다음 신공공관리론에 대한 설명 중 옳은 것은?

> ㄱ. 공공부문의 시장화를 강조한다.
> ㄴ. 권한 확대 및 재량에 대한 책임을 강조한다.
> ㄷ. 절차와 과정을 강조한다.
> ㄹ. 정부의 감독과 통제를 강화한다.

① ㄱ, ㄴ ② ㄴ, ㄷ
③ ㄷ, ㄹ ④ ㄱ, ㄹ

해설 ㄷ. 생산성 향상을 위해 절차·과정보다 결과·성과를 강조한다.
ㄹ. 정부의 감독·통제 완화, 정부규제의 개혁과 권한위임, 융통성 및 관리자의 재량권 확대, 혁신과 창의력 고취를 추구한다.

33

행정학의 접근방법 중 현상학적 접근방법에 관한 설명으로 옳지 않은 것은?

① 행정현실을 이해하는 데 과학적 방법보다 해석학적 방법을 선호한다.
② 조직을 인간의 의도적인 행위에 의해 구성되는 가치함축적인 행위의 집합물로 이해한다.
③ 인간행위의 가치는 행위 자체보다 그 행위가 산출한 결과에 있다.
④ 조직 내외의 인간들은 자신 또는 다른 사람의 행위에 의미를 부여함으로써 조직을 설계한다.

해설 현상학적 접근방법은 개개인의 내면적 인식이나 지각으로부터 행태가 도출된다고 보아 인간행위의 가치가 외면적 결과보다는 내면적 의미와 동기, 의도가 결부된 의미 있는 행동에 있다고 본다. ③은 행태론적 접근법에 해당하는 내용으로, 현상학에서는 이러한 관점에 대해 비판적 입장에 있다.
① 현상학은 해석학적 사회이론으로서 철학자 후설(E. Husserl)에 의하여 발전되기 시작된 이론이다. 그 연구방법에 있어서도 객관적 실재보다 명분이나 가치를 중시하는 명목론(유명론)의 입장을 추구한다.
② 의도가 결부된 의미 있는 행동(행위)을 강조하므로 조직을 의도적 행위에 의해 구성되는 가치함축적 행위의 집합물로 이해한다.
④ 현상학은 인간의 상호인식작용을 전제로, 자신 또는 다른 사람의 의미 있는 행위에 대한 연구를 통해 조직설계를 추구한다.

정답 30 ④ 31 ④ 32 ① 33 ③

34

미국 행정학의 발달에 관한 설명으로 옳지 않은 것은?

① 제퍼슨주의는 개인적인 자유를 극대화하기 위해 행정 책임을 강조하면서 소박하고 단순한 정부와 분권적 참여과정을 중시한다.
② 해밀턴주의는 정부의 적극적인 역할을 통해 연방 정부 중심의 강력한 중앙집권을 강조한다.
③ 잭슨이 도입한 엽관주의는 인사권자의 지도력을 약화하였다.
④ 매디슨주의는 다양한 이익집단의 요구에 대한 조정을 위해 견제와 균형을 중시한다.

> **해설** 잭슨주의는 공직경질제(엽관제)를 통한 민주주의 실현을 강조 하는 모형으로, 미국의 정치체제에서 지배적인 정치적 관점으로 유지되어온 작은 정부 지향 및 공직순환을 의미한다. 정치적 충성심에 의하여 관직임용을 하기 때문에 인사권자의 지도력을 강화한다.

35 국가직 9급 기출

가우스(J. M. Gaus)가 지적한 행정에 영향을 미치는 환경요인에 포함되지 않는 것은?

① 국민(people)
② 장소(place)
③ 대화(communication)
④ 재난(catastrophe)

> **해설** 가우스(J. Gaus)는 행정에 영향을 미치는 환경요인으로 국민, 장소, 물리적 기술, 사회적 기술, 욕구와 이념, 재난, 인물(개성)의 7가지를 제시하였다. 대화(communication)는 이러한 요인에 포함되지 않는다.

핵심정리

생태론적 접근(행정생태론)의 의의 및 주요 이론

- 생태론이란 유기체와 그 환경의 상관관계를 밝히려는 이론으로서, 행정조직을 유기체로 간주하고 그것을 둘러싸고 있는 환경과의 상호작용을 규명하려는 거시적 이론
- 행정과 환경과의 관계에 있어 생태론은 행정이 환경으로부터 영향을 받는 종속변수적 성격을 강조한 이론이며, 행정과 환경과의 관계를 다룬다는 점에서 개방체제이론에 해당
- 가우스(J. Gaus)의 이론 : 「행정에 관한 성찰」(1947)에서 행정에 영향을 미치는 생태적·환경적 요인으로 국민(주민), 장소, 물리적 기술, 사회적 기술, 욕구와 이념(사상), 재난, 인물(개성·성품)의 7가지를 제시
- 리그스(F. Riggs)의 이론
  - 사회이원론 : 「행정의 생태학」(1961)에서 농업사회(미분화사회·융합사회), 산업사회(분화사회)의 2가지 생태모형을 제시
  - 사회삼원론(1964) : 사회이원론이 발전도상국의 과도기적 사회를 설명하지 못한다는 비판이 제기되자, 농업사회를 융합사회로, 산업사회를 분화사회로 파악하고 여기에 융합사회에서 분화사회 이행되어 가는 전이사회(과도사회)에 해당하는 프리즘적 사회를 추가

36

행태론적 접근방법의 기본입장이 되고 있는 논리적 실증주의에 관한 기술로 옳지 않은 것은?

① 사실과 가치를 준별한다.
② 행정현상의 논리적 분석을 중시한다.
③ 경험주의를 강조한다.
④ 행정의 가치중립성을 인정하지 않는다.

해설 행태론적 접근방법의 논리적 실증주의는 가치명제와 사실명제를 엄격히 구분하여 사실명제만 다루는데(가치중립성), 형이상학이나 윤리의 문제를 철저히 배격하고 경험주의에 의한 행정현실의 엄격한 논리적 분석에 역점을 둔다.
① 논리실증주의를 토대로 가치(목표)와 사실(수단)을 구분하여 가치를 배제(가치중립성), 경험적 검증가능성이 있는 사실 연구에 치중한다.
② 행정의 과학적 연구를 위해 자연과학을 행정학에 적용하여 자료의 계량적 분석 및 조사기술, 개념의 조작적 정의를 통한 객관적 측정방법 등을 강조한다.
③ 연구의 초점을 인간행태에 두고 이를 경험적·실증적으로 연구한다(인간행태의 경험적 입증과 행태의 통일성·규칙성·유형성 발견에 치중).

37

다음 중 체제론적 접근방법의 특징이라고 보기 힘든 것은?

① 체제의 경계성과 균형성
② 체제의 유기적인 상호 조정·통합
③ 전체론적 인식
④ 경험주의적 관점

해설 체제론적 접근방법은 연구대상을 상징으로서 취급하므로 경험적이기보다는 추상적이며 관념적인 모형이다.
① 각 체제는 경계에 의해 다른 하위체제나 환경과 구별되며, 투입·산출을 통해 환경과 균형을 유지한다.
② 체제론적 접근방법에서 체제는 다양한 상·하위체제로 분화되고, 동시에 목표달성을 위해 유기적으로 상호 조정·통합된다고 본다.
③ 체체론적 접근방법에서는 체제는 부분이 아니며, 공동목표를 위한 전체론적 통일적 유기체로 본다.

핵심정리

체제론적 접근방법의 특징
- **연합학문적 관점** : 학제적 성격(정치학, 사회학, 행정학 등)
- **총체주의적 관점**(holism, 전체론적 인식) : 체제는 구성 부분의 단순한 합과 다른 총체로서의 특성을 지니므로 총체에 대한 거시적 분석이 필요하다고 봄
- **목적론적 관점**(목적지향성) : 모든 체제는 목적을 가진다는 유목적적 관점
- **계서적 관점**(계층성) : 하위체제는 상위체제에 속해있으며 체제나 현상 간에 존재하는 관계의 배열이 계층적임
- **시간적 관점** : 체제는 외적 환경과 교호작용하며 시간 선상(투입 → 전환 → 산출)에서 움직이는 동태적 변동을 겪음
- **추상적·관념적 관점** : 연구대상을 상징으로서 취급하므로 경험적이기 보다는 추상적이며 관념적인 모형

38

다음 중 행정의 생태론적 접근방법에 대한 설명으로 옳지 않은 것은?

① 주위 환경과의 상호작용을 강조하는 연구방법이다.
② 균형론이며 숙명론이다.
③ 1950년대 비교행정론의 중요한 방법론이 되었다.
④ 목표, 윤리와 같은 가치분석을 중시하는 연구방법이다.

해설 생태론에 따른 연구들은 행정 현상을 환경과 관련시켜 진단·설명함으로써 행정 연구의 과학화에는 공헌하였으나, 내부적으로 행정이 추구해야 할 목표나 방향을 제시하지는 못했다(처방적이기보다는 과학적 이론).
① 생태론이란 유기체와 그 환경의 상관관계를 밝히려는 이론으로서, 행정조직을 유기체로 간주하고 그것을 둘러싸고 있는 환경과의 상호작용을 규명하려는 거시적 이론이다. 행정과 환경과의 관계에 있어 생태론은 행정이 환경으로부터 영향을 받는 종속변수적 성격을 강조한 이론이며, 행정과 환경과의 관계를 다룬다는 점에서 개방체제이론에 해당한다고 할 수 있다.
② 생태론은 결정론·숙명론·비관론·균형론으로, 행정의 동태적 변동 기능을 설명하지 못하였으며 국가발전에 대한 독립변수로서 쇄신적 행정 엘리트의 역할을 무시한 이론이라는 비판이 있다.
③ 행정생태론은 1950년대를 전후로 등장하였으며, 대표되는 학자로는 「행정에 관한 성찰」(1947)의 J. M. Gaus와 「행정의 생태학」(1961)의 F. Riggs 등이 있다.

39 지방직 9급 기출

다음 중 공공선택론(public choice theory)의 접근방법에 관한 설명으로 옳지 않은 것은?

① 방법론적 개인주의에 입각하고 있으며, 인간은 철저하게 자기이익을 추구한다고 가정한다.
② 인간은 모든 대안들에 대하여 등급을 매길 수 있는 합리적인 존재라고 가정한다.
③ 정당 및 관료는 공공재의 소비자이고, 시민 및 이익집단은 공공재의 생산자로 가정한다.
④ 뷰캐넌(J. Buchanan)과 털럭(G. Tullock)이 대표적인 학자이다.

해설 공공선택론에서는 관료(정부) 및 정당을 공공재의 생산자·공급자로, 시민 및 이익집단을 공공재의 소비자로 가정한다. 공공선택론은 공공부문에 경제학적 관점을 도입하려는 정치경제학적 접근법으로, 공공재의 공급을 위한 의사결정방법과 조직배열을 연구하는 이론이라 할 수 있다.
또한 공공선택론은 소비자인 고객의 만족도를 제고하고자 하는 고객중심적 이론으로, 공공재와 공공서비스의 특징을 중시하여 공공정책을 사회의 희소한 공공재와 공공서비스를 합리적으로 배분하는 수단으로 이해한다(파레토 최적점에서 가장 합리적인 의사결정이 이루어진다고 봄).
①·② 공공선택론은 개인(부분)이 전체를 결정한다는 방법론적 개체주의(개인주의)에 입각하여 조직이나 사회전체가 아닌 개인을 연구대상으로 하며, 모든 인간을 철저하게 자기이익을 추구하는 합리적 이기주의자로 가정한다(합리적 경제인관).
④ 1960년대 경제학자 뷰캐넌(J. Buchanan)에 의해 창시되어 털럭(G. Tullock), 다운스(A. Downs) 등에 의해 전개되었고, 1973년 오스트롬(V. Ostrom)이 미국 행정학의 위기를 극복하기 위한 대안으로 행정학에 본격 도입되었다.

40

기업가적 정부에 대한 설명으로 옳지 않은 것은?

① 미국에서는 D. Osborne과 T. Gaebler가 정부 재창조의 방안으로 제시하였다.
② 공공서비스의 소유권과 통제권을 관료로부터 시민에게 넘겨주어야 한다.
③ 업무성과의 측정을 강화하고 그에 따라 유인의 배분을 결정해야 한다.
④ 정부는 리더십을 발휘하여 직접적인 서비스의 공급자로서 역할을 수행해야 한다.

해설 기업가적 정부(기업형 정부)는 직접적인 서비스 제공자의 역할이 아닌 서비스 공급의 촉매자·촉진자의 역할을 수행한다.
기업가적 정부는 정부부문에 기업가적 경영마인드를 도입함으로써 능률적·성과중심적 운영방법을 모색하고, 또한 그러한 행동을 유도할 수 있는 정부를 말한다.
① 미국에서는 1992년 D. Osborne과 T. Gaebler가 〈정부재창조론〉에서 미래형 정부조직으로 기업가적 정부를 처음으로 제시하였다.
② 정부가 독점하던 공공서비스를 경쟁을 통해 민간에 넘겨주어야 한다고 본다.
③ 기업가적 정부는 능률적이고 성과중심적 운영방법을 모색·유도하며, 성과중심의 관리와 성과와 예산의 연계를 강조한다.

핵심정리
기업가적 정부(기업형 정부)의 특징
촉매작용의 정부, 고객중심적 정부, 시민의 정부, 경쟁적·시장지향적 정부, 성과·결과중심적 정부, 임무·사명지향적 정부, 미래 예측적·예방적 정부, 분권적 정부

41

다음 중 체제론의 일반적인 특징이 아닌 것은?

① 체제의 기능에 관심을 가진다는 점에서 실제적이며, 상징을 중시한다는 점에서 추상적이다.
② 구조가 중시되지 않는다는 점에서 전체론적이다.
③ 정태적·균형적이라는 비판이 있으나, 변동을 전혀 고려하지 않는 것은 아니다.
④ 미시적 분석으로, 거시적 수준의 분석에 소홀하다는 비판이 있다.

해설 체제론은 총체적 질서를 추구하는 거시적 관점을 지니며, 미시적 측면에 소홀하다.

42

행정학의 접근방법 중 현상학적 접근방법과 관계가 깊은 개념은?

① 경험적 검증 가능성
② 능동적 자아
③ 가치중립성
④ 개별사례적 접근법

해설 현상학적 접근방법은 인간을 도구가 아닌, 자유의지를 지닌 자발적이고 능동적인 자아로 간주한다(인본주의). 그리고 거시적인 체제적 접근보다 행정인의 행위를 중심으로 연구하는 미시적 관점의 접근을 중시하며, 개인 간의 상호작용을 통한 상호이해(상호주관성)를 통해 거시적 문제가 해결될 수 있다고 본다.

43
다음 중 행정학의 이론적 발달과정과 접근방법에 대한 설명으로 틀린 것은?

① Gaus는 생태론적 접근방법을 택한 대표적 학자이다.
② 과학적 관리론은 비공식적 조직, 조직 내 갈등현상을 간과하였다.
③ Husserl은 해석학을 계승하여 행정학에 도입하였으며, 이것을 현상학적 접근방법이라고 한다.
④ 행태주의는 원리접근법을 형식과학이라 비판하고, 인간 행태에 대한 과학적 연구를 통해 행태의 규칙성을 발견하려 하였다.

해설 현상학은 E. Husserl이 해석학의 영향을 받아 일반철학 운동으로 전개한 것을 A. Schutz가 본격화하였다. 행정학에는 1970년대 L. Kirkhart에 의하여 신행정론에 도입되고 1980년대에 M. Harmon의 행위이론에 의하여 정립되었다.
① 생태론이란 유기체와 그 환경의 상관관계를 밝히려는 이론으로서, 행정조직을 유기체로 간주하고 그것을 둘러싸고 있는 환경과의 상호작용을 규명하려는 거시적 이론이다. 대표되는 학자로는 J. M. Gaus와 F. Riggs 등이 있다.
② 과학적 관리론은 절약과 능률을 실현할 수 있는 표준화된 업무절차를 만들어 업무의 양을 설정하고 생산성과 능률성을 향상시키고자 하는 방법에 관한 관리기술을 말하는 것으로, 조직 내 인간변수나 인간관계의 중요성, 내면적·심리적·사회적 요인을 경시하고, 비공식적 집단이나 조직을 소홀히 취급한다는 한계를 가진다.
④ 행태주의 학자였던 H. Simon은 원리접근법이 제시한 조직구조의 원리들이 경험적 검증을 거치지 않은 속담·격언(proverb)에 불과하며 경험과학·실증과학이 아닌 형식과학이라고 비판하였다. 행태주의는 사회과학의 연구 대상은 구조나 제도가 아니라 인간이며, 관찰 가능한 인간의 외면적 행태에 대한 과학적 연구를 통해 행태의 규칙성·일반법칙을 발견하려고 하였다.

44 [지방직 9급 기출]
역사적 신제도주의의 특징으로 옳지 않은 것은?

① 행정기관, 의회, 대통령, 법원 등 유형적인 개별 정치제도가 주된 연구대상이다.
② 제도를 이해하는 데 있어 역사적·사회적 맥락의 중요성을 강조한다.
③ 제도가 형성되면 안정성과 경로의존성을 갖는다고 본다.
④ 제도란 공식적 법규범뿐만 아니라 비공식적 절차, 관례, 관습 등을 포함한다.

해설 구제도주의가 행정기관, 의회, 대통령, 법원 등 유형적인 개별 정치제도를 주된 연구대상으로 한다. 역사적 신제도주의는 제도를 국가와 사회의 공식적 규칙, 순응절차, 표준화된 운영관행 등으로 보며, 그들이 주로 연구하는 제도적 변수는 중범위적 제도변수로서 자본가단체나 노동 조합 같은 경제적 이익집단의 조직형태, 정당체제 등이다.

핵심정리

역사적 신제도주의
- 제도는 정치체제나 경제체제의 구조에 내포된 공식·비공식적 절차, 규칙, 관례(미시와 거시가 연계된 중범위수준)
- 동일 정책이라도 역사적 특수성에 따라 제도가 달라질 수 있다고 보아 역사적 특수성과 제도의 장기적 지속성을 강조하며, 기존 제도가 새로운 제도의 형태를 제약한다는 경로의존성을 중시
- 국가 간 비교역사적인 분석과 비교정책 연구가 필요함을 강조

45

행정학 연구의 주요 접근방법에 관한 설명으로 적절하지 못한 것은?

① 구제도론적 접근방법은 사회현상이 상호주관적인 경험으로 이룩되므로 사회과학의 연구대상은 자연과학과 큰 차이를 보인다는 입장이다.
② 행태론적 접근방법은 사회현상도 행태의 규칙성, 상관성 및 인과성을 경험적으로 입증할 수 있어 자연과학과 마찬가지로 엄밀한 경험적 연구가 가능하다고 주장한다.
③ 체제론적 접근방법은 환경으로부터의 요구와 지지를 받아 산출로 전환하고, 환경으로 내보내진 환류를 통해 체제로 다시 환류되는 계속적인 순환과정을 행정현상에 적용한 것이다.
④ 공공선택론적 접근방법은 공공부문에 경제학적 관점을 도입하려는 경제학적인 관점에서 공공재의 공급을 위한 비시장적 의사결정과정과 조직배열을 요구한다.

해설 ①은 구제도론이 아니라 현상학적 접근방법의 특징이다. 현상학적 접근방법은 행정현상이란 그 속에 참여하는 사람들의 의식, 생각, 언어, 개념 등으로 구성되며 상호 주관적인 경험으로 이룩되는 것이므로 인간의 주관적 관념, 의식 및 동기 등의 의미를 더 적절하게 다루고 이해할 수 있다는 입장을 취한다. 현상학적 접근은 자연현상과 사회현상은 서로 다르므로 동일한 연구방법으로 연구될 수 없다고 본다. 물질세계를 대상으로 하는 자연과학과 달리 사회과학의 대상은 인간의 행위로서 인간의 주관적 세계를 반영하며 무엇인가 가치 있는 목표를 추구하는 것이라고 보아 내적 가치, 의미, 상호주관성을 중시했다.

46 지방직 9급 기출

신제도주의에 대한 설명으로 옳지 않은 것은?

① 제도는 법률, 규범, 관습 등을 포함한다.
② 역사적 제도주의는 제도가 경로의존성을 따른다고 본다.
③ 사회학적 제도주의는 적절성의 논리보다 결과성의 논리를 중시한다.
④ 합리적 선택 제도주의는 제도가 합리적 행위자의 이기적 행태를 제약한다고 본다.

해설 사회학적 제도주의는 결과성의 논리보다 적절성의 논리를 강조한다.
① 신제도주의에서는 공식적 제도뿐만 아니라 규범이나 관습 등과 같은 비공식적 제도들도 제도에 포함시킨다.
② 역사적 제도주의에서는 동일 정책이라도 역사적 특수성에 따라 제도가 달라질 수 있다고 보아 역사적 특수성과 제도의 장기적 지속성을 강조하며, 기존 제도가 새로운 제도의 형태를 제약한다는 경로의존성을 중시한다.
④ 합리적 선택 제도주의에서 제도는 개별 행위자의 행동에 영향을 주며, 제도는 합리적이며 자기이익을 추구하는 개인의 행태를 제약한다고 할 수 있다.

핵심정리

신제도주의(신제도론적 접근)의 특성

- 유·무형의 제도까지도 제도로 다룸
- 조직의 구조적 특성뿐만 아니라 가치나 규범, 문제 해결방식까지 제도에 포함
- 분석의 수준이 다양함(미시, 거시)
- 정책의 보편성보다는 특수성에 기인한 개별 정책구조의 특성에 주목함
- 정책의 차이와 변화를 설명하기 위한 중범위수준의 변수들을 제시하여 미시 또는 거시적 행정학이 지닌 한계를 보완(정책현상 등 다른 변수들과의 관계분석도 추구)
- 사회적 성과의 차이를 야기하는 일단의 규칙도 제도의 범위에 포함시킴
- 생산활동에 참여하는 인간을 합리적 행위자라 가정하며, 경제활동과 사회를 지배하는 정치적·사회적 제도인 규칙을 강조함

정답 43 ③ 44 ① 45 ① 46 ③

47

다음 공공선택론에 대한 논의 중에서 틀린 것은?

① 공공재의 효율적 공급을 위한 중첩적·분권적 장치를 마련해야 한다.
② 행정에 영향을 미치는 외부환경적 요인을 강조한다.
③ 오스트롬 부부가 행정학에 도입·발전시켰다.
④ 공공재도 시장과 마찬가지로 '파레토 최적점'에서 가장 합리적인 정책결정이 이루어진다.

해설 행정에 영향을 미치는 외부환경적 요인을 강조하는 것은 생태론이다. 공공선택론은 공공부문의 비시장적 의사결정(정치적 결정)에 경제학적 분석도구를 사용하며 정치과정에 시장경제적 대안을 도입하고, 효율적인 공공재 공급을 위한 정책결정방식과 조직배열을 연구한다.

핵심정리

공공선택론의 내용적 특성
- **합리적 경제인관** : 모든 개인을 철저하게 자기 이익을 추구하는 합리적 이기주의자로 가정
- **공공부문의 시장경제화** : 관료(정부)와 정당을 공공재의 생산자(공급자)로, 시민과 이익집단 등을 공공재의 소비자로 가정
- **공공재의 효율적 공급을 위한 장치 강조** : 중첩적 관할 구역과 분권적·중복적인 제도적 장치 마련을 강조 (신제도론, 다중공공관료제 등)
- **민주적·집단적 결정 중시** : 이를 통해 정치적 비용의 극소화 및 동의의 극대화를 모색하는 것이 핵심
- 정책의 파급효과나 확산효과를 중시(정책분석 기능 중시)
- 재화와 용역의 공공성 강조
- 시민의 선호와 대응성 중시
- 파레토 최적의 실현 가능성 긍정

48

다음 중 신공공관리론에 대한 설명으로 옳지 않은 것은?

① 시장과 민간부문에 지나치게 의존한다는 비판을 받는다.
② 정부의 역할을 줄이고 시장기능의 회복을 중시한다.
③ 정치·행정일원론에 기반을 둔다.
④ 전통적 관리론에서 출발하였다.

해설 신공공관리론은 행정부문에 민간의 경영기법을 적용하여 재정적 효율성을 도모하고 고객인 국민의 수요에 적합한 서비스를 제공하려는 것이므로 공·사행정일원론, 정치·행정이원론에 기반을 둔다고 할 수 있다.

① 신공공관리론(NPM)은 민간의 경영이론을 행정에 적용하여 작고 효율적인 정부를 달성하고 고객 중심적 서비스를 제공하려는 이론인데, 시장과 민간부문에 지나치게 의존하여 행정의 공공성·형평성 등의 가치를 저해한다는 비판을 받고 있다.
② 정부의 역할을 줄이고 시장기능을 회복하려는 것을 골자로 하며, 민영화·민간화를 중시한다(공공서비스 제공에 민간부문이 적극적으로 참여할 것을 강조).
④ 신공공관리론은 1970년대부터 공공선택론자 등에 의해 전통적 관리론이나 관료제 조직에 대한 비판이 고조되면서 Aucoin과 Hood 등에 의해 제기된 공공분야에 대한 합리적 관리방식이다.

49

행정학의 접근 방법에 대한 설명으로 옳은 것은?

① 법적·제도적 접근방법은 개인이나 집단의 속성과 행태를 행정현상의 설명변수로 규정한다.
② 신제도주의 접근방법에서는 제도를 공식적인 구조나 조직 등에 한정하지 않고, 비공식적인 규범 등도 포함한다.
③ 후기 행태주의 접근방법은 행정을 자연·문화적 환경과 관련하여 이해하면서 행정체제의 개방성을 강조한다.
④ 툴민(Toulmin)의 논변적 접근방법은 환경을 포함하여 거시적인 관점에서 행정현상을 분석하고, 확실성을 지닌 법칙발견을 강조한다.

해설 신제도주의 접근방법에서는 구제도주의와 달리 제도를 공식적인 체제나 구조, 조직에 한정하지 않고, 제도의 개념을 비공식적인 규범, 규칙, 사회현상 등으로 폭넓게 이해한다.
① 법적·제도적 접근방법은 공식적인 법률과 제도 등에만 주목하고 개인이나 집단의 속성과 행태를 경시한다.
③ 행정을 자연·문화적 환경과 관련하여 이해하면서 행정체제의 개방성을 강조하는 이론은 생태주의적 접근방법으로 후기 행태주의 접근 방법은 행태주의에 대한 비판적 시각에서 부상하여 가치에 대한 연구를 중심으로 사회문제해결을 강조한다.
④ 논변적 접근방법은 불확실성을 전제로 '결정에 대한 주장을 정당화'할 수 있도록 논거를 체계적으로 전개할 수 있는 모형을 제공하는 접근방법이다. 행정현상은 가치의 요소가 포함되기 때문에 확실성을 지닌 법칙의 추구는 불가능하다고 보고, '문제 해결방안의 진실성'이 아니라 '해결방안에 대한 주장의 정당성'을 체계적으로 전개할 수 있는 모형으로서 제시되었다. 자연현상의 법칙성 연구와 달리 행정현상 같은 가치측면의 규범성 연구에는 결정에 대한 주장의 정당성을 갖추는 것이 중요하며, 행정에서의 진정한 가치는 자신들의 주장에 대한 논리성을 점검하고 상호 타협과 합의를 도출하는 민주적 절차에 있다고 보았다.

50

다음 중 신제도론 유파에 대한 설명으로 옳지 않은 것은?

① 역사적 신제도주의는 경로의존성과 권력의 불균형성을 중시하였다.
② 사회적 신제도주의는 제도의 형성과 변화 과정에서 외생적 선호와 공식적인 과정을 중시하였다.
③ 사회적 신제도주의는 제도의 형성과 변화 과정에서의 합리성보다는 사회적 동형화를 중시하였다.
④ 합리적 선택의 신제도주의에서는 제도의 형성과 변화 과정에서 개인의 합리적이고 전략적인 선택을 중요시하였다.

해설 ②는 합리적 선택의 신제도주의이다. 사회적 신제도주의는 제도를 인지적·도덕적 기초나 틀, 상징, 비공식적 관행, 사회문화 등으로 보아 제도의 형성·변화 과정에서 내생적 선호와 비공식적인 측면을 중시하였다.
① 역사적 신제도주의는 동일 정책이라도 역사적 특수성에 따라 제도가 달라질 수 있다고 보아 역사적 특수성과 제도의 장기적 지속성을 강조하며, 기존 제도가 새로운 제도의 형태를 제약한다는 경로의존성을 중시하였다. 또한 사회에 대한 정치의 의존성이 아닌 정치체제(국가·정부)의 자율성 및 의사결정과정에서의 권력관계의 불균형성 강조하였다.
③ 사회적 신제도주의는 제도의 형성과 변화 과정에서 합리성이나 효율, 경쟁이 아니라 사회적 정당성을 인정받는 구조와 기능을 닮아가는 과정인 사회적 동형화(isomorphism)를 중시하였다.
④ 합리적 선택의 신제도주의에서는 행위자들을 합리적·산술적·전략적인 행동을 취하는 경제인으로 가정하므로 제도의 형성과 변화 과정에서 선호를 극대화하기 위한 개인의 합리적이고 전략적인 선택을 중요시하였다.

제4장 행정이념과 행정문화

대표유형문제

서울시 9급 기출

가외성(redundancy)에 대한 설명으로 가장 옳지 않은 것은?

❶ 동등잠재성(equipotentiality)은 동일한 기능을 여러 기관들이 독자적 상태에서 수행하는 것을 의미한다.
② 란다우(Martin Landau)는 권력분립, 계선과 참모, 양원제와 위원회제도를 가외성 현상이 반영된 제도로 본다.
③ 창조성 제고, 적응성 증진 등에 효용이 있다.
④ 한계로는 비용 상의 문제와 조직 내 갈등 유발 등이 지적된다.

정답해설 가외성이란 불확실성이나 위기에 대비한 중복, 중첩, 여유분(등잠재력)을 개념적 특징으로 하며, 동일한 기능을 여러 기관들이 독자적 상태에서 수행하는 것은 동등잠재성이 아닌 중복 또는 반복(duplication)에 해당한다.

오답해설 ② 권력분립, 참모조직, 거부권, 연방제, 양원제와 위원회제도는 가외성 현상이 반영된 제도적 장치들이다.
③ 적응성, 신뢰성, 안정성, 창조성 등은 가외성을 통해 확보할 수 있는 전략적 가치들이다.
④ 가외성은 기능의 중첩과 중복으로 인한 갈등·대립과 책임의 모호성, 비용 증가 등의 한계를 지닌다.

핵심정리 가외성

㉠ 기능 및 효용
- 행정의 적응성·유연성·융통성 증진
- 행정의 신뢰성·안정성·계속성·지속성 증진
- 정보의 다양성·정확성 확보
- 동질적 부품·기능의 상호작용으로 창조적·쇄신적 아이디어 확보
- 조직구성원의 지식·정보·기술의 수용범위의 한계를 극복
- 목표에 대한 맹종성 탈피, 융통성 부여
- 연구방법의 편의성

㉡ 한계
- **비용 및 효과상의 문제** : 가외성 장치의 설치·유지 비용은 미설치 시 손해액이나 실패 시 손실복구비용보다 적어야 함. 공행정에서는 효과가 정신적·심리적인 것이 많아 비용과 대비 곤란
- **가외성과 능률성 간 충돌** : 가외성과 능률성은 일반적으로 충돌되는 개념
- 자원동원능력의 한계
- 감축관리와 갈등 및 조화 문제
- **운영상 한계** : 기능중복에 의한 책임한계의 불명확성, 권한의 상충·갈등
- 집권적 구조에는 부적합

제4장 _ 행정이념과 행정문화

01 국가직 9급 기출

공리주의적 관점에서 공익을 설명한 것으로 옳은 것만을 모두 고르면?

> ㄱ. 사회 전체의 효용이 증가하면 공익이 향상된다.
> ㄴ. 목적론적 윤리론을 따르고 있다.
> ㄷ. 효율성(efficiency)보다는 합법성(legitimacy)이 윤리적 행정의 판단기준이다.

① ㄱ
② ㄷ
③ ㄱ, ㄴ
④ ㄴ, ㄷ

해설 ㄱ. 최대 다수의 최대 행복(사회 전체 후생의 극대화)을 공익으로 보는 공리주의는 개인 간 효용비교 보다는 사회 전체의 효용이 증가하면 공익이 향상된 것으로 보아 사회총체적 이익의 증가를 추구한다.
ㄴ. 공리주의적 관점의 철학적 배경은 목적론적·상대론적 윤리론(가치론)으로, 어떤 행위가 좋은 결과를 가져올 수 있다면 행위의 내용·이유와 상관없이 옳은 행위로 본다.
ㄷ. 공리주의적 관점에서 공익이란 전체이익의 총합을 최대화하는 것이므로 형평성이나 합법성 같은 절차적 가치보다는 효율성이나 성과 등 결과적 가치만이 윤리적 행정의 판단기준이 된다.

핵심정리

공리주의적 관점의 철학적 배경

목적론(상대론)적 가치론 (결과주의)	의무론(절대론)적 가치론 (법칙론)
보편적 가치판단기준은 존재하지 않는다고 봄	결과에 관계없이 옳고 그름을 판단하는 보편적 기준이 선험적으로 존재함
행위의 '결과'를 기준으로 옳고 그름을 판단	행위 자체의 '이유'를 기준으로 옳고 그름을 판단
최선의 결과를 가져오는 행위는 옳고, 그렇지 못한 행위는 그름	일정한 도덕적 의무나 법칙에 일치하는 행위는 옳고 그에 어긋한 행위는 그름
공리주의(최대 다수의 최대 행복 추구)	사회적 정의나 형평성, 롤스의 정의론

02

행정이념 간의 상호관계에서 부합관계(조화적 관계)에 해당하지 않는 것은?

① 민주성과 형평성
② 사회적 능률성과 민주성
③ 능률성과 가외성
④ 합법성과 민주성

해설 능률성과 가외성은 부합관계에 해당하는 것이 아니라 상충관계(대립적 관계)에 해당한다. 능률성을 제고하기 위해서는 중복·낭비되는 부분을 최소화해야 하기 때문이다.

핵심정리

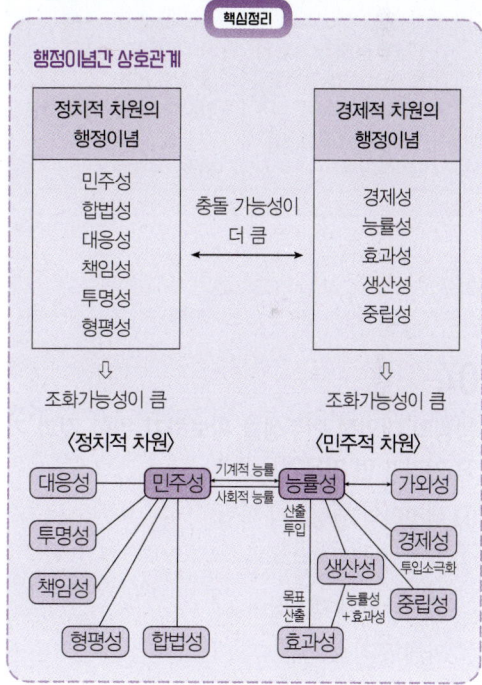

행정이념간 상호관계

정답 01 ③ 02 ③

03 국가직 9급 기출

디목(Dimock)이 제창한 사회적 능률에 해당하지 않는 것은?

① 인간적 능률
② 합목적 능률
③ 상대적 능률
④ 단기적 능률

해설 단기적·수치적 능률은 기계적 능률에 해당한다.

핵심정리

기계적 능률과 사회적 능률

기계적 능률	사회적 능률
• 내적 능률, 운영상 능률	• 발전적 능률, 봉사적 능률
• 물리적·기계적·공학적 능률	• 인간적·민주적 능률, 복합적·종합적 능률
• 절대적 능률, 단기적 능률, 양적·산술적 능률	• 상대적 능률, 장기적 능률, 질적 능률
• 몰가치적·객관적·타산적·대차대조표적 능률	• 가치적·규범적·주관적 능률
• 합리적 능률	• 합목적 능률

04

행정의 대외적 민주성을 확보하기 위한 것과 가장 거리가 먼 것은?

① 행정인의 행정윤리 확립
② 책임행정의 확보
③ 일반국민의 행정참여
④ 파레토 최적

해설 파레토 최적은 자원배분의 효율성에 관한 개념으로, 민주성이나 분배의 형평성 확보와는 거리가 멀다. 파레토 최적은 다른 사람의 후생(이익)을 감소시키지 않고는 누구의 후생도 증대시키는 것이 불가능하도록 자원이 효율적으로 배분되어 있는 상태를 말한다.

05

행정의 목표와 활동이 시대적 요구·선호·가치에 부합되는가의 정도를 의미하는 행정이념은?

① 효과성(effectiveness)
② 적정성(adequacy)
③ 적합성(appropriateness)
④ 대응성(responsiveness)

해설 적합성(appropriateness)은 정책목표와 성과의 실질적인 유용성과 가치, 사회적으로 바람직한 정책목표의 설정 여부와 관련되며, 행정의 목표와 활동이 시대적 요구·선호·가치에 부합되는가의 정도를 의미한다.

06

우리나라 행정문화의 특징 중 사회질서유지 및 안정을 유지하는 데 긍정적 영향을 미칠 수 있지만, 소수엘리트에게로의 권력 집중, 상하 간의 원만한 의사소통의 결여 등의 문제점을 지닌 것은?

① 의식주의·형식주의
② 권위주의
③ 사인주의
④ 숙명주의

해설 권위주의란, 평등의 관계보다는 수직적인 지배·복종의 관계를 강조하는 것으로, 즉 각 개인의 권력·지위·신분·연령·금력이나 선후배관계 등의 차이를 중심으로 상하 간의 계층적 인간관계를 순리로서 받아들이는 성향을 말한다. 권위주의는 사회질서유지 및 안정을 유지하는 데 긍정적 영향을 미칠 수 있다는 장점도 있으나, 소수엘리트에게로의 권력 집중, 상하 간의 원만한 의사소통의 결여에 따른 합리적 의사결정의 어려움, 하급자의 과잉충성 등의 문제점을 지닌다.

07

다음 중 사회적 형평성에 대한 설명으로 옳지 않은 것은?

① 사회적 형평성의 이론적 근거로는 평등이론, 실적이론, 욕구이론이 있다.
② 대내외적으로 모든 면에서 공정하며, 특히 경제적·사회적으로 소외된 약자를 위한 행정을 말한다.
③ 수직적 형평성과 수평적 형평성을 내포한다.
④ J. Rawls는 사회적 형평성을 추구하는 수단가치로 응답성, 시민참여, 재화의 공평한 분배 등을 제시했다.

> **해설** 사회적 형평성을 추구하는 수단가치를 제시한 학자는 J. Rawls가 아니라, H. G. Frederickson이다. Frederickson은 사회적 형평성을 추구하는 수단가치로 응답성, 시민참여, 재화의 공평한 분배, 시민의 선택, 행정의 책임성 등을 제시했다.

08

다음 중 합리성의 집단적·조직적 저해요인에 해당하지 않는 것은?

① 과거의 습관이나 고정관념에 안주하는 현상유지적 경향
② 상호경쟁적 이해관계가 부딪치는 다원주의적 상황에서의 대인간 조작
③ 자유로운 의사소통을 가로막는 구조적 왜곡이 존재하는 경우
④ 매몰비용에 대한 집착이 존재하거나 새로운 사업에 대한 비용이 과중한 경우

> **해설** 과거의 습관이나 고정관념에 안주하는 현상유지적 경향은 합리성의 집단적·조직적 저해요인이 아니라, 개인적 저해요인에 해당한다.

핵심정리

합리성의 저해요인

개인적 저해요인	• 인간의 인지능력의 제약(Simon의 절차적 합리성) • 가치관과 선입견, 편견, 감정적 차이 • 과거의 습관이나 고정관념에 안주하는 현상유지적 경향
집단적·조직적 저해요인	• 특정 사회의 문화적 요인이나 사회관습, 가치체계 • 매몰비용에 대한 집착이 존재하거나 새로운 사업에 대한 비용이 과중한 경우 • 상호경쟁적 이해관계가 부딪치는 다원주의적 상황에서의 대인간 조작(Lindblom) • 상호경쟁과 불신으로 인한 이기주의적 상황 • 자유로운 의사소통을 가로막는 구조적 왜곡이 존재하는 경우(Habermas의 비판이론)
정보적 저해요인	• 지식정보의 불완전성에 의한 대안 선택 시 갈등상황 • 지식정보의 격차(불균형성)에 의한 대리손실 상황

09

다음 중 행정의 생산성에 대한 설명으로 잘못된 것은?

① 행정의 생산성을 제고하기 위해서는 예산절감을 위해 노력하는 것이 가장 효과적이다.
② 생산성은 일반적으로 능률성과 효과성을 합한 개념으로 본다.
③ 행정의 생산성 제고를 위한 노력이 어려운 이유는 산출물의 시장가치 환산이 어렵기 때문이다.
④ 최소의 투입으로 최대의 산출을 기하되, 그 산출의 원래 목표를 얼마나 달성했는가를 나타낸다.

해설 행정의 생산성을 제고하기 위해서는 예산절감과 더불어 효과의 극대화를 위해 노력해야 하며, 정부조직이 가능한 한 능률적이고 효과적으로 목표를 어떻게 달성할 수 있고 성과를 어떻게 향상시킬 수 있는가에 초점을 두어야 한다. 일반적으로 비용을 일정하게 유지하면서 서비스 수준을 향상시키고, 현재의 서비스 수준 비용을 줄이면서 동시에 성과와 서비스 수준을 향상시키는 데 목적이 있다.
  ②·④ 생산성(효율성)이란 능률성과 효과성을 포함하는 개념으로서, 최소한의 투입으로 최대의 산출(능률성, 양적개념)을 추구하면서도 그 산출이 원래 설정한 목표기준에 비추어 얼마나 바람직한 효과(효과성, 질적개념)를 미쳤는가를 나타내는 개념이다.
  ③ 공공행정에서는 민간부문과 달리 공공산출의 개별적 단위와 명확한 생산함수가 없으므로 생산성 측정을 저해하는 요인이 된다.

10

행정이념에 관한 설명으로 옳지 않은 것은?

① 효과성은 목표의 달성도를 의미하는 행정이념이다.
② 합법성은 주관적 자의성을 배제하여 예측 가능성을 증대시킨다.
③ 능률성이란 일반적으로 투입에 대한 산출의 비율을 의미한다.
④ 사회적 형평성은 공리주의적 총체적 효용 개념을 강조한다.

해설 형평성은 총체적 효용보다는 배분적 정의를 중시한다. 총체적 효용을 중시하는 것은 공리주의나 파레토 최적과 관련된다. 총체적 효용으로서 '최대 다수의 최대 행복'을 강조하는 공리주의나 사회전체적으로 최적의 자원배분이 이뤄진 상태를 의미하는 파레토 최적은 소수자나 사회적 약자의 이익을 고려하지 못한다. 형평성은 사회적·경제적 소수자나 약자를 고려하며 배분적 정의를 강조한다. 배분적 정의는 인간적 가치의 차별성에 바탕을 둔 평등으로 사회구성원 간에 사회적 가치가 공정하게 나누어지는 것을 의미한다.

11 지방직 9급 기출

행정에 있어서 가외성(redundancy)에 대한 설명으로 옳은 것은?

① Landau는 권력분립 및 연방주의를 가외성 현상으로 보았다.
② 정보체제의 안전성을 증진시키기 위해서는 초과분의 채널이나 코드가 없는 비가외적 설계가 필요하다.
③ 불확실성이 커질수록 가외성의 필요성은 줄어든다.
④ 조직 내외에서 가외성은 기능상 충돌의 가능성을 없애는 역할을 한다.

해설 M. Landau가 제기한 가외성(redundancy) 현상의 예로는 권력분립, 연방주의, 의회의 양원제, 법원의 삼심제 등을 들 수 있다. 가외성은 불확실성에 대비하여 행정의 신뢰성을 제고하기 위한 이념으로, 행정의 남는 부분이나 초과분, 중첩·중복 부분 등을 의미한다.
② 정보체제의 안정성을 제고를 위해서는 초과분의 채널이나 코드 등의 가외적 설계가 필요하다.
③ 가외성은 불확실한 상황이나 위기 상황에 대비하기 위한 장치적 개념이므로 불확실성이 커질수록 가외성의 필요성도 커진다.
④ 조직 내외의 가외성 장치에 따른 중첩·중복으로 인해 기능상의 충돌이나 갈등이 발생할 가능성이 있으며, 책임한계의 불명확성 등의 우려가 존재한다.

핵심정리
가외성의 한계
- 행정의 능률성과 배치됨(양자는 절대적 대립관계라기보다는 상호보완적 관계)
- 감축관리와 조화가 곤란하며, 가외성 확보를 위한 비용과 자원의 한계
- 기능 중복·중첩으로 인한 갈등·대립과 책임 한계의 불명확성 등의 우려가 존재
- 집권적 구조에는 부적합

12

다음 중 가외성이 정당화되는 근거로 타당하지 않은 것은?

① 정책결정의 확실성
② 조직의 신경구조성
③ 조직의 체제성
④ 협상의 사회

해설 M. Landau가 주장한 가외성은 불확실한 상황에 대응하기 위한 여분으로서 의미를 가지며, 그 목표는 행정의 신뢰성 증진이다. 그러므로 정책결정의 확실성은 가외성이 정당화되는 근거로 타당하지 않다.

핵심정리
가외성의 정당화 근거
- 불확실성의 시대에 대비(불확실성에 대한 소극적 대처방안)
- 협상을 위한 전략적 가치
- 광범위한 신경조직으로 이루어진 현대조직의 위험성과 미비점을 보완
- 전체조직에 있어 부품의 불완전성이나 이탈 가능성에 대한 보완장치(체제성, 전체성)
- 정보체제의 불완전성·미비성에 대비

가외성의 예
- **일상생활**: 스페어타이어, 이중브레이크, 보조엔진, 보조낙하산
- **통치체제**: 권력분립(입법부·행정부·사법부), 연방주의(주정부와 연방정부), 대통령 법률안거부권제도, 지방자치단체장의 지방의회의결에 대하 재의요구권, 재판의 3심제, 양원제(상원과 하원)
- **행정체제**: 계선과 참모(막료), 합의제(위원회), 품의제(순차적 결재), 예비비, 복수의 대안·목표, 분권화, 직무대리·권한대행

13 서울시 9급 기출

공익에 대한 설명으로 가장 옳지 않은 것은?

① 과정설은 공익을 서로 충돌하는 이익을 가진 집단들 사이에 상호조정과정을 거쳐 균형상태의 결론에 도달했을 때 실현되는 것이라고 본다.
② 실체설에서도 전체효용의 극대화를 강조하는 입장에서는 사회구성원의 효용을 계산한 다음에 전 구성원의 총효용을 극대화함으로써 공익에 도달할 수 있다고 본다.
③ 실체설에서 도덕적 절대가치를 공익의 실체로 보는 관점에서는 사회공동체나 국가의 모든 가치를 포괄하는 절대적인 선의 가치가 있다고 가정한다.
④ 실체설에서는 적법절차의 준수를 강조하며 국민주권원리에 의한 행정의 중심적 역할을 강조한다.

해설 과정설은 절차적 합리성을 중시하며 적법절차를 강조한다. 실체설에서는 국가가 우월적 지위에서 목민적(牧民的) 역할 또는 중심적 역할을 수행한다고 보지만, 과정설에서는 국민주권원리에 입각하여 국가(정부)의 활동이 중립적 조정자로서의 역할로 제한된다고 본다.
① 과정설은 공익을 상호 경쟁적·다원적 이익의 조정 결과로 본다.
② 실체설에서도 과정설의 입장을 일부 수용하여 전 구성원의 총효용을 극대화함으로써 공익에 도달할 수 있다고 본다.
③ 실체설에서 사회공동체 또는 국가의 모든 가치를 포괄하는 절대적인 선의 가치가 존재하며, 이러한 도덕적 가치를 공익의 실체로 본다.

14

공익에 대한 설명으로 옳은 것은?

① 절충설은 공익에 대한 정의보다 사익 간 공통점·일치점에 공익을 찾으려 하지만, 공익의 적절한 평가·판단 기준이 있다.
② 실체설은 공익을 사익의 단순한 총화가 아닌 실체적·적극적 개념이며, 사익과는 질적으로 다른 전혀 별개의 개념으로 본다.
③ 과정설은 공익의 실체적 내용이 선험적으로 존재하며, 사익 간 경쟁·대립을 조정하는 과정에서도 형성된다고 본다.
④ 과정설은 토의·협상·경쟁과정이 발달되지 못한 신생국에서도 적용이 용이하다.

해설 실체설은 공익을 사익을 초월한 선험적·실체적·규범적·도덕적 개념으로 파악하며, 공익을 사익의 단순한 총화가 아닌 실체적·적극적 개념이며, 사익과는 질적으로 다른 전혀 별개의 개념으로 본다.
① 절충설은 공익에 대한 정의보다 사익 간 공통점·일치점에 공익을 찾으려 하며, 공익의 적절한 평가·판단 기준이 없어 비판을 받는다.
③ 과정설은 공익의 실체적 내용이 선험적으로 존재하지 않으며, 사익 간 경쟁·대립을 조정하는 과정에서 형성된다고 본다.
④ 과정설에 따르면 공익이란 사익의 총합 또는 사익 간 타협·조정의 결과이기 때문에, 토의·협상·경쟁과정이 발달되지 못한 신생국에서는 적용이 곤란하다는 한계가 있다.

15
다음 중 행정문화의 변동요인에 해당하지 않는 것은?
① 외래문화에 대한 단절
② 일반문화나 다른 관련 문화의 변경
③ 기술의 발달이나 경제적 발달
④ 역사적 대사건의 발생

해설 행정문화의 변동은 외래문화로부터의 단절로 인한 내부적인 개혁보다는 외래문화의 접촉과 수용으로 일어난다.

> **핵심정리**
>
> **행정문화의 변동요인**
> - 일반문화나 다른 관련 문화의 변경
> - 기술의 발달이나 경제적 발달
> - 역사적 대사건의 발생
> - 외래문화의 접촉과 수용
> - 적극적인 변화의지

16
다음 중 행정문화에 대한 설명으로 틀린 것은?
① 특정한 국가의 행정관료들이 갖는 가치 의식을 말한다.
② 선진국과 후진국을 막론하고 행정문화에는 큰 차이가 없다.
③ 행정체제가 환경과 상호작용하면서 역사적으로 형성되어 온 것이다.
④ 행정실체에 의미를 부여하는 상징들의 복합체이다.

해설 국가의 행정문화는 그 나라의 행정체제와 환경의 상호작용 속에서 형성되고 발전하므로 선진국의 행정문화와 후진국의 행정문화에는 큰 차이가 있다.
선진국의 행정문화는 합리주의, 민주주의, 성취주의·개인실적주의, 상대주의·다원주의, 세속주의, 모험주의, 사실지향주의, 정치중립주의, 전문주의 등의 성격을 가지며, 후진국의 행정문화는 권위주의, 가족주의·사인주의, 연고주의·집단주의, 정적 인간주의, 형식주의·의식주의, 관직이권주의, 운명주의, 일반주의 등의 성격을 가진다.

> **핵심정리**
>
> **행정문화의 의의 및 성격**
> - 행정에 있어 인간행동을 규제하고 그 지침으로서의 역할을 하는 관념이나 가치의 총체로서 행정인의 가치관이나 태도, 사고방식, 의식구조, 신념체계 등을 의미함
> - 일반문화의 하위체계에 해당되며, 시대나 장소의 제약을 지님
> - 행정제도와 현실 간의 괴리를 파악하게 하여 행정발전에 기여함
> - 행정문화는 일반문화의 하위문화로서 일반문화가 변화하면 행정문화도 변함
> - 행정문화는 행정체제가 환경과 상호작용하면서 역사적으로 형성됨

나두공

9급 공무원

제 2 편

정책론

제1장 정책과 정책학의 본질

제2장 정책과정 및 기획론

제1장 정책과 정책학의 본질

[대표유형문제]

<서울시 9급 기출>

정책유형에 대한 설명으로 가장 옳지 않은 것은?

① 로위(Lowi)는 정책의 유형에 따라 정책의 결정 및 집행과정이 달라진다고 보았으며, 정책유형에 따라 정치적 관계가 달라질 것으로 가정하고 있다.

❷ 로위(Lowi)는 정책유형을 배분정책, 구성정책, 규제정책, 재분배정책으로 구분하였으며, 구분의 기준이 되는 것은 강제력의 행사방법(간접적, 직접적)과 비용의 부담주체(소수에 집중 아니면 다수에 분산)이다.

③ 로위(Lowi)의 분류 중 재분배정책의 예는 연방은행의 신용통제, 누진소득세, 사회보장제도이고, 구성정책의 예는 선거구 조정, 기관신설 등이다.

④ 리플리 & 프랭클린(Ripley & Franklin)은 보호적 규제정책을 제시하는데, 이는 소수자나 사회적 약자, 그리고 일반대중을 보호하기 위해서 개인이나 집단의 권리 행사나 행동의 자유를 제한하는 정책이다.

정답해설 로위(Lowi)는 강제력의 행사방법(간접적, 직접적)과 강제력의 적용영역(개별적 행위, 행위의 환경)을 구분기준으로 정책유형을 배분정책, 구성정책, 규제정책, 재분배정책의 4가지로 구분하였다.

오답해설
① 로위(Lowi)는 정책유형에 따라 정책의 결정 및 집행 과정도 달라진다고 보고 정책을 유형화하였으며, 또한 정책유형에 따라 정치적 관계도 달라진다고 주장하였다.
③ 로위(Lowi)의 분류 중 재분배정책은 사회의 주요 계층·계급 간 소득이나 재산·권리 등의 상태를 이전·변경시키는 정책으로 신용통제, 누진소득세, 사회보장제도 등이 이에 속한다. 구성정책은 정부기관의 구조 및 기능의 변경을 목적으로 하는 정책으로 선거구 조정, 기관신설 등이 이에 속한다.
④ 리플리 & 플랭클린(Ripley & Franklin)은 사적 활동에 제약을 가하거나 허용 조건을 규정함으로써 일반 대중을 보호하는 보호적 규제정책을 제시하였는데, 이는 소수자나 사회적 약자를 위한 규제정책이다.

핵심정리 로위(T. Lowi)의 정책유형 분류 기준

구분		강제력의 적용대상	
		개별적 행위	행위의 환경
강제력의 행사방법	원격 (간접적)	분배정책(예) 19C 토지정책, 관세혜택, 보조금	구성정책(예) 선거구조정, 기구신설, 홍보
	근접 (직접적)	규제정책(예) 표준이하제품·불공정경쟁·사기광고의 배제	재분배정책(예) 연방은행의 신용통제, 누진소득세, 사회보장제도

01

다음 중 로위(Lowi)의 정책유형에 해당하지 않는 것은?

① 재분배정책
② 구성정책
③ 규제정책
④ 추출정책

해설 추출정책은 로위(Lowi)의 정책유형이 아니라, 알몬드(G. Almond)와 포웰(G. Powell)의 정책유형에 해당한다. 추출정책이란 동원정책이라고도 하며, 국내적·국제적 환경에서 물적·인적 자원이나 수단을 확보하는 것과 관련된 정책이다.

02

리플리(Ripley)와 프랭클린(Franklin)의 정책유형 중 사적 활동에 제약을 가하거나 허용 조건을 규정하는 정책은?

① 보호적 규제정책
② 경쟁적 규제정책
③ 재분배정책
④ 분배정책

해설 보호적 규제정책은 사적활동에 제약을 가하거나 허용 조건을 규정함으로써 일반 대중을 보호하는 것을 목적으로 하는 정책을 말한다.

03 [국가직 9급 기출]

로위(Lowi)의 정책유형과 그에 대한 설명으로 옳은 것만을 모두 고르면?

> ㄱ. 규제정책은 특정 개인이나 집단에 대한 선택의 자유를 제한하는 유형의 정책으로 강제력이 특징이다.
> ㄴ. 분배정책의 사례에는 FTA협정에 따른 농민피해 지원, 중소기업을 위한 정책자금지원, 사회보장 및 의료보장정책 등이 있다.
> ㄷ. 재분배정책은 고소득층으로부터 저소득층으로 소득이전을 목적으로 하기 때문에 계급대립적 성격을 지닌다.
> ㄹ. 재분배정책의 사례로는 저소득층을 위한 근로장려금 제도, 영세민을 위한 임대주택 건설, 대덕 연구개발 특구 지원 등이 있다.
> ㅁ. 구성정책은 정부기관의 신설과 선거구 조정 등과 같이 정부기구의 구성 및 조정과 관련된 정책이다.

① ㄱ, ㄴ, ㄷ
② ㄱ, ㄷ, ㅁ
③ ㄴ, ㄹ, ㅁ
④ ㄷ, ㄹ, ㅁ

해설 ㄱ. 규제정책은 개인이나 집단의 활동이나 재산 등에 대하여 정부가 통제·강제하거나 일정 제한·제재를 가하는 것과 관련된 정책이다.
ㄷ. 재분배정책은 사회의 주요 계층·계급 간 소득이나 재산·권리 등의 상태를 이전·변경시키는 정책으로, 일부계층(저소득층)에 대한 지원, 계층·계급 간의 차별적·대립적 성격 등으로 기득권층이나 비용부담자의 저항을 유발하며, 시행과정에서 정치적 갈등의 소지가 높다.
ㅁ. 구성정책은 정부기관의 구조 및 기능의 변경을 목적으로 하는 정책으로 선거구 조정, 행정구역이나 기구의 개편 등이 이에 속한다.
ㄴ. FTA협정에 따른 농민피해 지원, 중소기업을 위한 정책자금지원은 분배정책에 해당하지만, 사회보장 및 의료보장정책은 재분배정책에 해당한다.
ㄹ. 저소득층을 위한 근로장려금 제도, 영세민을 위한 임대주택 건설은 재분배정책에 해당하지만, 대덕 연구개발 특구 지원 등은 분배정책에 해당한다.

정답 01 ④ 02 ① 03 ②

04

다음 정책유형의 설명 중 옳지 못한 것은?

① 구성정책은 조세, 병역, 물자수용, 노력동원 등과 관련된 정책이다.
② 분배정책은 특정한 개인, 기업체, 조직, 지역사회에 공공서비스와 편익을 배분하는 정책이다.
③ 상징정책은 국민전체의 자긍심을 높이기 위한 정책들이 포함된다.
④ 재분배정책은 돈이나 재산, 권력 등을 소유하고 있는 집단으로부터 그렇지 못한 집단으로 이전시키는 정책이다.

해설 조세정책, 병역정책, 성금모금, 노력동원, 토지·물자수용정책 등 물적·인적 자원을 추출하는 것과 관련된 정책은 알몬드(G. Almond)와 포웰(G. Powell)이 분류한 추출정책에 해당한다. 구성정책은 로위(T. Lowi)가 제시한 정책유형의 하나로, 정부기관의 신설, 구조 및 기능의 변경을 목적으로 하는 정책으로, 선거구 조정, 행정구역이나 기구의 개편 등 체제유지와 관련된 정책이 포함된다.
② 분배정책에는 사회간접자본의 건설, 보조금의 지급 등이 포함된다.
③ 상징정책에는 국기게양, 왕족이나 고관의 부각 등이 포함된다.
④ 재분배정책에는 생활보호대상자 지원정책(사회보장정책), 누진세제도, 임대주택제도, 공공근로사업 등이 있다.

05

다음 중 로위(Lowi)의 재분배정책에 대한 설명으로 옳지 않은 것은?

① 재산권 자체보다 재산권 행사를, 평등한 대우보다 평등한 소유를, 행태보다는 존재를 의도한다.
② 시장원리가 아닌 정부정책에 의해서 조정·통제되므로 계급대립적 성격이 강하다.
③ 강제력이 직접적·일률적으로 환경에 미치므로 집권적·체제적인 결정이 이루어진다.
④ 정책결정은 엘리트들의 제휴에 의해 이루어지므로 엘리트론적 정치가 강하게 나타난다.

해설 로위(Lowi)의 재분배정책은 재산권 행사보다 재산권 자체를 의도한다.

핵심정리

로위(Lowi)의 재분배정책

- 고소득층으로부터 저소득층으로의 소득이전을 목적으로 하는 정책으로, 소득분배의 실질적 변경을 가져옴
  예 누진세, 사회보장지출, 종합부동산세, 임대주택건설, 부(負)의 소득세, 통합국민건강보험정책, 국민기초생활보장법
- 재산권 행사보다 재산권 자체, 평등한 대우보다 평등한 소유, 행태(behavior)보다는 존재(being)를 의도(aim)함
- 비용부담집단인 기득권층의 저항이 심하게 나타나 정치적 갈등 수준이 높고 정책집행이 곤란함
- 시장원리가 아닌 정부정책에 의해서 조정·통제되므로 계급대립적 성격이 강하며, 정책과정 전반에서 강력한 이해대립과 사회계급·복지혜택·평등·정의·국가역할 등에 관한 이념논쟁(이데올로기적 대립) 야기
- 강제력이 직접적·일률적으로 환경에 미치므로 집권적·체제적인 결정이 이루어짐
- 정책의 주요 내용은 양분된 계층 간 갈등·조정에 의해 결정되는데, 주도권은 정부 고위관료, 기업 및 노동조합의 지도자 등 엘리트 집단이 지니며, 이러한 정치적 관계는 사회 내 계급관계의 안정성에 기인하여 매우 안정적임
- 정책결정은 엘리트들의 제휴(association)에 의해 이루어지므로 엘리트론적 정치가 강하게 나타남

06

다음 중 정책유형에 대한 설명으로 옳지 않은 것은?

① 정책유형 연구에서는 정책유형에 따라 정책결정 과정이나 정책집행과정이 달라질 수 있다고 본다.
② 정책유형 연구에서는 정책을 독립변수가 아니라 환경의 종속변수로 본다.
③ 경쟁적 규제정책은 특정한 재화나 서비스의 공급권을 경쟁자들 중 소수에게 제한하여 부여하는 것이다.
④ 보호적 규제정책은 사적인 활동을 제약하는 조건을 설정함으로써 일반 대중을 보호하려는 것이다.

해설 종래에는 정책을 정치과정에 산출물로서 정치과정에 의해 결정된다고 보아 정책을 종속변수로 파악했지만, 정책유형론은 정책을 독립변수로 본다. 즉, 정책내용이나 정책유형에 따라 정치과정(정책결정과정)이나 정책집행과정이 달라질 수 있다고 본다.

07

로위(Lowi)가 제시한 배분정책의 사례로 옳지 않은 것은?

① 주택자금 대출
② 창업지원금
③ 선거구 조정
④ 국공립학교를 통한 교육서비스 제공

해설 선거구 조정은 구성정책의 예이다.
배분정책은 국민들이 필요로 하는 재화나 서비스, 지위, 권리, 기회 등을 제공하는 정책이다. 대부분의 사회간접자본의 건설, 보조금의 지급이나 금융상의 지원 및 특혜(주택자금 대출, 창업이나 연구지원금, 출산장려금, 통상지원정책 등), 농어촌 소득증대 사업, 영농정보의 제공, 국유지불하·공급, 문화사업 등이 분배정책에 해당한다.

08

정책의 유형과 구체적인 사례가 바르게 연결되지 않은 것은?

① 경쟁적 규제정책 – 독과점 규제
② 보호적 규제정책 – 개발제한구역 설정
③ 분배정책 – 벤처기업 창업 지원금
④ 재분배정책 – 누진세 제도 도입

해설 독과점 규제는 일반 공중을 보호하기 위한 보호적 규제정책에 해당한다. 경쟁적 규제정책은 경쟁을 촉진시키기 위한 규제가 아니라 자원 등이 희소할 때 경쟁을 제한하는 규제이다.

핵심정리

정책유형과 구체적 사례

- **경쟁적 규제정책** : 방송국 허가, 항공사업 인가, 이동통신사업자 선정, 약사면허증 발급 등
- **보호적 규제정책** : 「공정거래법」에 의한 독점규제, 「근로기준법」의 최저임금제, 「식품위생법」의 식품첨가제에 대한 규제 등이 있음
- **분배정책** : 대부분의 사회간접자본의 건설, 보조금의 지급이나 금융상의 지원 및 특혜(주택자금 대출, 창업이나 연구지원금, 출산장려금, 통상지원정책 등), 농어촌 소득증대사업, 영농정보의 제공, 국유지불하·공급, 문화사업 등
- **재분배정책** : 생활보호대상자 지원정책, 누진세제도, 임대주택제도, 공공근로사업 등이 있음

09

규제정책에 대한 다음 설명 중 가장 거리가 먼 것은?

① Lowi는 정책의 한 유형으로 규제정책을 제시하였다.
② 개인, 조직의 행동이나 재량권에 제재나 제한을 가한다.
③ 재산이나 권리를 많이 소유한 집단에게서 그렇지 않은 집단으로 이전시킨다.
④ 환경오염, 독과점을 방지할 때 많이 사용되는 정책이다.

해설 재산이나 권리를 많이 소유한 집단에서 적게 소유한 집단으로 이전시키는 것은 재분배정책이다. 재분배정책은 사회의 주요 계층·계급 간 소득이나 재산·권리 등의 상태를 변경시키는 것과 관련된 정책으로, 생활보호대상자 지원, 누진세 제도 등이 대표적 예이다.
① Lowi는 정책을 규제정책과 구성정책, 분배정책, 재분배정책으로 분류하였다.
② 규제정책은 개인이나 집단의 활동이나 재량권, 재산 등에 대해 정부가 일정 제한이나 제재를 가하는 정책이므로, 대상 집단 또는 관련 집단들 사이에서 손익에 따른 대립·갈등이 빈번히 나타난다.
④ 규제정책은 환경오염이나 독과점 방지, 최저임금의 보장, 식품첨가물 규제, 각종 인허가 등에서 주로 사용된다.

10

다음의 정책 중 성격이 다른 것은?
① 국유지 불하
② 임대주택의 건설
③ 연구개발비 지원
④ 사회간접자본 시설의 확충

해설 임대주택의 건설·공급은 저소득층이나 빈곤계층 등 사회적 약자에게 혜택이 이전되도록 배려하는 정책이므로 재분배정책에 해당한다고 할 수 있다(일반주택의 건설·공급은 분배정책). 재분배정책은 사회의 주요 계층·계급 간 소득이나 재산·권리 등의 상태를 이전·변경하는 정책을 말한다.
①·③·④ 국유지 불하와 연구개발비 지원, 사회간접자본 시설의 확충 등은 모두 분배정책에 해당한다. 분배정책은 정부가 개인이나 집단, 조직, 지역사회 등이 필요로 하는 재화나 서비스, 이익, 권리 등을 제공하는 정책을 말한다.

핵심정리

분배정책(배분정책)
- 국민들이 필요로 하는 재화나 서비스, 지위, 권리, 기회 등을 제공하는 정책
- 구체적 예로 대부분의 사회간접자본의 건설, 보조금의 지급이나 금융상의 지원 및 특혜(주택자금대출, 창업이나 연구지원금, 출산장려금, 통상지원정책 등), 농어촌 소득증대사업, 영농정보의 제공, 국유지불하·공급, 문화사업 등이 있음
- 불특정 다수인을 대상으로 시행되므로 갈등이 적고 순응확보가 용이한 것이 장점
- 포크배럴(구유통 정치)이나 로그롤링(담합, 상호수용)이 발생할 가능성이 높다는 것이 단점

11

다음의 정책 분류 가운데 Almond와 Powell이 사용한 분류는?

① 분배정책, 규제정책, 재분배정책
② 분배정책, 규제정책, 재분배정책, 구성정책
③ 분배정책, 규제정책, 추출정책, 상징정책
④ 분배정책, 경쟁적 규제정책, 보호적 규제정책, 재분배정책

해설 Almond와 Powell이 제시한 정책의 유형에는 분배정책, 규제정책, 상징정책, 추출정책(동원정책)이 있다.
② 로위(Lowi)가 분류한 정책유형이다.
④ 리플리(Ripley)와 프랭클린(Franklin)의 분류에 해당한다.

핵심정리
Almond와 Powell의 분류
- **추출정책(동원정책)** : 국내적·국제적 환경에서 물적·인적 자원이나 수단을 확보하는 것과 관련된 정책(조세정책, 병역(징집)정책, 성금모금, 인력 동원, 토지·물자수용 등)
- **규제정책** : 개인·집단의 활동이나 재산에 대해 정부가 통제나 일정 제한을 가하는 정책(환경·안전·진입규제 등)
- **분배정책(배분정책)** : 정부가 각종 재화나 서비스, 지위·권리, 이익, 기회 등을 정책대상에게 제공하는 정책
- **상징정책** : 국민의 순응과 정부의 정통성·신뢰성을 확보하기 위해 정부가 가치나 규범, 상징·이미지 등을 만들어 사회나 국제적 환경에 유출되는 것과 관련된 정책(국기나 국가 제정, 국경일 지정, 엘리트에 의한 가치고양, 특정인의 영웅화, 왕족이나 고관의 부각, 스포츠행사나 축제 개최, 문화재 복원 등)

12

기관 구성에 있어 유리한 기관 구성을 위한 조직 간 게임의 법칙이 발생하며 정부가 권위적 성격을 띠는 것은 다음의 정책 유형 중 어디에 해당하는가?

① 규제정책 ② 재분배정책
③ 구성정책 ④ 분배정책

해설 로위(Lowi)의 구성정책은 정부기관의 구조 및 기능의 개편이나 변경을 목적으로 하는 정책을 말하는데, 기관 구성에 있어 유리한 기관 구성을 위한 조직 간 게임의 법칙이 발생하며 정부의 총체적 기능에 초점을 맞추므로 구성정책에서 정부는 권위적 성격을 띤다.
① 규제정책은 개인·집단의 활동이나 재산 등에 대해 정부가 통제·제한하는 것과 관련된 정책으로, 규제로 인하여 손익을 보는 관련 집단 간 갈등으로 인하여 다원주의 정치(연합과 협상) 관계가 나타나게 된다.
② 재분배정책은 계층·계급 간 소득이나 권리 등의 상태를 이전·변경하는 정책으로, 계층·계급대립적 성격 등으로 인해 기득권층의 저항을 유발하며 시행과정에서 정치적 갈등의 소지가 높다.
④ 분배정책은 국민이 필요로 하는 재화나 권리 이익·서비스를 제공하는 정책을 말하며, 정치현상으로 포크배럴(구유통 정치)이나 로그롤링(담합)이 발생할 가능성이 높다는 단점이 있다.

13

정책의 특성으로 볼 수 없는 것은?

① 목표지향성 ② 행동지향성
③ 단일성   ④ 총체성

해설 정책은 공익 또는 공적 목표를 위한 정부 및 공공기관의 행정지침, 주요 결정 및 활동으로 단일성에 그치지 않는 계획성과 거시성을 특징으로 한다.

핵심정리

정책의 특성
- **목표지향성과 미래지향성**: 정책이란 실현하고자 하는 목표나 가치 바람직한 미래상을 나타내는 것
- **행동지향성**: 당위적 가치를 행동으로 전환시키는 것이며, 현실적으로 선호되는 행동노선을 의미함
- **규범성, 거시성 및 총체성**: 정책은 가치와 규범을 내포하고 있으며 세부계획이나 법규 등에 비하여 거시성과 총체성을 특징으로 함
- **공식성·권위, 강제성·구속성**: 정부에 의하여 주도되기 때문에 공식적·권위적 성격과 함께 집행에 있어 강제성과 구속성을 띠게 됨
- **복합성·유형성**: 정책이란 정부와 개인, 사회집단 등의 이해가 반영된 복합성을 지니며 이들의 이해관계를 유형화시킨 행동결정양식
- 인과성, 계획성, 지침성, 변화유발성, 포괄성 등의 성격을 지님

14

H. Lasswell의 정책학의 특성으로 옳지 않은 것은?

① 정책과 사회적 구조나 조직과의 관련성을 중시한다.
② 사회문제 해결을 위한 처방적 성격을 지니고 있다.
③ 인접 학문과의 종합적 연구를 추구한다.
④ 묵시적 지식을 강조하였다.

해설 비합리성, 직관, 카리스마 등의 초합리성을 고려하고 묵시적 지식을 강조한 것은 Y. Dror의 정책학의 특성이다.

핵심정리

H. Lasswell의 정책학의 특성
- **상황성(맥락성)**: 정책과 사회적 구조나 조직과의 관련성 및 교호작용 중시
- **문제지향성**: 사회문제 해결을 위한 처방적 성격
- **연구방법의 다양성(연합 학문성)**: 인접 학문과의 종합적 연구를 추구
- **규범성과 당위성**: 사회적 요구를 파악하고 이를 해결하려는 당위성과 인본주의적 성향을 강조

Y. Dror의 정책학 패러다임(정책학의 특성)
- 거시적 수준(macro-level)의 공공정책결정체제를 대상(민간부분의 의사결정은 제외)
- 학문적 경계를 초월한 초학문적 통합(학제성)
- 순수연구와 응용연구의 조화, 가치지향성(규범성)
- 관리과학과 행태과학에 대한 비판
- 시간감각
- 묵시적 지식과 경험의 존중, 초합리성(직감·통찰력) 고려
- 정책결정의 개선, 창조성·쇄신성 강조(새로운 정책결정체계의 설계)
- 초정책(meta-policy)에 대한 관심
- 동태적 변동과정의 중시

15 [지방직 9급 기출]

정책유형과 그 사례를 바르게 연결한 것은?

① 분배정책(distribution policy) - 사회간접자본의 구축, 환경오염방지를 위한 기업 규제
② 경쟁적 규제정책(competitive regulatory policy) - TV·라디오 방송권의 부여, 국공립학교를 통한 교육서비스
③ 보호적 규제정책(protective regulatory policy) - 작업장 안전을 위한 기업 규제, 국민건강보호를 위한 식품위생 규제
④ 재분배정책(redistribution policy) - 누진세를 통한 사회보장 지출 확대, 항공노선 취항권의 부여

해설 보호적 규제정책이란 사적 행위에 제약을 가하는 조건을 설정함으로써 일반대중을 보호하려는 정책으로 작업장 안전을 위한 기업 규제, 국민건강보호를 위한 식품위생 규제 등이 이에 해당한다.
① 환경오염방지를 위한 기업 규제는 보호적 규제정책에 해당한다.
② 국공립학교를 통한 교육서비스는 분배정책에 해당한다.
④ 항공노선 취항권의 부여는 경쟁적 규제정책에 해당한다.

핵심정리

정책의 유형

- **분배정책**
  - 의의 : 정부가 특정 개인·기업체·조직·지역사회에 재화나 서비스 등의 가치를 배분해주는 정책
  - 예 : 사회간접자본의 구축, 국공립학교를 통한 교육서비스, 보조금의 지급이나 금융상의 지원 및 특혜, 농어촌 소득증대 사업 등
- **재분배정책**
  - 의의 : 사회적·경제적 보상의 기본관계를 재구성하는 정책으로 가진 자의 부를 거두어 가지지 못한 자에게 이전해주는 정책
  - 예 : 누진세를 통한 사회보장 지출 확대, 생활보호 대상자 지원정책, 임대주택제도, 공공근로사업 등
- **보호적 규제정책**
  - 의의 : 사적 행위에 제약을 가하는 조건을 설정함으로써 일반대중을 보호하려는 정책
  - 예 : 환경오염방지를 위한 기업 규제, 작업장 안전을 위한 기업 규제, 국민건강보호를 위한 식품위생 규제, 독점규제, 최저임금제 등
- **경쟁적 규제정책**
  - 의의 : 다수의 경쟁자 중에서 특정한 개인이나 단체에게 일정한 재화나 서비스를 제공할 수 있는 권리를 부여하는 정책
  - 예 : TV·라디오 방송권 부여, 항공노선 취항권의 부여, 이동통신사업자 선정, 약사면허증 발급 등

제2장 정책과정 및 기획론

실전문제

대표유형문제

국가직 9급 기출

다음 설명에 해당하는 정책결정모형은?

> 지난 30년간 자료를 중심으로 전국의 자연재난 발생현황을 개략적으로 파악한 다음, 홍수와 지진 등 두 가지 이상의 재난이 한 해에 동시에 발생한 지역을 중심으로 다시 면밀하게 관찰하며 정책을 결정한다.

① 만족모형
② 점증모형
③ 최적모형
❹ 혼합탐사모형

정답해설 정책결정모형 중 전체를 개략적으로 판단하는 합리적 모형과 세부를 면밀하게 살피는 점증모형을 결합한 모형은 에치오니(Etzioni)가 주장한 혼합탐사모형으로, 기본적인 방향의 설정을 목적으로 하는 근본적 결정을 내리는 데는 고도의 합리성을 추구하는 합리모형을 적용하고 기본방향이 설정된 후에 특정 문제에 대한 세부적이고 현실적인 결정을 함에 있어서는 점증모형을 적용한다.

오답해설
① 만족모형은 사이먼(Simon)에 의해 주장된 사회적, 심리적 의사결정모형으로 최선의 합리성을 추구하기보다는 무작위적이고 순차적으로 대안을 검토한 뒤 개인이 만족하는 수준에서 의사를 결정하는 모형이다.
② 점증모형은 린드블룸(Lindblom), 윌다브스키(Wildavsky) 등에 의해 제시된 모형으로 기존의 결정에서 세부적인 변화만을 추구하는 보수적이지만 현실적이고 실증적으로 정책을 결정하는 모형이다.
③ 최적모형은 드로(Dror)가 주장한 모형으로 합리적 분석뿐만 아니라 결정자의 직관이나 판단력 등 초합리적인 요소도 중요한 요소로 간주하여 정책을 결정한다.

핵심정리 혼합탐사모형의 기본적(근본적) 결정과 세부적(부분적) 결정

구분	기본적 · 근본적 결정	세부적 · 부분적 결정
	세부결정을 위한 테두리나 맥락을 결정하는 행위, 환경의 급변, 전체적 문제상황의 변화 시 행함	기본적 결정의 구체화 · 집행, 안정된 상황에서 단기적 변화에 대처
대안탐색 (고려할 대안의 수)	중요한 대안을 포괄적으로 모두 고려(포괄적 합리모형)	기본적 결정의 범위 내에서 소수의 대안만 고려(점증주의)
대안분석 (각 대안의 결과 예측)	대안들의 중요한 결과만을 개괄적으로 예측(합리모형의 엄밀성을 극복)	대안의 결과는 세밀하게 분석

01 국가직 9급 기출

무의사결정론에 대한 설명으로 옳지 않은 것은?

① 정치체제 내의 지배적 규범이나 절차가 강조되어 변화를 위한 주장은 통제된다고 본다.
② 엘리트들에게 안전한 이슈만이 논의되고 불리한 이슈는 거론조차 못하게 봉쇄된다고 한다.
③ 위협과 같은 폭력적 방법을 통해 특정한 이슈의 등장이 방해받기도 한다고 주장한다.
④ 조직의 주의집중력과 가용자원은 한계가 있어 일부 사회문제만이 정책의제로 선택된다고 주장한다.

해설 무의사결정론은 특정사회에서 지배엘리트는 그들의 이해관계와 일치되는 문제만 정책화하고(밝은 얼굴), 지배엘리트의 이익에 반하는 정책은 정책의제화되지 못하게 방해·억압(어두운 얼굴, 무의사결정)하므로 일부 사회문제만 정책의제로 선택된다고 본다. 일부 사회문제만 정책의제로 선택되는 이유로 인간의 주의집중력의 한계를 드는 것은 H. Simon의 견해이며, 체제의 과부하를 막기 위해 환경에서의 투입요소를 체제의 능력범위 내로 선별 수용하면서 체제의 문지기(행정부 수반(首班))가 선호하는 문제가 의제화된다는 것은 체제이론의 시각이다.

① 무의사결정론을 추진하는 방법에는 정치체제 내의 지배적 규범이나 절차를 강조하여 변화를 위한 주장을 꺾는 간접적 방법이 있으며, 이는 새로운 주장을 비애국적·비윤리적 또는 지배적인 정치이념에 위반되거나 확립된 절차나 규칙에 위반되는 것으로 낙인찍는 방법에 해당한다.
② 무의사결정론은 엘리트에게 잠재적이고 현재적 위협을 억제하는 권력이 작용한다는 것으로, 엘리트에게 위협이 되지 않는 안전한 이슈만 논의된다고 주장한다.
③ 무의사결정론의 수단과 방법은 편견 및 절차를 수정 내지 강화하는 간접적 수단에서부터 편견을 동원하거나 권력을 행사하거나 심지어 가장 직접적인 폭력적 방법을 동원하기도 한다.

02

다음 중 정책의제설정에 영향을 주는 요인에 대한 설명으로 옳지 않은 것은?

① 영향을 받는 집단이 크고 문제의 내용이 대중적이고 중요한 것일수록 의제가 될 가능성이 커진다.
② 문제의 복잡성이 낮을수록 정부의제로 채택될 가능성이 커지며, 이해관계가 복잡할수록 채택가능성은 낮아진다.
③ 선례가 있는 문제는 표준운영절차(SOP)에 따라 쉽게 의제로 채택된다.
④ 상부기관의 영향력이 크고 지시가 구체적일수록 의제가 될 가능성이 커지지만, 하위조직원의 참여도와는 연관이 없다.

해설 ④는 정책의제설정에 있어서 의제설정자에 대한 내용으로, 상부기관의 영향력이 크고 지시가 구체적일수록, 하위조직원의 참여도가 높을수록 의제가 될 가능성이 커진다.

> **핵심정리**
> **정책의제설정의 영향을 주는 요인(J. Kingdon)**
> • **정부문제의 성격** : 사회적, 유의성, 문제의 시간성과 구체성, 복잡성, 선례성 등
> • **주도집단의 정치적 자원** : 집단의 규모, 재정력, 응집력, 구성원의 지위·명망 등
> • **정치적 상황** : 정치체제의 구조, 정치 이념과 정치 문화, 정책 담당자의 태도, 정치적 사건 등

정답 01 ④ 02 ④

03

R. Cobb, J. Ross, M. Ross의 의제설정과정에서 주장되는 이슈의 경로를 올바르게 나타낸 것은?

① 문제제기 → 구체화 → 확장 → 진입
② 문제제기 → 확장 → 구체화 → 진입
③ 진입 → 구체화 → 확장 → 문제제기
④ 진입 → 확장 → 구체화 → 문제제기

해설 R. Cobb, J. Ross, M. Ross의 의제설정단계는 쟁점의 확산을 기준으로 이슈의 제기 → 구체화 → 확산 → 진입 단계로 구분한다. 이때, 외부주도형은 확산 단계가 공중의제화, 진입 단계가 정부의제화이지만, 동원형은 이슈제기 단계가 정부의제화, 진입단계가 공중의제화에 해당한다.

핵심정리

R. Cobb, J. Ross, M. Ross의 의제설정단계
- 이슈의 제기(주도, initiation) : 개인이나 집단에 의해 불평·불만이 표출되는 단계
- 구체화(specification) : 표출된 불만이 구체적이고 특정한 요구로 전환
- 확산(확장, expansion) : 여러 이익집단·사회단체로 요구가 확대되어 감(공중의제화)
- 진입(entrance) : 정부의제로 채택

외부주도형과 동원형의 비교

구분	외부주도형	동원형
이슈 제기	환경에서 논제 제기 (개인·집단의 고충 표명)	정부 내에서 논제 제기 → 정부의제화(정책결정자가 새로운 정책을 공표)
구체화	매스컴·이익집단 등이 논의를 구체화(고충을 구체적인 정책적 요구로 전환, 대안의 제시)	정부가 구체화(공표된 정책의 세부 항목 결정)
확산	다른 환경집단에게 논제의 중요성을 인식시킴 → 공중의제화(대중매체·상징 활용)	관주도 하에 공중에게 정책의 중요성·유용성을 인식시킴(대중매체·상징 활용)
진입	공중의제의 정부의제화(정부기관의 관심 표명)	정부의제의 공중의제화(정책에 대한 공중의 지지 표명)

04

다음 중 정책의제 설정에서 동원모형의 절차로 올바른 것은?

① 정부의제 → 공중의제 → 사회문제
② 사회문제 → 공중의제 → 정부의제
③ 사회문제 → 정부의제 → 공중의제
④ 정부의제 → 공중의제 → 사회문제

해설 콥과 로스(Cobb & Ross)의 정책의제의 설정모형은 다음과 같다.
- 동원모형(mobilisation)
  - 정부조직 내부에서 주도되어 거의 자동적으로 공식의제화하고, 행정PR을 통하여 공중의제로 되는 모형으로, '사회문제 → 공식의제(제도의제·행동의제) → 이슈화 → 공중의제(체제의제·환경의제)'로 되는 경우를 말함
  - 주로 권력집중적·권위적 사회인 후진국에서 많이 나타나며, 환경의제(공중의제)가 행동의제(공식의제)보다 더 강조되는 모형
- 외부주도형(outside initiation)
  - 외부집단에 의하여 문제가 제기되고 확대되어 공중의제를 거쳐 공식의제로 되는 모형으로, '사회문제 → 사회적 이슈화 및 공중의제 → 공식의제'의 과정을 거치는 모형
  - 사회구조가 복잡하고 경제가 발달한 다원화된 선진국에서 주로 나타나는 모형
- 내부접근형(음모형)
  - 정부조직 내의 집단 또는 정책결정자에게 쉽게 접근할 수 있는 외부집단에 의하여 문제가 제기되고 공식의제가 되도록 충분한 압력을 가하는 모형으로, '사회문제 → 공식의제'로 되는 경우를 말함
  - 선진국과 후진국에서 모두 나타날 수 있는 모형

05 국가직 9급 기출

통계적 결론의 타당성 확보에 있어서 발생할 수 있는 오류와 그에 대한 설명을 바르게 연결한 것은?

ㄱ. 정책이나 프로그램의 효과가 실제로 발생하였음에도 불구하고 통계적으로 효과가 나타나지 않은 것으로 결론을 내리는 경우
ㄴ. 정책의 대상이 되는 문제 자체에 대한 정의를 잘못 내리는 경우
ㄷ. 정책이나 프로그램의 효과가 실제로 발생하지 않았음에도 불구하고 통계적으로 효과가 나타난 것으로 결론을 내리는 경우

	제1종 오류	제2종 오류	제3종 오류
①	ㄱ	ㄴ	ㄷ
②	ㄱ	ㄷ	ㄴ
③	ㄴ	ㄱ	ㄷ
④	ㄷ	ㄱ	ㄴ

해설 ㄱ. 제2종 오류에 해당한다.
ㄴ. 제3종 오류에 해당한다.
ㄷ. 제1종 오류에 해당한다.

핵심정리

정책오류(policy error)의 유형
- 제1종오류(Type Ⅰ error)(알파오류)
  - 정책대안이 실제 효과가 없는데, 있다고 잘못 평가하여 잘못된(효과 없는) 대안을 채택하는 오류(대안선택 단계에서 인관계의 오류)
  - 틀린 대립가설을 채택, 옳은 귀무가설(0가설)을 기각
- 제2종오류(Type Ⅱ error)(베타오류)
  - 정책대안이 실제 효과가 있는데, 없다고 잘못 평가하여 올바른(효과 있는) 대안을 채택하지 않는 오류(대안선택 단계에서 인과관계의 오류)
  - 옳은 대립가설을 기각, 틀린 귀무가설(0가설)을 채택
- 제3종오류(Type Ⅲ error)(메타오류)
  - 대안선택 단계의 오류가 아니라, 정책문제 자체를 잘못 인지하거나 정의하여 발생하는 근원적 오류(문제구성 자체가 잘못된 경우, 공식적 문제가 실질적 문제 상황을 잘못 나타내는 경우, 잘못 선택된 문제를 해결하는 경우 등)

- 문제 인지의 오류로 인해 잘못된 목표가 설정되고 그 목표의 달성을 위한 대안이 선택되게 됨(틀린 문제의 해답을 찾는 것)
- 수단주의적 기획관(가치중립적·기술적 접근)은 목표나 가치판단적 요소를 고려하지 못해 3종 오류의 가능성이 높음
- 제3종 오류를 막으려면 가치판단적 요소를 고려하는 규범주의적 기획관이나 '정책문제의 구조화 기법' 필요

06

다음 중 린드블롬(Lindblom)의 점증주의 정책분석 유형에 대한 설명으로 가장 옳지 않은 것은?

① 단순 점증주의는 합리모형의 복잡성을 덜기 위하여 정책대안 마련 시 현재 상태보다 약간 나은 것을 찾는 것이다.
② 분절적 점증주의는 더 복잡한 정책문제를 해결하기 위하여 관련 정책요인을 단순화시키고 다소의 전략을 포함하는 분석활동이다.
③ 인간은 복잡한 사회문제에 대하여 총체적 지적 완벽함을 기할 수 있는 능력이 없기 때문에 전략적 점증주의를 적용시켜야 한다고 본다.
④ 전략적 점증주의는 매우 복잡한 정책문제를 해결하기 위하여 신중하고 사려 깊은 전략을 통한 해결활동을 말한다.

해설 린드블롬(Lindblom)은 전략적 점증주의가 가장 이상적이지만 인간은 복잡한 사회 문제에 대하여 총체적 지적 완벽함을 기할 수 있는 능력이 없으므로, 단순 점증주의와 분절적 점증주의를 토대로 한 전략적 점증주의 모방이 바람직하다고 본다.

정답 03 ① 04 ③ 05 ④ 06 ③

07 지방직 9급 기출

정책집행의 하향식 접근(top-down approach)에 대한 설명으로 옳은 것만을 모두 고르면?

> ㄱ. 집행이 일어나는 현장에 초점을 맞춘다.
> ㄴ. 일선공무원의 전문지식과 문제해결능력을 중시한다.
> ㄷ. 하위직보다는 고위직이 주도한다.
> ㄹ. 정책결정자는 정책집행에 영향을 미치는 정치적·조직적·기술적 과정을 충분히 통제할 수 있다.

① ㄱ, ㄴ
② ㄱ, ㄷ
③ ㄴ, ㄹ
④ ㄷ, ㄹ

해설 ㄷ. 정책집행의 하향식 접근은 정책을 집행하는 하위직 관료인 집행현장의 일선공무원보다 정책내용을 결정하는 중앙 고위직 관료인 정책결정자의 관점에서 집행현상을 설명하는 정책 중심적 접근방법이다.
ㄹ. 정책결정자는 자신이 결정한대로 정책내용이 집행되도록 하기 위해 정책집행에 영향을 미치는 정치적·조직적·기술적 모든 과정을 전반적으로 장악하고 충분히 통제하여 그대로 집행하는 것을 성공적으로 본다.
ㄱ. 정책내용의 결정이 아닌 집행이 일어나는 현장에 초점을 맞추는 것은 상향식 접근으로 집행자의 관점에서 집행현상을 설명한다.
ㄴ. 집행현장의 관료인 일선공무원의 집행현장에서 발생하는 다양한 문제에 대처하기 위한 전문지식과 문제해결능력을 중시하는 것은 상향식 접근이다.

08 지방직 9급 기출

앨리슨(Allison)모형 중 다음 내용에 초점을 두고 정책결정을 설명하는 것은?

> 1960년대 쿠바 미사일 사태에서 미국은 해안봉쇄로 위기를 극복하였다. 정부의 각 부처를 대표하는 사람들은 위기 상황에서 각자가 선호하는 대안을 제시하였다. 대표자들은 여러 대안에 대하여 갈등과 타협의 과정을 거쳤고, 결국 해안봉쇄 결정이 내려졌다. 이는 대통령이 사태 초기에 선호했던 국지적 공습과는 다른 결정이었다. 물론 해안봉쇄가 위기를 해소하는 최선의 대안이라는 보장은 없었고, 부처에 따라서는 불만을 가진 대표자도 있었다.

① 합리적 행위자 모형
② 쓰레기통 모형
③ 조직과정 모형
④ 관료정치 모형

해설 관료정치 모형에 초점을 두고 정책결정을 설명하고 있다. 관료정치 모형이란 조직의 상위계층에 적용되는 모형으로, 현실적인 정책결정이 결정환경에 참여하는 독립적인 참여자 간의 갈등과 협상·타협·흥정에 의해 이루어진다는 모형이다.
① 합리적 행위자 모형 : 엄밀한 통계적 분석에 치중하는 결정방식으로, 개인적 차원의 합리모형의 논리를 집단적인 국가·정부정책 과정에 유추 적용한 모형
② 쓰레기통 모형 : 조직화된 무질서와 혼돈(조직화된 무정부 상태) 속에서 쓰레기가 우연히 한 쓰레기통 속에 모이는 것과 같은 임의적 선택과정을 거쳐 의사결정이 이루어진다고 보는 모형
③ 조직과정 모형 : 정부를 느슨하게 연결된 준독립(반독립)적인 하위조직체들의 결정체로 보아, 정부정책을 이들 여러 조직의 상반된 대안이 최고결정자의 조정을 거쳐서 반영된 것이라 보는 모형

09

다음 중 정책결정의 과정에 대한 설명으로 옳지 않은 것은?

① 정책목표 설정 – 정책이 나아가야 할 기본적인 방향을 설정
② 정책의제 형성 – 사회문제 중 해결책을 모색하여 궁극적으로 채택한 정책문제 형성
③ 대안의 탐색 – 정보의 수집·분석을 토대로 목표달성할 수 있는 대안 강구
④ 우선순위 선정 – 사회문제 중 우선순위를 선정하여 대안 탐색

해설 우선순위 선정은 대안의 예상결과를 기준으로 가장 바람직한 대안 순으로 순위를 정한다.
① · ② 정책목표 설정은 해결하고자 하는 문제를 정확히 인식하고 문제해결을 통하여 달성하고자 하는 바람직한 목표를 명확히 하는 단계를 말한다.
③ 대안의 탐색은 수집된 정보와 자료를 근거로 대안을 작성하고 비용편익분석, 비용효과분석 등과 같은 체제분석기법을 통하여 대안들을 비교·평가하는 단계를 말한다.

핵심정리

정책결정과정의 일반(E. Quade)
정책의제 형성(문제인지 및 목표설정) → 정보·자료의 수집 및 분석 → 대안의 작성·탐색·평가 → 우선순위 선정 → 최적대안의 선택

---

10 국가직 9급 기출

Bachrach & Baratz가 주장한 무의사결정의 유형에 해당하지 않는 것은?

① 공익 및 엘리트의 가치나 이익에 대한 잠재적·현재적인 도전을 억제한다.
② 정치과정에 진입하려는 요구를 제한하여 정책문제화되는 것을 억제한다.
③ 기존의 규칙이나 제도적 과정을 이용한다.
④ 넓은 의미의 무의사결정은 정책의 전 과정에서 일어난다.

해설 Bachrach & Baratz가 주장한 무의사결정은 정책결정자(엘리트)의 가치나 이익에 배치되거나 도전하는 것은 의제화되지 못하도록 억압·방해하는 결정을 말하므로, 공익에 대한 도전은 그 기준에 해당되지 않는다.
② 무의사결정은 의사결정의 범위를 기존의 가치나 권력에 악영향을 주지 않는 것에 한정시킴으로써 어떤 문제는 정책문제화 되지 못하게 하는 현상으로, 지배 엘리트의 이해관계와 일치되는 사회문제만 정책의제화되고 이에 위협이 되거나 반하는 요구는 권력이나 폭력의 행사, 편견의 동원 등을 통해 억제한다. 구체적인 행사수단 및 방법으로는 폭력 등의 강제력 행사, 권력에 의한 특혜의 부여·회유(특혜의 제공이나 이익을 통한 매수 등), 편견의 동원(지배적 규범·절차를 강조해 정책요구를 억제하는 간접적 방법), 편견의 강화나 수정(지배적 규범·절차 자체를 수정·보완하여 정책요구를 봉쇄하는 가장 간접적·우회적 방법), 문제 자체의 은폐 및 지연이 있다.
③ 기존의 규칙이나 제도적 과정을 이용하는 것은 무의사결정의 수단 중 편견의 동원·강화에 해당한다.
④ 무의사결정은 주로 의제설정·채택 과정에서 일어나지만, 넓은 의미의 무의사결정은 정책의 전 과정에서 일어난다고 볼 수 있다.

11

정책결정모형에 대한 설명으로 옳은 것만을 모두 고르면?

> ㄱ. 만족모형에서는 연역적 접근을 사용한다.
> ㄴ. 점증주의모형은 인간의 제한된 합리성과 다원주의의 정치적 정당성을 결합하여 등장한 모형이다.
> ㄷ. 최적모형은 양적 분석뿐만 아니라 질적 분석도 고려한다.
> ㄹ. 연합모형은 조직화된 무정부 상태에서 네 요소들이 합쳐져야 의사결정이 이루어진다고 본다.

① ㄱ, ㄴ
② ㄱ, ㄷ
③ ㄴ, ㄷ
④ ㄴ, ㄹ

해설 ㄱ. 만족모형은 귀납적 접근과 관련된다. 실제 의사결정자의 행태를 관찰하여 제한된 합리성에 입각한 판단이 이루어짐을 설명한다. 만족모형은 최적의 대안보다 현실적으로 만족할 만한(satisficing) 대안을 선택하게 된다는 '제한된 합리성'을 가정하는 현실적·실증적·귀납적 모형이다. 반면 합리모형은 정책결정자가 고도의 이성과 합리성(포괄적 합리성)에 근거해 목표달성을 위한 합리적 대안을 탐색·선택한다는 이상적·규범적·연역적 모형이다.
ㄹ. 쓰레기통모형은 조직화된 무정부 상태에서 네 요소(문제, 해결책, 참여자, 선택기회의 흐름들)이 합쳐져야 의사결정이 이루어진다고 본다.

12

정책네트워크에 대한 설명으로 옳지 않은 것은?

① 다원주의·베버주의 등 기존의 권력모형이 갖는 국가중심 혹은 사회중심접근의 이분법적 논리를 극복하기 위해 등장하였다.
② 정부활동에 대한 시장논리 도입의 필요성 증대는 정책네트워크에 대한 관심을 감소시킨다.
③ 참여자들이 형성하는 연계(linkages)는 정책선호에 관한 의사표시, 전문지식 기타의 자원 교환, 상호 신뢰 구축의 통로가 된다.
④ 정책네트워크 분석은 여러 하위체제들로 구성된 분산적·분권적 정치체제를 전제로 한다.

해설 경제위기 해결을 위한 정책적 간여의 증가, 정책문제의 복잡성 증대, 정부활동에 대한 시장논리 도입의 필요성 증대 등은 정책네트워크 연구를 촉진시켰다.

핵심정리

정책네트워크 모형의 배경
- 현실적 배경 – 다양한 참여자 간 관계를 포괄할 정책과정의 동태성을 설명할 모형의 필요성 : 정책과정에서 정부와 민간의 파트너십 증대, 공적 부문과 사적 부분 간 경계의 불분명화, 정책과정에 다양한 행위자의 참여 급증, 비정부조직(NGO)의 사회운동 확산, 정책문제의 복잡화와 전문화·부문화
- 이론적 배경
  - 사회중심접근(다원론, 엘리트론)과 국가중심접근(조합주의, 신베버주의)의 2분법적 논리를 극복하는 대안으로 1960년대 하위정부론, 1970년대 이슈네트워크론을 기반으로 1980년대 등장
  - 사회학이나 문화인류학 연구의 네트워크 분석을 정책과정연구에 적용한 것으로 기본적 행위자 간 관계를 중시. 사회적 행위자 간 관계를 관계의 밀도와 중심성 개념을 통해 분석

13

다음 정책참여자 중 비공식적 참여자만으로 옳게 짝지어진 것은?

> ㉠ 대법원　　㉡ 정당
> ㉢ 대통령 비서실　㉣ 대중매체

① ㉡, ㉢, ㉣
② ㉠, ㉡, ㉢
③ ㉡, ㉣
④ ㉠, ㉢

해설 정당이나 언론, 일반 국민, 시민단체, 이익집단 등은 비공식적 참여자이다. 공식적 참여자에는 의회와 행정수반, 행정관료, 사법부 등이 있다.

14

품의제의 특징이 아닌 것은?

① 실무자 선에서 횡적 업무협조를 강화하는 기회가 되며, 책임소재가 분명하므로 내부통제에 용이하다.
② 의사결정에 여러 단계를 거치므로 시간이 오래 걸릴 수 있고, 형식적 기안과 문서과다 현상을 유발할 수 있다.
③ 토론 및 회의를 통한 합리적, 분석적 결정을 저해할 수 있다.
④ 정책결정과 집행의 유기적 연계가 가능하며 하의상달을 통해 하급직원의 사기를 앙양한다.

해설 품의제(稟議制)는 행정기관 내부에서 행정방침·결정이나 행정처분을 할 필요 있을 때 해당 행정사무담당자가 문서를 기안해 결정권을 가진 상사의 승인(결재)을 얻는 정책결정과정이다. 품의제는 계선을 따라 이루어지는 상향적 의사결정제도이므로 다른 부서와의 업무협조가 곤란하여 할거주의를 초래할 우려가 있으며, 결재과정에 참여한 결재서명자의 공동책임으로 인해 책임소재의 불분명, 책임 전가의 우려가 있다.

15

정책결정모형 중 합리모형에 관한 기술 중 틀린 것은?

① 정책결정 상황을 귀납적으로 설명·분석하고자 한다.
② 정책결정은 문제인지 및 목표의 설정, 대안의 탐색, 대안의 결과예측 및 평가, 최적대안의 선택 등의 체계적 순서로 이루어진다고 본다.
③ 필요한 모든 지식·정보를 다 갖고 있는 인간이 합리적인 정책결정을 하는 것이라는 전제에 입각하므로 현실성이 떨어진다.
④ 실제로 문제를 다루는 행정조직과정이나 정책과정의 참여자들에 대해서는 고려하지 않고, 주로 문제 자체에만 초점을 두어 분석한다.

해설 합리모형은 전체적인 문제상황의 인지 및 명확한 목표의 설정을 꾀하고, 모든 대안을 총체적·체계적으로 검토하는 연역적 접근방법을 취한다.
　② 정책결정의 과정은 정책의제 형성(문제인지 및 목표 설정) → 정보 및 자료의 수집·분석 → 대안의 작성·탐색(정책분석) 및 평가 → 최적대안의 선택 순으로 이루어진다고 본다.
　③ 합리모형은 목표나 가치가 명확하고 고정되어 있다는 가정 아래 목표달성의 극대화를 위한 합리적 대안을 포괄적으로 탐색·평가·선택하므로 비현실적인 모형이라는 비판을 받는다.
　④ 합리모형은 정책문제 자체에 대한 분석만을 강조하고 외적인 요인에 대한 고려가 없어 폐쇄적이다.

16 국가직 9급 기출

공공사업의 경제성분석에 대한 설명으로 옳은 것만을 모두 고르면?

ㄱ. 할인율이 높을 때는 편익이 장기간에 실현되는 장기투자사업보다 단기간에 실현되는 단기투자사업이 유리하다.
ㄴ. 직접적이고 유형적인 비용과 편익은 반영하고, 간접적이고 무형적인 비용과 편익은 포함하지 않는다.
ㄷ. 순현재가치(NPV)는 비용의 총현재가치에서 편익의 총현재가치를 뺀 것이며 0보다 클 경우 사업의 타당성을 인정할 수 있다.
ㄹ. 내부수익률은 할인율을 알지 못해도 사업평가가 가능하도록 하는 분석기법이다.

① ㄱ, ㄴ
② ㄱ, ㄹ
③ ㄴ, ㄷ
④ ㄱ, ㄷ, ㄹ

해설 ㄴ. 직접적이고 유형적인 비용과 편익뿐만 아니라 간접적이고 무형적인 비용과 편익도 포함하여 측정하고자 한다.
ㄷ. 순현재가치(NPV)는 편익의 현재가치에서 비용의 현재가치를 뺀 것이며 0보다 클 경우 사업의 타당성을 인정할 수 있다.

핵심정리
비용편익분석(CBA, B/C분석)의 평가기준

순현재가치 (NPV)	• 가장 일차적인 기준, '순현재가치 = 편익의 현재가치(B) − 비용의 현재가치(C)' • NPV(B−C)가 0보다 크면 사업 타당성이 있음
편익비용비 (B/C)	• 편익비용비 = 편익의 현재가치 ÷ 비용의 현재가치 • B/C가 1보다 크면 사업 타당성이 있음
내부수익률 (IRR)	• 편익의 현재가치와 비용의 현재가치가 같도록 해주는 할인율(순현재가치를 0으로 만드는 할인율)을 말함
내부수익률 (IRR)	• 내부수익률이 기준할인율(사회적 할인율)보다 크면 사업타당성이 인정됨. 즉 IRR이 클수록 경제적 타당성이 큰 좋은 대안이 됨(IRR은 투자의 수익률과 의미가 같음) • NPC, B/C와 달리 할인율이 주어지지 않아 현재가치를 계산할 수 없을 때 사용할 수 있는 기준으로, IRR에 의한 사업의 우선순위는 사회적 할인율을 적용한 NPV에 의한 우선순위와 다를 수 있음
자본회수기간 (투자회임기간)	• 투자비용을 회수하는 데 소요되는 시간으로, 이 기간이 짧을수록 우수한 사업임 • 낮은 할인율은 장기투자에 유리하고 높은 할인율은 단기투자에 유리(할인율이 높을 때에는 초기에 편익이 많이 나는 사업이 상대적으로 유리)

17

정책네트워크에 대한 설명으로 옳지 않은 것은?

① 하위정부는 대통령의 관심이 덜하거나 영향력이 비교적 적은 분배정책 분야에서 주로 형성되고 있다.
② 헤클로(Heclo)는 이익집단이 늘어나고 다원화됨에 따라 하위정부모형의 적용에 한계가 있다고 지적한다.
③ 이슈네트워크의 행위자는 이슈에 따라 주요 행위자가 변할 수 있다.
④ 정책공동체에 비해서 이슈네트워크는 상호협력적이며 상호의존성이 강하다.

해설 이슈네트워크에 비해서 정책공동체가 상호협력적이며 상호의존성이 강하다는 설명이 옳다. 정책공동체는 특정한 정책분야에 대한 전문지식이 있는 학자, 연구원 등이 공식적 혹은 비공식적으로 접촉하면서 형성된 공동체이므로 상호협력적이며 상호의존성이 강하다.

18

다음 중 점증주의(Incrementalism)이론에 대한 설명으로 옳지 않은 것은?

① 정책결정자의 분석력 및 시간이 부족하고 정보도 제약되어 있기 때문에 현재의 정책에서 소폭적인 변화만을 대안으로 고려하여 정책을 결정하는 것을 의미한다.
② 규범적·합리적 결정이 아닌 현재보다 약간 나은 결정을 추구하며, 선진 다원주의사회에 적합한 이론이다.
③ 상황에 따라 적응하면서 결정하는 것이므로 현실적인 측면에서의 합리적 결정이론과는 무관하다.
④ 다양한 이해관계가 복잡하게 얽혀 있는 사회에서 이해관계의 조정은 점진적으로 이루어질 수밖에 없기 때문에 '분할적 점증주의(Disjointed Incrementalism)'라고 불리기도 한다.

해설 합리모형과 달리 점증모형은 인간 능력의 현실적인 한계를 전제로 논의를 전개하는 점에서는 이상형이 아니다. 그러나 점증모형은 정책결정과정에서 조정을 강조하고, 부분적인 변화를 통한 개선을 강조하므로 분명 문제해결을 위한 보다 나은 대안을 추구한다는 점에서 정책결정 내용 및 과정 면에서 합리성을 갖는다. 즉, 정책결정이 이해관계자들 간의 조정을 통해 지속적으로 세련되어가는 과정이 바로 인간의 능력의 한계를 고려할 때 합리적이라고 할 수 있다. 만약 조정과정에서 비용 문제가 너무 크게 발생하여 조정 비용이 지나치게 커지면 점증모형도 반드시 합리적이라고 말할 수는 없게 될 수도 있다. 그러나 이러한 상황이 되면 다시 조정비용을 고려한 정책결정이 점증모형의 논리에 따라 이루어질 것이므로 최종적으로 인간의 능력 내에서 합리적인 정책결정이 가능해진다. 따라서 점증모형은 '현실적 측면'에 근거할 때 합리성을 갖는 모형이라고 할 수 있다(경제적·기술적 합리성보다는 정치적 합리성 중시). 점증주의자인 Lindblom은 점증주의가 현실적, 실증적인 동시에 가장 이상적, 규범적인 것이라고까지 주장하였다(실제 다원주의·민주주의 사회에서 점증주의적 정책결정이 이뤄지고 있고, 동시에 그것이 바람직한 정책결정이라고 봄).

19 지방직 9급 기출

무의사결정론(non-decision making theory)에 대한 설명으로 옳지 않은 것은?

① 무의사결정은 특정 사회적 쟁점이 공식적 정책과정에 진입하지 못하도록 막는 엘리트집단의 행동이다.
② 무의사결정은 정책의제설정단계뿐만 아니라 정책결정이나 집행단계에서도 나타날 수 있다.
③ 무의사결정론은 고전적 다원주의를 비판하며 등장한 이론으로 신다원주의론이라 불린다.
④ 무의사결정론은 정치권력이 두 얼굴을 가지고 있다고 주장한다.

해설 무의사결정론은 바흐라흐(Bachrach)와 바라츠(Baratz)가 다알(R. Dahl)의 다원론을 비판하며 주장한 이론으로서 신엘리트이론이라고도 불린다. 신다원주의는 전통적 다원주의 이론이 산업사회에서 적용상 한계를 보임에 따라 엘리트 이론의 핵심적 요소 중 일부를 다원론적 위치에서 통합시켜 형성한 이론이다. 신다원주의는 특정 엘리트집단의 영향력은 누적적으로 쌓일 수 있으며 특정 집단이 다른 집단에 비하여 강한 영향력을 행사할 수 있으므로 특정 엘리트집단이 정부와 사회를 주도할 수 있다고 본다(집단 간 경쟁의 중요성은 인정했지만, 집단 간 비동등성 주장-특정 집단이 다른 집단보다 더욱 강력할 수 있음을 인정).
① 무의사결정은 지배엘리트집단이 자신들의 이익이나 가치에 반하거나 잠재적인 도전가능성이 있는 것을 억압·방해하는 것을 말한다.
② 무의사결정은 주로 의제설정단계에서 나타나지만, 정책결정이나 집행단계를 포함한 정책의 전 과정에서 나타날 수 있다.
④ 바흐라흐(Bachrach)와 바라츠(Baratz)는 권력의 두 얼굴(two faces of power)이라는 논문에서 정치권력은 자신의 의사를 관철하려는 측면과 타인의 의견을 억누르는 측면의 두 가지 얼굴이 있다고 주장하고, 여기서 후자의 경우를 무의사결정이라 하였다.

20

다음 중 점증주의의 문제점을 제시한 것으로 타당하지 못한 것은?

① 임기응변적인 정책결정이 야기되어 정책의 통합적 일관성이 없다.
② 계획성이 없고 지나치게 보수적이라는 비판을 면할 수 없다.
③ 아무리 중요한 목적·가치 혹은 대안이라 할지라도 배제될 수 있다.
④ 과감한 경제사회발전이 요구되는 나라에서만 적합할 뿐 선진국에서는 부적합하다.

해설 점증주의는 창조적이며 미래 지향적인 사회목표를 추구하기보다는 현 사회의 구체적인 결함을 경감시키는 연속적·점진적·개량주의적 이론이므로 과감한 경제사회발전이 요구되는 나라에는 부적합하며, 임기응변적이고 보수적 성격을 띤다.

핵심정리
점증주의의 한계
- 다원화되고 안정된 사회에서 만족스런 기존정책이 존재할 때만 타당한 이론이며, 이 조건을 만족시키지 못하면 실효성을 상실함
- 보수적이고 임기응변적 성격이 강하여 혁신에 장애가 될 수 있으며, 의도적 변화나 급속한 국가발전을 도모하는 개도국에는 적용이 곤란함
- 장기적이고 근본적인 방향이 잘못되어 나갈 때 수정이 곤란함
- 다원론에 근거하므로 정치적 압력·영향력이 큰 집단에게는 유리하고 소수집단은 불리함(형평성이나 소수집단 이익보호에 부적합)
- 기득권이나 매몰비용을 고려하므로 정책의 축소·종결이 곤란함(눈덩이 굴리기식 정책결정)

21

다음 중 정책결정에 있어서 점증모형에 관한 설명으로 가장 적절하지 못한 것은?

① 점증모형에 있어 궁극적 논의는 정치적 과정의 합리화 문제로 귀착된다.
② 기존의 정책은 서로 관련된 이해집단의 정치적·경제적 세력관계를 반영하고 있는 것으로 본다.
③ 미국과 같은 다원적 민주사회의 정책결정과정을 설명하는 데 특히 유효한 접근방법이다.
④ 정책결정에 대한 정치적 접근방법은 불합리성을 내포하기 쉬우므로 합리적인 정책분석을 통하여 현실을 개선해 나가야 한다고 본다.

해설 점증모형은 이상적·규범적 합리성보다는 시민과 정치인의 지지를 받을 수 있는 정치적 합리성을 중요시한다.

핵심정리
점증모형의 특징
- 현상유지도 대안의 하나로 보고, 현 정책에 비해 약간 향상된 정책에 치중(현상유지적)
- 한정된 수의 정책대안만 검토·분석하거나 중요한 결과만 평가하며 현사회의 구체적인 결함을 소폭 경감시키는 보수적·연속적·점진적·개량주의적 이론
- 목표를 주어진 것으로 보지 않고 목적과 수단을 구분하여 분석하지 않으며, 양자를 계속 조정할 수 있다고 보아 양자의 연쇄관계를 인정함
- 경제적 합리성보다는 이해관계의 원만한 타협과 조정을 통한 정치적 합리성을 중시
- 정책결정과정을 비합리적이고 무계획적인 이전투구과정(진흙탕 싸움)으로 간주

22 국가직 9급 기출

다원주의적 민주국가의 정책과정에 대한 설명으로 옳은 것은?

① 정책의제설정은 대부분 동원모형에 따라 이루어진다.
② 사법부가 정책결정과정에서 담당하는 역할이 미미하다.
③ 엘리트가 모든 정책영역에서 지배적인 권력을 행사한다.
④ 각종 이익집단은 정책과정에 동등한 정도의 접근기회를 갖는다.

해설 다원주의적 민주국가에서는 정책과정에서의 다수의 동등한 참여나 접근기회의 보장을 기본 전제로 하므로, 각종 이익집단의 경우도 정책과정에서 동등한 정도의 접근기회를 가지게 된다. 정책과정에서의 다원주의는 사회에서의 정치적 영향력이나 권력은 사회 각 계층에 널리 분산되어 있다는 이론으로, 외형상 정책과정은 소수 권력자가 담당하는 듯 보이나 실질적으로는 선거 등의 방법으로 다수 시민에 의해 실현되므로 권력자는 시민의 요구와 지지 여부를 고려해 정책문제를 채택한다고 본다.
① 다원주의에서 정책의제설정은 주로 외부주도형에 따라 이루어진다.
② 다원주의 사회에서 정부는 이익을 조정하는 중개인이나 중립적인 심판관의 역할을 수행하므로, 행정부보다 사법부가 정책결정과정에서 더 큰 역할을 담당한다고 할 수 있다.
③ 엘리트가 모든 정책영역에서 지배적인 권력을 행사한다는 것은 다원주의가 아니라 엘리트이론에 대한 설명이다. 다원론이 권력의 소유와 행사를 별개로 보는데 비해서 엘리트이론은 권력을 소유를 권력의 행사와 동일하게 해석하며, 사회구조가 계층화되어 있다는 것을 전제로 소수엘리트집단이 그들의 이익을 우선하여 결정을 내리게 된다고 본다.

23 국가직 9급 기출

사이버네틱스(cybernetics) 의사결정 모형에 대한 설명으로 옳지 않은 것은?

① 주요 변수가 시스템에 의하여 일정한 상태로 유지되는 적응적 의사결정을 강조한다.
② 문제를 해결하고 목표를 달성하기 위해 정보와 대안의 광범위한 탐색을 강조한다.
③ 자동온도조절장치와 같이 사전에 프로그램된 메커니즘에 따라 의사결정이 이루어진다.
④ 한정된 범위의 변수에만 관심을 집중함으로써 불확실성을 통제하려는 모형이다.

해설 문제를 해결하고 목표를 달성하기 위해 정보와 대안의 광범위한 탐색을 강조하는 것은 합리모형의 분석적 패러다임이다. 사이버네틱스 모형은 합리모형과 대립되는 적응적·습관적 의사결정모형으로 대안의 탐색과정은 미리 정해진 반응목록(SOP) 중에서 하나를 선택하여 환경에 적응하고자 하는 과정이다.
① 사이버네틱스모형은 주요 변수를 일정한 상태로 유지하려는 적응적 의사결정 모델이다.
③ 사전에 프로그램된 매커니즘에 따라 작동되는 자동온도조절장치는 사이버네틱스모형의 대표적인 사례로 볼 수 있다.
④ 사이버네틱스모형은 한정된 범위의 변수에만 관심을 집중시키고 문제중심의 탐색이나 도구적 학습을 통해 불확실성을 통제하는 모형이다.

정답 20 ④ 21 ④ 22 ④ 23 ②

24 지방직 9급 기출

정책옹호연합모형(advocacy coalition framework)에 대한 설명으로 옳지 않은 것은?

① 외적인 환경변수를 정책 과정과 연계함으로써 정책변동을 설명한다.
② 정책학습을 통해 행위자들의 기저 핵심 신념(deep core beliefs)을 쉽게 변화시킬 수 있다.
③ 옹호연합 사이에서 정치적 갈등 발생 시 정책중개자가 이를 조정할 수 있다.
④ 옹호연합은 그들의 신념 체계가 정부 정책에 관철되도록 여론, 정보, 인적자원 등을 동원한다.

해설 정책학습을 통해 행위자들의 기저 핵심 신념(deep core beliefs)을 변화시키기는 어렵다. 정책변동은 장기적으로 일어난다고 본다.
① 하향 및 상향의 두 접근법의 특성을 결합하려는 시도의 하나로, 상향적 접근법을 기본적 분석단위로 채택하고 여기에 영향을 미치는 하향적 접근법의 여러 변수를 결합한 모형이다.
③ 옹호연합들의 주장을 규범적으로 중재하고 합리적 타협안을 제시하는 제3자인 정책중개자들이 정치적 갈등 발생 시 이를 조정할 수 있다. 10년 이상의 장기간에 걸쳐 신념 체계에 기초한 지지연합의 상호작용과 정책 학습, 정치체제의 변화와 사회경제적 환경 변화로 인해 정책이 변동한다고 보는 모형이다.
④ 옹호연합은 자신들의 신념을 정부의 정책과 프로그램에 반영시키려고 자신들이 동원할 수 있는 자원을 최대한 이용하는 등 다양한 전략을 구사한다. 자원에는 정책을 결정할 수 있는 공식적인 법적 권위, 일반여론, 정보, 인적자원 등이 있다.

핵심정리

Sabatier의 통합적 접근법(정책지지연합모형, 정책옹호연합모형)
- 하향 및 상향의 두 접근법의 특성을 결합하려는 시도의 하나로, 상향적 접근법을 기본적 분석단위로 채택하고 여기에 영향을 미치는 하향적 접근법의 여러 변수를 결합한 모형
- 정책의 기본적 과정은 정책하위체계 내의 정책행위자 집단(정책지지(옹호)연합) 간의 경쟁적인 갈등과 타협의 과정이라 하여 상향적 접근법을 취하였고, 정책하위체계 참여자들의 활동에 영향을 미치는 요소들은 하향적 접근법에서 도출
- 정책과정을 정책학습에 의해 정책이 변동되는 과정으로 이해

25 서울시 9급 기출

정책문제를 올바르게 정의하기 위해서 고려해야 할 요소로 보기 어려운 것은?

① 정책목표의 설정
② 관련 요소 파악
③ 역사적 맥락 파악
④ 인과관계 파악

해설 정책문제의 정의는 정책문제의 구성요소, 원인, 결과 등의 내용을 규정하여 '무엇이 문제인가'를 밝히는 것이며, 정책문제를 올바르게 정의하려면 다음 요소를 고려하여야 한다.
- 관련요소의 파악 : 정책 문제를 유발하는 사람과 사물의 존재, 상황요소를 찾음
- 가치판단 : 문제의 심각성, 피해집단 파악, 관련자들이 원하는 가치가 무엇인지 판단
- 인과관계 파악 : 관련 요소들의 관계를 원인, 매개, 결과로 나누어 파악
- 역사적 맥락 파악 : 관련 요소들의 역사적 발전 과정, 변수 간 관계의 변화 과정 파악

26 국가직 9급 기출

앨리슨(T. G. Allison)의 세 가지 의사결정모형에 대한 설명으로 옳지 않은 것은?

① 집단적 의사결정을 국가의 정책결정에 적용하기 위해 합리적 행위자모형, 조직과정모형, 관료정치모형으로 분류하였다.
② 관료정치모형은 조직 하위계층에의 적용가능성이 높고, 조직과정모형은 조직 상위계층에서의 적용가능성이 높다.
③ 실제 정책결정에서는 어느 하나의 모형이 아니라 세 가지 모형이 모두 적용될 수 있다.
④ 원래 국제정치적 사건과 위기적 사건에 대응하는 정책결정을 설명하기 위한 모형으로 고안되었으나, 일반정책에도 적용 가능하다.

해설 관료정치모형(모형Ⅲ)은 조직 상위계층에의 적용가능성이 높고, 조직과정모형(모형Ⅱ)은 조직하부계층에의 적용가능성이 높다.
①·③·④ 앨리슨 모형은 1960년대 초 '쿠바 미사일사태'와 관련된 미국의 외교정책과정을 분석한 후 의사결정을 세 가지로 분류하여 국가적 정책결정에 적용한 의사결정모형으로 하나의 정책이나 조직에 세 가지 모형을 모두 적용할 수 있다.

27 국가직 9급 기출

정책과정에 대한 설명으로 옳지 않은 것은?

① 콥(R.W. Cobb)은 주도집단에 따라 정책의제 설정 유형을 외부주도형, 동원형, 내부접근형으로 분류하였다.
② 바흐라흐(P. Bachrach)와 바라츠(M. Baratz)는 신다원론(neo-pluralism) 관점에서 정치권력의 두 개의 얼굴 중 하나인 무의사결정을 주장하였다.
③ 킹던(J. Kingdon)은 어떤 중요한 시점에서 문제, 정책, 정치 등 세 가지 흐름(streams)의 결합에 의하여 정책의제가 설정된다고 주장하였다.
④ 달(R. Dahl)은 다원론(pluralism) 관점에서 미국은 민주주의 국가이기 때문에 특정한 어느 개인이나 집단도 주도권을 행사하기 어렵다고 주장하였다.

해설 바흐라흐(P. Bachrach)와 바라츠(M. Baratz)는 신다원론이 아닌 신엘리트론(neo-elitism)의 관점을 취하고 있다. 그들은 「권력의 두 얼굴(two faces of power)」이라는 논문에서 정치권력의 두 개의 얼굴 중 하나로 무의사결정을 주장하였다.
③ 킹던(J. Kingdon)은 의사결정에 필요한 세 가지 흐름, 즉 문제의 흐름과 정치적 흐름, 정책의 흐름이 어떤 시점에 만날 때 만날 때 의사결정의 창이 열려 결정이 이루어진다는 흐름창모형(정책창모형)을 주장하였다.
④ 달(R. Dahl)은 다원론(pluralism) 관점에서 엘리트집단 전체가 대중의 선호나 요구에 민감하게 움직인다고 주장하였는데, 미국 등의 민주주의 국가는 다원적 정치체제를 지니며, 이러한 국가에서는 엘리트나 특정 집단이 정책영역에서 주도적 권력을 행사하는 것이 아니라 선거 등 정치적 경쟁을 통해 다수 대중의 선호를 반영하는 정책이 형성된다고 하였다.

28 [서울시 9급 기출]

다원주의(Pluralism)에 대한 설명으로 가장 옳지 않은 것은?

① 권력은 다양한 세력들에게 분산되어 있다.
② 정책영역별로 영향력을 행사하는 엘리트들이 각기 다르다.
③ 이익집단들 간의 영향력 차이는 주로 정부의 정책과정에 대한 상이한 접근기회에 기인한다.
④ 이익집단들 간의 영향력 차이는 있지만 전체적으로 균형을 유지하고 있다.

해설 다원주의에 따르면 사회의 각종 이익집단은 정부의 정책과정에 대한 동등한 접근 기회를 보유하지만, 정치적 자원의 보유 정도에 따라 이익집단들 간의 영향력에 차이는 있다. 영향력의 차이는 각 이익집단의 규모나 전문성, 정보의 차이로 인해 발생한다. 단, 정책과정에 영향을 미칠 수 있는 어떤 자원이 부족한 집단은 그것을 대신하는 다른 정치적 자원을 보유하여 종합적으로 보면 서로 비슷한 정치적 영향력을 가진다.
 ① 다원주의에 따르면 민주주의 사회에서 정치적 영향력이나 권력은 사회 각 계층에 널리 분산되어 있다.
 ② 다원주의에 따르면 정책영역별로 영향력을 행사하는 엘리트들이 각기 다르며, 특정 계층이나 집단에 독점되어 있지 않고 분권화되어 있다.
 ④ 다원주의에 따르면 정치적 자원의 보유 정도에 따라 이익집단들 간의 영향력에 차이는 있지만, 정책과정에 영향을 미칠 수 있는 어떤 자원이 부족한 집단은 그것을 대신하는 다른 정치적 자원을 보유하여 종합적으로 보면 서로 비슷한 정치적 영향력을 가진다고 본다.

29

다음 중 정책결정모형에 대한 설명이 잘못 연결된 것은?

① 합리모형 – 정책결정자는 이성과 고도의 합리성에 따라 결정하고 행동한다.
② 만족모형 – Lindblom 등에 의해 제시된 이론으로, 인간의 인지능력과 문제해결능력에는 한계가 있다고 본다.
③ 점증모형 – Wildavsky 등에 의해 제시된 이론으로, 현재의 정치나 행정과 크게 다른 쇄신적 결정을 기대하지 않는다.
④ 최적모형 – Dror가 제시한 모형으로, 합리적 요소 외에도 직관·주관적 판단·영감과 같은 초합리적 요소도 고려하는 정책결정모형이다.

해설 Lindblom은 Wildavsky, Banfield 등과 함께 점증모형을 제시하였다. 점증모형은 정책결정자는 현실적으로 분석력과 시간이 부족하고 정보도 제약되어 있기 때문에 현재의 정책에서 소폭적인 변화만을 대안으로 고려하여 정책을 결정한다는 모형이다.
 만족모형은 카네기 학파인 J. March와 H. Simon에 의해 제기된 이론으로, 의사결정은 인지능력의 한계 등 여러 현실적 제약으로 최적대안이 아니라 현실적으로 심리적 만족을 주는 정도의 대안선택이 이루어진다는 모형이다.

30

정책결정이론의 하나인 혼합탐사모형에 대한 설명으로 옳은 것은?

① 정책결정자가 추구하는 가치들은 중요도에 따라 분류되고 서열화 된다.
② 복잡한 상황을 단순화시켜 대안의 중요한 결과만을 예측한다.
③ 조직 내 하위조직 사이의 상이한 목표로 인한 갈등은 협상을 통해 해결한다.
④ 정책결정은 근본적인 결정과 세부적인 결정의 지속적인 상호작용에 의해 이루어진다.

해설 혼합탐사모형(혼합모형)은 에치오니(Etzioni)가 규범적·이상적 합리모형(제1접근)과 현실적·실증적인 점증모형(제2접근)의 장점을 교호적으로 혼용한 제3의 접근방법으로, 상황에 따라 기본적·근본적·맥락적 결정과 부분적·세부적 결정 구분하여, 전자에 있어서는 합리모형을, 후자에 있어서는 점증모형을 신축적·탄력적으로 적용한다.
① 합리모형에 대한 설명이다. 합리모형은 정책결정자가 이성과 고도의 합리성에 따라 결정하고 행동한다고 보며, 추구하는 목표나 가치들이 중요도에 따라 분류되고 서열화될 수 있다는 가정하에 목표달성의 극대화를 위한 합리적 대안을 포괄적으로 탐색·평가·선택한다는 모형이다.
② 만족모형에 대한 설명이다. 만족모형은 인지능력의 한계 또는 제한된 합리성 등 여러 현실적 제약을 전제로, 순차적으로 몇 개의 대안을 검토하여 최적대안이 아닌 현실적으로 만족을 주는 정도의 대안을 채택한다는 모형이므로, 복잡한 상황을 단순화시키고 대안의 결과예측에 있어서도 중요한 결과에만 집중하게 된다.
③ 회사모형(연합모형)에 대한 설명이다. 회사모형은 조직을 유기체로 보지 않고 서로 다른 목표들을 가지고 있는 하부조직의 연합체로 가정하며, 각 하위조직들이 연합하거나 협상·타협을 통해 상이한 목표로 인한 갈등을 해결함으로써 최종안을 선택한다는 모형이다.

핵심정리

혼합탐사모형의 장단점
- 장점
  - 합리모형과 점증모형을 절충한 것으로 합리주의의 지나친 엄밀성과 점증주의의 보수성 극복 가능
  - 정책결정 실제에 대한 설명력을 제고하고 상황에 따른 융통성을 부여
  - 정책의 오류를 줄이고, 핵심에 근접할 수 있음
- 단점
  - 합리모형과 점증모형의 단순한 절충에 불과한 독창성 없는 이론으로, 두 이론의 결함을 해결하지 못함
  - 합리모형의 변형으로 거시적 개략분석과 미시적 정밀분석의 혼합에 불과(합리모형의 단점인 지나친 엄밀성을 완화한 것에 불과)
  - 정책결정이 기본적 결정과 부분적 결정으로 신축성 있게 이루어지기 어려움

정답 28 ③   29 ②   30 ④

31

다음 중 각 정책결정모형의 특성에 대한 설명이 바르게 연결된 것은?

① 합리모형 – 초합리성 고려, 환류 중시
② 만족모형 – 규범적·총체적·연역적 접근, 인간의 전능성
③ 점증모형 – 정치적 합리성, 한정된 수의 대안에 대한 검토
④ 최적모형 – 실증적·현실적·귀납적 접근

해설 ①은 최적모형, ②는 합리모형, ④는 만족모형에 대한 설명이다.

32

다음 중 혼합주사모형에 대한 설명으로 잘못된 것은?

① 이론적 독자성이 결여되어 있다.
② 점증모형과 합리모형을 절충하였다.
③ 부분적 결정에 대해서는 점증적 결정이 이루어진다.
④ 가장 합리적인 의사결정은 파레토의 최적기준점에서 이루어진다.

해설 ④는 공공선택론에 대한 설명이다. 혼합모형은 이론적 독창성이 없고 합리모형과 점증모형을 혼합하였을 뿐 각각의 결함을 극복하지 못했다는 비판을 받으며, 기본적 결정에 대해서는 합리모형을 적용하며, 상황이 안정된 부분적 결정에 대해서는 점증모형을 적용한다.

33

다음 중 쓰레기통모형에서 의사결정이 이루어지기 위한 네 가지 기본요소 내지 흐름에 해당하지 않는 것은?

① 결정해야 할 문제   ② 참여자
③ 문제의 해결책   ④ 무의사결정

해설 쓰레기통모형에서는 조직화된 무질서와 혼돈 속에서 쓰레기가 우연히 한 쓰레기통 속에 모이듯 독자적으로 흘러 다니던 네 가지 의사결정 흐름(문제의 흐름, 해결책의 흐름, 참여자의 흐름, 선택기회의 흐름)이 우연히 한 곳에 모여 의사결정이 이루어진다.

34

다음 중 회사모형(연합모형)의 특징이 아닌 것은?

① 개인 차원의 의사결정모형이 집단 차원에 모두 적용되는 것은 아니다.
② 거래관행 또는 표준운영절차를 통하여 불확실성을 회피한다.
③ 정책결정의 주체는 개인이 된다.
④ 대안이 가져 올 결과를 문제 삼지 않고 유동적으로 본다.

해설 회사모형은 기본적으로 개인이 아닌 집단차원의 의사결정모형으로, 정책결정의 주체를 참여자 개개인으로 보는 것이 아니라 하부집단의 연합체로 파악한다.

35 지방직 9급 기출

정책집행에 영향을 미치는 요인에 대한 설명으로 옳은 것은?

① 사바티어(Sabatier)는 정책대상집단의 행태 변화의 정도가 크면 정책집행의 성공은 어렵다고 본다.
② 집행주체의 집행역량은 집행구조나 조직의 분위기에 영향을 받지 않는다.
③ 정책집행과정에서 의사결정점(decision point)이 많을수록 신속하게 집행된다.
④ 정책수혜집단의 규모가 크고 조직화 정도가 강한 경우 집행이 어렵다.

해설 사바티어(Sabatier)는 정책대상집단 행태의 다양성과 요구되는 행태변화의 정도가 클수록 정책집행은 성공하기 어렵다고 하였다.
② 집행주체의 집행역량은 집행구조나 조직의 분위기에 영향을 받는다.
③ 정책집행과정에서 의사결정점(decision point)이 많을수록 신속한 정책결정 및 집행이 곤란하다.
④ 정책수혜집단의 규모가 크고 조직화 정도가 강한 경우는 정책집행이 용이하다.

핵심정리

P. Sabatier & D. Mazmanian의 정책집행분석모형
- 문제의 성격 : 타당한 인과모형의 존재, 대상집단 행태의 다양성과 요구되는 행태변화의 정도, 대상집단의 규모와 명확성
- 법적 요인 : 법규상 추구하는 정책목표의 안정성·일관성 및 목표 간 우선순위의 명확성, 집행을 위한 적정한 수준의 재원, 집행과정상의 거부점의 최소화 및 저항의 극복수단(제재·유인책) 구비 등
- 정치적 요인 : 대중의 지지와 대중매체의 관심, 관련 집단의 자원 및 집행에 대한 태도, 사회·경제·기술적 상황과 여건, 지배기관의 후원과 관심 등

36 지방직 9급 기출

다음 특징을 가진 정책변동 모형은?

- 분석단위로서 정책하위체제(policy sub-system)에 초점을 두고 정책변화를 이해한다.
- 신념체계, 정책학습 등의 요인은 정책변동에 영향을 준다.
- 정책변동 과정에서 정책중재자(policy mediator)가 중요한 역할을 한다.

① 정책흐름(Policy Stream) 모형
② 단절적 균형(Punctuated Equilibrium) 모형
③ 정책지지연합(Advocacy Coalition Framework) 모형
④ 정책패러다임 변동(Paradigm Shift) 모형

해설 제시문의 내용은 정책변동 모형 중 정책지지연합(Advocacy Coalition Framework) 모형에 대한 설명이다. 정책지지연합 모형은 신념체계를 정책행위자 집단의 구분기준으로 제시하고 이를 정책으로 관철하기 위해 경쟁한다는 점을 강조하며, 정책문제나 쟁점에 적극적으로 관심을 가지는 조직의 행위자들로 구성되는 정책하위 체계 내의 갈등과 타협과정을 정책의 기본과정으로 본다.
① 정책흐름(Policy Stream) 모형 : 서로 무관하게 고유의 규칙을 따라 흘러다니는 문제의 흐름, 정치의 흐름, 정책의 흐름 등 3가지 흐름이 결합하여 정책의 의제설정이 이루어진다는 모형이다.
② 단절적 균형(Punctuated Equilibrium) 모형 : 장기간 동안의 점증적 변화와 단기간의 급격한 변화를 나타내는 모형으로, 사회경제적 위기나 군사적 갈등과 같은 외부 충격에 의해 단절적으로 급격하게 발생한다고 본다.
④ 정책패러다임 변동(Paradigm Shift) 모형 : 정책변동을 패러다임 변동에 의한 급격한 변화로 나타내는 모형으로 '패러다임의 안정기 → 변이의 축적기 → 실험기 → 기존 패러다임의 권위 손상기 → 새로운 패러다임 경쟁기 → 새로운 패러다임의 정착 및 안정기'로 세분된다.

정답 31 ③ 32 ④ 33 ④ 34 ③ 35 ① 36 ③

37 서울시 9급 기출

〈보기〉가 설명하는 분석 방법은?

─── 보기 ───
- 대안 간의 쌍대 비교를 한다.
- 사티(Saaty)가 제시한 원리에 따라 상대적 중요도를 설정한다.
- 우선순위를 판단하는 데 도움이 된다.

① 브레인스토밍
② 델파이
③ 회귀분석
④ 분석적 계층화 과정(AHP)

해설 분석적 계층화 과정은 불확실한 상황 하에서 확률 추정이 불가능한 경우에 대안 간 쌍대비교를 통하여 우선순위를 따지고 미래를 예측하는 기법이다.
① 브레인스토밍은 일정한 테마에 관하여 회의형식을 채택하고, 구성원의 자유발언을 통한 아이디어의 제시를 요구하여 발상을 찾아내려는 방법이다.
② 델파이는 전문가들이 집단토의를 하는 경우 발생하는 약점을 극복하기 위해서 개발된 전문가들의 의견을 종합하는 기법이다.
③ 회귀분석은 조작이나 활동의 데이터와 그에 대응하는 결과의 데이터의 조합을 여러 개 모아 예측 대상의 양에 대한 변동을, 조작이나 활동의 데이터 가운데 그 변동을 설명하는 요인으로 생각되는 데이터로 예측하기 위해 그 둘 사이의 관계를 구명하는 기법을 말한다.

핵심정리

미래예측기법
- **과학적·이론적 미래예측기법** : 선형계획, 시계열분석, 회귀분석, 목적계획법, 모의실험 등
- **주관적·질적 미래예측기법** : 델파이 기법, 브레인스토밍 등의 집단적 해결 방법

38

쓰레기통모형에 대한 설명으로 옳지 않은 것은?

① 조직의 구조는 체계적이기보다는 느슨한 형태로 구조화되어 운영된다.
② 조직화된 혼란의 주요 원인은 시간적 제약 때문이다.
③ 최종의사결정에는 임의적인 선택과정을 필요로 한다.
④ 최종의사결정은 간과(oversight) 또는 탈피(flight)보다는 문제해결(problem resolution)에 의해 이루어진다.

해설 합리모형은 문제해결이 의사결정을 통해 이루어짐을 가정하고 회사모형은 하위집단의 연합에 의한 갈등의 준해결을 통해 의사결정이 이루어지지만, 쓰레기통모형에서는 문제해결(problem resolution)이나 준해결(quasi-resolution)보다는 시간이나 여유자원의 부족 등으로 인해 비정상적 의사결정인 간과(oversight) 또는 탈피(flight) 방식의 의사결정이 주로 이루어진다. 간과방식(choice by oversight, 날치기 결정)은 관련된 다른 문제들이 제기되기 전에 재빨리 의사결정을 하는 것이며, 탈피방식(choice by flight, 진빼기 결정)은 관련된 문제의 주장자들이 자신의 주장을 되풀이 하다가 힘이 빠져 다른 의사결정 기회를 찾아 스스로 떠날 때까지 기다린 후에 의사결정을 하는 방법이다.
① 쓰레기통모형은 조직이 불확실하고 응집성이 약하며 혼란스러운 상황에서 어떠한 의사결정행태를 나타내는가에 대한 연구이다.
② 쓰레기통모형에서는 사람들의 선호 및 의사결정 기술이 불분명하며, 의사결정에 참여하는 담당자는 유동이 심하고 시간적 압박상태에 놓여있는 일시적·유동적 참여자라는 것 등을 조직화된 혼란의 주요 원인으로 본다.
③ 쓰레기통 속의 조직화된 무질서와 혼돈(조직화된 무정부 상태) 속에서 쓰레기가 우연히 한 쓰레기통 속에 모이는 것과 같은 임의적 선택과정을 거쳐 의사결정이 이루어진다고 본다.

39

정책의제의 설정에 영향을 미치는 요인이 아닌 것은?

① 정책문제의 중요성
② 정책대상집단의 영향력
③ 의제설정 주체의 성향
④ 전문가의 문제 분석 능력 정도

해설 전문가의 문제 분석은 정책문제가 정부에 의해 채택된 후 정책대안을 비교·평가하는 정책분석 단계에 이루어지는 활동이므로 정책의제설정에 영향을 미치는 요인으로 볼 수 없다. 일반적으로 정책의제설정에 영향을 미치는 요인은 정책문제의 성격, 주도집단과 참여자, 정치적·사회적·경제적 요인 등을 들 수 있다.
① 정책문제의 특성이나 중요성에 있어서 영향을 받는 집단이 크고(많고) 문제의 내용이 대중적이고 중요한 것일수록 의제가 될 가능성이 커진다.
② 정책대상집단의 규모나 응집력·영향력에 있어서는 문제인지집단이 크고 응집력이 강할수록, 인지집단의 자원이 풍부하고 영향력과 관련 지원이 클수록 의제채택가능성이 커진다.
③ 의제설정자의 가치관 및 성향 등에 있어서는 상부기관의 영향력이 크고 지시가 구체적일수록, 하위조직원의 참여도가 높을수록 의제가 될 가능성이 커진다.

> **핵심정리**
> **정책의제설정에 영향을 미치는 요인**
> - **정책문제의 성격** : 문제의 특성이나 중요성, 사회적 유의성, 쟁점화의 정도, 시간적 적절성, 문제의 복잡성, 문제의 구체성, 문제의 내용적 특성, 선례와 정형화 여부, 해결책의 유무
> - **주도집단과 참여자**
> - **정치적 요인** : 정치이념·체제, 정치적 사건의 존재, 정치인의 속성이나 관심 정도
> - **사회적·경제적 상황** : 사회문화적 상황, 경제발전 정도, 재원 마련 가능성 등

40

사이버네틱스(cybernetics)모형에 대한 설명으로 옳지 않은 것은?

① 합리모형과 가장 극단적으로 대립되는 적응적·관습적 의사결정모형이다.
② 설정된 목표를 달성하기 위해 정보와 환류과정을 통해 자신의 행동을 스스로 조정해나간다고 가정하는 모형이다.
③ 결과를 미리 예측한 후 합리적 대안을 선택하는 인과적 학습에 의존한다.
④ 환류채널을 통해 들어오는 몇 가지의 정보에 따라 시행착오적인 적응을 한다.

해설 합리모형과 가장 극단적으로 대립되는 적응적·관습적 의사결정모형인 사이버네틱스 모형은 인과적 학습이 아닌 도구적(시행착오적) 학습에 의존한다.

> **핵심정리**
> **분석적 패러다임과 사이버네틱스 패러다임**
>
> | 구분 | 분석적 패러다임 (합리모형) | 사이버네틱스 패러다임(적응모형) |
> |---|---|---|
> | 합리성 | 완전한 합리성(전지전능) - 합리적 선택이라는 의사결정 행태에 그 기초 | 제한된 합리성(인지능력의 한계) - 인간의 정보처리과정과 적응행태에 더 관심 |
> | 조직 | 단일한 의사결정자로서의 조직 → 유기체이므로 개인의 의사결정=조직의 의사결정 | 상이한 목적을 지닌 개인의 연합체로서의 조직 → 유기체가 아니므로 개인의 의사결정≠조직의 의사결정 |
> | 문제해결 | 알고리즘(연역적 방식, 계량적 분석), '최선의 답' 추구 | 휴리스틱(귀납적 방식, 경험적 판단), '그럴 듯한 답' 추구 |
> | 학습 | 인과적 학습 | 도구적 학습(시행착오적 학습) |
> | 대안분석 | 동시적 분석 | 순차적 분석 |

의사결정	목표의 극대화, 최적수단 선택-가치 극대화 관점	비목적적, 점진적 적응-적응 관점
불확실성 대응	불확실성 예측을 통한 감소(정보에 대한 민감성)	불확실성의 통제 추구
모형	합리모형, Allison의 Model I	조직모형, 회사(연합)모형, Allison의 Model II

ㄹ. 갈등의 준해결, 표준운영절차(SOP)의 활용, 불확실성 회피, 문제 중심의 탐색, 조직의 학습 등은 회사 모형의 특징이다.

42

정책집행에 대한 하향식 접근방법의 장점으로 옳은 것은?

① 문제해결능력 측면에서 정부프로그램의 상대적 중요도를 평가할 수 있다.
② 실제적인 정책집행과정을 상세히 기술하여 정책 집행과정의 인과관계를 보다 잘 설명할 수 있다.
③ 하향적 집행론자들이 제시한 변수들은 체크리스트로서 집행과정을 점검하는 데 사용할 수 있다.
④ 같은 정책이라도 집행환경이 다르기 때문에 발생하는 지역 간 집행상 차이를 파악하는데 용이하다.

해설 정책집행에 대한 하향적 접근방법에서 제시되는 효과적인 집행조건은 정책결정자에게 집행과정에서의 문제점을 예측하는 점검목록(checklist)이 된다.
① · ② · ④는 모두 정책집행에 대한 상향적 접근방법의 장점이다.

41 지방직 9급 기출

정책결정 모형에 대한 설명으로 옳은 것만을 모두 고르면?

ㄱ. 만족 모형에서는 정책결정을 근본적 결정과 세부적 결정으로 구분한다.
ㄴ. 점증주의 모형은 현상유지를 옹호하므로 보수적이라는 비판을 받고 있다.
ㄷ. 쓰레기통 모형에서 의사결정의 4가지 요소는 문제, 해결책, 선택기회, 참여자이다.
ㄹ. 갈등의 준해결과 표준운영절차(SOP)의 활용은 최적모형의 특징이다.

① ㄱ, ㄴ
② ㄱ, ㄹ
③ ㄴ, ㄷ
④ ㄷ, ㄹ

해설
ㄴ. 점증주의 모형은 다양한 참여자 간 이해관계를 조정하다보면 기득권층의 힘이 가장 강력해지기 때문에 대폭적인 변화보다는 현재보다 약간씩 개선된 대안을 추구하므로 현상유지를 옹호하고 보수적이라는 비판을 받는다.
ㄷ. 쓰레기통 모형은 의사결정에 필요한 4가지 요소인 문제, 해결책, 선택기회, 참여자를 제시하고, 이들이 독자적으로 흘러 다니다 우연한 계기로 만날 때 의사결정이 된다고 설명한다.
ㄱ. 정책결정을 근본적 결정과 세부적 결정으로 구분하는 것은 혼합 모형이다.

43
다음 중 현대적 정책집행이론에 관한 설명으로 옳지 않은 것은?
① 정책집행은 계속되는 의사결정의 한 과정이다.
② 많은 경우 정책목표가 정책집행과정에서 도출되기도 하고 명료화되기도 한다.
③ 정치·행정일원론은 정책집행을 순수한 행정과정으로 이해한다.
④ 정책집행은 기계적인 과정이 아니라 여러 가지 정치·경제적 요인들이 복잡하게 개입되어 어우러지는 역동적 과정이다.

해설 고전적 집행론은 정치·행정2원론에 입각하여 행정활동을 순수한 정책집행으로만 인식하지만, 현대적 집행론은 정치·행정1원론에 입각하여 정책결정과 정책집행이 행정과정에서 순환적으로 이뤄진다고 본다.

44
다음 중 정책집행에 있어서 순응확보의 전략으로 부적합한 것은?
① 교육과 도덕적 설득
② 제재나 강압적 수단의 사용
③ 정책의 모호성
④ 보상수단과 편익 제공

해설 순응확보의 전략으로는 ①, ②, ④ 이외에 정책목표의 명확화, 리더십, 의사전달의 활성화, 정책의 권위와 정통성에 대한 믿음 등이 있다. 정책의 모호성과 비일관성은 불응의 원인이 된다.

45
정책결정모형에 관한 설명으로 옳지 않은 것은?
① 합리모형은 불가능한 일을 정책결정자에게 강요함으로써 바람직한 정책결정에 도움을 주지 못하고 있다는 비판을 받는다.
② 만족모형은 합리모형이 규범적이고 처방적인 의미는 있지만 비현실적이라고 비판하였다.
③ 초합리성을 강조하는 최적모형에서는 정책결정자의 직관적 판단을 배제한다.
④ 점증모형은 정책결정의 상황적 특성에 초점을 맞춘 정책결정모형이다.

해설 초합리성을 강조하는 최적모형에서는 정책결정자의 직관적 판단을 중시한다. 최적모형은 현실 여건이 합리성을 제약하므로 경제적 합리성과 더불어 육감, 직관, 판단력 등과 같은 초합리적 요인을 고려하며 양적 분석뿐만 아니라 질적 분석도 고려한다.

46

다음 중 고전적 정책집행이론이 갖는 문제점과 거리가 먼 것은?

① 정책의 결정은 특정한 시점에서 이루어진다는 정태적 정책관
② 정책을 수립하기만 하면 문제가 해결된다는 정책만능주의
③ 정책목표는 집행과정에서 수정되어서는 안된다는 목표수정부당론
④ 집행현장의 상황에 따라 집행자에게 재량이 부여되어야 한다는 재량확대론

해설 ④는 현대적 정책집행관의 특징이다. 고전적 정책집행 이론에 따르면 집행자는 구체적이고 세세한 기술적 문제 정도에서만 미약한 재량권을 부여받는다.

핵심정리

고전적 집행론과 현대적 집행론

구분	고전적 집행론 (정책집행에 관심 없음)	현대적 집행론 (정책집행 단계 중시)
정치와 행정	• 정치·행정2원론: 정책결정과 집행의 이질성·단일방향성 • 정책결정자와 집행자의 분리(고전적 기술가형)	• 정치·행정1원론: 정책결정과 집행의 동질성·순환성 • 정책결정자와 집행자의 연관성(관료적 기업가형)
특징	• 계층적 조직관 • 정책만능주의, 정태적 정책관, 목표 수정 불가	• 탈관료제화와 느슨하게 연결된 계층제 • 정책의 수정가능성 인정

47

다음 중 정책집행에 대한 상향적 접근방법에 관한 기술로 보기 어려운 것은?

① 집행활동이란 조직 내 개인의 활동을 출발점으로 하여 문제의 상황에 대응하여 일어나는 것이다.
② 조직의 목표와 행동만이 아니라, 상급 집행기관의 구조를 거슬러 올라가면서 정책 수행에 필요한 능력과 자원들도 고려된다.
③ 서비스 배분에 있어서는 일선관료가 개인적으로 우선순위를 매기는 관행은 허용되지 않는다.
④ 집행활동은 상층부 의도보다는 최종 순간의 구체적인 행동에서 시작한다.

해설 상향적 집행론은 일선관료의 전문지식과 문제해결 능력을 성공적 집행의 조건으로 보고 일선관료의 역량 강화와 문제해결에 필요한 재량 부여 등 분권화를 중시한다.

핵심정리

정책집행에 대한 상향적 접근방법(상향적 집행론)

• 집행과정에서 실질적인 정책결정이 이루어진다고 봄 (집행 시 목표수정도 가능)
• 일관된 정책목표를 부정하고 정책목표보다는 정책집행을 강조하며, 결정자의 의도보다는 정책을 실제로 집행하는 집행자의 구체적 행태에 초점
• 결정대로의 충실한 집행보다는 일선집행관료의 바람직한 행동 유발의 정도나 효율적인 집행 상황에의 적응을 성공적 집행의 핵심요소로 파악
• 집행관료의 재량권을 필수요소로 보며 지식과 능력을 강조

48 지방직 9급 기출

정책실험에서 내적 타당성을 위협하는 요인 중 다음 설명에 해당하는 것은?

> 사전측정을 경험한 실험 대상자들이 측정 내용에 대해 친숙해지거나 학습 효과를 얻음으로써 사후측정 때 실험집단의 측정값에 영향을 주는 효과이며, '눈에 띄지 않는 관찰' 방법 등으로 통제할 수 있다.

① 검사요인 ② 선발요인
③ 상실요인 ④ 역사요인

해설 검사요인이란 실험 전 측정한 사실 그 자체가 연구되는 현상에 영향을 주는 것을 의미한다. 따라서 설명에 해당하는 요인은 검사요인, 즉, 측정요인에 대한 설명이다.
② 선발요인 : 실험집단과 통제집단을 구성할 때 두 집단에 서로 다른 성질의 구성원들을 선발함으로써 발생하는 편견
③ 상실요인 : 정책의 실시 중에 우연히 몇몇 구성원이 탈락하여 집단 구성에 변화가 생겨 발생하는 효과
④ 역사요인 : 실험기간동안에 일어난 역사적 사건이 실험에 영향을 미치는 것

핵심정리

내적 타당도 저해요인의 구분
- **내재적 저해요인** : 실험을 진행하는 과정에서 일어나는 변화요인을 말하며, 사건효과, 성숙효과(성장효과), 상실요소, 측정요소, 회귀인공요소, 측정도구의 변화, 선발과 성숙의 상호작용, 처치와 상실의 상호작용 등이 해당됨
- **외재적 저해요인** : 실험을 위해 관련 대상 집단을 구성할 때 발생하는 요인을 말하며, 선발요소(선정요인)가 이에 해당

49 국가직 9급 기출

나카무라(Nakamura)와 스몰우드(Smallwood)의 정책결정자와 정책집행자의 관계 유형 중 다음 설명에 해당하는 것은?

> - 정책집행자는 공식적 정책결정자로 하여금 자신이 결정한 정책목표를 받아들이도록 설득 또는 강제할 수 있다.
> - 정책집행자는 목표를 달성하기 위한 수단을 획득하기 위해 정책결정자와 협상한다.
> - 미국 FBI의 국장직을 수행했던 후버(Hoover) 국장이 대표적인 예이다.

① 지시적 위임형 ② 협상형
③ 재량적 실험가형 ④ 관료적 기업가형

해설 정책집행자가 정책목표를 설정하고 결정자를 설득 또는 강제할 수 있으며, 목표 달성에 필요한 수단을 획득하기 위해 정책결정자와 협상하는 유형은 관료적 기업가형에 해당된다.

핵심정리

관료적 기업가형
- 집행자가 강력한 권한을 갖고 정책과정 전반을 주도하며 결정권까지 행사(집행자에게 권력이 이전되는 유형으로, 고전적 기술관료형과 반대됨)
- 집행자는 목표를 설정하고 결정자를 설득하여 이를 수용하게 하며, 목표 달성에 필요한 수단을 결정자와 협상을 통해 확보함
- 집행자는 자신의 목표를 수행할 의지와 능력을 가지고 있음
- 결정자는 집행자가 수립한 목표와 목표 달성방안을 지지

50

정책평가의 타당성에 대한 설명으로 옳지 않은 것은?

① 구성적 타당성은 이론적 구성요소들이 성공적으로 조작화된 정도를 의미한다.
② 외적 타당성은 측정도구가 어떤 현상을 되풀이해서 측정했을 때 얼마나 일관성 있게 측정할 수 있느냐 하는 정도를 의미한다.
③ 내적 타당성은 원인변수와 결과변수 간의 인과관계 추론의 정확도를 말한다.
④ 통계적 결론의 타당성은 추정된 원인과 추정된 결과 사이에 관련이 있는가에 관한 통계적인 의사결정의 타당성이다.

> **해설** 측정도구가 어떤 현상을 되풀이해서 측정했을 때 얼마나 일관성 있게 측정할 수 있느냐 하는 정도를 의미하는 것은 신뢰성이다. 외적 타당성은 특정 상황에서 내적 타당성을 확보한 정책평가가 다른 상황에서도 적용될 가능성을 말한다.

51

일선관료제에 대한 설명으로 적절하지 않은 것은?

① 일선관료가 일하는 부서 자체의 목표들은 모호하거나 이율배반적인 경우가 많다.
② 일선관료는 계층제 내에서 단순한 집행업무를 수행하기 때문에 직무의 자율성이 제약된다.
③ 일선관료는 행정고객의 특수성으로 인해 인간적 차원에서 대처해야 할 상황이 많다.
④ 일선관료는 직무에 대한 적응방식으로 단순화와 정형화를 시도한다.

> **해설** Lipsky에 따르면 일선관료는 상당한 재량권을 가지고 매우 복잡한 업무를 수행하며, 고객과 접촉하는 일선관료가 실질적으로 공공정책을 결정한다는 상향적 정책집행 접근법을 수용한다.

핵심정리

일선관료제론 – 립스키(M. Lipsky)

- 일선관료의 의의
  - 정책과정의 최종 단계에서 시민과 직접 대면접촉하고 상호작용하며 업무 수행 과정에 대한 상당한 재량을 보유한 관료
  - 서면처리보다는 시민과의 대면 업무가 많아 기계적이기보다는 인간적으로 대처해야 할 상황이 많음
  - 공공서비스에 의존하는 서민 계층의 증가와 복지행정의 발전 등에 따라 일선관료의 중요성 증대
- 일선관료의 업무환경 특징
  - 자원 부족(인적·물적 자원, 시간적·기술적 자원의 부족과 초과수요)
  - 권위에 대한 위협과 도전
  - 모호하고 대립되는 역할 기대(목표의 모호성·이율배반성)
- 일선관료의 대응 메커니즘
  - 단순화와 정형화(관례화) : 개별적 집행상황에 부합하는 업무수행보다는 복잡한 환경을 자신이 이해하고 다룰 수 있는 환경으로 구조화시켜 인지하고(단순화), 업무 수행방식을 규칙적이고 습관적인 것으로 유형화시킴(정형화). 한정된 프로그램(사업) 및 해결책에만 관심, 부분적이고 간헐적으로 정책을 집행
  - 고객의 유형화·범주화·선별(creaming) : 각각의 고객집단에 대해 차별적으로 대응, 고객을 재정의(범주화하여 선별) 한 후 고객에게 책임을 전가하거나 사회문제 탓으로 책임을 회피, 고객의 수요를 제한하는 방식의 업무 처리(할당 배급, 제한된 대상에게만 정보 제공, 시간과 금전적 비용 지불 요구 등)

52

나카무라(R. Nakamura)와 스몰우드(F. Smallwood)가 제시한 정책집행 유형에 대한 설명 중 옳지 않은 것은?

① '고전적 기술자형'은 정책결정자가 정책집행자를 엄격히 통제하여 집행자가 결정된 정책내용을 충실히 집행하는 유형이다.
② '지시적 위임형'은 정책결정자가 정책목표 형성에 대해서 통제권을 행사하지만 수단의 선택에 있어서는 집행자들의 권한을 인정해주는 유형이다.
③ '협상자형'은 정책목표와 수단에 대해 양자 간 합의가 이루어져 있지 않다는 점에서 고전적 기술자형, 지시적 위임가형과 차이점을 갖는다.
④ '관료적 기업가형'은 정보·기술 등 현실적 여건으로 인해 정책결정자들이 구체적인 정책이나 목표를 설정하지 못하고 추상적인 수준에 머물고 있기 때문에 정책의 대부분을 정책집행자에게 위임하는 유형이다.

해설 ④는 재량적 실험가형의 특징이다. 관료적 기업가는 정책집행자가 정책결정자의 결정권을 장악하고 정책과정 전반을 완전히 통제하는 유형으로, 정책집행자 스스로 정책목표를 수립하고 공식결정자가 이 목표를 받아들이도록 확신시킬 수 있는 충분한 능력을 보유하고 있다.

53

정책평가의 타당성과 신뢰성에 대한 설명으로 가장 옳지 않은 것은?

① 신뢰성이 낮으면 타당성도 낮다.
② 신뢰성이 높으면 타당성도 높다.
③ 타당성이 높으면 신뢰성도 높다.
④ 타당성이 낮다고 해서 신뢰성도 낮다고 할 수는 없다.

해설 타당성이 높으면 신뢰성도 높지만, 신뢰성이 높다고 해서 타당성도 높다고 단정할 수는 없다.

핵심정리

측정·평가의 신뢰성과 타당성

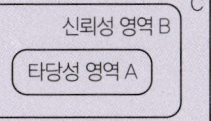

구분	A 영역	B 영역	C 영역
타당성	높음	낮음	낮음
신뢰성	높음	높음	낮음

- 타당성은 측정의 정확도를, 신뢰성은 측정의 일관성을 의미한다.
- 신뢰성이 낮으면 타당성도 낮다(신뢰성은 타당성의 필요조건-타당성이 확보되려면 최소한 신뢰성은 전제되어야 함). - C
- 신뢰성이 높다고 항상 타당성이 높은 것은 아니다(신뢰성은 타당성의 충분조건은 아님). - A·B
- 타당성이 높으면 신뢰성도 높다. - A
- 타당성이 낮다고 항상 신뢰성이 낮은 것은 아니다. - B·C

54

Cook과 Campbell이 분류한 정책타당도에 대한 설명으로 옳지 않은 것은?

① 내적 타당도는 정책수단과 정책효과 사이의 인과관계를 파악할 수 있게 한다.
② 외적 타당도는 정책이 다른 상황에서도 실험에서 발견된 효과들이 그대로 나타날 수 있는가이다.
③ 구성타당도(개념적 타당도)란 처리, 결과, 상황 등에 대한 이론적 구성요소들이 성공적으로 조작화된 정도를 말한다.
④ 크리밍(creaming) 효과, 호손(Hawthorne) 효과는 내적 타당도를 저해하는 요인이다.

해설 크리밍 효과, 호손 효과는 외적 타당도를 저해하는 요인이다.

핵심정리

외적 타당도 저해요인
- **호손 효과(실험조작의 반응효과)**: 실험집단이 실험집단임을 자각하고 평상시와는 다른 행동을 보임으로써 등장하는 왜곡
- **다수의 실험적 처리에 의한 간섭**: 동일 집단에 여러 번의 실험적 처리를 하는 경우 실험조작에 익숙해져 발생
- **표본의 대표성 부족문제**: 두 집단의 동질성이 있더라도 사회적 대표성이 없는 경우에 발생
- **크리밍 효과**: 실험의 효과가 잘 나타날 가능성이 있는 조건이 좋은 집단을 실험집단으로 선정하고 그렇지 못한 집단을 비교집단으로 선정하여 일반적 상황에 적용할 때 발생
- 실험조작과 측정의 상호작용 등

55 [지방직 9급 기출]

정책평가에서 내적 타당성에 대한 설명으로 옳지 않은 것은?

① 준실험설계보다 진실험설계를 사용할 때 내적 타당성의 저해요인이 다양하게 나타난다.
② 정책의 집행과 효과 사이에 존재하는 인과관계의 추론이 가능한 평가가 내적 타당성이 있는 평가이다.
③ 허위변수나 혼란변수를 배제할 수 있다면 내적 타당성을 높일 수 있다.
④ 선발요인이나 상실요인을 통제하기 위해서는 무작위배정이나 사전측정이 필요하다.

해설 진실험은 무작위 추출에 의해 실험집단과 통제집단 간 동질성이 확보되므로 내적 타당성의 저해요인인 선발(선정)요인, 역사(사건)요인, 성장요인의 작용가능성이 줄어들어 준실험에 비해 내적 타당도가 상대적으로 높다.
② 일반적 의미의 타당도로서, 추정된 원인과 그 결과 사이에 존재하는 인과적 결론의 정확성에 관한 것은 내적 타당도에 해당된다.
③ 허위변수나 혼란변수는 제3의 변수유형으로 정확한 인과관계 파악을 어렵게 하므로, 이를 배제할 수 있다면 내적 타당성을 높일 수 있다.
④ 선발요인이나 상실요인을 통제하기 위해서는 사전측정을 통해 해당자들을 선별하고 이들을 무작위로 배정하는 것이 필요하다.

56 지방직 9급 기출

나카무라(R. Nakamura)와 스몰우드(F. Smallwood)가 정책대안의 소망스러움(desirability)을 평가하는 기준으로 제시하지 않은 것은?

① 노력
② 능률성
③ 효과성
④ 실현가능성

해설 나카무라(R. Nakamura)와 스몰우드(F. Smallwood)가 정책대안의 평가기준으로 제시한 것은 크게 소망성(desirability)과 실현가능성(feasibility)으로 구분할 수 있는데, 소망성에 해당되는 평가기준으로는 노력·능률성·효과성·형평성·대응성이 있다.

핵심정리

Nakamura & Smallwood의 정책대안 평가기준

- 소망성(desirability)
  - 노력 : 사업활동에 투자되는 질적·양적 투입이나 에너지
  - 능률성 : 투입과 산출의 비율(최소의 투입으로 최대의 산출을 얻는 것)
  - 효과성 : 목표달성도
  - 형평성 : 집단·계층 간 비용과 편익의 공평한 배분
  - 대응성 : 시민의 수요나 욕구·선호에의 부응 정도
- 실현가능성(feasibility) : 행정적 실현가능성, 법적 실현가능성, 정치적 실현가능성, 재정적 실현가능성, 기술적 실현가능성, 윤리적 실현가능성
  - d. 나카무라와 스몰우드의 정책평가기준 : 효과성, 능률성, 주민만족도, 수혜자(수익자)의 대응성, 체제유지도

57 국가직 9급 기출

정책평가와 관련하여 실험결과의 외적 타당성을 저해하는 요인으로 옳지 않은 것은?

① 연구자의 측정기준이나 측정도구가 변화되는 경우
② 표본으로 선택된 집단의 대표성이 약할 경우
③ 실험집단 구성원 자신이 실험대상임을 인지하고 평소와 다른 특별한 반응을 보일 경우
④ 실험의 효과가 크게 나타날 것으로 예상되는 집단만을 의도적으로 실험집단에 배정하는 경우

해설 연구자의 측정기준이나 측정도구가 변화되는 경우는 측정도구요인으로 외적 타당성이 아니라 내적 타당성을 저해하는 요인이다.
② 표본의 대표성 부족문제는 외적 타당성을 저해하는 요인 중 하나이다. 두 집단의 동질성이 있더라도 사회적 대표성이 없는 경우에 발생한다(표본선택 시 편견개입, 실험적 변수 작용으로 인한 상호작용 등으로 결과를 일반적 모집단에 일반화하기 곤란한 문제).
③ 호손효과에 대한 설명으로 외적 타당성을 저해하는 요인 중 하나이다. 호손효과는 실험집단이 실험집단임을 자각하고 평상시와는 다른 행동을 보임으로써 등장하는 왜곡이다.
④ 크리밍효과에 대한 설명으로 외적 타당성을 저해하는 요인 중 하나이다. 크리밍효과는 실험의 효과가 잘 나타날 가능성이 있는 조건이 좋은 집단을 실험집단으로 선정하고 그렇지 못한 집단을 비교집단으로 선정하여 일반적 상황에 적용할 때 발생한다.

핵심정리

타당도 저해요인의 종류

내적 타당도 저해요인	외적 타당도 저해요인
• 역사적 요소 • 성숙효과 • 상실요소 • 회귀인공요소 • 측정요소 • 측정도구요인(측정도구의 변화) • 선발과 성숙의 상호작용 • 처치와 상실의 상호작용 • 오염·확산효과 • 정책내용의 이전	• 호손효과(실험조작의 반응효과) • 다수의 실험적 처리에 의한 간섭 • 표본의 대표성 부족문제 • 크리밍효과 • 실험조작과 측정의 상호작용 등

58

다음 중 정책평가의 목적에 대한 설명으로 옳은 것은?

① 정책평가는 정책결과에 대한 정보를 환류시켜 효과적인 정책집행전략의 수립에 도움을 주지만 정책중단이나 축소 여부의 결정에는 도움을 주지 못한다.
② 보다 효율적인 정책집행전략의 수립은 주로 총괄평가에서 제공되는 정보에 의하여 가능하다.
③ 정책과정상의 정치적 책임은 정치체제의 담당자가 국민들에게 지는 책임으로, 구체적으로는 선거를 통해 지게 된다.
④ 정책평가는 정책수단에서부터 정책결과에 이르는 인과경로를 검증하나, 이론 구축에 의한 학문적 기여와는 무관하다.

해설 정책과정과 관련된 정치적 책임은 선거를 통해 국민에게 지게 된다.
① 정책평가란 정부의 정책이나 사업계획을 대상으로 그것이 실제로 정책환경에 미친 영향이나 효과를 판단하는 것으로, 일반적 의미의 정책평가란 정책집행의 결과 및 정책집행과정에 대한 사후평가·분석으로서, 정책결정의 환류장치의 기능을 수행한다. 이 경우 환류과정에서 정책이 종결되거나 축소되기도 한다.
② 정책평가의 유형 중 과정평가(형성평가)에 대한 설명이다. 과정평가란 정책집행과정에서 드러난 여러 문제점을 해결하여 보다 나은 집행전략과 방법을 모색하기 위한 평가로, 협의의 과정평가(집행과정을 대상으로 한 평가)와 형성평가(집행 도중 야기되는 문제점을 발견·제거하기 위한 평가)로 구분된다.
④ 정책평가는 정책수단이 정책결과에 이르는 인과경로를 검토·확인하여 이론 정립에 관여한다.

59 국가직 9급 기출

정책변수에 대한 설명으로 옳은 것만을 모두 고르면?

ㄱ. 매개변수 – 독립변수의 원인인 동시에 종속변수의 원인이 되는 제3의 변수
ㄴ. 조절변수 – 독립변수와 종속변수 간에 상호작용 효과를 나타나게 하는 제3의 변수
ㄷ. 억제변수 – 독립변수와 종속변수 간에 상관관계가 없는데도 있는 것으로 나타나게 하는 제3의 변수
ㄹ. 허위변수 – 독립변수와 종속변수 모두에게 영향을 미치며 이들 사이의 공동변화를 설명하는 제3의 변수

① ㄱ, ㄷ
② ㄱ, ㄹ
③ ㄴ, ㄷ
④ ㄴ, ㄹ

해설 ㄴ. 조절변수는 독립변수와 종속변수 간에 상호작용 효과를 나타나게 하는 제3의 변수를 말하며, 일반적으로 상황변수는 조절변수에 해당한다.
ㄹ. 허위변수란 독립변수와 종속변수 간에 아무런 상관관계가 없는데도 겉으로는 있는 것처럼 보이게 만들어 두 변수에 영향을 끼치는 변수로 이들 사이의 공동변화를 설명하는 제3의 변수이다.
ㄱ. 매개변수는 독립변수와 종속변수 사이에 끼어서 중간매개역할을 하는 교량변수로 독립변수의 결과인 동시에 종속변수의 원인이 되는 제3의 변수를 말한다.
ㄷ. 억제변수는 독립변수와 종속변수 간에 상관관계가 있는데도 없는 것처럼 효과를 억압하는 제3의 변수로, 독립변수의 종속변수에 대한 영향과 정반대로 작용하여 그 영향을 정확하게 상쇄시키는 변수이다.

60

정책집행 후 결과에 대한 평가를 하여 다음 단계의 정책으로 환류시키는 정책평가는?

① 형성평가 ② 총괄평가
③ 외부평가 ④ 과정평가

해설 총괄평가(사후평가)는 정책이 집행된 후에 과연 그 정책이 원래 의도했던 효과를 성취했는지의 여부를 판단하는 평가로, 오늘날 정책평가에서 매우 중시되는 평가방법이다. 결과평가 또는 영향평가라 하며, 일반적으로 정책평가라 하면 총괄적 평가를 말한다.

61

정책평가를 위한 사회실험에 관한 설명으로 틀린 것은?

① 허위의 상관관계는 실험의 정확성을 저하시키는 요인이다.
② 준실험은 실행가능성이 높으나, 호손효과를 방지하기 어렵다.
③ 외생변수가 통제되어 내적 타당도가 높은 것은 진실험이다.
④ 정책실험은 정책의 효과를 사후에 평가하기 위하여 주로 사용된다.

해설 준실험은 호손효과를 방지하므로 정책효과의 일반화 가능성(외적 타당도)과 실행가능성이 높다.
  ③ 진실험은 무작위 추출에 의한 인위적 실험이므로 외생변수가 통제되어 특정 상황에서의 내적 타당도는 높으나, 결과를 일반화시킬 수 있는 외적 타당도와 실행가능성은 낮다.

62

내적 타당도 저해요인 중에서 연구기간 중 집단으로부터 이탈 등 두 집단 간 구성상 변화로 인한 효과에 해당하는 것은?

① 회귀인공요소 ② 상실요소
③ 선정효과 ④ 측정요소

해설 상실요소란, 연구기간 중 집단으로부터 이탈(탈락) 등 두 집단 간 구성상 변화로 인한 효과를 말하며, 그 예시로 빈곤대책을 마련하는 도중 주식투자에 성공하는 사람들의 이탈을 들 수 있다.

핵심정리

내적 타당도 저해요인

선발요소 (선정요인)	선발의 차이(실험집단과 통제집단 간 구성상 상이함)로 인한 오류로서 집단을 구성할 때 발생할지 모르는 편견
선정효과	통제집단이 아닌 실험집단에 선정되게 만든 요인(선정변수)에 의한 현상
역사적 요소	실험기간 동안에 외부에서 일어난 역사적 사건이 실험에 영향을 미치는 것(사건효과)
성숙효과 (성장효과)	순전히 시간이 지남에 따라 나타난 대상집단의 특성변화, 즉 자연적 성장이나 발전에 의한 효과
선발과 성숙의 상호작용	두 집단의 선발상 차이뿐 아니라 두 집단의 성숙 속도가 다름으로 인한 현상
처치와 상실의 상호작용	두 집단에 대한 다른 처치로 인하여 두 집단으로부터 구성원들이 다르게 상실되는 현상
측정(검사) 요소	유사검사를 반복할 경우 실험 전에 측정(테스트)한 사실 자체가 영향을 주는 현상
측정도구의 변화	프로그램의 집행 전과 집행 후에 사용하는 측정절차, 측정도구의 변화로 인한 오류
회귀인공요소	실험이 진행되는 동안 당초 극단적인 성향의 구성원들이 원래 자신의 성향(덜 극단적인 성향)으로 돌아갈 경우에 나타나는 오차
오염효과	통제집단의 구성원이 실험집단 구성원과 접촉하여 행동을 모방하는 오염 또는 확산효과로서 모방, 정책의 누출(이전), 부자연스러운 반응 등이 이에 포함

63

정책평가방법과 관련한 설명으로 옳지 않은 것은?

① 비동질적 통제집단 설계는 준실험설계의 하나이다.
② 통계적 통제에 의한 방법은 비실험설계에 속한다.
③ 진실험설계는 무작위 배정을 통해 실험집단과 통제집단을 동질적으로 구성한다.
④ 비실험적 설계는 측정대상을 실험집단과 통제집단에 선택적으로 배정시킬 수 있기 때문에 실제 시행이 용이하다.

해설 비실험적 설계는 실험집단과 통제집단을 사전에 구분하지 않고 실험집단만을 대상으로 실험을 실시하기 때문에 실시가 용이하다.

핵심정리

정책평가의 방법(실험의 유형)
- 실험적 설계
  - 진실험 : 실험집단과 통제집단의 동질성을 확보하여 비교·평가하는 실험으로, 무작위 추출에 의한 인위적 실험이므로 외생변수가 통제되어 내적 타당도는 높으나, 결과를 일반화시킬 수 있는지의 외적 타당도는 낮음
  - 준실험 : 동질성을 확보하지 않고 평가하는 방법으로, 모방효과나 부자연스러운 반응 등이 나타나지 않아 외적 타당도와 실행가능성이 높음
- 비실험적 설계
  - 대표적 비실험 : 실험집단과 통제집단을 사전에 선정하지 않는 방법으로, 외생변수의 개입으로 내적 타당도는 낮으나 실행가능성·외적 타당도는 높음
  - 통계적 비실험 : 실험에 영향을 준 외생변수의 영향을 감소시키고자 각종 통계적 방법(시계열분석, 인관계분석, 회귀분석 등)을 사용하는 방법

64 지방직 9급 기출

정책평가의 논리에서 수단과 목표 간의 인과관계에 대한 설명으로 옳은 것만을 모두 고르면?

> ㄱ. 정책목표의 달성이 정책수단의 실현에 선행해서 존재해야 한다.
> ㄴ. 특정 정책수단 실현과 정책목표 달성 간 관계를 설명하는 다른 요인이 배제돼야 한다.
> ㄷ. 정책수단의 변화 정도에 따라 정책목표의 달성 정도도 변해야 한다.

① ㄱ
② ㄷ
③ ㄱ, ㄴ
④ ㄴ, ㄷ

해설
ㄴ. 인과관계의 3대 요건 중 비허위적 관계(비경쟁 가설)를 옳게 설명하고 있다.
ㄷ. 인과관계의 3대 요건 중 공동변화(상호연관성)를 옳게 설명하고 있다.
ㄱ. 인과관계의 3대 요건 중 시간적 선행성을 반대로 설명하고 있으며, 정책수단의 실현(원인변수)이 정책목표의 달성(결과변수)에 선행해야 한다.

핵심정리

인과적 추론의 조건(J. Mill)
- **시간적 선행성(선후성)** : 원인이 되는 사건·현상은 결과보다 시간적으로 먼저 발생해야 함
- **상시연결성 또는 공변성(共變性 ; 공동변화)** : 원인과 결과는 공동으로 변해야 함
- **경쟁가설의 배제 또는 비허위적(非虛僞的) 관계** : 결과는 원인에 의해서만 설명되어야 하며, 다른 변수(제3의 변수)에 의한 설명가능성은 배제되어야 함

65
정책결정모형에 대한 설명 중 가장 옳은 것은?
① 합리모형은 제한된 합리성을 전제한다.
② 점증모형은 경제적 합리성을 추구한다.
③ 회사모형은 갈등이 협상을 통하여 불완전하게 해결된다고 인식한다.
④ 쓰레기통모형은 안정적이고 위계적인 조직에 초점을 둔 이론모형이다.

해설 회사모형은 조직 하위단위 간의 갈등의 해결이 곧 조직의 의사결정이라고 보며, 갈등이 협상을 통하여 불완전하게 해결된다고 인식한다.
① 합리모형은 경제적 합리성을 추구한다.
② 점증모형은 정치적 합리성을 추구한다.
④ 쓰레기통모형은 복잡하고 급격한 변화 및 혼란한 상황 속에서 조직의 현실적인 결정 형태에 초점을 둔 이론모형이다.

66
여러 실험대상자들에 대해 실험 직전 단 1회의 시험결과만을 토대로 실험대상자를 선정하여 실험의 효과를 측정하려고 할 때 나타날 수 있는 현상과 관련된 것은?
① 회귀–인공요소
② 통계적 요소
③ 측정요소
④ 성숙효과

해설 회귀–인공요소(통계적 회귀요인, 실험직전반응효과)란, 1차 측정 시 평소와 달리 극단적 결과(아주 좋거나 나쁜 결과)를 얻은 때에 이를 토대로 사람들을 선발하여 실험집단을 구성할 경우, 실험기간 동안에 자신의 평소 값으로 돌아가(평균으로의 회귀) 재측정 시에는 1차 측정 때의 극단적 측정값을 나타내지 않는 경우, 실험 직전 측정이나 단 한 번의 측정만으로 비교집단을 구성할 경우 나타나는 일종의 실험직전 반응효과로서 정책효과가 없어도 처음과 달라지는 오류가 발생하는 요소를 말한다.

67
다음 중 정책평가의 내적 타당도를 저해하는 요인은?
① 다수의 실험적 처리에 의한 간섭
② 실험조작의 반응 효과
③ 회귀–인공요소
④ 실험조작과 측정의 상호작용

해설 회귀–인공요소는 내적 타당도를 저해하는 요인에 해당한다. 다수적 처리에 의한 간섭, 실험조작의 반응효과(호손효과), 표본의 대표성 부족, 크리밍효과, 실험조작과 측정의 상호작용 등은 외적 타당도를 저해하는 요인에 해당한다.

정답 63 ④ 64 ④ 65 ③ 66 ① 67 ③

68

다음 중 정부업무평가위원회에 대한 설명으로 옳지 않은 것은?

① 정부업무평가위원회는 국무총리 소속으로 설치된다.
② 공무원이 아닌 위원의 임기는 2년이며, 1차에 한하여 연임이 가능하다.
③ 정부업무평가위원회는 위원장 2인을 포함한 20인 이내의 위원으로 구성된다.
④ 회의는 재적위원 과반수의 출석으로 개의하고 출석위원 과반수의 찬성으로 의결한다.

해설 정부업무평가위원회는 위원장 2인을 포함한 15인 이내의 위원으로 구성되며, 위원장은 국무총리와 대통령이 위원으로 위촉한 자 중에서 대통령이 지명한다.

핵심정리

정부업무평가위원회
- 설치 : 정부업무평가의 실시와 평가기반의 구축을 체계적·효율적으로 추진하기 위하여 국무총리 소속으로 설치
- 구성 및 운영
  - 위원장 2인을 포함한 15인 이내의 위원으로 구성되며, 위원장은 국무총리와 대통령이 위원으로 위촉한 자 중에서 대통령이 지명함
  - 위원회의 사무 처리를 위해 간사 1인을 두되, 간사는 국무조정실 소속공무원 중에서 국무총리가 지명함
  - 공무원이 아닌 위원의 임기는 2년이며, 1차에 한하여 연임이 가능
  - 회의는 재적위원 과반수의 출석으로 개의하고 출석위원 과반수의 찬성으로 의결함

69

정책평가의 내적 타당성을 위협하는 요인으로 볼 수 없는 것은?

① 선발요소
② 성숙효과
③ 다수적 처리에 의한 간섭
④ 통계적 회귀요소

해설 다수의 실험적 처리에 의한 간섭은 동일 집단에 여러 번의 실험적 처리를 하는 경우 실험조작에 익숙해져 발생하는 것으로, 정책평가의 외적 타당성을 위협하는 요인에 해당한다.
①·②·④ 선발요소(선정요인), 역사요소(사건효과), 성숙효과(성장효과), 통계적 회귀요소(회귀인공요소) 등은 모두 내적 타당성 저해요인에 해당한다.

70

정책결정의 합리성을 제약하는 요인으로 가장 옳지 않은 것은?

① 미래예측기법의 발달
② 문제와 목표의 다양성
③ 자원 부족
④ 가치관의 차이

해설 미래예측기법의 발달은 정책결정의 합리성을 제약하는 게 아니라 제고한다.

71 국가직 9급 기출

정책변동에 대한 설명으로 옳지 않은 것은?

① 킹던(Kingdon)의 정책흐름이론에 따르면 정책변동은 정책문제의 흐름, 정치의 흐름, 정책대안의 흐름이 결합하여 이루어진다.
② 무치아로니(Mucciaroni)의 이익집단 위상변동모형에서 이슈맥락은 환경적 요인과 같이 정책의 유지 혹은 변동에 영향을 미치는 정책요인을 말한다.
③ 실질적인 정책내용이 변하더라도 정책목표가 변하지 않는다면 이를 정책유지라 한다.
④ 정책목표를 달성하기 위한 전반적인 정책수단을 소멸시키고 이를 대체할 다른 정책을 마련하지 않는 것을 정책종결이라 한다.

해설 실질적인 정책내용이 변하더라도 정책목표가 변하지 않는다면 이를 정책승계라고 하며, 정책유지는 정책의 기본골격은 유지하면서 구체적인 구성요소를 완만하게 대체·변경하는 것을 의미하므로 실질적인 정책내용이 유지되어야 한다.
① 킹던(Kingdon)의 정책흐름이론에 따르면 정책변동은 서로 무관하게 자신의 규칙에 따라 흘러 다니는 정책문제의 흐름, 정치의 흐름, 정책대안의 흐름 등 세 가지의 흐름과 우연한 사건이 결합하여 정책의제설정이 이루어진다는 것이다.
② 무치아로니(Mucciaroni)의 이익집단 위상변동모형에서 이슈맥락(사회에서 논쟁이 되고 있는 문제)은 환경적 요인과 같이 정책의 유지 혹은 변동에 영향을 미치는 정책요인이며, 입법부나 행정부의 지도자들을 포함한 구성원들이 특정한 정책이나 산업에 대하여 지니고 있는 선호나 행태를 포괄적으로 지칭하는 제도적 맥락(의회 혹은 법원의 판결 등)과 더불어 정책의 유지 혹은 변동에 영향을 미치는 정책요인을 의미한다.
④ 정책목표를 달성하기 위한 전반적인 정책수단을 소멸시키고 이를 대체할 다른 정책을 마련하지 않는 것을 정책종결이라 하는 한편, 정책목표를 달성하기 위한 전반적인 정책수단을 소멸시키고 이를 대체할 다른 정책을 마련하는 것은 정책승계에 해당한다.

72

다음 방법 중 인과관계를 토대로 한 정책대안의 결과예측방법에 해당되지 않는 것은?

① 회귀분석
② 시계열자료분석
③ 투입-산출 분석
④ 계획의 평가검토기법(PERT)

해설 시계열분석은 인과관계를 토대로 한 예측(이론적 예측)이 아니라 연장적·보외적(補外的)·투사(project)에 해당한다.
①·③·④ 모두 인과관계를 토대로 한 예측(이론적·인과관계적·양적 예측)에 해당한다. 이러한 예측방법을 예견(predict)이라고도 한다.

73

다음 중 정책종결의 원인으로 볼 수 없는 것은?

① 문제의 고갈과 정당성 상실
② 종결에 대한 저항의 약화
③ 조직의 위축과 조직 환경의 엔트로피
④ 매몰비용의 추구 성향

해설 매몰비용의 존재는 정책종결의 저항원인이 된다. 그 밖에도 정책종결의 원인으로는 문제나 행정수요의 고갈, 정책의 정통성·정당성 상실, 조직위축이나 감축, 자원의 부족, 환경의 엔트로피 증가, 종결에 대한 저항의 약화 등이 있다.

74

정책의제설정 시 일반적으로 가장 중요하게 생각되는 것은?

① 선례와 정형화 여부
② 문제의 해결가능성
③ 주민수요의 충족
④ 국민의 관심과 요구

해설 정책의제설정 단계는 문제해결의 첫 단계이며, 정책대안의 실질적인 제한과 범위의 한정이 이루어지는 단계로, 가장 많은 정치적 갈등이 발생한다.
정책의제설정에 있어 일반적으로 가장 중요한 변수 또는 기준은 '문제의 해결가능성'이다. 국민적 관심이나 요구가 큰 중요한 문제라 하더라도 해결책이 존재하지 않거나 해결될 수 없는 문제인 경우는 의제로 설정되기 어렵다.

핵심정리

정책의제의 설정에 영향을 주는 요인
- **정책문제의 성격** : 문제의 특성이나 중요성, 사회적 유의성, 쟁점화의 정도, 시간적 적실성, 문제의 복잡성, 문제의 구체성, 문제의 내용적 특징, 선례와 정형화 여부, 해결책의 유무 등
- **주도집단과 참여자** : 영향력의 결정 기준, 문제인지집단, 의제설정자의 가치관 및 성향 등
- **정치적·경제적·사회적 요인** : 정치이념이나 정치체제, 정부의 정책, 정치적 사건의 존재, 정치인의 관심 정도나 속성, 사회문화적 상황, 경제발전 정도, 재원마련 가능성 등

75

정책실패의 원인 중 성격이 다른 것은?

① 대상에 대한 이해의 불완전성
② 정책전담기구의 결여
③ 지나친 집권화
④ 자료 수집의 불충분성 및 부정확성

해설 정책실패는 일정한 시점에서 조직의 목적과 목표를 달성하지 못한 상태를 의미한다. 일반적으로 이러한 정책실패의 원인은 인적 요인과 구조적 요인, 환경적 요인으로 구분되는데, 사물이나 대상에 대한 이해의 불완전성은 인적 요인이며, 나머지는 모두 구조적 요인에 해당한다.

핵심정리

정책실패의 원인
- **인적 요인** : 가치관이나 태도가 비합리적인 경우, 사물이나 현상에 대한 불완전한 인지, 이해부족 및 전문지식의 결여, 자신의 경력 및 선입관에 대한 지나친 의존, 정확한 미래예측의 곤란, 관료제의 병리
- **구조적 요인** : 정책과 관련된 정보, 자료의 부족 및 부정확, 커뮤니케이션의 장애 및 왜곡, 정책전담기구의 결여, 계선과 막료의 지나친 갈등과 막료의 참모기능 약화 등
- **환경적 요인** : 해결해야 할 사회문제와 목표의 다양성과 무형성, 매몰비용의 존재, 자원 및 시간상의 제약, 정책결정과정의 폐쇄성, 참여자 간의 첨예한 이해관계 대립 등

76

사이버네틱스(Cybernetics) 모형의 특징으로 가장 거리가 먼 것은?

① 관습적 의사결정 ② 적응적 의사결정
③ 인과적 학습강조 ④ 불확실성의 통제

해설 인과적 학습(casual learning)을 강조하는 것은 합리모형(분석적 모형)이다. 사이버네틱스(cybernetics) 모형은 분석적인 합리모형과 극단적으로 상반되는 적응적·관습적 의사결정모형으로, 시행착오적인 도구적 학습을 강조한다.

핵심정리

사이버네틱스 모형과 분석적 모형의 비교

구분	분석적 모형 (합리모형)	사이버네틱스 모형(적응모형)
기본적 가정	완전한(엄격한) 합리성(전지전능)	제한된 합리성(인지능력의 한계)
문제해결과 해답	알고리즘(연역적 방식)	휴리스틱(귀납적 방식)
학습	인과적 학습	도구적 학습(시행착오적 학습)
대안분석	동시적 검토·분석	순차적 검토·분석
의사결정 및 대안선택	단발적 결정, 목표의 극대화와 최적대안(수단)의 선택	연속적 결정, 비목적적 적응과 그럴듯한 대안
불확실성 대응	불확실성의 감소 추구	불확실성의 통제 추구
이념	효율성	형평성
모형	합리모형, 앨리슨의 model I	조직모형, 회사모형, 앨리슨의 model II

77 지방직 9급 기출

정책 환경의 불확실성을 극복하는 대처방안 중 소극적인 방법에 해당하는 것은?

① 상황에 대한 정보의 획득
② 정책실험의 수행
③ 협상이나 타협
④ 지연이나 회피

해설 정책 환경의 불확실성을 극복하는 대처방안 중 적극적인 방안은 불확실한 것을 확실하게 하려는 방안이고, 소극적 방안은 불확실한 것을 주어진 것으로 보고 이에 대처하는 방안이다. 의사결정을 지연시켜 상황에 대한 충분한 정보를 획득하는 것은 적극적 대처방안이다. 그러나 단순한 '지연이나 회피'는 불확실성을 적극적으로 해소하는 것이 아니므로 소극적 대처방안으로 볼 수 있다. 정책딜레마 이론에서는 정책결정의 지연·회피가 정책딜레마에 대한 소극적 대응으로 제시된다.

핵심정리

불확실성의 대처방안

적극적 대처방안	• 협상을 통한 계약과 타협으로 불확실성을 유발하는 환경·상황의 통제 • 결정을 늦추어 필요한 정보의 충분한 획득을 추구(관련 변수에 대한 정보 획득 확대) • 모형이나 이론의 개발·적용(정책실험, 정책델파이, 브레인스토밍 등)
소극적 대처방안	• 보수적 접근 • 민감도 분석 • 악조건 가중분석 • 분기점 분석 • 상황의존도 분석 • 복수대안 제시 • 중복 및 가외성 장치 • 한정적 합리성의 확보

정답 74 ② 75 ① 76 ③ 77 ④

78

다음 중 국가기획의 발달요인에 대한 설명으로 옳지 않은 것은?

① 세계대전의 경험 후 전쟁수행을 위한 자원을 국가적 차원에서 조직적으로 동원·활용하는 데에 기획이 효과적이었다.
② 최초의 국가계획제도인 소련의 제1차 경제개발 5개년 계획과 프랑스의 Monnet 계획이 성공적으로 수립·전개되었다.
③ 거시경제학과 통계학의 발달로 미래를 예측할 수 있는 기법이 새롭게 등장하여 국가기획제도가 발달하게 되었다.
④ '보이지 않는 손'에 의한 시장경제체제의 강화를 통해 자본주의의 수정을 위한 국가기획이 도입되었다.

해설 1929년 미국의 경제대공황 이후, '보이지 않는 손'에 의한 시장경제체제의 무력화를 통해 자본주의의 수정을 위한 국가기획이 도입되었다.

핵심정리

국가기획의 발달요인
- **도시계획의 발달** : 인구와 산업의 도시집중에 대한 대처가 필요하였고, 이를 해결하기 위해 도시계획이 발달
- **경제대공황(1929년)** : '보이지 않는 손'에 의한 시장경제체제의 무력화를 통해 자본주의의 수정(계획경제와 수정자본주의 등)을 위한 국가기획이 도입
- **사회과학의 발전** : Keynes를 중심으로 한 거시경제학과 통계학의 발달로 미래를 예측할 수 있는 기법이 새롭게 등장, 이에 근거해 국가기획제도가 발달
- **세계대전의 경험** : 전쟁수행을 위한 자원을 국가적 차원에서 조직적으로 동원·활용하는 데 기획이 효과적이었음
- **신생국 및 후진국 발전계획** : 이를 효율적으로 추진하기 위해 기획이론이 강조
- **사회주의의 영향** : 최초의 국가계획제도인 소련의 제1차 경제개발 5개년 계획과 프랑스의 Monnet 계획이 성공적으로 수립·전개

79

다음 중 기획의 효용이 아닌 것은?

① 목표나 정책의 명확화
② 복잡한 사회문제의 해결수단
③ 인적·물적 자원의 효과 극대화
④ 비용의 증가

해설 비용증가는 기획의 제약요건(한계)에 속한다.

핵심정리

기획의 효용성
- 목표의 명확화 및 장래의 대응방안
- 사전조정과 내부통제의 수단
- 업무의 성과 및 효율 제고
- 변화의 촉진, 미래에 대비
- 불필요한 경비의 절약

80

다음 기획의 원칙 중 비능률성과 낭비를 피하고 그 효과성을 높이려는 적용원칙은?

① 단순성의 원칙
② 목표성의 원칙
③ 표준화의 원칙
④ 신축성의 원칙

해설 목표성의 원칙은 비능률과 낭비를 피하고 효과성을 높이기 위해 명확한 구체적 목표를 제시하는 원칙이다. 기획의 원칙에는 목표성의 원칙, 간결성 및 표준성의 원칙, 융통성 및 안정성의 원칙, 기획우선의 원칙, 경제성의 원칙 및 예산연계성의 원칙, 계속성의 원칙 및 장래예측성의 원칙이 있다.

81
다음 중 기획의 순서가 옳게 나열된 것은?

> ㉠ 대안의 탐색과 평가
> ㉡ 목표의 설정
> ㉢ 기획전제의 설정
> ㉣ 최종안의 선택
> ㉤ 상황분석

① ㉠ → ㉤ → ㉡ → ㉢ → ㉣
② ㉡ → ㉤ → ㉠ → ㉢ → ㉣
③ ㉡ → ㉤ → ㉢ → ㉠ → ㉣
④ ㉤ → ㉠ → ㉡ → ㉢ → ㉣

해설 기획의 과정(Koontz & O'Donnell)은 다음과 같다.
- 목표의 설정 : 기획의 첫 단계로서 달성하려고 하는 목표를 명확히 하고 구체화하는 과정이다.
- 상황의 분석 : 목표를 달성에 장애요인과 문제점을 규명하기 위한 정보·자료의 수집과 분석이 이루어지는 단계이다.
- 기획전제의 설정 : 계획수립 시 토대를 삼아야 할 기본적인 예측이나 가정의 설정단계를 의미한다. 상황분석이 주로 현실적인 여건을 대상으로 삼는데 비하여, 기획전제는 미래에 관한 예측이나 전망이라는 점에서 차이가 있다.
- 대안의 탐색과 평가 : B/C분석, E/C분석 등의 체제분석, 관리과학의 기법이 동원된다.
- 최종안의 선택 : 대안의 비교·검토를 통해 몇 가지 유용한 대안을 간추린 후 가장 적절한 최종안을 채택하는 단계를 말하며, 결정권자의 가치범주에서 해석·판단된다.

82
다음 중 행정기획의 애로점 또는 제약점으로 가장 거리가 먼 것은?

① 정확한 예측의 곤란성
② 개인적 창의성의 제한
③ 반복적 이용의 가능성
④ 기획비용의 고가성

해설 행정기획은 행정환경의 급변으로 반복적 이용이 어렵다.

핵심정리

행정기획의 한계(제약요인)
- **수립상의 제약** : 목표 간의 갈등, 미래예측의 곤란성, 정보와 자료의 부족 및 부정확성, 시간·비용, 기획의 그레샴법칙, 창의력의 부족
- **집행상의 제약** : 저항과 반발, 계획의 경직성 및 수정의 곤란, 즉흥적 결정과 빈번한 수정, 반복적 사용의 제한, 자원배분의 비효율
- **행정상의 제약** : 담당자의 능력부족, 기획·예산기구의 이원화, 인식부족, 기술·경험의 부족, 정치적 불안정, 자원부족, 기획인력충원의 어려움, 행정절차의 복잡성, 회계제도와 재정기법의 비효율성, 부처 간 조정결여, 행정기관의 비능률과 비대화

나두공

9급 공무원

제3편

조직론

제1장 조직의 본질 및 기초이론

제2장 조직의 구조

제3장 조직의 관리

제4장 조직의 발전과 변동

제1장 조직의 본질 및 기초이론

실전문제

대표유형문제

국가직 9급 기출

테일러(Taylor)의 과학적관리론에 대한 설명으로 옳지 않은 것은?

① 관리자는 생산증진을 통해서 노·사 모두를 이롭게 해야 한다.
❷ 조직 내의 인간은 사회적 욕구에 의해 동기가 유발된다고 전제한다.
③ 업무와 인력의 적정한 결합은 노동자가 아닌 관리자에 의해 결정되어야 한다.
④ 업무수행에 관한 유일 최선의 방법을 찾기 위해 동작연구와 시간연구를 사용한다.

정답해설 조직 내의 인간은 사회적 욕구에 의해 동기가 유발된다고 전제한 것은 인간관계론이다. 과학적 관리론에서 인간을 경제적·합리적으로 가정하는 X이론적 인간관에 근거하였다.

오답해설 ① 테일러의 과학적 관리론은 노사협동에 의한 과학적 직무를 중시한다.
③ 업무와 인력의 결합은 관리자에 의해 결정되어야 한다.
④ 요소별 시간연구·동작연구를 통해서 합리적인 일일 과업을 설정한다(과학적분석에 의한 합리적이고 공평한 1일 작업량 설정).

핵심정리 과학적 관리론과 인간관계론

구분	과학적 관리론	인간관계론
중점	직무(구조) 중심	인간 중심
조직관	공식적 조직관	비공식적 조직관
능률관	기계적 능률	사회적 능률
인간관	인간을 기계의 부품화로 인식, 정태적 인간관(X이론, 합리적·경제적 인간)	인간을 감정적 존재로 인식, 동태적 인간관(Y이론, 사회적 인간)
행정에 대한 기여	능률 증진에 기여	민주성 확립에 기여
조직목표와 인간욕구	자연스러운 균형을 이룸	인간적인 면을 고려할 때 균형을 이룸
유인동기	경제적 동기(경제적 욕구충족)	비경제적 동기(사회적 욕구충족)
보수 체계	성과급	생활급
연구방법	테일러시스템(시간·동작연구 등)	호손실험

01 국가직 9급 기출

동기요인 이론에 대한 설명으로 옳지 않은 것은?

① 아담스(Adams)의 공정성 이론에 따르면 공정하다고 인식할 때 동기가 유발된다.
② 매클리랜드(McClelland)의 성취동기이론에 따르면 개인들의 욕구가 학습을 통해 개발될 수 있다.
③ 브룸(Vroom)의 기대이론에서 기대감은 특정 결과는 특정한 노력으로 인해 나타날 수 있다는 가능성에 대한 개인의 신념으로 통상 주관적 확률로 표시된다.
④ 앨더퍼(Alderfer)의 ERG이론에 따르면 상위욕구 충족이 좌절되면 하위욕구를 충족시키고자 할 수 있다.

해설 아담스(Adams)의 공정성 이론은 인간은 준거인과 비교하여 자신의 노력(투입)과 그 대가 간에 불일치(과다보상 또는 과소보상)를 지각하면 이를 제거하는 방향으로 동기가 부여된다는 이론이다. 즉 불형평성을 느끼는 경우 동기가 유발된다고 설명한다.
② 매클리랜드(McClelland)의 성취동기이론은 인간의 동기는 사회문화와 상호작용하는 과정에서 취득되고 개발될 수 있다는 것을 전제로, 인간의 동기를 권력욕구 · 친교욕구 · 성취욕구로 분류한다.
③ 브룸(Vroom)의 기대이론에서 기대감은 자신의 노력이 실제로 성과를 가져오게 할 것이라고 믿는 정도(주관적 확률과 관련된 믿음)이다.
④ 앨더퍼의 ERG이론에 따르면 인간의 욕구는 항상 단계적으로 성장하는 것이 아니며, 보통 만족하면 진행하지만 좌절하면 후진적 · 하향적으로 퇴행한다고 파악하였다.

핵심정리
동기부여 이론의 체제 분류
- 내용이론(욕구이론)
  - 합리(경제인) 모형 : X이론, 과학적 관리론
  - 사회인 모형 : Y이론, 인간관계론
  - 성장이론 : 행태론, A. H. Maslow의 인간욕구 5단계설(욕구계층론), H. Murray의 명시적 욕구이론, C. P. Alderfer의 ERG이론, D. McClelland의 성취동기이론, D. McGregor의 X · Y이론, R. Likert의 관리체제이론, C. Argyris의 성숙 · 미성숙이론, F. Herzberg의 욕구충족 2요인론(동기요인 · 위생요인) 등
  - 복잡인 모형 : E. H. Schein의 복잡인 모형, Hackman & Oldham의 직무특성이론, Z이론(Ouchi, Lawless, Lundstedt 이론) 등
- 과정이론
  - 형평성이론 : J. S. Adams의 공정성(형평성)이론
  - 기대이론 : V. Vroom의 기대이론(VIE이론), Porter와 Lawler의 업적만족이론(EPRS이론), E. Berner의 의사거래분석, B. Georgopoulos의 통로 · 목적이론, J. Atkinson의 기대이론모형
  - 학습이론(강화이론) : 조건화이론(Skinner · Thorndike 이론), 자율규제 및 초인지이론(인지적학습이론, 사회적학습이론, 자율규제이론 등)
  - 목표설정이론 : E. A. Locke의 목표설정이론

02

네트워크 조직구조에 대한 설명으로 가장 옳지 않은 것은?

① 조직의 자체 기능은 핵심역량 위주로 합리화하고, 여타 기능은 외부기관들과 계약관계를 통하여 수행하는 조직 구조 방식이다.
② 유기적 조직유형의 하나로, 정보통신기술의 확산으로 채택된 새로운 조직구조 접근법이다.
③ 최고 품질과 최저 비용의 자원들을 활용할 수 있으면서도, 대폭 간소화된 조직구조이다.
④ 계약관계에 있는 외부기관을 직접 통제하기 쉬워 제품의 안정적 공급과 품질관리가 용이하다.

해설 네트워크 조직구조는 계약관계에 있는 외부기관을 직접 통제하기 어렵고 대리인 문제가 발생하기 쉬우므로 조정과 감시비용이 증가한다. 따라서 제품의 안정적 공급과 품질관리에 어려움이 있을 수 있다.

정답 01 ① 02 ④

03

다음 중 A. Etzioni가 분류한 권력과 복종의 유형 기준에서 규범적 조직에 대한 설명으로 옳지 않은 것은?

① 물질적 보상이 주요 통제수단이며, 대다수의 구성원은 타산적으로 행동하는 이해타산적 조직유형이다.
② 규범적·상징적 권력이며, 도덕적·헌신적으로 관여하고, 문화적 목표를 세운다.
③ 구성원은 조직에 대하여 헌신적 사명감을 지니고 권위를 수용한다.
④ 정치단체, 종교단체 등이 이에 해당한다.

해설 물질적 보상이 주요 통제수단이며, 대다수의 구성원은 타산적으로 행동하는 이해타산적 조직유형은 규범적 조직이 아니라, 공리적 조직을 말한다. 규범적 조직은 명예나 위신, 존경, 애정 등 상징적·도덕적 가치에 의한 규범적 권력이 주요 통제수단이며, 구성원은 조직에 대하여 헌신적 사명감을 지니고 권위를 수용하는 유형이다.

핵심정리

A. Etzioni의 권력과 복종의 유형
- 강제적 조직
  - 강제적 권력, 소외적 관여, 질서목표
  - 조직은 강제(물리적 제재)가 주요 통제수단이며, 구성원은 조직에 대하여 소외감을 느끼며 복종하는 조직유형
  - 교도소, 강제수용소, 격리적 정신병원 등
- 공리적 조직
  - 공리적·보수적 권력, 타산적 관여, 경제적 목표
  - 물질적 보상이 주요 통제수단이며, 대다수의 구성원은 타산적으로 행동하는 이해타산적 조직유형
  - 사기업, 이익단체, 평시의 군대 등

04 서울시 9급 기출

신고전 조직이론의 특징으로 가장 옳지 않은 것은?
① 사회적 능력과 사회적 규범에 의한 생산성 결정
② 계층적 구조와 분업의 중시
③ 비경제적 요인과 비공식집단의 중시
④ 의사소통과 참여의 중시

해설 계층적 구조와 분업을 중시하는 것은 고전적 조직이론이다. 신고전 조직이론에서는 계층적 구조와 분업과 같은 공식적인 측면보다는 비공식적 측면을 강조한다.
①·③·④ 신고전 조직이론은 조직 내의 인간적 요소를 중시하는 인간관계론적 조직이론으로 사회적 능률성을 강조하고, 비경제적인 보상과 비공식집단을 중시하며, 조직구성원의 의사 전달과 참여를 존중한다.

핵심정리

신고전 조직이론
- 의의
  - 1920년대 호손 실험을 계기로 발전된 인간관계론이 신고전적 조직이론의 핵심
  - 과학적 관리론의 문제를 지적하며, 인간 중심적 조직관리로 등장
  - 대표적인 이론(학파) : 인간관계론(Mayo, Roethlisberger, Dickson), 경험주의 이론(Barnard, Simon), 환경유관론(Selznick, Parsons, Gaus) 등
- 특징
  - 사회적 능률을 강조
  - 조직의 비공식적 측면을 강조하고 조직참여자의 사회적·심리적 측면을 중시
  - 사회적 인간모형(인간 중심주의)을 토대로 구성원을 사회적 인간으로 파악
  - 인간주의 강조, 과학주의의 형식성을 비판하고 경험주의·실증주의를 추구
  - 폐쇄적 환경관(내부환경과 조직의 상호관계에 주목하고 외부 환경 경시)

05

조직구성원의 인간관에 따른 조직관리와 동기부여에 관한 이론들로서 바르게 설명한 것을 모두 고른 것은?

> ㉠ 허즈버그의 욕구충족요인 이원론에 의하면, 불만요인을 제거해야 조직원의 만족감을 높이고 동기가 유발된다는 것이다.
> ㉡ 로크의 목표설정이론에 의하면, 동기유발을 위해서는 구체성이 높고 난이도가 높은 목표가 채택되어야 한다는 것이다.
> ㉢ 합리적·경제적 인간관은 테일러의 과학적 관리론, 맥그리거의 X이론, 아지리스의 미성숙인 이론의 기반을 이룬다.
> ㉣ 자아실현적 인간관은 호손실험을 바탕으로 해서 비공식적 집단의 중요성을 강조하며, 자율적으로 문제를 해결하도록 한다.

① ㉠, ㉡, ㉢, ㉣
② ㉠, ㉡, ㉢
③ ㉠, ㉡, ㉣
④ ㉡, ㉢

해설 ㉠ 허즈버그의 욕구충족요인 이원론에 의하면, 동기요인(만족요인)을 충족시켜야 만족감이 높아지고 직무수행을 위한 동기가 유발된다.
㉣ 호손실험을 바탕으로 해서 비공식적 집단의 중요성을 강조하며 집단이 자율적으로 문제를 해결하도록 하는 관리전략은 사회적 인간관이다.

06

다음 중 조직구조에 대한 설명으로 타당한 것은?

① 기능구조는 수평적 조정의 필요성이 높을 때 효과적인 구조이다.
② 사업구조는 부서 내 조정이 상대적으로 어려운 조직이다.
③ 매트릭스구조는 기능구조와 사업구조의 화학적 결합을 시도하는 조직구조이다.
④ 수평구조는 조직구성원을 핵심업무과정 중심으로 조직하는 방식인데, 의사소통과 조정이 다소 어렵다.

해설 매트릭스구조는 기능구조와 사업구조를 결합한 이원적 조직구조이다.
① 기능구조는 수평적 조정의 필요성이 낮을 때 효과적인 조직으로, 기능의 전문성으로 인해 할거주의가 심하여 수평적 조정이 곤란하다.
② 사업구조는 산출물에 기반을 둔 사업부별로 조직된 구조로서, 각 사업부 밑에 모든 기능구조가 소속되어 있는 자기완결적 구조를 이루므로 사업부 내에서는 조정이 용이하다.
④ 수평구조는 구성원을 핵심업무과정 중심으로 조직화한 구조로, 수직적 계층과 부서 간 경계를 제거해 팀 단위의 의사소통과 조정을 용이하게 한다.

07 국가직 9급 기출

동기이론에 대한 설명으로 옳지 않은 것은?

① 매슬로우(Maslow)는 충족된 욕구는 동기부여의 역할이 약화되고 그 다음 단계의 욕구가 새로운 동기 요인이 된다고 하였다.
② 앨더퍼(Alderfer)는 매슬로우의 5단계 욕구이론을 수정해서 인간의 욕구를 3단계로 나누었다.
③ 허즈버그(Herzberg)는 불만요인(위생요인)을 없앤다고 해서 적극적으로 만족감을 느끼는 것은 아니라고 했다.
④ 브룸(Vroom)의 기대이론에서 수단성(instrumentality)은 특정한 결과에 대한 선호의 강도를 의미한다.

해설 브룸(Vroom)의 기대이론에서 특정한 결과에 대한 선호의 강도를 의미하는 것은 유의성(valence)이다.
수단성(instrumentality)은 1단계 결과(성과)가 2단계 결과(보상)를 가져올 것이라는 주관적 확률치를 의미한다.
① 매슬로우(Maslow)는 하위 단계가 욕구가 어느 정도 충족되어야만 다음 단계의 상위 욕구가 유발되어 새로운 동기요인이 되며, 이미 충족된 욕구는 더 이상 동기유발 기제로 작용할 수 없다고 보았다.
② 앨더퍼(Alderfer)는 매슬로우의 5단계 욕구이론을 수정해서 인간의 욕구를 생존(존재)욕구, 관계욕구, 성장욕구의 3단계로 나누었다.
③ 허즈버그(Herzberg)는 불만요인(위생요인)의 충족은 불만을 제거할 뿐이며, 직무수행에 대한 동기를 유발하지 못한다고 했다.

08 지방직 9급 기출

동기이론에 대한 설명으로 옳지 않은 것은?

① 매슬로우(Maslow)는 상위 차원의 욕구가 충족되지 못하거나 좌절될 경우, 하위 욕구를 더욱 더 충족시키고자 한다고 주장하였다.
② 앨더퍼(Alderfer)는 ERG이론에서 매슬로우의 욕구 5단계를 줄여서 생존욕구, 대인관계 욕구, 성장욕구의 세 단계를 제시하였다.
③ 허츠버그(Herzberg)는 욕구충족요인 이원론에서 불만족 요인(위생요인)을 제거한다고 해서 만족을 보장하는 것은 아니라고 주장하였다.
④ 애덤스(Adams)는 형평성이론에서 자신의 노력과 그 결과로 얻어지는 보상과의 관계를 다른 사람의 것과 비교해 상대적으로 느끼는 공평한 정도가 행동동기에 영향을 준다고 본다.

해설 ①은 앨더퍼의 주장이다. 매슬로우(Maslow)의 욕구계층이론은 하위욕구가 어느 정도 충족되어야만 다음 단계 상위욕구가 발현된다고 보는 욕구 발현의 상향적 진행(만족-진행접근)만을 인정하고 상위욕구의 결핍에 따른 하위욕구에 대한 강도의 증가는 고려하지 못했다(하향적 욕구발현 경시).
② 앨더퍼는 매슬로우의 욕구 5단계(생리적 욕구, 안전 욕구, 소속 욕구, 자존 욕구, 자아실현욕구)를 줄여서 생존욕구, 대인관계 욕구, 성장욕구의 세 단계를 제시하였다.
③ 허츠버그는 이원론 '구성원의 만족은 직무(동기요인)로부터 나오고 불만은 상황(위생요인)으로부터 나온다.'고 보고 있으며, 불만족 요인(위생요인)을 제거한다고 해서 만족을 보장하는 것은 아니라고 주장하였다.
④ 애덤스는 형평성이론에서 자신의 노력과 그 결과로 얻어지는 보상과의 관계(투입(노력)과 산출(보상)의 비율)를 다른 사람의 그것과 비교해 상대적으로 느끼는 공평한 정도가 행동동기에 영향을 준다고 본다(불공정을 느끼는 경우 이를 시정하기 위한 행동을 하려는 동기가 유발된다는 것을 설명).

09

조직 자체의 기능은 핵심역량 위주로 합리화하고 여타의 기능은 외부기관들과의 계약관계를 통해 수행하는 조직구조 방식은?

① 수평구조 ② 사업구조
③ 매트릭스구조 ④ 네트워크구조

해설 네트워크구조의 경우 조직 자체의 기능은 핵심역량 위주로 합리화하고 여타의 부수적인 기능은 독립된 외부기관들과 계약관계를 통해 연계·수행한다.
따라서 외부의 고품질저비용 자원을 활용하면서 간소화된 조직구조를 유지할 수 있고 정보통신망을 이용함으로써 감독·지원·관리 인력을 절감할 수 있으며, 조직환경의 변화에 따라 외부계약 관계의 신속한 재조정 및 대응이 가능하다.
① 수평구조는 조직구성원을 핵심업무과정 중심으로 조직화한 구조로, 수직적 계층과 부서 간 경계를 제거해 팀 단위의 의사소통·조정을 용이하게 하고, 고객에게 신속한 서비스를 제공하는 고객중심의 유기적 구조이다(팀조직이 대표적 형태).
② 사업구조는 각 사업부 밑에 모든 기능구조가 소속되어 있는 자기완결적 구조로, 사업부 내의 기능 간 조정이 용이하여 환경변화에 더 신축적이고 신속한 대응이 가능한 조직구조이다.
③ 매트릭스구조는 기능부서의 전문성과 사업부서의 신속한 대응성을 결합한 입체적 조직구조로 수직적으로는 기능부서의 권한이, 수평적으로는 사업구조의 권한이 지배하는 입체적 조직이다.

10 지방직 9급 기출

브룸(Vroom)의 기대이론에 따를 경우 조직구성원의 직무수행 동기를 유발하기 위한 조건이 아닌 것은?

① 내가 노력하면 높은 등급의 실적평가를 받을 수 있다는 기대치(expectancy)가 충족되어야 한다.
② 내가 높은 등급의 실적평가를 받으면 많은 보상을 받을 수 있다는 수단치(instrumentality)가 충족되어야 한다.
③ 내가 받을 보상은 나에게 가치있는 것이라는 유인가(valence)가 충족되어야 한다.
④ 내가 투입한 노력과 그로 인하여 받은 보상의 비율이, 다른 사람과 비교하여 공평해야 한다는 균형성(balance)이 충족 되어야 한다.

해설 브룸(Vroom)의 기대이론은 욕구충족과 동기 사이에는 어떤 주관적 평가과정(지각과정)이 개재되어 있다고 보며, 그 지각과정을 통한 기대요인의 충족에 의해 동기나 근무의욕이 결정된다는 이론이다. 내가 투입한 노력과 그로 인하여 받은 보상의 비율이, 다른 사람과 비교하여 공평해야 한다는 균형성(balance)이 충족 되어야 한다는 ④의 설명은 아담스(Adams)의 공평성(형평성) 이론에 해당된다.

정답 07 ④ 08 ① 09 ④ 10 ④

11 서울시 9급 기출

조직이론의 유형들을 발달 순으로 옳게 나열한 것은?

― 보기 ―
ㄱ. 체제이론 ㄴ. 과학적 관리론
ㄷ. 인간관계론 ㄹ. 신제도이론

① ㄱ → ㄴ → ㄹ → ㄷ
② ㄴ → ㄷ → ㄱ → ㄹ
③ ㄴ → ㄱ → ㄷ → ㄹ
④ ㄷ → ㄴ → ㄹ → ㄱ

해설 조직이론은 과학적 관리론(1880~1910년대) → 인간관계론(1930년대) → 체제이론(1950~1960년대) → 신제도이론(1980~1990년대) 순으로 발달하였다.

핵심정리

조직이론의 발달

구분	주요 이론
고전적 조직이론	과학적 관리론, 행정관리론, 관료제론
신고전적 조직이론	인간관계론, 환경유관론(생태론)
현대적 조직이론	• 체제이론, 상황이론, 혼돈이론 • 분화와 통합, 학제적 접근(종합과학적 성격)

12

다음 중 매슬로우(Maslow)의 욕구계층이론에 관한 설명으로 틀린 것은?

① 인간의 동기는 욕구계층에 따라 순차적으로 유발된다.
② 동기로서 작용하는 욕구는 충족되지 않는 욕구이며, 충족된 욕구는 힘을 상실한다.
③ 인간의 욕구는 단계가 있고 각자의 현실적 중요도에 따라 이동한다.
④ 조직구성원에게 불만족을 주는 요인과 만족을 주는 요인은 상호 독립되어 있다.

해설 ④는 허즈버그의 욕구충족요인이론에 관한 내용이다. 허즈버그(F. Herzberg)의 욕구충족요인 이원론은 위생요인(불만요인)과 동기요인(만족요인)이 서로 독립된 별개의 차원에서 작용한다는 이원적 욕구이론이다.

매슬로우는 인간욕구는 저차원으로부터 고차원의 욕구로 단계적 상승한다는 전제하에 인간이 공통적으로 소유하고 있는 5단계의 욕구론(생리적 욕구, 안전욕구, 사회적 욕구, 존경의 욕구, 자아실현 욕구)을 제시하였다. 그의 이론에 따르면 인간의 욕망은 충동적이며, 항상 욕구가 있고 더 많은 욕구 충족을 위해 노력하며, 욕구는 단계가 있고 각자의 현실적 중요도에 따라 이동한다. 매슬로우의 욕구단계론에서는 하위욕구 충족 시 다음의 상위욕구로 진행된다는 '만족 – 진행' 개념을 제시하였다.

핵심정리

A. H. Maslow의 인간욕구 5단계설
• 생리적 욕구
• 안전욕구
• 사회적 욕구
• 존경의 욕구
• 자아실현 욕구

13 지방직 9급 기출

허즈버그(F. Herzberg)의 욕구충족요인 이원론의 설명으로 옳은 것은?

① 동기요인을 충족시켜주지 못하면 조직에 대한 불만이 커진다.
② 동기요인의 충족은 직무수행을 위한 노력을 강화한다.
③ 위생요인은 주로 직무자체와 관련되어 있다.
④ 위생요인의 충족은 동기유발을 촉진한다.

해설 허즈버그(F. Herzberg)의 욕구충족요인 이원론은 위생요인(불만요인)과 동기요인(만족요인)이 서로 독립된 별개의 차원에서 작용한다는 이론으로, 동기요인(만족요인)이 충족되어야 직무수행을 위한 동기가 유발된다고 보았다. 또한 불만요인(위생요인)의 충족은 불만을 제거할 뿐이며, 직무수행에 대한 동기를 유발하지 못한다. 불만요인(위생요인)은 직무맥락 또는 작업자의 환경범주와 관련된 요인(물리적·환경적·대인적 요인)으로, 사람과 직무상황이나 환경과의 관계를, 만족요인(동기요인)은 직무자체와 관련된 심리적 요인(직무요인)으로, 사람과 일 사이의 관계를 말한다.
① 욕구충족요인 이원론에서는 위생요인(불만요인)이 충족되지 않으면 불만이 커진다. 동기요인은 직무수행에 대한 동기부여와 관련되며, 불만(불만족)과는 관련이 없다(위생요인과 동기요인은 독립된 별개의 요인).
③ 직무자체와 관련된 심리적 요인(직무요인)은 동기요인이다. 위생요인은 직무맥락 또는 작업자의 환경범주와 관련된 요인이다.
④ 위생요인이 충족되면 불만만을 제거해줄 뿐이며, 동기유발을 촉진하기 위해서는 동기요인이 충족되어야 한다.

14 서울시 9급 기출

조직 내에서 구성원 A는 구성원 B와 동일한 정도로 일을 하였음에도 구성원 B에 비하여 보상을 적게 받았다고 느낄 때 애덤스(J. Stacy Adams)의 공정성이론에 의거하여 취할 수 있는 구성원 A의 행동 전략으로 가장 옳지 않은 것은?

① 자신의 투입을 변화시킨다.
② 구성원 B의 투입과 산출에 대해 의도적으로 자신의 지각을 변경한다.
③ 이직을 한다.
④ 구성원 B의 투입과 산출의 실제량을 자신의 것과 객관적으로 비교하여 보상의 재산정을 요구한다.

해설 애덤스(J. Adams)의 공정성(형평성) 이론에 따르면 인간은 준거인과 비교하여 자신의 노력(투입)과 그 보상(산출) 간의 불일치(과다보상 또는 과소보상)를 지각하면 이러한 불공평성을 시정하는 방향으로 동기가 부여된다고 본다. 공정성 이론에서 자신과 준거인의 노력·보상 비율의 비교는 주관적 판단에 따른 비교이므로 객관적 비교와는 거리가 멀다. 객관적으로 동일한 직무를 수행하는 자에게 동일한 보수를 주더라도 각 개인이 주관적으로 생각하는 노력과 보상의 비율은 달라질 수 있기 때문이다.

> **핵심정리**
> **J. Adams의 공정성이론에서 불공정 시점을 위한 행동**
> - **산출·투입 비율에 변화를 줌 – 투입 변경, 산출(보상) 변경** : 과소보상 시 투입 축소 또는 소득 인상 요구, 과다보상 시 산출을 감소시키거나 투입을 증가시켜 균형을 맞춤
> - 준거인의 변경
> - **지각의 변경** : 투입이나 산출에 대한 본인의 지각을 바꿈
> - 조직 이동(전직), 이직
> - **준거인의 투입 변화 야기** : 준거인에게 보다 많은 책임을 지우거나 작업의 지연을 요구 – 동료인 경우 용이

15

다음 중 X · Y이론에 대한 분류로 바른 것은?

① X이론은 생리적 안전의 욕구를 중시하는 긍정적 시각이며, Y이론은 사회적 자기실현을 강조한 소극적 시각이다.
② X이론은 직무확장을 통한 통제를 중시하고, Y이론은 경제적 보상체계를 중시한다.
③ X이론은 권위주의적 리더십의 확립을, Y이론은 민주주의적 리더십을 강조한다.
④ X · Y이론은 모두 상황론적 접근방법이다.

해설 X이론은 경제적 보상과 억압과 통제에 의한 관리로 권위주의적 리더십을 확립해야 하며, Y이론은 조직구성원의 자기목표 성취를 추구하는 분권적 · 민주주의적 리더십을 강조한다.
① X이론은 인간에 대한 부정적 시각인 반면, Y이론은 긍정적 시각을 강조한 이론이다.
② X이론은 경제적 보상과 명령체계를 통한 계층제적 조직관리를 중시하고, Y이론은 자율통제 · 자기책임을 중시한다.
④ 상황론적 접근에는 Z이론 등의 복잡인 모형이 해당된다.

핵심정리

X이론과 Y이론의 관리전략

X이론	Y이론
• 당근과 채찍이론(엄격한 감독과 구체적 통제) • 권위적 리더십 • 공식적 조직에서 중시 • 경제적 보상과 명령체계를 통한 계층제적 조직관리	• 조직목표와 개인목표 조화 • 자율통제 · 자기책임 • 민주적 리더십(분권화와 권한의 위임) • 비공식적 조직의 활용 • 내재적 보상과 평면적 조직관리

16 국가직 9급 기출

허츠버그(F. Herzberg)의 욕구충족요인 이원론에서 제시하는 동기요인(motivator)내지 만족요인(satisfier)과 가장 거리가 먼 것은?

① 보다 많은 책임을 부여받는다.
② 상사로부터 직무성취에 대한 인정을 받는다.
③ 보다 많은 개인적 성장과 발전을 경험하고 있다.
④ 원만한 대인관계를 유지하고 있다.

해설 대인관계 등 인간관계에 관한 요인은 허즈버그의 욕구충족 2요인론 중 위생요인(불만요인)에 해당한다. 위생요인(불만요인)은 직무맥락 또는 작업자의 환경범주와 관련된 요인을 말한다.
① · ② · ③ 책임감과 인정감 · 성취감, 성장 및 발전 등은 모두 동기요인(만족요인)에 해당한다. 동기요인(만족요인)은 직무자체와 관련된 심리적 요인을 말한다.

핵심정리

위생요인과 동기요인

위생요인(불만요인)	동기요인(만족요인)
• 직무맥락 또는 작업자의 환경범주와 관련된 요인(물리적 · 환경적 · 대인적 요인), 사람과 직무상황이나 환경과의 관계 • 정책과 관리(행정), 감독기술, 작업(업무)조건, 임금 · 보수, 지위 · 안전문제, 조직의 정책 · 방침 · 관행, 인간관계(대인관계, 조직의 수직 · 수평적 관계)	• 직무자체와 관련된 심리적 요인(직무요인), 사람과 일 사이의 관계 • 성취감, 성취에 대한 인정감, 책임감, 직무내용 자체에 대한 만족이나 보람, 직무충실, 교육, 성장 · 발전 · 능력신장, 승진 등 심리적 요인

17 서울시 9급 기출

상황론적 조직이론과 자원의존이론에 대한 다음 설명 중 가장 옳지 않은 것은?

① 자원의존이론은 어떤 조직도 필요로 하는 자원을 모두 획득할 수는 없다는 것을 전제로 삼는다.
② 상황론적 조직이론은 모든 상황에 적합한 최선의 조직화 방법은 존재하지 않는다고 전제한다.
③ 자원의존이론은 조직이 생존과 발전에 필요한 자원을 환경에 의존하기 때문에 조직을 환경과의 관계에서 피동적 존재로 본다.
④ 상황론적 조직이론은 효과적인 조직 설계와 관리 방법은 조직환경에 달려 있다고 주장한다.

해설 자원의존이론은 전략적 선택 관점에서 조직이 생존과 발전에 필요한 자원을 환경에 의존하지만 조직의 필요한 모든 자원획득은 불가능하며 희소자원에 대한 통제능력이 관리자의 능력을 좌우한다고 주장한다. 따라서 환경에 대한 피동성보다 관리자의 통제능력에 의한 적극적 환경 관리를 중시한다.

핵심정리

자원의존이론
- 조직의 필요한 모든 자원획득은 불가능하며 희소자원에 대한 통제능력이 관리자의 능력을 좌우한다는 이론으로, 환경에 대한 피동성보다 관리자의 통제능력에 의한 적극적 환경관리를 중시
- 환경의 불확실성을 극복하기 위한 전략적 선택(조직의 능동적·주도적 행동)을 중시하면서, 조직 생존에 필요한 자원이나 기능은 조직 내부에서 모두 확보할 수 없기 때문에 조직은 외부 조직과 관계를 형성한다고 봄
- 조직이 외부 자원에 의존적이지만, 조직이 처한 환경적 제약을 전략적 조정을 통해 완화할 수 있다는 입장이므로 임의론(전략적 선택 관점)에 해당됨

18 지방직 9급 기출

조직이론에 대한 설명으로 옳은 것은?

① 인간관계론은 동기 유발 기제로 사회심리적 측면을 강조한다.
② 귤릭(Gulick)은 시간-동작 연구를 통해 과학적 관리론을 주장하였다.
③ 고전적 조직이론은 조직 내 사회적 능률을 강조하고, 조직 속의 인간을 자아실현인으로 간주한다.
④ 상황이론(contingency theory)은 모든 상황에서 적용되는 유일·최선의 조직구조를 찾는다.

해설 인간관계론은 조직의 생산성 향상을 위하여 인간의 정서와 감정적·심리적 요인에 역점을 두는 관리기술 내지 방법에 관한 이론이다. 인간관계론의 유인동기는 비경제적 동기(사회적 욕구충족)이다.
② 테일러(Taylor)가 시간-동작 연구를 통해 과학적 관리론을 주장하였다.
③ 고전적 조직이론이 강조한 것은 사회적 능률이 아닌 기계적 능률이며, 자아실현적 인간이 아닌 합리적 동기에 따른 경제적 인간을 강조한다.
④ 상황이론은 조직과 환경은 끊임없이 변하므로 유일 최선의 방법은 없으며, 상황적 조건에 따라 조직화의 방법도 달라진다는 이론이다.

핵심정리

인간관계론
- 의의
  - 조직의 생산성 향상을 위하여 인간의 정서와 감정적·심리적 요인에 역점을 두는 관리기술 내지 방법에 관한 이론
  - 관리상의 민주화·인간화를 강조하며, 오늘날 행태과학으로 발전
- 성립배경
  - 과학적 관리론과 강압적 관리방식에 대한 반발 : 저임금과 강압적 관리방식은 노동조합의 강한 반대를 야기하였고, 이에 따라 인간관계론이 대두됨
  - 새로운 관리기법의 필요성 : 1930년대 경제대공황 이후 기업이 확대되고 복잡해짐에 따라 등장한 문제들을 해결하기 위한 새로운 관리기법이 필요해짐

정답 15 ③ 16 ④ 17 ③ 18 ①

- 사회적 능률관의 등장 : 인간 소외의 극복을 위해 인간의 가치를 중시하는 새로운 사회적 능률관이 Dimock 등에 의해 제시
- Hawthorne 실험의 영향 : Mayo가 호손실험을 통해 인간은 경제적 욕구보다 사회적 욕구에 의하여 더 지배받는다는 것을 밝힘
• 주요 내용
  - 생산성은 인간의 동태적 요인인 소속감·집단규범에 따라 결정됨
  - 구성원의 귀속감, 대인관계, 팀워크, 의사소통 등을 중시함
  - 구성원의 욕구충족에 따라 인간적·민주적 관리를 중시함

19

허츠버그(Herzberg)의 욕구충족요인 이원론에 대한 설명으로 옳지 않은 것은?

① 불만을 일으키는 요인과 만족을 주는 요인은 서로 다르다.
② 만족의 반대는 불만족이 아니고 만족이 없다는 것이고, 불만족의 반대는 불만족이 없다는 것이다.
③ 직장 내에 어린이집을 설치하면 워킹맘의 만족요인을 제고할 수 있다.
④ 만족요인이 충족되어야 직무수행을 위한 동기가 유발된다.

해설 어린이집과 같은 복지시설을 설치하면 워킹맘의 불만요인을 감소할 수는 있지만, 만족요인을 제고하기는 어렵다. 만족요인을 제고하기 위해서는 본인이 수행하는 업무에서의 성취감과 인정감 등이 중요하다.

20 서울시 9급 기출

다음 중 거시적 조직 이론에 대한 설명으로 가장 옳지 않은 것은?

① 전략적 선택이론은 임의론이다.
② 조직군생태론은 자연선택론을 취한다.
③ 조직군생태론은 결정론적이다.
④ 전략적 선택이론의 분석 단위는 조직군이다.

해설 전략적 선택이론은 조직구조는 재량을 지닌 관리자들의 전략적 선택에 의해 결정된다는 이론으로 구조적 상황이론을 비판하면서 차일드(J. Child)가 주장하였다. 분석단위는 개별 조직이다.
① 전략적 선택이론은 개인이나 조직은 적극적으로 환경을 형성한다는 임의론의 입장이다.
②·③ 조직군생태론은 조직의 변화가 외부환경의 선택에 따라 좌우된다고 주장하는 극단적 환경결정론적 관점으로 생물학적 자연도태론을 적용하였다..

핵심정리

거시조직이론

• 개념 : 조직 자체의 내부적·대환경적 행동을 연구하는 조직이론으로 조직과 환경과의 상호작용관계를 중시하는 개방체제이론. 조직 내의 개인이나 소집단의 행동을 연구하는 미시조직이론과 대비됨
• 분류

분석 수준	환경인식	
	결정론	임의론·자발론
개별 조직	체제구조적 관점 : 구조적 상황론(상황적응론)	전략적 선택관점 : 전략적선택이론, 자원의존이론
조직군 (組織群)	자연적 선택관점 : 조직군생태학, 제도화이론, 조직경제학(대리인이론, 거래비용이론)	집단적 행동관점 : 공동체생태학이론

21

조직 내 인간의 행동은 여러 가지 개인 수준의 변수의 영향으로 인해 다양하게 나타난다. 다음 동기이론에 대한 설명 중 적절한 것은?

① 매슬로우(Maslow)는 두 가지 이상의 복합적인 욕구가 하나의 행동을 유발할 수 있다고 보았다.
② 앨더퍼(Alderfer)도 매슬로우와 같이 욕구 만족 시 욕구 발로의 전진적·상향적 진행만을 강조하는 공통점이 있다.
③ 매클리랜드(McClleland)는 개인의 행동을 동기화시키는 잠재력을 지니고 있는 욕구는 학습되는 것이므로 개인마다 욕구의 계층에 차이가 있다고 주장했다.
④ 허츠버그(Herzberg)는 직무수행자의 성장 욕구가 낮은 경우에는 단순한 직무를 제공하는 동기 유발 전략이 필요하다고 한다.

해설 매클리랜드(McClleland)는 인간의 동기는 사회문화와 상호작용하는 과정에서 취득·개발되고 학습을 통해 동기가 개발될 수 있다는 것을 전제로 하였으므로, 개인마다 욕구의 계층에 차이가 있다고 보았다.
① 두 가지 이상의 복합적인 욕구가 하나의 행동을 유발할 수 있다고 본 이론은 앨더퍼의 ERG이론이다.
② 매슬로우의 욕구단계론에서는 하위욕구 충족 시 다음의 상위욕구로 진행된다는 '만족 – 진행' 개념만을 제시하였는데, 앨더퍼는 여기에 '좌절 – 퇴행' 개념을 추가하여 인간의 욕구는 항상 단계적으로 성장하는 것이 아니며, 보통 만족하면 진행하나 좌절하면 후진적·하향적으로 퇴행한다고 파악하였다.
④ 직무수행자의 성장욕구가 낮은 경우에는 단순한 직무를 제공하는 동기 유발 전략이 필요하다는 것은 Hackman과 Oldham의 직무특성이론에 대한 내용이다. 직무특성이론은 직무의 특성이 직무수행자의 욕구수준에 부합될 때 긍정적인 동기 유발 효과를 등장시킨다는 내용적 차원의 동기부여이론에 해당한다.

22

브룸(V. Vroom)의 기대이론에서 동기결정의 요인이 아닌 것은?

① 자신의 노력이 일정한 수준의 성과를 달성한다는 기대
② 성과가 보상을 가져올 주관적 확률 판단
③ 보상에 대한 주관적 가치 판단
④ 자신이 그 일에 성공하고 싶은 욕구의 강도

해설 브룸의 기대이론에서 동기부여 요소가 되는 것은 ①(기대감), ②(수단성), ③(유의성)이다.

핵심정리

V. Vroom의 기대이론(VIE 이론)
- 기대감(expectancy) : 자신의 노력이 실제로 성과를 가져오게 할 것이라고 믿는 정도(주관적 확률과 관련된 믿음)
- 수단성(instrumentality) : 목표달성(성과)과 보상과의 상관관계(어떤 특정수준의 성과를 이루면 이에 대한 보상이 적절하게 주어지는가에 대한 관계)에 관한 인지도
- 유인가(유의성, valence) : 보상에 대한 개인의 선호 강도(어떤 결과에 대하여 개인이 가지는 가치나 중요성)

23

다음 Schein이 제기한 복잡인관과 조직관리전략에 대한 설명 중 옳지 않은 것은?

① 인간은 다양한 욕구와 잠재력을 지닌 복잡한 존재이다.
② 조직관리의 경우, 구성원에 대한 지시와 통제보다는 개인과 조직의 목표를 통합시킬 수 있는 전략을 우선적으로 취해야 한다.
③ 부하들의 욕구와 동기가 서로 다르므로, 서로 다른 전략에 따라 융통성이 있는 관리형태를 견지하여야 한다.
④ 조직구성원들의 개인적 차이를 존중하고 이를 발견하는 진단과정이 중요하다.

해설 ②는 자아실현인관에 대한 설명이다. 복잡인관은 인간은 다양성과 변이성을 지닌 존재로 보며 조직구성원들의 개인차 감지 및 존중, 신축적 관리의 구현 등에 초점을 둔다.

핵심정리

E. Schein의 인간관
- **합리적 경제인관** : 인간을 합리적·이성적·경제적·타산적 존재로 간주하는 고전적 조직이론의 인간관
- **사회인관** : 인간관계론의 인간관과 동일하며, 업무수행 과정에서 형성되는 인간관계·동료관계 등을 중시하는 신고전적 조직이론의 인간관
- **자아실현인관** : 자신의 능력과 자질을 최고도로 생산·발휘하려는 욕구를 가진 존재로 인간관으로, 자율적 자기규제를 긍정
- **복잡인관** : 오늘날의 복잡·다양한 상황조건 및 역할에 따라 인간도 복잡한 형태를 표출하는 다양한 존재로 파악하는 인간관으로, 현대조직이론에서 가장 중시

24

다음 중 Z이론에 대한 설명으로 옳은 것은?

① Lawless는 자유방임적 관리를 주장했다.
② Bennis는 행동 양식의 비프로그램화를 주장했다.
③ Lundstedt는 융통성 있는 관리전략을 주장했다.
④ Ouchi는 일본 기업에 미국식 경영전략을 접목하였다.

해설 Bennis의 Z이론은 적응적·유기체적 조직에서의 탐구형 인간관으로, 개인에 대한 재량권 부여, 자율화, 행동 양식의 비프로그램화를 주장하였다. Z이론은 맥그리거의 전통적인 X·Y이론의 한계점을 지적하면서 등장한 이론으로, 현대인의 복잡한 심리상태를 묘사하기 위한 제3의 다양한 모형을 통칭한 것이다.
① Lundstedt의 Z이론에 대한 설명이다.
③ Lawless의 Z이론에 대한 설명이다.
④ Ouchi는 일본식 경영방식(경영가족주의)의 우월성을 전제하고 일본식 경영방식을 미국에 적용하려 하였으며, Type J(전형적 일본조직)나 Type Z(미국판 일본식 조직)가 Type A(전형적 미국조직)보다 성과가 높다고 주장하였다.

핵심정리

Z이론의 유형
- **Lundstedt의 Z이론** : 자유방임형 조직, 자유방임적 리더십 강조
- **Lawless의 Z이론** : 상황적응적 관리와 융통성 있는 관리 강조
- **Ramos의 Z이론** : 괄호인
- **Bennis의 Z이론** : 유기적·적응적 조직의 탐구형 인간
- **Ouchi의 Z이론** : 경영 가족주의

25

학습조직을 구현하기 위한 조직관리기법으로 가장 옳은 것은?

① 정책집행의 합법성을 강조한 책임행정의 확립
② 부분보다 전체를 중시하고 의사소통을 원활하게 하는 공동체문화를 강조
③ 성과주의를 제고하기 위한 성과급제도의 강화
④ 신상필벌을 강조한 행정윤리 강화

> **해설** 학습조직은 조직구성원들이 원하는 결과를 창출할 능력을 지속적으로 신장하고, 새롭고 개방적인 사고방식이 육성되며, 공동의 갈망이 자유롭게 분출되고, 조직구성원들이 공동체의식을 지속적으로 학습할 것 등의 조건이 구비된 조직(P. Senge)이라 할 수 있으므로, 학습조직을 구현하기 위한 조직관리기법으로는 ②가 가장 적합하다. 일반적으로 학습조직의 생성을 위해 필요한 요소로는 학습을 통한 자기완성, 공동의 비전·목표, 구성원 간의 공감대, 집단적 학습 및 구성원 간의 대화·토론 등을 들 수 있다.

핵심정리

학습조직의 다양한 정의
- 조직구성원들이 원하는 결과를 창출할 능력을 지속적으로 신장하고, 새롭고 개방적인 사고방식이 육성되며, 공동의 갈망이 자유롭게 분출되고, 조직구성원들이 공동체의식을 지속적으로 학습할 것 등의 조건이 구비된 조직(P. Senge)
- 모든 구성원들의 학습을 촉진하고 계속적으로 자신을 변혁시켜 나가는 조직(M. pedler, J. Burgoyne, T. Boydell 등)
- 조직의 유형 중 수평성·학습성·신축성을 지닌 가장 유기적인 조직(L. Daft)

26

동기부여이론에 관한 설명으로 옳지 않은 것은?

① 브룸(Vroom)은 기대이론에서 욕구 충족과 직무수행의 관계에서 직접적인 인과관계를 주장하였다.
② 앨더퍼(Alderfer)는 인간의 욕구는 항상 단계적으로 성장하는 것이 아니며, 보통 만족하면 진행하지만 좌절하면 후진적·하향적으로 퇴행한다고 파악하였다.
③ 허츠버그(Herzberg)는 불만요인이 제거된다고 하여 만족하는 것이 아니며, 만족요인이 없다고 해서(만족하지 못한다고 해서) 불만이 야기되는 것도 아니라 하였다.
④ 해크만(Hackman)과 올드햄(Oldham)의 직무특성이론 복잡인간관을 바탕으로 직무수행자의 성장욕구수준이라는 개인차를 고려하며, 구체적으로 직무특성, 심리상태변수, 성과변수 등의 관계를 제시하였다.

> **해설** 브룸(Vroom)은 기대이론에서 욕구 충족과 직무수행의 관계에서 직접적인 인과관계를 찾기 어렵다고 보아 욕구 충족과 동기 유발 사이에 인간의 주관적인 평가과정이 끼어든다고 보았다.

정답 23 ② 24 ② 25 ② 26 ①

27 국가직 9급 기출

조직구성원들의 동기이론에 대한 설명 중 옳은 것만을 모두 고르면?

ㄱ. ERG이론 : 앨더퍼(C. Alderfer)는 욕구를 존재욕구, 관계욕구, 성장욕구로 구분한 후 상위욕구와 하위욕구 간에 '좌절-퇴행' 관계를 주장하였다.
ㄴ. X · Y이론 : 맥그리거(D. McGregor)의 X이론은 매슬로우(A. Maslow)가 주장했던 욕구계층 중에서 주로 상위욕구를, Y이론은 주로 하위욕구를 중요시하였다.
ㄷ. 형평이론 : 아담스(J. Adams)는 자기의 노력과 그 결과로 얻어지는 보상을 준거인물과 비교하여 공정하다고 인식할 때 동기가 유발된다고 주장하였다.
ㄹ. 기대이론 : 브룸(V. Vroom)은 보상에 대한 매력성, 결과에 따른 보상, 그리고 결과발생에 대한 기대감에 의해 동기유발의 강도가 좌우된다고 보았다.

① ㄱ, ㄷ
② ㄱ, ㄹ
③ ㄴ, ㄷ
④ ㄷ, ㄹ

해설 ㄴ. 맥그리거의 X이론은 하위욕구를, Y이론은 주로 상위욕구를 중요시한다.
ㄷ. 아담스의 형평성 이론에서는 자신의 노력과 보상을 준거인물과 비교하여 불공정하다고 인식할 때 이를 시정하려는 동기가 유발된다고 주장하였다.

28 지방직 9급 기출

기술과 조직구조의 관계에 대한 페로(Perrow)의 설명으로 옳지 않은 것은?

① 정형화된(routine) 기술은 공식성 및 집권성이 높은 조직구조와 부합한다.
② 비정형화된(non-routine) 기술은 부하들에 대한 상사의 통솔범위를 넓힐 수밖에 없다.
③ 공학적(engineering) 기술은 문제의 분석가능성이 높다.
④ 기예적(craft) 기술은 대체로 유기적 조직구조와 부합한다.

해설 비정형화된 기술(비일상적 기술)은 과제다양성이 높고 문제의 분석가능성은 낮은 기술로 비일상적 업무와 관련되므로 통솔범위가 좁아진다. 계층제 구조인 기계적 구제에 비해 유기적 구조는 계층제가 완화(계층 수의 축소)되어 통솔범위가 넓어지는 것과는 구별해서 파악해야 한다. 비정형화된 기술(비일상적 기술)은 유기족 구조가 적합하지만 비일상적 업무 수행과 관련되므로 통솔범위가 좁아진다(기술 자체의 특징에 초점을 두어 보아야 함). 정형화된 기술(일상적 기술)은 기계적 구조가 적합하지만 일상적 업무 수행과 관련되므로 통솔범위가 넓어진다.
① 정형화된 기술은 과제의 다양성이 낮고 문제의 분석가능성이 높은 일상적 기술로 단순하고 반복적이므로 공식성 및 집권성이 높은 기계적 구조가 가장 적합하다.
③ 공학적 기술은 과제다양성과 문제의 분석가능성이 모두 높은 기술로서 주문생산기술, 회계, 변론 등이 이에 해당된다.
④ 기예적 기술은 과제다양성이 낮지만 문제의 분석가능성도 낮기 때문에 문제 해결이 쉽지 않은 기술로 대체로 분권화된 유기적 구조와 부합된다.

29

다음 중 매트릭스조직의 특성으로 보기 어려운 것은?

① 전문성 확보
② 지식관리의 활성화
③ 조직구성원의 자기계발 활성화
④ 원만한 인간관계 형성

해설 매트릭스조직은 조직의 신축성 확보를 위해 기능구조와 사업구조를 화학적으로 결합한 이중적 조직구조로서, 상관이 부하에 대한 완전한 통제력을 갖지 못하고 구성원의 역할 구분이 명확하지 않아 권력투쟁과 갈등이 발생하기 쉽고 조정도 곤란하다. 따라서 매트릭스 조직이 원만한 인간관계 형성에 기여한다고 보기는 어렵다.
① 구성원들은 다양한 경험을 통해 전문지식과 기술의 습득·개발, 넓은 시야 및 목표의식 확보가 가능하다.
② 신규채용이나 구매 없이도 기존의 전문요원과 장비를 공유하므로 인적·물적 자원의 효율적·경제적 활용이 가능하며, 지식관리의 활성화에 기여한다.
③ 수평적인 의견교류에 의한 민주적인 규범을 통해 조직구성원의 자아실현욕구 충족과 자기계발의 활성화에 기여하며, 동기부여에 유리하다.

30 지방직 9급 기출

조직이론에 대한 설명으로 옳지 않은 것은?

① 구조적 상황이론 – 상황과 조직특성 간의 적합 여부가 조직의 효과성을 결정한다.
② 전략적 선택이론 – 상황이 구조를 결정하기보다는 관리자의 상황 판단과 전략이 구조를 결정한다.
③ 자원의존이론 – 조직의 안정과 생존을 위해서 조직의 주도적·능동적 행동을 중시한다.
④ 대리인이론 – 주인·대리인의 정보 비대칭 문제를 해결하기 위해 대리인에게 대폭 권한을 위임한다.

해설 대리인이론에 따르면 더 많은 정보를 보유한 대리인은 노력의 투입은 최소화하고, 이익은 최대화하거나 자기에게 유리한 정보는 과장하고 불리한 정보는 은폐하는 등의 기회주의적 행동을 할 수 있다. 따라서 주인과 대리인 간 정보의 비대칭성에 따른 대리손실을 최소화하기 위해서는 대리인에게 권한을 대폭 위임하는 것이 아니라 대리인에 대한 통제 강화, 인센티브 메커니즘, 정보의 균형화 장치 등이 필요하다.

핵심정리

관료의 도덕적 해이에 따른 국민의 대리손실을 극소화하는 방안

- **효과적인 감시·통제 – 행정통제의 강화**: 대리인에 대한 감시와 통제를 효과적으로 하거나 대리인이 일을 제대로 못할 경우 계약관계를 파기(예 주민소환제, 주민소송제 등). 내부통제보다는 외부통제, 사소한 절차보다는 결과중심의 통제가 필요
- **자발적 유인체계 확립**: 당사자의 이기적 결정이 위임자의 효율성 제고에 지향되도록 유인 제공 예 성과급
- **행정관료와 국민 간의 정보의 균형화 장치(정보의 대칭성 확보)**: 행정 측이 보유한 정보를 국민에게 제공 예 정보공개청구, 주민참여의 활성화, 내부고발제도, 공청회, 입법예고제·행정예고제, 정책실명제

제3편 조직론

제2장 조직의 구조

실전문제

대표유형문제

국가직 9급 기출

공기업에 대한 설명으로 옳지 않은 것은?

① 공공수요가 있으나 민간부문의 자본이 부족한 경우 공기업 설립이 정당화된다.
② 시장에서 독점성이 나타나는 경우 공기업 설립이 정당화된다.
③ 전통적인 자본주의적 사기업 질서에 반하여 사회주의적 간섭을 하는 것으로 볼 수 있다.
❹ 주식회사형 공기업은 특별법 혹은 상법에 의해 설립되지만 일반행정기관에 적용되는 조직·인사 원칙이 적용된다.

정답해설 주식회사형 공기업은 특별법 또는 상법에 의하여 설립되며 임원은 준공무원에 속하지만 소속직원의 신분은 공무원이 아닌 회사원이다. 따라서 일반 행정기관에 적용되는 조직·인사원칙(정부조직법, 국가공무원법)이 적용되지 않는다.

오답해설 ① 대규모 초기자본이 필요한 경우, 민간부문에서 투자가 곤란하므로 정부가 투자하여 담당하며 공기업 설립이 정당화된다.
② 시장에서 독점성이 나타나는 경우 민간에 맡길 수 없으므로(독점의 폐해 등의 이유로) 공기업 설립이 정당화된다.
③ 정부가 공기업 설립을 통하여 시장에 개입하는 것은 전통적인 자본주의적 사기업 질서에 반하여 사회주의적 간섭을 하는 것으로 볼 수 있다.

핵심정리 **공기업의 발달요인**
- 사기업에 전담시킬 수 없는 독점성이 강한 서비스의 존재 예 철도, 통신, 전력
- 국방 및 국가 전략상의 고려 예 방위산업, 군수업
- 공공수요의 충족 예 주택
- 재정적 수요의 충족 예 과거의 담배, 인삼
- 민간이 감당하기 어려운 막대한 고정자본 소요 예 전력, 철도
- 위기적 사업관리나 유도·개발전략
- 사기업의 비대방지, 독과점 규제 등 경제적 수혜구조 조정의 필요
- 정당의 정강정책이나 정치적 신조·신념
- 정치적 유산 예 광복 후의 석탄, 전력 등 국가귀속산업

01 서울시 9급 기출

조직의 규모에 대한 설명으로 가장 옳은 것은?

① 조직의 규모가 클수록 공식화 수준이 낮아진다.
② 조직의 규모가 클수록 조직 내 구성원의 응집력이 강해진다.
③ 조직의 규모가 클수록 분권화되는 경향이 있다.
④ 조직의 규모가 클수록 복잡성이 낮아진다.

해설 일반적으로 조직의 규모가 클수록 복잡성·공식성은 높아지고, 집권성은 낮아지며(분권화), 구성원 수의 증가로 인해 응집력·사기는 낮아진다.

핵심정리
조직구조의 상황변수와 기본변수의 관계

상황변수	규모		기술		환경	
기본변수	대규모	소규모	일상적	비일상적	확실	불확실
복잡성	↑	↓	↓	↑	↑	↓*
공식성	↑	↓	↑	↓	↑	↓
집권성	↓	↑	↑	↓	↑	↓

* Lawrence와 Lorsch는 환경의 불확실성 증가 시 수평적 분화가 증가해 복잡성이 증가한다고 보지만 이 경우 분화의 기준은 기능이 아닌 흐름의 동질성이므로 기본변수인 복잡성의 내용으로서 수평적 분화(기능별 분업)와는 의미가 다름

02

조직구조의 기본변수 중 공식화에 대한 설명으로 옳지 않은 것은?

① 조직규모가 클수록 공식성이 높아진다.
② 행정의 예측가능성과 안정성을 높여 주고 조직활동의 혼란을 방지한다.
③ 행정의 재량범위를 확대한다.
④ 기계적 구조는 공식성이 높고, 유기적 구조는 공식성이 낮다.

해설 조직구조의 기본변수 중 공식화는 행정의 재량범위를 축소하며 변화하는 조직환경에 대한 탄력적 대응이 곤란하다는 문제점이 있다.

핵심정리
공식화의 순기능과 역기능

순기능	역기능
• 불확실성이나 행동의 변이성을 감소시키고 구성원의 행동을 용이하게 규제 • 조직의 시간 및 활동 비용 감소(표준운영절차 등) • 행정의 예측가능성과 안정성을 높여 주고, 조직활동의 혼란 방지 • 신뢰성 향상을 통한 대외관계의 일관성·안정성 유지	• 지나친 공식화는 구성원의 자율성을 제약하고 소외감을 초래하며, 상하 간의 민주적·인간적 의존관계를 무너뜨림 • 비정형적 의사결정사항이 최고관리층에 집중되며, 집권화를 촉진 • 행정의 재량범위를 축소하며, 변화하는 조직환경에 대한 탄력적 대응이 곤란함 • 문서주의나 번문욕례의 폐단 발생

정답 01 ③ 02 ③

03 지방직 9급 기출

조직의 원리에 대한 설명으로 옳지 않은 것은?

① 계층제의 원리는 조직 내의 권한과 책임 및 의무의 정도가 상하의 계층에 따라 달라지도록 조직을 설계하는 것이다.
② 통솔범위란 한 사람의 상관 또는 감독자가 효과적으로 통솔할 수 있는 부하 또는 조직단위의 수를 말하며, 감독자의 능력, 업무의 난이도, 돌발 상황의 발생 가능성 등 다양한 요소를 고려하여 정해진다.
③ 분업의 원리에 따라 조직 전체의 업무를 종류와 성질별로 나누어 조직구성원이 가급적 한 가지의 주된 업무만을 전담하게 하면, 부서 간 의사소통과 조정의 필요성이 없어진다.
④ 부성화의 원리는 한 조직 내에서 유사한 업무를 묶어 여러 개의 하위기구를 만들 때 활용되는 것으로 기능부서화, 사업부서화, 지역부서화, 혼합부서화 등의 방식이 있다.

해설 분업(전문화)의 원리는 업무를 성질별·기능별로 분할하여 계속적인 수행을 거쳐 조직의 능률성을 제고하고자 하는 원리로, 기능의 원리라고도 한다(J. Mooney). 분업의 원리에 따라 조직 전체의 업무를 종류와 성질별로 나누어 조직구성원이 가급적 한 가지의 주된 업무만을 전담하게 하면, 조직 내의 조정과 통합이 곤란하게 되고 부서 간 의사소통과 조정의 필요성이 높아진다.

핵심정리

분업(전문화)의 원리의 문제점
- 인간의 부품화를 초래하며, 정형화된 업무의 반복으로 흥미를 감소시킴
- 조직 내의 조정과 통합 곤란(할거주의)
- 전문가적 무능(훈련된 무능)현상 초래
- 자원이 부족한 소규모 조직의 능률성 저해

04

다음 중 관료제와 민주주의의 관계에 대한 설명으로 잘못된 것은?

① 관료제의 민주주의에 대한 공헌 요소는 법 앞에서의 평등, 공직임용의 기회균등, 민주적 목표달성이다.
② 관료제는 권력과 기술을 독점하므로 행정부의 우월화를 가져온다.
③ 공헌과 역기능이 상호 공존하나, 관료제와 민주주의는 조화를 이룰 수 없다.
④ 특권집단화, 국민 요구에의 부적응 등은 양자의 역기능적 관계이다.

해설 법 앞에서의 평등, 공직의 기회균등, 민주적 목표의 수행 등을 민주주의에 대한 관료제의 공헌 요소라고 볼 때, 이러한 점에서 양자는 조화의 여지가 있다.

05

다음 중 근대 관료제의 성립 배경으로 옳지 않은 것은?

① 관료제적 조직의 기술적 우위성
② 물적 관리수단의 집중화
③ 화폐경제의 발달
④ 행정업무의 양적 축소와 질적 발달

해설 행정업무의 양적 증대와 질적 전문화 및 기술화가 합리적 관리를 내세운 관료제의 성립 배경이 되었다. 그러므로 행정업무의 양적 축소라는 지문은 옳지 않다.

핵심정리

근대 관료제의 성립 배경

화폐경제 발달	봉건관료의 현물급여와는 달리, 근대관료는 규칙적 화폐급여의 형태를 취하고 있기 때문에 화폐경제의 발달이 전제가 된다.
행정업무의 양적 증대와 질적 발달	행정업무의 양적 증대와 질적 전문화 및 기술화가 합리적 관리를 내세운 관료제의 성립 배경이 되었다.
물적 관리수단의 집중화	물적 수단을 집중관리하는 데에 필요한 근대예산제도의 탄생은 관료제를 필요로 한다.
관료제적 조직의 기술적 우위성	직업관료제란 기술적 능력에 의한 기술관료제로서 정확성, 지속성, 통일성, 신속성, 엄격한 복종, 물적·인적 비용 절약 등의 기술적 우위성을 지닌다.
기타	사회의 세속화, 자본주의 경제체제의 성장, 법 앞의 평등에 의한 사회적 차별의 평준화, 제2차 집단의 발달

06

조직구조모형에 대한 설명으로 옳지 않은 것은?

① 사업구조에서는 자율적으로 운영되는 사업부서 간의 조정가능성은 증진되지만 부서 내 조정은 어려워진다.
② 네트워크구조 내의 개인들은 도전적인 과업을 수행하면서 직무의 확장과 확충에 따라 직무동기가 유발되는 장점이 있다.
③ 사업구조에서는 각 기능의 조정이 사업부서 내에서 이루어지며 분권적인 조직 구조를 지닌다.
④ 매트릭스구조에서는 조직구성원들을 부서 간에 공유함으로써 자원 활용의 효율성을 제고할 수 있다.

해설 사업구조는 사업부서별로 자율적으로 운영되며 한 제품을 생산하거나, 특정 지역에 봉사하거나, 특정 고객에게 봉사할 때 필요한 모든 기능적 직위들이 사업부서 내로 배치된 자기완결적 단위의 조직구조로서 사업부서 내 기능 간 조정은 용이하지만, 자율적으로 운영되는 사업부서 간 조정은 곤란하다.

07

관료제의 병리현상에 관한 설명으로 가장 옳지 않은 것은?

① 조직 내 권한의 평등화로 인하여 인간 능력의 차이를 반영하기 어렵다.
② 조직구성원이 조직목표보다는 수단에 집착하여 목표의 전환현상이 발생한다.
③ 관료제는 급변하는 환경에 대한 적응능력이 부족하다.
④ 관료제는 인간의 비합리적이고 감정적인 측면을 무시할 수 있다.

해설 관료제는 엄격한 계층제 중심의 조직구조를 특징으로 하므로 조직 내 권한에서도 계층 간 차이가 있으며, 실적중심의 인사와 승진체계로 인간 능력의 차이를 반영할 수 있다.
② 관료제의 병리현상으로 목표의 전환(수단과 목표의 전환)이 발생할 수 있다. 목표의 전환이란 조직이 종국적·정통적인 목표를 포기하고 다른 목표로 전환하는 것을 의미하는데, 수단이 목표가 되고 목표가 수단에 의해 희생되는 것을 말한다.
③ 관료제는 경직성·계층성으로 인해 환경변화에 대한 적응력이 부족하며 변화에 대한 저항이 나타날 수 있다.
④ 합리성과 몰인간성, 비정의성 등을 특징으로 하기 때문에 인간의 비합리적이고 감정적인 측면, 정의적 요소 등을 무시할 수 있다.

08 서울시 9급 기출

정부의 각종 위원회에 대한 설명으로 가장 옳은 것은?

① 의결위원회는 의사결정의 구속력은 있지만 집행권이 없다.
② 행정위원회의 대표적인 예로 공정거래위원회, 공직자 윤리위원회 등을 들 수 있다.
③ 행정위원회는 독립지위를 가진 행정관청으로 결정권은 없고 집행권만 갖는다.
④ 자문위원회는 계선기관으로서 사안에 따라 조사·분석 등의 기능을 수행한다.

해설 의결위원회는 국민의 권리·의무와 관련된 사무에 관하여 공정·신중을 기할 필요가 있는 경우에 관계 법령에 근거하여 설치된다. 의결위원회는 그 결정이 법적 구속력을 갖는다는 점에서 자문위원회와 다르고 집행권이 없다는 점에서 행정위원회와 다르다.
② 공정거래위원회는 행정위원회에 속하나, 공직자 윤리위원회는 의결위원회에 속한다.
③ 행정위원회는 독립된 지위를 가진 행정관청으로 결정권은 물론 집행권도 갖는다.
④ 자문위원회는 막료기관으로 행정기관의 자문에 응하기 위하여 조사·분석 등의 기능을 수행한다.

핵심정리

위원회의 유형

유형	구속력	집행권
자문위원회	무	무
조정위원회	유 또는 무	무
의결위원회	유	무
행정위원회	유	유

09

다음 중 비공식조직의 기능으로 보기 어려운 것은?

① 사회통제의 기능을 수행한다.
② 심리적인 욕구불만을 배출시킨다.
③ 기계적 능률을 중시한다.
④ 공식적 지도자의 사무량을 감소시킨다.

해설 비공식조직은 기계적 능률보다는 사회적 능률을 더 중시한다.
① 공유 가능한 행동규범을 확립하여 사회적 통제 기능을 수행한다.
② 심리적 안정감을 형성하고 욕구불만을 해소할 수 있는 발산처로서의 기능을 한다.
④ 공식지도자의 능력을 보완하고 능률직인 업무수행을 도움으로써 업무량을 경감시키는 기능이 있다.

핵심정리
공식조직과 비공식조직의 특성 비교

구분	공식조직	비공식조직
생성과 소멸	인위적, 계획적, 법규적	자연발생적(조직원들의 욕구, 희망)
존재형식	가시적, 외재적·외면적, 대규모적	불가시적, 내면적
문서화	문서화	비문서화
지향대상	조직전체, 공식적 목적	구성원 개인, 인간관계
목표의 성격	공적목표	사적 성격의 목표
지배의 논리	합법성, 합리성, 능률성	비합리성, 감정
질서의 범위	전체적 질서 추구	부분적 질서 추구
통제	공식적 통제	비공식적 통제

10

계선과 막료에 관한 다음 설명 중 타당한 것은?

① 양자 간의 인사교류에는 난점이 없다.
② 막료 기능을 전문화하고 우월하게 하여야 한다.
③ 담당 업무의 성격에 따라 양자가 구분된다.
④ 계선은 현상타파적·개혁지향적이나, 막료는 현상유지적·보수적이다.

해설 일반적으로 계선과 막료는 담당 업무의 성격에 따라 구분되는데, 계선은 수직적 계층제 구조에서 정책을 결정·집행하고 하급기관에게 지휘·명령을 통해 조직목표 달성을 위하여 직접적으로 활동하는 조직이며, 막료는 계선기관이 행정목표의 달성에 원활한 기능을 수행하도록 자문·연구·조언·건의하며 보좌·지원하는 조직이다.
① 계선과 막료는 지식과 능력, 행태나 성향 등에서 구별되므로 인사교류가 용이하지 않다.
② 어느 한쪽의 기능을 우월하게 하기보다는 상호 간 권한과 책임의 명료화를 통해 업무를 이해하고 협조하며, 공동교육훈련 및 교육훈련 강화를 통해 계선의 능력을 배양하고 막료의 편견을 극복하는 방안 등이 필요하다.
④ 계선은 현상유지적·보수적 성향이 강한 반면, 막료는 비판·개혁을 추구하고 미래지향적 성향이 강하다.

핵심정리
계선과 막료의 비교

구분	계선	막료
업무 성격	고유 업무수행	지원 업무수행
행정목표달성	직접적 기여	간접적 기여
권한	결정·집행권	조언의 권한
형태	수직적 계층제	수평적·부차적 조직
조직 원리	명령통일의 원리	행정기관장의 인격 확장
대국민적 관계	직접적·대면적 봉사	간접적 봉사
태도	현실적·실제적·보수적 성향	이상적·개혁적·비판적 성향

11

위원회의 유형 중 준입법권·준사법권을 가지고 특수 업무를 수행하거나 규제하기 위하여 설치된 합의제·회의제 기관인 것은?

① 조정위원회
② 행정위원회
③ 독립규제위원회
④ 자문위원회

해설 독립규제위원회는 행정부로부터 독립하여 준입법권·준사법권을 가지고 특수 업무를 수행하거나 규제하기 위하여 설치된 합의제·회의제 기관을 말한다.

핵심정리

독립규제위원회의 의의
- 19세기 말 자본주의의 발달에 수반된 경제·사회문제의 규제를 위해 형성된 것으로, 행정부로부터 독립하여 준입법권·준사법권을 가지고 특수 업무를 수행하거나 규제하기 위하여 설치된 합의제·회의제 기관
- 주로 경제·사회분야 위원회라는 점에서 일반행정분야의 관청적 위원회와 구별됨
- 우리나라의 경우 미국의 독립규제위원회와 같은 위원회는 존재하지 않지만, 중앙선거관리위원회, 금융통화위원회, 공정거래위원회, 방송통신위원회, 중앙노동위원회, 국가인권위원회 등이 유사

12

우리나라 중앙행정기관 중 본부조직의 보조기관(계선)에 해당하지 않는 것은?

① 본부장
② 차관보
③ 차관
④ 국장

해설 우리나라 중앙행정기관에서 차관보는 본부조직의 보좌기관(참모)에 해당한다.

핵심정리

우리나라 중앙행정기관

	최고관리층	장관
본부조직	보조기관(계선)	차관, 본부장, 실장, 국장, 차장, 과장, 팀장
	보좌기관(참모)	차관보, 심의관, 담당관 등
부속기관		교육훈련기관, 시험연구기관, 자문기관 등

13

「정부조직법」상 행정기관과 그 소속으로 옳은 것은?

① 검찰청 – 행정안전부
② 기상청 – 환경부
③ 경찰청 – 법무부
④ 특허청 – 과학기술정보통신부

해설 기상청은 환경부 소속이다.
① 검찰청은 법무부 소속이다.
③ 경찰청은 행정안전부 소속이다.
④ 특허청은 산업통상자원부 소속이다.

14

다음 중 정부부처형 공기업에 대한 특징으로 옳지 않은 것은?

① 국회 의결로 확정되는 정부예산으로 운영된다.
② 독립법인이 아니므로 당사자 능력을 지니지 않는다.
③ 중앙관서나 소속기관 형태로 운영된다.
④ 직원은 공무원이 아니지만, 일반공무원과 동일한 임용 및 근무조건이 적용된다.

해설 정부부처형 공기업(정부기업)의 직원은 공무원이므로 일반공무원과 동일한 임용 및 근무조건이 적용된다.

핵심정리

정부부처형 공기업(정부기업)의 특징
- 「정부조직법」에 의해 설치되며, 정부기관의 형태를 띰
- 국회 의결로 확정되는 정부예산(특별회계)으로 운영
- 예산·회계와 관련하여 「정부기업예산법」(우선 적용), 「국가재정법」, 「국고금관리법」 적용
- 직원은 공무원이므로 일반공무원과 동일한 임용 및 근무조건이 적용됨
- 중앙관서나 소속기관(책임운영기관 등) 형태로 운영됨 (조직·정원 개정 시 직제 등과 관련된 대통령령·부령 개정을 요함)
- 독립법인이 아니므로 당사자능력을 지니지 않음
- 조직(정부조직)상, 재정상, 인사나 신분상의 제약이 따름

15

다음 중 공기업의 일반적인 운영 목적으로 거리가 먼 것은?

① 민간자본의 부족
② 국가재정의 부족
③ 국방전략상의 이유
④ 정치적인 이유

해설 일반적인 공기업 운영의 목적으로는 ①, ③, ④ 외에도 독점적 서비스나 독점적 성격이 강한 사업의 운영, 위기관리 및 유도개발, 국가에 의한 전략적 개발 등이 있다. 국가재정의 부족은 공기업을 민영화하는 이유가 된다.

핵심정리

공기업의 성립조건 및 발달요인
- **성립조건**
  - 정부주관 또는 정부지배의 조직(정부가 소유권의 전부 또는 일부를 가지고 직접·간접적으로 관리하며, 생산되는 재화·용역의 일반적 범주와 틀을 결정)
  - 공공복리의 추구를 목적으로 하는 조직
  - 기업적 또는 수익적 활동이 허용되는 조직
- **발달요인**
  - 사기업에 전담시킬 수 없는 독점적 서비스 존재
  - 국방 및 국가전략상의 고려
  - 공공수요 및 재정적 수요의 충족(우리나라의 경우 담배, 인삼)
  - 민간이 감당하기 어려운 막대한 고정자본 소요
  - 위기적 사업관리나 유도·개발전략
  - 사기업의 비대방지
  - 정당의 정강정책이나 정치적 신조·신념
  - 정치적 유산(우리나라의 경우 광복 후 귀속재산)

16
공공서비스의 공급 주체 중 정부 부처 형태의 공기업에 해당하는 것은?
① 한국철도공사 ② 한국소비자원
③ 국립중앙과학관 ④ 한국연구재단

해설 ①·②·④는 정부조직이 아니고 「공공기관의 운영에 관한 법률」상 '공공기관'에 해당한다. 일반적으로 정부 부처형 공기업은 정부기업을 말하는 것으로 정부기업예산법상 우편·우체국예금·양곡·조달사업 운영기관을 의미한다. 또한 책임운영기관특별회계기관의 경우도 정부기업으로 본다. 국립중앙과학관은 정부조직으로서 책임운영기관특별회계기관이며 정부기업예산법이 적용되므로 정부기업으로 볼 수 있다.

핵심정리
책임운영기관특별회계기관
- 기관 운영에 필요한 재정수입의 전부 또는 일부를 자체적으로 확보할 수 있는 사무를 주로 하는 책임운영기관의 사업을 효율적으로 운영하기 위하여 둠
- 국립중앙과학관, 국립과천과학관, 국립 나주·부곡·춘천·공주·마산·목포 병원, 국립정신건강센터, 국립재활원, 경찰병원, 국립자연휴양림관리소, 특허청
- 책임운영기관특별회계는 기업특별회계에 해당되며 계정별로 중앙행정기관장이 운용하고, 기획재정부장관이 통합하여 관리
- 책임운영기관특별회계기관의 사업은 정부기업으로 보며, 예산 및 회계에 관하여 「책임운영기관의 설치·운영에 관한 법률」에 규정된 것 외에는 「정부기업예산법」 적용

17 국가직 9급 기출
공공서비스 공급주체의 유형과 예시를 바르게 연결한 것은?
① 준시장형 공기업 - 한국방송공사
② 시장형 공기업 - 한국마사회
③ 기금관리형 준정부기관 - 한국연구재단
④ 위탁집행형 준정부기관 - 한국소비자원

해설 한국소비자원은 위탁집행형 준정부기관에 해당되는 공공기관이다.
① 한국방송공사(KBS), 한국교육방송공사(EBS), 지방자치단체가 설립하고 그 운영에 관여하는 기관(지방직영기업·지방공사·지방공단)은 「공공기관의 운영에 관한 법률」상 공공기관으로 지정할 수 없다.
② 한국마사회 → 준시장형공기업
③ 한국연구재단 → 위탁집행형 준정부기관

18
국무총리 직속의 위원회가 아닌 것은?
① 공정거래위원회 ② 개인정보보호위원회
③ 국민권익위원회 ④ 방송통신위원회

해설 방송통신위원회는 국무총리 소속이 아니라 대통령 소속의 중앙행정기관이다. 방송통신위원회의 근거법인 「방송통신위원회의 설치 및 운영에 관한 법률」(제3조)에서는 "방송과 통신에 관한 업무를 수행하기 위하여 대통령 소속으로 방송통신위원회를 둔다."고 규정하여 그 설치 근거 및 소속을 규정하고 있다.
③ 국민권익위원회는 국무총리 소속의 행정위원회이다. 고충민원의 처리와 이에 관련된 불합리한 행정제도를 개선하고, 부패의 발생을 예방하며 부패행위를 효율적으로 규제하도록 하기 위하여 국무총리 소속으로 국민권익위원회를 둔다(「부패방지 및 국민권익위원회의 설치와 운영에 관한 법률」 제11조).

19 서울시 9급 기출
지방공기업 유형 중 지방직영기업에 대한 설명으로 가장 옳지 않은 것은?
① 지방자치단체가 행정조직 형태로 직접 운영하는 사업을 말한다.
② 지방자치단체의 장이 지방직영기업의 관리자를 임명한다.
③ 소속된 직원은 공무원 신분이 아니다.

④ 지방공기업에 대한 경영평가는 매년 실시해야 하지만, 지방직영기업의 경영평가에 관하여는 행정안전부장관이 따로 정할 수 있다.

해설 지방직영기업에 소속된 직원은 공무원 신분이다.

핵심정리

지방공기업법상 지방공기업의 유형
- 직접경영방식 : 지방직영기업
- 간접경영방식 : 지방공단, 지방공사

유형	설립	기관성격	관리책임
지방직영기업	• 지방자치단체가 직접 경영. 공기업 특별 회계로 운영(상수도, 하수도, 공영개발, 지역개발기금, 도시개발 등) • 수익성에 관계 없이 공공서비스의 지속적 공급 가능	정부조직(구성원은 공무원), 법인격 없음	관리자 (공무원)
지방공단	• 지방자치단체가 전액 출자, 민간 출자 불허 • 지방정부의 특정 사무 대행(지방정부가 위탁한 것만)	법인(구성원은 공무원 아님)	이사장
지방공사	• 지방자치단체가 전액 출자 또는 민간(외국인·외국법인 포함)과 공동출자(민간이 50% 미만 출자 가능) • 독립사업 경영 + 지방정부의 특정 사무 대행		사장

20 국가직 9급 기출

「책임운영기관의 설치·운영에 관한 법률」상 책임운영기관에 대한 설명으로 옳지 않은 것은?

① 책임운영기관은 기관장에게 재정상의 자율성을 부여하고 그 운영성과에 대해 책임을 지도록 하는 행정기관의 특성을 갖는다.
② 소속책임운영기관에 두는 공무원의 총 정원 한도는 총리령으로 정하며, 이 경우 고위공무원단에 속하는 공무원의 정원은 부령으로 정한다.
③ 소속책임운영기관 소속 공무원의 임용시험은 기관장이 실시함을 원칙으로 한다.
④ 기관장의 근무기간은 5년의 범위에서 소속중앙행정기관의 장이 정하되, 최소한 2년 이상으로 하여야 한다.

해설 소속책임운영기관에 두는 공무원의 총 정원 한도는 대통령령으로 정하며, 이 경우 공무원의 종류별·계급별 정원과 고위공무원단에 속하는 공무원의 정원은 총리령 또는 부령으로 정하되, 대통령령으로 정하는 바에 따라 통합하여 정할 수 있다(제16조 1항).
① 책임운영기관은 정부가 수행하는 사무 중 공공성을 유지하면서도 경쟁 원리에 따라 운영하는 것이 바람직하거나 전문성이 있어 성과관리를 강화할 필요가 있는 사무에 대하여 책임운영기관의 장에게 행정 및 재정상의 자율성을 부여하고 그 운영 성과에 대하여 책임을 지도록 하는 행정기관을 말한다.
③ 소속책임운영기관 소속 공무원의 임용시험은 기관장이 실시한다. 다만, 기관장이 단독으로 실시하기 곤란한 경우에는 중앙행정기관의 장이 실시할 수 있으며, 다른 시험실시기관의 장과 공동으로 실시하거나 대통령령으로 정하는 다른 기관의 장에게 위탁하여 실시할 수 있다.
④ 기관장의 근무기간은 5년의 범위에서 소속중앙행정기관의 장이 정하되, 최소한 2년 이상으로 하여야 한다(제7조 3항).

정답 16 ③ 17 ④ 18 ④ 19 ③ 20 ②

21 서울시 9급 기출

우리나라의 **책임운영기관(Executive Agency)**에 대한 설명으로 가장 옳지 않은 것은?

① 신공공관리론(NPM)의 조직원리에 따라 등장한 성과중심 정부 실현의 한 방안으로 도입되었다.
② 책임운영기관의 장에게 행정 및 재정상의 자율성을 부여하고 그 운영성과에 대하여 책임을 지도록 하는 행정기관을 말한다.
③ 책임운영기관은 사무성격에 따라 조사연구형, 교육훈련형, 문화형, 의료형, 시설관리형, 그 밖에 대통령령으로 정하는 기타 유형으로 구분된다.
④ 「책임운영기관의 설치·운영에 관한 법률」에 근거하여 1995년부터 제도가 시행되었다.

해설 「책임운영기관의 설치·운영에 관한 법률」은 김대중 정부 시절인 1999년에 제정되었다.
① 신공공관리론(NPM)에서 주장하는 민간관리방식을 도입하여 관리자에게 보다 많은 신축성(재량권)을 부여한 다음 그 성과에 따라 책임을 묻도록 하였다.
② 책임운영기관이란 정부가 수행하는 사무 중 공공성을 유지하면서도 경쟁 원리에 따라 운영하는 것이 바람직하거나 전문성이 있어 성과관리를 강화할 필요가 있는 사무에 대하여 책임운영기관의 장에게 행정 및 재정상의 자율성을 부여하고 그 운영성과에 대하여 책임을 지도록 하는 행정기관을 말한다.
③ 책임운영기관은 기관의 사무성격에 따라 조사연구형, 교육훈련형, 문화형, 의료형, 시설관리형, 그밖에 대통령령으로 정하는 유형의 책임운영기관으로 구분된다.

22 국가직 9급 기출

책임운영기관에 대한 설명으로 옳지 않은 것은?

① 기관장에게 기관 운영의 자율성을 보장하고, 기관 운영 성과에 대해 책임을 지도록 한다.
② 공공성이 크기 때문에 민영화하기 어려운 업무를 정부가 직접 수행하기 위해 고안된 것이다.
③ 객관적이고 신뢰할 수 있는 성과평가 시스템 구축은 책임운영기관의 성공 여부를 결정짓는 요건 중의 하나이다.
④ 1970년대 영국에서 집행기관(executive agency)이라는 이름으로 처음 도입되었고, 우리나라는 1990년부터 운영하고 있다.

해설 책임운영기관은 1980년대 영국 대처 정부가 정부개혁 프로그램인 Next Steps에서 국방·보건·교도소 등 140여개 부서를 집행기관(executive agency)으로 지정하면서 도입한 제도로, 우리나라에서는 1999년 1월 김대중 정부에서 「책임운영기관의 설치·운영에 관한 법률」을 제정하고 2000년부터 설치·운영 중이며 현재 50여개 기관이 운영되고 있다.
① 책임운영기관이란 정부가 수행하는 사무 중 공공성을 유지하면서도 경쟁원리에 따라 운영하는 것이 바람직하거나 전문성이 있어 성과관리를 강화할 필요가 있는 사무에 대하여 책임운영기관장에게 기관운영의 자율성을 부여하고 그 운영성과에 대해서 장관에게 책임을 지도록 하는 기관이다.
② 책임운영기관은 아직까지 공공성이 필요하여 민영화·공사화 추진이 곤란한 분야를 대상으로 정부가 직접 업무를 수행하는 집행전담기관이기 때문에 외부시장화가 아닌 내부시장화된 조직이며, 기관의 성격도 정부조직이고 직원의 신분도 공무원이다.
③ 책임운영기관은 성과중심의 조직이므로 성과 측정 및 성과 평가가 가능한 분야를 대상으로 하며 객관적이고 신뢰할 수 있는 성과평가 시스템 구축은 책임운영기관의 성공 여부를 결정짓는 요건 중의 하나이다.

23

우리나라 책임운영기관에 대한 설명 중 틀린 것은?

① 공공성을 유지하면서도 경쟁원리에 따라 운영하는 것이 바람직한 사무에 대해 자율성을 부여한 행정기관을 말한다.
② 독립성과 자율성·책임성이 그 운영원칙이며, 책임운영기관특별회계기관의 경우 정부기업예산법이 적용된다.
③ 성과의 측정이 가능하고 재정수입의 전부 또는 일부를 자체 확보할 수 있는 사무에 적용된다.
④ 책임운영기관의 장은 소속 공무원에 대한 임용권을 가지는 것을 원칙으로 한다.

해설 중앙책임운영기관의 경우, 중앙책임운영기관장은 고위공무원단인 공무원 외의 소속 공무원에 대한 일체의 임용권을 가진다. 또한, 소속책임운영기관의 경우, 중앙행정기관의 장은 소속책임운영기관 소속공무원에 대한 일체의 임용권을 가지며 책임운영기관장에게 임용권 일부를 위임할 수 있다.
 ① 책임운영기관이란 정부가 수행하는 사무 중 공공성(公共性)을 유지하면서도 경쟁원리에 따라 운영하는 것이 바람직하거나 전문성이 있어 성과관리를 강화할 필요가 있는 사무에 대하여 책임운영기관의 장에게 행정 및 재정상의 자율성을 부여하고 그 운영 성과에 대하여 책임을 지도록 하는 행정기관을 말한다(「책임운영기관의 설치·운영에 관한 법률」 제2조).
 ② 책임운영기관은 그 기관이 소속된 중앙행정기관 또는 국무총리가 부여한 사업목표를 달성하는 데에 필요한 기관 운영의 독립성과 자율성이 보장된다(동법 제3조).
 ③ 책임운영기관은 그 사무가 기관의 주된 사무가 사업적·집행적 성질의 행정 서비스를 제공하는 업무로서 성과 측정기준을 개발하여 성과를 측정할 수 있는 사무, 기관 운영에 필요한 재정수입의 전부 또는 일부를 자체적으로 확보할 수 있는 사무기준 중 어느 하나에 맞는 경우에 대통령령으로 설치한다.

24

우리나라의 책임운영기관제도에 대한 설명으로 옳지 않은 것은?

① 책임운영기관특별회계는 계정별로 기획재정부장관이 운용한다.
② 책임운영기관특별회계기관의 사업은 정부기업으로 본다.
③ 행정·재정상의 자율성을 부여하고 운영성과에 대해 책임지도록 하는 행정기관을 의미한다.
④ 책임운영기관특별회계의 예산·회계는 「책임운영기관의 설치·운영에 관한 법률」에 규정된 것을 제외하고는 「정부기업예산법」을 적용한다.

해설 책임운영기관특별회계는 계정별로 중앙행정기관의 장이 운용하고, 기획재정부장관이 통합하여 관리한다.
 ② 책임운영기관특별회계기관의 사업은 「정부기업예산법」 제2조에도 불구하고 정부기업으로 본다(「책임운영기관의 설치·운영에 관한 법률 제30조 제1항」).
 ③ 책임운영기관이란 정부가 수행하는 사무 중 공공성을 유지하면서도 경쟁원리에 따라 운영하는 것이 바람직하거나 전문성이 있어 성과관리를 강화할 필요가 있는 사무에 대하여 책임운영기관의 장에게 행정 및 재정상의 자율성을 부여하고 그 운영 성과에 대하여 책임을 지도록 하는 행정기관을 말한다(동법 제2조).
 ④ 특별회계의 예산 및 회계에 관해 책임운영기관의 설치·운영에 관한 법률에 규정된 것 외에는 정부기업예산법을 적용한다(동법 제30조 제2항).

제3장 조직의 관리

대표유형문제

지방직 9급 기출

변혁적(transformational) 리더십에 대한 설명으로 옳은 것은?

① 적응보다 조직의 안정을 강조한다.
② 기계적 조직체계에 적합하며, 개인적 배려는 하지 않는다.
❸ 부하에게 새로운 비전을 제시하며, 지적 자극을 통한 동기부여를 강조한다.
④ 리더와 부하의 관계를 경제적 교환관계로 인식하고, 보상에 관심을 둔다.

정답해설 부하에게 미래지향적 비전과 목표, 임무 등을 제시하고 목표 달성 등에 몰입하도록 영감을 제시하는 영감적 리더십이나 부하가 기존 관행을 넘어 혁신적 아이디어를 가질 수 있도록 자극(지적 자극)하는 촉매적 리더십은 변혁적 리더십의 구성요소이다.

오답해설 ① 변혁적 리더십은 조직의 안정보다는 조직의 변동과 변혁을 추구하는 개혁적 리더십이다.
② 변혁적 리더십은 유기적 구조에 적합하며, 리더가 부하직원 개개인에게 관심을 가지고 특정한 요구를 이해함으로써 인간적으로 배려하고 격려하는 개인적 배려를 구성요소로 한다.
④ 리더와 부하의 관계를 경제적 교환관계로 인식하고, 보상에 관심을 두는 것은 거래적 리더십이다.

핵심정리 변혁적 리더십
- 의의
  - 변혁적 리더십은 종래 행태론자들의 교환적·거래적 리더십에 대비되는 개념으로, 변화에 능동적으로 적응하거나 변화를 유도하는 최고관리층의 리더십을 말함
  - 행태·상황뿐만 아니라 리더의 속성도 다룬다는 점에서 리더십 본질에 관한 이론 중 신속성론(신자질론)에 속함
- 특성
  - 변혁적 리더십의 초점은 조직의 변동·변혁 추구
  - 조직합병이나 새 부서 및 조직문화 창출 등 조직의 변화를 주도·관리하는 것과 관련
  - 부하의 신념, 가치, 욕구 등의 변혁을 중시하며, 스스로 통제할 수 있도록 함
  - 비전을 제시하고 이를 내면화하며, 업무수행 의미를 발견하고 이에 몰입·헌신하도록 함
  - 다양성·창의성 존중, 신뢰를 기반으로 조직과 개인을 공동의 목표로 통합
  - 리더의 카리스마(위광), 인간적 관계(감정·관심·배려), 지적 자극(아이디어·영감·비전), 신념 및 자신감, 상징적 활동, 효율적 관리 등이 어우러진 리더십

01

다음 중 조직문화의 순기능으로 옳지 않은 것은?

① 구성원의 일탈 행위에 대한 통제기능을 함
② 모방과 학습을 통하여 구성원을 사회화하는 기능을 함
③ 부서별 비경계적인 조직문화로 조직 내부의 조정과 통합에 용이함
④ 조직의 안정성과 계속성을 유지

해설 조직문화의 역기능에는 부서별 독자적인 조직문화로 인하여 조직 내부의 조정과 통합에 어려움이 생긴다는 것이 있다. 조직문화로써 부서별 통합은 쉬울 수 있더라도 조직 내부의 조정과 통합에는 어려움이 있다.

핵심정리

조직문화의 순기능과 역기능

순기능	역기능
• 조직의 안정성과 계속성을 유지시킴 • 조직의 경계를 설정하여 조직의 정체성을 제공 • 모방과 학습을 통하여 구성원을 사회화하는 기능을 함 • 구성원들이 조직에 몰입하도록 만듦 • 규범의 공유에 의해 조직의 생산성을 높이고, 조직에 대한 충성심과 복종심을 유도 • 구성원을 통합하여 응집력, 동질감, 일체감을 높임 • 구성원의 일탈 행위에 대한 통제기능을 함	• 부서별 독자적인 조직문화로 인하여 조직 내부의 조정과 통합에 어려움이 생김 • 집단사고의 폐단으로 조직의 유연성과 구성원들의 창의력을 저하 • 초기에는 조직문화가 순기능을 하지만 장기적인 관점에서는 문화의 경직성으로 인해 변화와 개혁의 장애를 초래하기도 함

02

다음 중 의사전달에 관한 설명으로 틀린 것은?

① 의사소통은 상호교류과정이다.
② 의사전달은 의사결정과 불가분의 관계에 있다.
③ 효과적인 의사소통을 위해서 심리적 요인을 고려해야 한다.
④ 효과적인 의사소통은 조직의 규모와 전문화 정도와는 직접적인 관련성이 없다.

해설 의사소통은 조직의 규모, 전문화의 정도, 계층의 수와 직접적인 관련이 있다.

03

다음 중 상향적 의사전달방법이 아닌 것은?

① 문서상 보고   ② 제안제도
③ 회람   ④ 직원의견조사

해설 회람은 횡적 의사전달방법에 해당한다.

핵심정리

의사전달방법

• **하향적 의사전달** : 상위계층이 하위계층에게 전달하는 것으로 게시판, 핸드북, 구내방송, 기관지, 사내신문, 편람, 예규집 등이 활용됨
• **상향적 의사전달** : 하위계층이 상위계층에게 행하는 의사전달로서, 보고 및 제안제도, 직원의견조사, 건의, 품의, 상담, 면접, 고충처리 등이 있음
• **횡적(수평적) 의사전달(부처 간 전달)** : 동일집단 및 개인 또는 직접적인 상하관계가 아닌 행정인 간의 의사소통 방법으로, 사전심사나 사후통지, 회의 및 토의, 위원회 및 분임활동, 회람, 공람, 레크리에이션, 통보 등이 있음

정답 01 ③   02 ④   03 ③

04
다음 중 의사소통의 장애요인이 아닌 것은?
① 의사소통의 반복과 환류
② 전문가의 편견
③ 지위상의 격차
④ 관료제가 지니는 할거주의

해설 의사소통의 반복(가외성)과 환류는 의사전달의 정확성을 높이는 방안에 해당한다. 의사소통의 장애요인으로는 ②, ③, ④ 이외에 가치관의 차이, 전달자의 자기방어 및 은폐, 전달자에 대한 불신, 불완전한 정보 보존, 집권적 계층구조, 의사전달 채널의 부족, 정보의 집중(유동성 저하) 등이 있다.

05
다음 중 갈등의 유형별 설명으로 잘못된 것은?
① 계층제 상하 간의 갈등은 수직적 갈등이다.
② 특정 정당의 계파 간의 갈등은 조직 내 집단 간의 갈등이다.
③ 노사 간의 임금협상을 둘러싼 갈등은 협상적 갈등이다.
④ 결정자가 대안의 결과를 알지만 만족기준을 충족시키지 못하여 수락할 수 없는 갈등은 비교불가능성의 갈등이다.

해설 ④는 개인적 갈등의 3가지 원인 중 비수락성의 갈등에 대한 설명이다. 비교불가능성(비비교성)의 갈등은 결정자가 각 대안의 결과를 알지만 최선의 대안이 어느 것인지 비교할 수 없는 경우의 갈등이며, 불확실성은 대안이 초래할 결과를 알 수 없는 경우의 갈등이다.

06 서울시 9급 기출
다음 중 의사결정자가 각 대안의 결과를 알고는 있으나 대안 간 비교 결과 어떤 것이 최선의 결과인지를 알 수 없어 발생하는 개인적 갈등의 원인은?
① 비수락성(unacceptability)
② 불확실성(uncertainty)
③ 비비교성(incomparability)
④ 창의성(creativity)

해설 H. Simon과 James G. March는 개인 갈등의 원인으로 대안이 모두 만족스럽지 못한 비수락성(unacceptability), 어떤 대안이 더 나은 대안인지 알지 못하는 비비교성(incomparability), 그리고 각 대안이 초래할 결과를 모르는 불확실성(uncertainty)의 3가지를 들고 있다. 그러므로 의사결정자가 각 대안의 결과를 알고는 있으나 대안 간 비교 결과 어떤 것이 최선의 결과인지를 알 수 없어 발생하는 개인적 갈등의 원인은 비비교성(incomparability)에 해당된다.

07
다음 중 조직 내 갈등의 해결방법으로 가장 적절하지 못한 것은?
① 조직구성원에 대한 의견을 획일적으로 처리한다.
② 조직구성원 간의 이해력을 도모한다.
③ 대립원인을 분석하여 해결하도록 한다.
④ 조직구성원의 심리를 이해한다.

해설 의견의 획일적 처리는 조직 내 갈등의 해결로 바람직한 방법이라 할 수 없으며, 새로운 갈등을 발생시킬 수 있다.

08

의사전달망의 유형 중 집단구성원 간의 서열이나 지위가 불분명하여 거의 동등한 입장에서 의사전달이 형성되는 것은?

① 바퀴형   ② 사슬형
③ 개방형   ④ Y자형

해설 Y자형 의사전달망은 집단구성원 간의 서열이나 지위가 불분명하여 거의 동등한 입장에서 의사전달이 형성되는 것이다.
① 바퀴형은 집단 안에 중심적인 인물이나 리더가 존재하며, 구성원 간의 정보전달이 중심에 있는 한 사람에게 집중되고 있는 형태로, 가장 신속하고 능률적인 유형이다.
② 사슬형은 상사와 부하 간에만 의사전달이 이루어지며 수직적 계층만을 통하여 이루어지는 형태로, 비능률적인 유형이다.
③ 개방형은 집단 내의 모든 구성원들이 다른 구성원들과 자유롭게 정보를 교환하는 형태로, 가장 민주적이며 만족도가 큰 유형이다.

핵심정리

의사전달망의 유형
- **바퀴형** : 집단 안에 중심적인 인물이나 리더가 존재하며, 구성원 간의 정보전달이 중심에 있는 한 사람에게 집중되고 있는 형태로, 가장 신속하고 능률적인 유형
- **사슬형** : 상사와 부하 간에만 의사전달이 이루어지며 수직적 계층만을 통하여 이루어지는 형태로, 비능률적인 유형
- **원형** : 집단구성원 간의 서열이나 지위가 불분명하여 거의 동등한 입장에서 의사전달이 형성되는 유형
- **Y자형** : 의사전달망의 최상층에 두 개의 대등한 지위가 있거나 반대로 최하위층에 두 개의 대등한 지위를 가진 사람이 있는 유형
- **개방형** : 집단 내의 모든 구성원들이 다른 구성원들과 자유롭게 정보를 교환하는 형태로, 가장 민주적이며 만족도가 큰 유형
- **혼합형** : 윤형과 개방형이 혼합되어 있는 형태로, 구성원들이 자유롭게 의사전달을 하지만 리더로 여겨지는 한 사람이 중심적 위치를 차지함

09

다음 중 의사결정자가 각 대안의 결과를 알지만 만족 수준을 충족시키지 못하여 대안을 수락할 수 없어 발생하는 개인적 갈등의 원인은?

① 비수락성
② 불확실성
③ 비비교성
④ 창의성

해설 의사결정자가 각 대안의 결과를 알지만 만족 수준을 충족시키지 못하여 대안을 수락할 수 없어 발생하는 개인적 갈등의 원인은 비수락성이다.

핵심정리

개인 갈등의 원인(H. Simon & James G. March)
- **비수락성**(unacceptability) : 각 대안의 예상결과를 알지만 대안들이 모두 만족 기준을 충족시키지 못해 수락할 수 없는 경우
- **비비교성**(incomparability) : 대안의 결과를 알지만 최선의 대안이 어느 것인지 비교할 수 없는 경우
- **불확실성**(uncertainty) : 각 대안이 초래할 결과를 알 수 없는 경우

10

집단 간 갈등의 원인 중 지위부조화의 상황에 해당하는 것은?

① 구성원 간의 성격, 태도, 가치관, 지각의 차이로 인하여 정보나 사실에 대하여 다르게 해석하고 평가하는 경우
② 높아진 지위만큼 그에 따른 전문적인 능력이 부족하여 행동주체 간의 교호작용을 예측불가능하게 하는 경우
③ 조직상의 부처가 세분된 상태에서 다른 조직이나 집단과의 상호의존성에 의한 공동의사결정이 필요한 경우
④ 한정된 자원에 공동으로 의존하고 있는 제로섬게임(Zero sum game) 상황인 경우

> **해설** 지위부조화는 조직상 여러 지위체계 중 개인의 지위가 일관되게 유지되지 않고 차이가 있는 경우를 의미한다(예 선임순위상 지위와 기술적 능력상 지위의 불일치, 학교후배가 직장상관인 경우). 상호작용하는 둘 이상의 행동주체 사이에 공식적인 지위와 실제로 행사되는 권위에 차이가 있을 경우 발생(예 상관이 업무나 기술적인 능력면에서 앞서가는 부하의 지시를 받게 되는 경우)하며, 행동주체 간 교호작용을 예측불가능하게 함으로써 갈등을 야기한다.

> **핵심정리**
> **집단 간 갈등의 원인**
> • **공동의사결정의 필요성** : 조직상의 부처가 세분된 상태에서 다른 조직이나 집단과의 상호의존성에 의한 공동의사결정이 필요한 경우
> • **목표와 이해관계의 차이** : 서로 다른 조직이 양립 불가능한 목표를 동시에 추구하는 경우, 각 조직 간의 목표나 이해관계의 차이가 나타날 경우
> • **자원의 한정에 따른 경쟁** : 한정된 자원에 공동으로 의존하고 있는 제로섬게임(Zero sum game) 상황인 경우
> • **지위부조화** : 높아진 지위만큼 그에 따른 전문적인 능력이 부족하여 행동주체 간의 교호작용을 예측불가능하게 하는 경우

> • **권력의 차이가 없는 경우** : 권력의 차이가 있는 경우에는 더 큰 권력을 가진 기관에 의해 조직의 조정과 통제가 가능하지만, 권력의 차이가 없는 경우에는 조정이 곤란하여 갈등을 유발
> • **지각 및 인지의 차이** : 구성원 간의 성격, 태도, 가치관, 지각의 차이로 인하여 정보나 사실에 대하여 다르게 해석하고 평가하는 경우
> • **과업의 상호의존성** : 과업이 독립적이거나 일방향 집중형일 경우 갈등 가능성이 낮지만, 상호의존적이거나 상호연계적일 경우 갈등 가능성이 증가
> • **의사전달의 방해** : 의사전달에 대한 오해나 이해부족, 의사전달의 부족으로 인하여 정보의 교환이 불충분할 경우 갈등을 유발

11

K. Thomas의 다섯 가지 갈등관리전략 중 단정과 협력의 중간수준으로서 극단적인 전략을 피하는 전략은?

① 타협전략
② 회피전략
③ 순응전략
④ 경쟁·강제전략

> **해설** K. Thomas의 갈등 해결방안 전략 중 타협전략은 당사자들이 동등한 권력을 보유하고 시간적 여유가 없을 때 사용되는 임기응변적이고 잠정적인 전략으로, 단정과 협력의 중간수준으로서 극단적인 전략을 피하는 전략을 말한다.

> **핵심정리**
> **K.Thomas의 갈등관리전략**
> • **회피전략** : 갈등상황으로부터 벗어나 버리는 것으로, 사소한 문제이거나 자신의 욕구충족 기회가 없을 때 나타나는 비단정적·비협력적 전략
> • **순응전략** : 상대방의 주장을 받아들이는 것으로, 자신의 결정이 잘못되었거나 상대방과 화합하고 조직의 안정과 사회적 신뢰를 중요시할 때 나타나는 전략
> • **타협전략** : 당사자들이 동등한 권력을 보유하고 시간적 여유가 없을 때 사용되는 임기응변적이고 잠정적인 전략으로, 협상을 통한 양보와 획득으로 자신과 상대방의 이익을 절충

- **경쟁·강제전략**: 위기상황이나 한쪽의 권한이 우위일 때 나타나는 전략으로, 신속한 결단이 요구될 때나 비용절감이나 규칙강요와 같이 인기 없는 조치의 시행이 요구되는 때에 나타나는 전략
- **협력전략**: 갈등을 긍정적으로 받아들이며 상대에게 신뢰가 있는 경우나 공통의 관심사가 너무나 중요하여 통합적 해결전략이 필요할 때 나타나는 전략으로, 당사자 모두의 만족을 극대화하려는 윈-윈(win-win)전략

12

다음 중 권력의 특성으로 옳지 않은 것은?

① 권력의 가치나 크기는 자원에 대한 상대방의 의존도 크기에 달려 있다.
② 권력관계는 동태적·적응적·가변적 속성을 지닌다.
③ 권력은 기본적으로 하향적으로 작용하나 수평적으로 작용하기도 한다.
④ 권력의 행사에는 조직구조가 뒷받침되어야 한다.

해설 권력의 특성 중에는 권력의 행사에는 자원이 뒷받침되어야 한다는 것이 있다.

핵심정리
권력의 특성과 유형

특성	• 권력의 행사에는 자원이 뒷받침되어야 함 • 권력의 가치나 크기는 자원에 대한 상대방의 의존도 크기에 달려 있음 • 권력은 행동지향적 능력(상대방의 행동에 영향을 미치는 능력)을 의미하기도 함 • 권력관계는 동태적·적응적·가변적 속성을 지님 • 권력은 기본적으로 하향적으로 작용하나 수평적으로 작용하기도 함(다방향적 현상)
유형	• 권력의 정당성 근거에 따른 유형(Weber): 전통적 권력, 카리스마적 권력, 합법적·합리적 권력 • 권력의 기초(원천)에 따른 유형(French, Raven) – 정통적 권력: Weber의 합법적 권력과 유사
	– 강압적 권력: 상대를 처벌할 수 있을 때 성립하는 권력 – 보상적 권력: 복종의 대가로 타인이 원하는 것을 줄 수 있을 때 성립하는 권력 – 준거적 권력: 복종자가 자기보다 나은 권력자를 닮고자 하는 역할모형화에 의한 권력(카리스마나 대인적 매력에 의한 권력) – 전문가적 권력: 전문지식이나 정보, 기술에 근거한 권력 • 조직이 개인에게 행사하는 지배 권력에 따른 유형(Etzioni) – 강제적 권력: 강제적 조직의 물리적 힘에 의한 권력 – 공리적 권력: 공리적 조직의 경제적 유인에 의한 권력 – 규범적 권력: 규범적 조직의 도덕적 기준에 의한 권력

13

리더십 이론에 대한 설명으로 가장 옳지 않은 것은?

① 자질론은 지적 능력과 같은 리더의 특성을 중시한다.
② 행태이론은 성공적인 지도자들이 보이고 있는 바람직한 리더십 행태를 밝히고자 한다.
③ 변화에 능동적으로 적응하거나 변화를 유도하는 최고관리층의 리더십을 말한다.
④ 변혁적 리더십은 단기적이고 현실을 중시한다.

해설 변혁적 리더십은 장기적이고 미래지향적이다.

핵심정리
변혁적 리더십

변혁적 리더십은 비일상적·비정형적 과업, 변동과 적응, 경계작용 구조, 융통성, 통합형 관리를 중시하는 조직일수록 효율성이 높지만, 거래적 리더십보다 항상 행정에 유용한 것은 아니다.

정답 10 ② 11 ① 12 ④ 13 ④

14

조직문화의 순환 중에서 동화·격리·탈문화화·다원화와 관련된 것은?

① 보존(사회화) ② 형성
③ 개혁 ④ 변동

해설 조직문화의 순환 중 보존(사회화)은 조직문화의 동화·격리·탈문화화·다원화가 나타나는 것을 말한다.

핵심정리

조직문화의 순환

구분	설명
형성	조직문화의 형성은 구성원들의 대외적 적응과 생존, 대내적 통합 등에 관한 문제 해결 방안을 수용하는 데에서부터 시작
보존 (사회화)	• 동화 : 신참자가 조직문화에 일방적으로 적응 • 격리 : 신참자가 조직문화에 반감을 가져 직무영역으로부터 고립 • 탈문화화 : 조직문화 혹은 신참자의 개인 문화가 모두 지배력을 상실하여 문화적 정체성이 모호해짐 • 다원화 : 쌍방적 학습과 적응의 과정을 통하여 상호 장점을 수용하거나 공존
변동	조직문화는 안정적인 특성이 있지만 시간의 흐름에 따라 변동
개혁	의식적·계획적으로 조직문화를 개혁

문화의 개혁과 연관된 요인
- 충원
- 발전
- 평가 및 보상
- 조직 설계
- 의사소통
- 상징·언어·이야기

15 서울시 9급 기출

리더십에 대한 다음 설명 중 가장 옳지 않은 것은?

① 자질론은 지도자의 자질 특성에 따라 리더십이 발휘된다는 가정 하에, 지도자가 되게 하는 개인의 속성·자질을 연구하는 이론이다.
② 행태이론은 눈에 보이지 않는 능력 등 리더가 갖춘 속성 보다 리더가 실제 어떤 행동을 하는가에 초점을 맞춘 이론이다.
③ 상황론의 대표적인 예로 피들러(F. Fiedler)의 상황조건론, 하우스(R. J. House)의 경로-목표 모형 등이 있다.
④ 변혁적 리더십은 거래적 리더십을 기반으로 하므로 거래적 리더십과 중첩되는 측면이 있다.

해설 변혁적 리더십은 카리스마적 리더십을 기반으로 하므로 전통적인 거래적 리더십과는 대립되는 측면이 있다. 변혁적 리더십은 주로 부하와 상관과의 합리적·교환적 거래관계에 기초한 종래의 거래적·교환적 리더십을 비판하고 등장하였다.

16

다음 중 리더십 이론에 관한 설명으로 옳지 않은 것은?

① 변혁적 리더십은 조직에 대한 사람들의 인식을 변화시키는 개혁적이고 전략적인 리더십이다.
② 피들러의 상황적응모형은 관계지향적 리더와 과업지향적 리더로 나누어 연구하였다.
③ 블레이크와 머튼은 리더십 유형을 4가지로 분류하고 있다.
④ 오하이오대학 리더십 연구는 행태주의를 기반으로 한다.

해설 블레이크와 머튼의 관리망모형은 리더십 유형의 두 가지 차원인 생산에 대한 관심과 인간에 대한 관심에 따라 81개의 관리망 유형을 제시하고 대표적인 리더의 행동을 다섯 가지로 분류하였다.

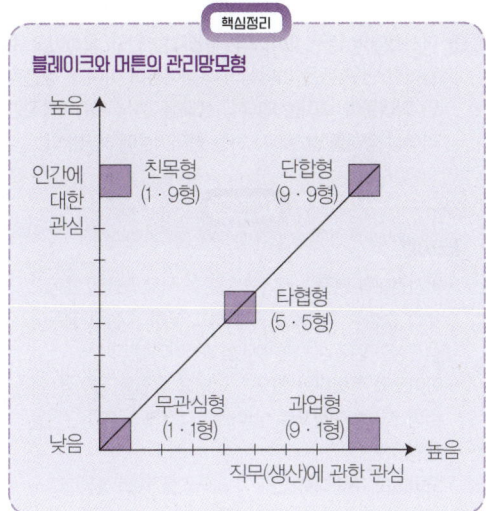

핵심정리
블레이크와 머튼의 관리망모형

17

대리정부(proxy government)의 특징에 대한 설명으로 옳지 않은 것은?

① 시민 개개인의 행동이 정부정책의 성과를 결정하기 때문에 높은 시민의식하에 대리정부에 대한 시민의 통제가 중요하다.
② 대리정부의 형태가 다양하므로 행정관리자의 전문적 리더십이 중요하다.
③ 정보의 왜곡현상이 발생할 수 있다.
④ 분권화 전략에 의해서 자원의 낭비와 남용을 줄일 수 있다.

해설 대리정부화가 내세우는 분권화 전략은 자원의 낭비와 남용을 가져오는 병폐를 초래했다.

핵심정리
D. F. Kettel의 대리정부(proxy government) 이론

- 대리정부화 현상 : 공공서비스 공급에서 정부 외에 다른 대안을 통한 모든 방식(예 민관공동출자, contracting-out)을 포함한 것으로, 중앙정부의 재정적 뒷받침을 토대로 특정 정책의 수행을 제3자 정부가 담당하는 것. 대리정부들이 이전받은 정책·사업의 수행에 따르는 재원사용권과 공적 권력의 사용까지 포함하는 포괄적인 분권화 현상
- 대리정부의 문제집
  - 분권화 전략에 따른 자원의 낭비와 남용 : 대리정부는 국가의 모든 부분에 속하는 조직이 가진 전략과 자원을 가장 효율적으로 이용할 수 있고 국가적 정책을 국지적 상황에 맞게 집행할 수 있지만, 대리정부화가 내세우는 분권화 전략은 자원의 낭비와 남용을 가져오는 병폐를 초래. 즉 중앙정부로부터 대리정부가 이관받은 임무를 성공적으로 수행하지 못하는 오류의 교정비용이 추가되며 복잡하게 얽힌 대리정부에 대한 재규제는 새로운 중앙집권을 유발시킴
  - 정책 관련 정보의 왜곡현상 : 정부와 대리정부간 정보교환 과정에서의 왜곡과 그로 인한 서비스 질 저하
  - 중앙정부의 규제적/재집권화 현상 : 대리정부 하에서 나타나는 낭비, 부패, 남용등의 파행은 중앙정부의 재집권화 노선 추구의 빌미를 제공

- 문제점에 대한 대응방안
  - 공공서비스 책임성 저하 문제에 대한 대응 : 중앙정부와 대리정부 간 목표의 상호조정(계약에 각종 유인전략 포함)과 성과에 대한 환류
  - 전문가적 리더쉽 : 계약관계를 예를 들면 행정관리자는 계약에 관련된 사항들을 주지하고 그 계약의 장래변동사항까지도 미리 예측할 수 있어야 함
  - 투철한 시민의식 : 시민 개개인이 공익에 부합하는 행동을 할때 중앙정부의 목표가치와 대리정부의 목표와 가치에 동일화 될 수 있음

18

다음 중 변혁적 리더십과 관련이 없는 것은?

① 개별적 배려
② 거래적 리더십
③ 카리스마적 리더십
④ 영감적 리더십

해설 변혁적 리더십은 거래적 리더십을 비판하면서 등장한 이론으로서, 변혁적 리더십의 네 가지 요소에는 지적 자극과 개별적 배려, 카리스마적 리더십, 영감적 리더십이 있다.

① 변혁적 리더십에서 리더는 부하직원 개개인에게 관심을 가지고 특정한 요구를 이해함으로써 인간적으로 배려하고 격려해야 한다.
③ 변혁적 리더십에서 리더는 난관을 극복하고 현상에 대한 각성을 확고하게 표명함으로써 부하로부터 존경심과 신념을 이끌어 내는 카리스마(위광)를 가져야 한다.
④ 변혁적 리더십에서 리더는 부하직원이 미래지향적 비전과 목표, 임무 등을 제시하고 목표 달성 등에 몰입하도록 영감을 제시해야 한다.

19

리더십 이론에 대한 설명으로 옳지 않은 것은?

① 관리망모형은 리더의 생산과 사람에 대한 관심을 중심으로 리더십을 분류하여 각각 부족한 리더십을 훈련시키고자 하는 이론이다.
② 특성이론은 리더십의 능력을 구성하는 고유한 자질과 특성이 있다고 보아 리더십이 인간의 자질과 특성에 따라 발휘된다고 보는 이론이다.
③ 행태이론은 리더의 자질이 태어나면서부터 주어지는 것이 아니라 태어난 후에라도 리더의 행동 특성을 훈련시켜 리더를 만들어 갈 수 있다는 이론이다.
④ 미시건대학 연구, 아이오와 주립대학 연구, 오하이오 주립대학 연구 등은 리더십의 특성이론을 연구한 리더십 이론이다.

해설 미시건대학 연구, 아이오와 주립대학 연구, 오하이오 주립대학 연구 등은 리더십의 특성이론이 아니라, 성공적인 리더들이 보이는 리더십 행태를 분석하여 바람직한 리더십 행태를 밝히고자 하는 행태이론에 해당한다.

핵심정리

행태이론
- **미시건대학 연구** : 리더의 행동을 직무 중심적 행동과 부하 중심적 행동으로 구분하고 부하 중심적 행동이 생산성과 만족감 측면에서 효과적이라 주장
- **아이오와 주립대학 연구** : 리더의 유형을 권위형, 민주형, 자유방임형으로 분류하여 각각의 장점과 단점을 설명
- **오하이오 주립대학 연구** : 리더십을 '구조설정'과 '배려'의 조합으로 살펴보는 이론으로, 가장 효과적인 리더는 높은 구조설정 능력과 배려 행태를 동시에 보인다고 주장

20

프렌치(J. French)와 레이븐(B. Raven)의 권력의 원천에 관한 설명으로 옳지 않은 것은?

① 합법적 권력에 따르면 합법성의 한계는 직위의 공식적인 속성과 비공식적인 규범 및 전통에 의해 결정된다.
② 준거적 권력은 다른 사람들이 가치를 두는 정보를 갖고 있는 정도에 기반을 둔 것으로 다른 사람이 필요로 하는 전문적인 기술이나 지식을 어떤 사람이 갖고 있을 때 발생한다.
③ 강압적 권력은 인간의 공포에 기반을 둔 것으로 어떤 사람이 타인을 처벌할 수 있는 능력을 가지거나 육체적 또는 심리적으로 다른 사람에게 위해를 가할 수 있는 능력을 가진 경우 발생한다.
④ 보상적 권력은 다른 사람들에게 보상을 제공할 수 있는 능력에 기반을 둔 것으로 조직이 제공하는 보상의 예에는 봉급, 승진, 직위 부여 등이 있다.

해설 ②는 전문적 권력에 대한 내용이다. 준거적 권력은 복종자가 지배자와 일체감을 가지고, 자기의 행동모형을 권력행사자로부터 찾으려고 하는 역할모형화에 의한 권력으로 어떤 사람이 자신보다 월등하다고 느끼는 무언가의 매력이나 카리스마에 의한 권력이다.

21

다음 중 리더십의 효과성은 상황에 의존한다고 전제하면서 리더의 행동을 인간관계 중심적 리더십과 과업 중심적 리더십으로 나누고, 여기에 효과성이라는 차원을 추가하여 리더십 이론의 3차원 모형을 제시한 학자는?

① 허쉬와 블랜차드(Hersey & Blanchard)
② 블레이크와 머튼(Blake & Mouton)
③ 하우스(House)
④ 피들러(Fiedler)

해설 리더십의 효과성은 상황에 의존한다고 전제하면서 리더의 행동을 인간관계 중심적 리더십과 과업 중심적 리더십으로 나누고, 여기에 효과성이라는 차원을 추가하여 리더십 이론의 3차원 모형을 제시한 학자는 허쉬와 블랜차드(Hersey & Blanchard)이다.

22

다음 중 조직문화의 구성요소에 해당하지 않는 것은?

① 철학
② 의사전달
③ 지배적 가치관
④ 규범

해설 조직문화의 구성요소에는 규범, 철학, 지배적 가치관, 형태 규칙성이 있다.

23 서울시 9급 기출

리더십에 관한 다음 설명 중 가장 옳지 않은 것은?

① 특성론적 접근법은 주로 업무의 특성과 리더십 스타일 사이의 관계에 초점을 맞춘다.
② 행태론적 접근법은 리더의 행동과 효과성 사이의 관계에 관심을 갖는다.
③ 상황론적 접근법에 기초한 이론의 예로 피들러(F. Fiedler)의 상황적합적 리더십이론, 하우스(R. J. House)의 경로-목표 모형 등을 들 수 있다.
④ 변혁적(transformational) 리더십이 거래적(transactional) 리더십보다 늘 행정에 유용한 것은 아니다.

해설 특성론적 접근법은 리더가 타고난 자질을 리더십의 본질로 보고 그 자질에 초점을 맞춘다.
② 행태론적 접근법은 리더의 어떠한 행동이 리더십 효과성과 관련이 있는가를 파악하고자 한 접근방법이다.
④ 변혁적 리더십은 변화를 추구할 때 적합한 리더십으로 안전 지향적인 관료제 조직에는 적합하지 않다.

24

다음 중 조직문화의 특성에 해당하지 않는 것은?

① 지속성
② 축적성
③ 개별성
④ 학습성

해설 조직문화의 특성에는 개별성이 아니라, 전체성이 있다.

핵심정리

조직문화의 특성

- **결정성** : 인간의 사고와 행동을 결정하는 주요 요인
- **학습성** : 선천적인 본능이 아니라 후천적인 학습에 의해 생성 및 유지됨
- **축적성** : 역사적 유산으로서 후대에 전수
- **보편성과 다양성** : 보편성과 다양성이라는 양면성을 띰
- **지속성과 변동성** : 쉽게 변동되지 않는 지속성을 지니지만, 적극적인 변화 의지, 기술적 및 경제적 발달, 외래문화의 수용 등에 의해 변동됨
- **공유성** : 구성원들 간에 공유되는 집합성을 지님
- **전체성** : 특정 문화가 다른 문화에 영향을 주거나, 전체 문화가 하위문화를 포용하는 전체성을 지님

25

L. Pondy에 의한 갈등의 분류 중에서 갈등이 야기될 수 있는 상황 또는 조건을 의미하는 것은?

① 지각된 갈등
② 잠재적 갈등
③ 감정적 갈등
④ 갈등의 결과

해설 L. Pondy에 의한 진행단계별 갈등 분류에서 잠재적 갈등이란, 갈등이 야기될 수 있는 상황 또는 조건을 의미한다.

핵심정리

진행단계별 갈등 분류(L. Pondy)
- **잠재적 갈등** : 갈등이 야기될 수 있는 상황 또는 조건
- **지각된 갈등** : 구성원들이 인지하게 된 갈등
- **감정적 갈등** : 구성원들이 감정(내면)적으로 느끼는 갈등
- **표면화된 갈등** : 표면적인 행동이나 대화로 표출된 갈등
- **갈등의 결과** : 조직이 갈등에 대처한 후에 남은 조건 또는 상황

26

집단 간 갈등의 원인 중에서 제로섬게임(Zero sum game) 상황과 관련이 있는 것은?

① 자원의 한정에 따른 경쟁
② 지위부조화
③ 과업의 상호의존성
④ 목표와 이해관계의 차이

해설 집단 간 갈등의 원인 중에서 한정된 자원에 공동으로 의존하고 있는 제로섬게임(Zero sum game) 상황에 놓인 경우를 자원의 한정에 따른 경쟁이라 한다.

핵심정리

집단 간 갈등의 원인
- **공동의사결정의 필요성** : 조직상의 부처가 세분된 상태에서 다른 조직이나 집단과의 상호의존성에 의한 공동의사결정이 필요한 경우
- **목표와 이해관계의 차이** : 서로 다른 조직이 양립 불가능한 목표를 동시에 추구하는 경우, 각 조직 간의 목표나 이해관계의 차이가 나타날 경우
- **자원의 한정에 따른 경쟁** : 한정된 자원에 공동으로 의존하고 있는 제로섬게임(Zero sum game) 상황인 경우
- **지위부조화** : 높아진 지위만큼 그에 따른 전문적인 능력이 부족하여 행동주체 간의 교호작용을 예측불가능하게 하는 경우
- **권력의 차이가 없는 경우** : 권력의 차이가 있는 경우에는 더 큰 권력을 가진 기관에 의해 조직의 조정과 통제가 가능하지만, 권력의 차이가 없는 경우에는 조정이 곤란하여 갈등을 유발
- **지각 및 인지의 차이** : 구성원 간의 성격, 태도, 가치관, 지각의 차이로 인하여 정보나 사실에 대하여 다르게 해석하고 평가하는 경우
- **과업의 상호의존성** : 과업이 독립적이거나 일방향 집중형일 경우 갈등 가능성이 낮지만, 상호의존적이거나 상호연계적일 경우 갈등 가능성이 증가
- **의사전달의 방해** : 의사전달에 대한 오해나 이해부족, 의사전달의 부족으로 인하여 정보의 교환이 불충분할 경우 갈등을 유발

27

K. Thomas의 갈등관리전략에서 당사자 모두의 만족을 극대화하려는 윈 – 윈(win – win) 전략에 해당하는 것은?

① 타협전략
② 회피전략
③ 순응전략
④ 협력전략

해설 협력전략은 갈등을 긍정적으로 받아들이며 상대에게 신뢰가 있는 경우와 공통의 관심사가 너무나 중요하여 통합적 해결전략이 필요할 때 나타나는 전략으로, 당사자 모두의 만족을 극대화하려는 윈 – 윈(win – win)전략이다.

핵심정리

K. Thomas의 갈등관리전략

- **회피전략** : 갈등상황으로부터 벗어나 버리는 것으로, 사소한 문제이거나 자신의 욕구충족 기회가 없을 때 나타나는 비단정적·비협력적 전략
- **순응전략** : 상대방의 주장을 받아들이는 것으로, 자신의 결정이 잘못되었거나 상대방과 화합하고 조직의 안정과 사회적 신뢰를 중요시할 때 나타나는 전략
- **타협전략** : 당사자들이 동등한 권력을 보유하고 시간적 여유가 없을 때 사용되는 임기응변적이고 잠정적인 전략으로, 협상을 통한 양보와 획득으로 자신과 상대방의 이익을 절충
- **경쟁·강제전략** : 위기상황이나 한쪽의 권한이 우위일 때 나타나는 전략으로, 신속한 결단이 요구될 때나 비용절감이나 규칙강요와 같이 인기 없는 조치의 시행이 요구되는 때에 나타나는 전략
- **협력전략** : 갈등을 긍정적으로 받아들이며 상대에게 신뢰가 있는 경우와 공통의 관심사가 너무나 중요하여 통합적 해결전략이 필요할 때 나타나는 전략으로, 당사자 모두의 만족을 극대화하려는 윈 – 윈(win – win)전략

28 서울시 9급 기출

허시(Hersey)와 블랜차드(Blanchard)는 부하의 성숙도(Maturity)에 따른 효과적인 리더십을 제시하였다. 부하가 가장 미성숙한 상황에서 점점 성숙해간다고 할 때, 가장 효과적인 리더십 유형을 〈보기〉에서 골라 순서대로 나열한 것은?

― 보기 ―

(가) 참여형   (나) 설득형
(다) 위임형   (라) 지시형

① (다) → (가) → (나) → (라)
② (라) → (가) → (나) → (다)
③ (라) → (나) → (가) → (다)
④ (라) → (나) → (다) → (가)

해설 허시(Hersey)와 블랜차드(Blanchard)는 리더행동의 효율성이 부하의 성숙도(Maturity)라는 상황변수에 달려 있다고 보고, '(라) 지시형 → (나) 설득형 → (가) 참여형 → (다) 위임형'의 리더십이 적합하다고 하였다.

핵심정리

부하의 성숙도에 따른 효과적인 리더십

리더십	지시형	설득형	참여형	위임형
성숙도	매우 낮음	낮음	높음	매우 높음

29
다음 중 행정정보를 공개해야 할 공공기관의 범위에 포함되지 않는 것은?

① 각급 학교 ② 지방자치단체
③ 시민단체 ④ 지방공기업

해설 「공공기관의 정보공개에 관한 법률」에 따른 공공기관의 범위에는 초·중등교육법 및 고등교육법, 그 밖에 다른 법률에 의하여 설치된 각급 학교와 지방자치단체의 조례로 정하는 기관, 정부투자·출연기관, 특별법에 의하여 설립된 특수법인이 있다.

핵심정리
「공공기관의 정보공개에 관한 법률」 및 동법 시행령상 정보공개 대상 공공기관
- 국가기관
  - 국회, 법원, 헌법재판소, 중앙선거관리위원회
  - 중앙행정기관(대통령 소속 기관과 국무총리 소속 기관을 포함한다) 및 그 소속 기관
  - 「행정기관 소속 위원회의 설치·운영에 관한 법률」에 따른 위원회
- 지방자치단체
- 「공공기관의 운영에 관한 법률」 제2조에 따른 공공기관(공기업, 준정부기관, 기타공공기관)
- 「지방공기업법」에 따른 지방공사 및 지방공단
- 그 밖에 대통령령으로 정하는 기관
  - 「유아교육법」, 「초·중등교육법」, 「고등교육법」에 따른 각급 학교 또는 그 밖의 다른 법률에 따라 설치된 학교
  - 「지방자치단체 출자·출연 기관의 운영에 관한 법률」 제2조제1항에 따른 출자기관 및 출연기관
  - 특별법에 따라 설립된 특수법인
  - 「사회복지사업법」 제42조제1항에 따라 국가나 지방자치단체로부터 보조금을 받는 사회복지법인과 사회복지사업을 하는 비영리법인
  - 위 비영리법인 외에 「보조금 관리에 관한 법률」 제9조 또는 「지방재정법」 제17조 제1항 각 호 외의 부분 단서에 따라 국가나 지방자치단체로부터 연간 5천만 원 이상의 보조금을 받는 기관 또는 단체. 다만, 정보공개 대상 정보는 해당 연도에 보조를 받은 사업으로 한정

30
다음 중 행정정보공개의 부작용으로 보기 어려운 것은?

① 행정적 책임을 회피하기 위해 정보를 조작·왜곡할 수 있다.
② 행정비용의 증가와 정상적인 업무의 적체가 우려된다.
③ 공무원의 업무추진에 있어서 소극적인 태도가 견지될 수 있다.
④ 정보공개의 대상을 제한함으로써 행정의 합법성이 저하될 수 있다.

해설 법에서 정한 비공개대상정보 외에는 원칙적으로 모두 공개하므로 행정의 합법성이 저하된다고 보기 어렵다.

핵심정리
정보공개제도의 효용과 폐단
- 효용
  - 정보민주주의(Tele-democracy) 구현 : 국민주권원리에 입각한 국민의 알 권리 보장과 행정참여를 유도하고, 정보접근·사용·참가권을 보장
  - 행정의 투명성과 신뢰성 제고 : 행정정보공개를 통해 관료의 정보독점을 막고 행정에 대한 통제와 감시를 효율적으로 강화할 수 있음
  - 국민참여 및 열린행정 구현 : 정보공개는 국민의 행정 참여와 열린행정 구현을 위한 전제가 됨
- 폐단(문제점)
  - 국가기밀의 유출과 사생활 침해의 우려
  - 정보의 왜곡·조작 및 정보의 남용이나 오용 가능성
  - 공개에 따른 비용과 업무부담의 증가
  - 공무원의 위축 및 소극적 행정 조장, 업무수행의 유연성·창의성 저해
  - 정보격차에 따른 공개 혜택의 형평성 저해

제4장 조직의 발전과 변동

대표유형문제

국가직 9급 기출

결정과 기획 같은 핵심기능만 수행하는 조직을 중심에 놓고 다수의 독립된 조직들을 협력 관계로 묶어 일을 수행하는 조직형태는?

① 태스크 포스
② 프로젝트 팀
❸ 네트워크 조직
④ 매트릭스 조직

정답해설 네트워크 조직에 대한 설명이다. 네트워크 조직이란 조직을 핵심기능 위주로 합리화하고 나머지 부수적인 업무는 계약에 의하여 다른 조직에 외주를 주는 형태의 조직을 말한다.

오답해설 ① **태스크 포스** : 유동적 임시조직으로써 특별 임무 수행을 위해 각 조직의 전문가를 차출하여 한 사람의 책임자 아래 입체적으로 편성한 조직이다.
② **프로젝트 팀** : 태스크 포스와 같은 유동적 임시조직으로써 특정 사업(project)을 추진하거나 과제를 해결하기 위해서 조직 내의 인적·물적 자원을 결합하여 창설되는 동태적 조직이다.
④ **매트릭스 조직** : 조직의 신축성 확보를 위해 전통적인 계선적·수직적 기능 구조에 횡적·수평적 사업구조(프로젝트 조직)를 결합시킨 혼합적·이원적 상설조직이다.

핵심정리 네트워크 조직의 특징
- 구조와 계층을 중시하는 조직을 파괴하며, 유연한 구조와 기술을 가지고 환경변화에 신축적으로 적응
- 비공식적(수평적) 지원체제를 확립함으로써 변화에 적응
- 정보를 네트워크망으로 연결하여 교류·통합하는 조직 간 연계를 중시
- 지식과 정보의 교류를 중시하고, 정보흡수·활용뿐만 아니라 새로운 정보를 지속적으로 창조
- 부드러운 서비스를 중시하는 조직

01

목표관리(MBO)에 관한 설명으로 옳은 것은?

① 장기적인 계획에 용이하다.
② 조직구성원이 참여적 과정을 통해 명확한 목표를 설정한다.
③ 급변하는 환경에 적용하는 것이 유리하다.
④ 공공부문에 적용 시 구체적 · 계량적 목표설정이 용이하다.

해설 상사와 부하의 공동참여에 의한 목표설정을 통하여 목표에 대한 인식을 공유할 수 있으며 부하의 참여의식을 제고할 수 있다.
① 장기적 · 질적 목표보다 단기적 · 양적 목표에 치중한다.
③ 변화에 유동적이며 복잡한 행정환경에서는 목표가 빈번히 수정되므로 목표관리방식을 적용하기가 어렵다.
④ 행정목표의 다원성 · 무형성으로 인해 구체적 · 계량적 목표설정이 곤란하므로 공공부문에 MBO를 적용하는 데 한계가 있다.

핵심정리

MBO의 의의
- 목표를 중시하는 민주적 · 참여적 관리기법의 일종
- 조직구성원의 자발적 참여와 합의를 토대로 조직목표가 설정되고 조직단위와 개인의 개별의 목표가 부과되며, 구성원 각자의 권한과 책임 아래에 직접 직무를 수행하고 결과를 평가 · 환류시켜 조직의 효율성 제고에 기여하고자 하는 참여적 · 민주적 · 자율적 · 쇄신적 · 결과지향적 관리기법
- 원래는 조직발전(OD) 등과 함께 동태적 조직관리체제로 논의되었으나, 공공부문에서는 PPBS의 지나친 집권화에 따른 한계를 극복하기 위한 예산기법으로 도입함

02

다음 목표관리(MBO)의 단점이 아닌 것은?

① 권위주의적 조직체계나 신축성이 없는 관료주의에 의해 저지되기 쉽다.
② 장기적인 목표만을 강조하는 경향이 높다.
③ 보다 본질적인 목표를 간과할 가능성이 크다.
④ 목표관리의 도입단계에서 많은 시간과 서류작업을 필요로 한다.

해설 목표관리는 추상적 · 질적 · 거시적 · 장기적 목표(Goal)보다는 현실적 · 계량적 · 미시적 · 단기적 목표(Objective)를 중시한다.

핵심정리

MBO의 특성
- **상 · 하 간의 신축적인 참여적 관리** : 목표설정에서부터 환류의 과정까지 조직구성원이 공동 참여하는 대표적인 참여적 관리방법
- **Y이론 또는 Z이론적 인간관** : 자발적 참여로 조직목표와 개인목표를 조화시키려는 Y이론 또는 Z이론적 인간관에 입각(구성원의 동기부여 및 사기앙양에 기여)
- **자율적 · 분권적인 관리** : 구성원의 상호의존과 팀워크를 강조하는 자율적 · 분권적 관리기법
- **환류과정 및 쇄신성** : 최종결과를 평가하고 개선책을 강구하는 환류과정을 중시하며, 조직의 쇄신성 제고에 기여함
- **종합적 관리방식** : 통합적인 체제 아래 이루어지는 종합적 관리방법
- **계량가능한 단기적 목표 중시** : 계량가능한 양적 · 단기적 · 가시적인 목표를 중시
- **결과지향적 관리방식** : 효율적인 집행을 위한 결과지향적 관리방식(주먹구구식 관리나 비능률적 관리를 배격하고, 성과와 능률을 강조)

정답 01 ② 02 ②

03 [서울시 9급 기출]

총체적 품질관리(TQM)와 목표관리(MBO)에 대한 설명으로 가장 옳은 것은?

① TQM이 X이론적 인간관에 기반하고 있다면, MBO는 Y이론적 인간관에 기반하고 있다.
② TQM이 분권화된 조직관리 방식이라고 하면, MBO는 집권화된 조직관리 방식이다.
③ TQM이 조직 내부 성과의 효율성에 초점을 둔다면, MBO는 고객만족도 중심의 대응성에 초점을 둔다.
④ TQM이 팀 단위의 활동을 바탕으로 한다면, MBO는 개별 구성원의 활동을 바탕으로 한다.

해설 TQM은 조직구성원의 광범위한 참여를 특징으로 하여 팀 단위의 활동을 바탕으로 하고, MBO는 조직목표를 설정하고 개인의 개별 목표가 부과되기 때문에 개별 구성원의 활동을 바탕으로 한다.
① TQM과 MBO 모두 Y이론적 인간관에 기반하고 있다.
② TQM과 MBO 모두 분권화된 조직관리 방식이다.
③ TQM이 고객만족도 중심의 대응성에 초점을 둔다면, MBO는 조직 내부 성과의 효율성에 초점을 둔다.

핵심정리

TQM와 MBO

- **TQM**(Total Quality Management, 총체적 품질관리) : 고객만족을 위한 서비스 품질 제고를 1차적 목표로 삼고 구성원의 광범위한 참여 아래 조직의 과정·절차·태도를 지속적으로 개선하여 나가려는 고객지향적·장기적·전략적·총체적 품질관리철학을 말한다.
- **MBO**(Management By Objectives) : 조직구성원의 자발적 참여와 합의를 토대로 조직목표가 설정되고 조직 단위와 개인의 개별 목표가 부과되며, 구성원 각자의 권한과 책임 아래에 직접 직무를 수행하고 결과를 평가·환류시켜 조직의 효율성 제고에 기여하고자 하는 참여적·민주적·자율적·쇄신적·결과지향적 관리기법이다.

04

다음 중 균형성과관리(BSC)의 지표로 옳지 않은 것은?

① 성과 관점
② 재무적 관점
③ 고객 관점
④ 학습과 성장 관점

해설 균형성과관리의 지표에는 재무적 관점, 고객 관점, 프로세스(절차) 관점, 학습과 성장 관점이 있다.

핵심정리

균형성과관리의 관점

관점(지표)	개념	측정지표
재무적 관점	조직의 재무적 성과를 중시하며, 기업의 주주를 대상으로 하는 관점	매출, 자본수익률, 예산 대비 차이 등
고객 관점	서비스의 구매자인 고객들을 대상으로 하여 그들의 요구를 반영하기 위한 관점	고객만족도, 정책 순응도, 민원인의 불만율 등
프로세스(절차) 관점	조직의 목표를 달성하기 위해 기업 내부의 업무 처리 방식과 과정을 어떻게 할 것인가에 대한 관점	시민참여, 적법절차, 의사소통 구조, 공개 등
학습과 성장 관점	4가지 관점 중 가장 하부구조에 해당하며, 변화와 개선의 능력을 어떻게 성장시킬 것인가에 대한 관점	내부 직원의 만족도, 학습 동아리의 수, 인적 자원의 역량, 지식 축적 등

05

다음 중 TQM에 관한 설명으로 잘못된 것은?
① 품질관리 ② 절차와 태도의 개선
③ 생산자 중심 ④ 팀워크 중시

해설 TQM(총체적 품질관리)은 고객만족을 위한 서비스 품질 제고를 1차적 목표로 삼고 조직구성원의 광범위한 참여 하에 조직의 과정·절차·태도를 지속적으로 개선하여 나가려는 고객지향적·장기적·전략적·총체적 품질관리철학이다. 따라서 생산자 중심이 아니라 소비자 중심의 관리전략이라 할 수 있다.

06

다음 중 총체적 품질관리(TQM)의 특징이 아닌 것은?
① 산출과정 초기에 품질의 정착
② 최고관리층만 참여
③ 조직의 총체적 헌신이 요구됨
④ 고객의 요구에 대한 존중

해설 TQM은 조직구성원의 광범위한 참여를 특징으로 한다.
① 서비스의 질을 산출의 초기단계에 확정하며, 추후 비효율을 방지하여 고객만족 도모에 기여한다.
③ 높은 질의 서비스 산출과 서비스 과정을 개선하는 데 초점을 맞춘 조직의 총체적 헌신이 요구된다.
④ 행정서비스도 생산품으로 간주되며 그 품질을 소수 전문가가 아닌 고객이 직접 평가한다.

07

다음 중 총체적 품질관리(TQM)에 관한 설명으로 옳은 것을 모두 고르면?

> ㉠ TQM은 조직 상하 간의 참여적 관리를 의미하며, 조직의 목표설정에서 책임의 확정, 실적평가에 이르기까지 상관과 부하의 합의로 이루어진다.
> ㉡ 조직의 환경변화에 적절히 대응하기 위해 투입 및 과정보다 결과가 중시된다.
> ㉢ TQM은 생산성 제고와 국민에 대한 대응적 책임성을 확보하기 위한 전략적 관리방식이다.
> ㉣ 공공부문의 비시장성과 비경쟁성은 TQM의 필요성 인식을 약화시킨다.

① ㉠, ㉡ ② ㉡, ㉢
③ ㉡, ㉣ ④ ㉢, ㉣

해설 총체적 품질관리(TQM)란 고객만족을 위한 서비스 품질 제고를 1차적 목표로 삼고 구성원의 광범위한 참여하에 조직의 과정·절차·태도를 지속적으로 개선하여 나가려는 고객지향적·장기적·전략적·총체적 품질관리철학을 말한다.
㉠ 조직의 목표설정에서부터 환류의 과정까지 조직 구성원이 공동 참여하는 참여적 관리방법은 MBO에 대한 설명이다.
㉡ TQM은 서비스의 질은 고객만족에 초점에 두므로 정태적이 아니라 계속 변동되는 목표이며, 산출이 아니라 투입과 과정의 계속적인 개선에 주력해야 한다고 본다.

나두공

9급 공무원

제 4 편

인사행정론

제1장 인사행정의 기초이론

제2장 임용 및 능력발전

제3장 사기양양 및 공무원 윤리

제4편 인사행정론

제1장 인사행정의 기초이론

대표유형문제

[지방직·서울시 9급 기출]

고위공무원단제도에 대한 설명으로 옳지 않은 것은?

① 역량 중심의 인사관리
❷ 계급 중심의 인사관리
③ 성과와 책임 중심의 인사관리
④ 개방과 경쟁 중심의 인사관리

정답해설 고위공무원단제도는 개방과 경쟁, 직무와 성과를 강조하는 관리전문가 육성·관리 제도로, 궁극적으로 정부의 경쟁력과 책임, 역량 향상을 목적으로 한다. 계급 중심의 인사관리가 아닌 직무 중심의 인사관리이다.

오답해설 ① 고위공무원으로 우수한 능력인 역량이 있는 공무원 중심으로 인사관리를 한다.
③ 직무성과 계약제 등과 같이 성과와 책임 중심의 인사관리를 한다.
④ 개방형 직위 등과 같이 개방과 경쟁 중심의 인사관리를 한다.

핵심정리 **우리나라의 고위공무원단제도**
- **의의** : 실장·국장급 고위공무원들의 자질 향상과 안목 확대, 부처 간 정책 조정 및 협의 촉진, 책임성 향상, 성취동기 부여를 위해 국가공무원체계 중 이들을 중하위직과 구별하여 별도로 관리·운영하는 인사시스템
- **핵심요소**
  - 개방과 경쟁 : 개방형 직위제도, 부처 간 직위공모 등
  - 성과와 책임 : 직무성과계약제, 직무등급제, 적격성심사, 인사심사 등
  - 능력발전 : 역량평가제, 교육훈련, 최소 보임기간 설정 등
  - 범정부적 통합적 시야 : 부처 간 인사교류, 직위공모 등
- **기본방향**(도입에 따른 기본방향의 전환)
  - 자기 부처 중심의 폐쇄적 인사 → 경쟁과 개방 강화(개방형·직위공모)
  - 계급·연공 → 직무·성과 중심의 직무성과급제(종전 1~3급의 계급을 없애고 직위의 직무등급을 기준으로 인사관리)
  - 연공서열에 따른 자동 진입 → 체계적 검증과 경쟁을 통한 진입
  - 성과관리 미흡 → 직무성과계약제를 통한 성과관리 강화
  - 순환보직 → 최소 보임기간 설정, 능력개발을 통한 전문성 강화
  - 각 부처 소속 → 고위공무원단 소속으로 통합적 시야 배양

제1장 _ 인사행정의 기초이론

01 [지방직 9급 기출]

인사행정제도에 관한 설명 중 적절하지 않은 것은?

① 엽관주의는 정당에의 충성도와 공헌도를 관직 임용의 기준으로 삼는 제도이다.
② 엽관주의는 국민의 요구에 대한 관료적 대응성을 확보하기 어렵다는 단점을 갖는다.
③ 행정국가 현상의 등장은 실적주의 수립의 환경적 기반을 제공하였다.
④ 직업공무원제는 계급제와 폐쇄형 공무원제, 그리고 일반행정가주의를 지향한다.

해설 엽관주의는 1829년 미국의 7대 대통령 잭슨대통령에 의하여 도입된 것으로, 공직독점 및 신분계층적 특권화를 방지하고 공직경질에 의한 민주성 제고와 참여기회의 보장을 위해 등장하였다. 엽관주의의 경우 공직경질을 통한 특권화 방지와 민주통제, 공직개방 및 참여기회의 제공 등으로 공직의 민주성과 책임성, 대응성, 형평성을 강조한다.

핵심정리
엽관주의 장·단점

장점	단점
• 공무원의 적극적 충성심을 확보 • 공직경질제를 통한 공직특권화 방지 및 민주통제 강화(책임성과 대응성 증대) • 관료주의화와 공직 침체의 방지(관료제의 쇄신) • 참여기회의 제공으로 평등이념에 부합 • 공약실현 및 정당정치 발전에 기여 • 지도자의 정치적 리더십 강화	• 행정의 안정성·일관성·계속성·중립성 저해(행정의 단절성) • 행정능률의 저하, 위인설관(爲人設官)으로 인한 국가예산낭비 • 공직의 정치적·행정적 부패, 공익저해 • 공직의 기회균등정신 위배, 임용의 공평성 상실 • 관료의 정당사병화(위민행정의 확립을 저해) • 신분보장의 임의성으로 인한 직업공무원제 성립 저해

02

다음 중 엽관주의의 장점과 거리가 먼 것은?

① 공무원의 충성심 확보
② 정치적 책임성 확보
③ 부정부패의 방지
④ 관료제의 특권화 방지

해설 엽관주의는 소수에 의한 정당의 과두적 지배를 촉진하여 공직의 사유화·상품화 경향을 초래하고, 위인설관(爲人設官) 등 불필요한 관직남설로 인한 예산낭비, 매관매직(賣官賣職)에 의한 정치적·행정적 부정부패를 초래한다.

핵심정리
엽관주의의 장단점

• 장점
 - 공무원의 적극적 충성심을 확보
 - 공직경질제를 통한 공직특권화 방지 및 민주통제 강화(책임성과 대응성 증대)
 - 관료주의화와 공직 침체의 방지(관료제의 쇄신)
 - 참여기회의 제공으로 평등이념에 부합
 - 공약실현 및 정당정치 발전에 기여
 - 지도자의 정치적 리더십 강화

• 단점
 - 행정의 안정성·일관성·계속성·중립성 저해(행정의 단절성)
 - 행정능률의 저하, 위인설관(爲人設官)으로 인한 국가예산낭비
 - 공직의 정치적·행정적 부패, 공익저해
 - 공직의 기회균등정신 위배, 임용의 공평성 상실
 - 관료의 정당사병화(위민행정의 확립을 저해)
 - 신분보장의 임의성으로 인한 직업공무원제 성립 저해

정답 01 ② 02 ③

03

실적주의에 대한 설명으로 틀린 것은?

① 실적주의의 성립요인으로 정당정치의 부패와 엽관주의의 폐해를 들 수 있다.
② 공직취임의 기회균등, 공무원의 정치적 중립성과 신분보장을 특징으로 한다.
③ 상대적으로 유능한 인재의 유치라는 적극적 측면보다 부적격자 배제라는 소극적 측면에 중점을 두었다.
④ 교육훈련, 승진, 전직, 근무성적평정제도 등을 효율적으로 운영하여 재직자의 장기적인 능력발전을 도모한다.

해설 ④는 직업공무원제의 특징이다. 실적주의는 반엽관주의에 지나치게 집착하여 기술성·수단성 위주의 경직적 인사행정이 이뤄졌고 인간적 요인이 과소평가되어 능력발전이나 사기에 대한 고려가 부족했다.

핵심정리

실적주의의 특징과 장·단점

실적주의의 특징	실적주의의 장점	실적주의의 단점
실적·능력·자격주의	객관·공정·전문·능률성	인사행정의 형식화, 비융통성
기회균등	임용기회의 수평적 평등	실질적 기회균등 곤란
공개경쟁채용시험	객관성·공정성·전문성	소극적 모집
정치적 중립 신분보장	행정의 탈정치화, 행정의 안정성·계속성 확보	비민주성(관료침체, 민주통제 곤란, 대응성·책임성·대표성 약화), 정당정치발전 저해, 강력한 정책추진 곤란
과학적·합리적 인사관리	인사행정의 과학성·합리성	비인간화(인간소외)
초당적·독립적 중앙인사기관	인사행정의 통일성·전문성·중립성	집권성(부처별 개별성 무시)

04

엽관주의와 실적주의 발전 과정에 대한 설명 중 가장 적절하지 않은 것은?

① 엽관주의는 민주정치의 발달과 불가분의 관계가 있다.
② 직업공무원제는 직위분류제와 일반행정가주의를 지향하고 있다.
③ 엽관주의는 관료기구와 국민의 동질성을 확보하기 위한 수단으로 발전했다.
④ 대표관료제는 실적주의를 훼손하고 행정능률을 저하시킬 수 있다.

해설 직업공무원제는 계급제와 일반행정가주의를 지향하고 있다. F. Mosher는 직업공무원제의 성립요건으로 폐쇄형 충원과 신분보장, 계급제, 일반행정가주의 등을 제시하였다.
①·③ 엽관주의는 미국에서 처음 등장한 개념으로, 선거에서 승리한 정당이 모든 관직을 전리품을 나누어 주듯 정당에 대한 충성도(정치적 충성도)에 따라 공직을 임용하는 제도로, 집권자의 지지세력 확보의 필요성과 민주정치 및 정당정치의 발달을 배경으로 발달하였다.
④ 대표관료제는 임용할당제 등과 같이 사회적 구성비율에 맞게 관료조직을 구성해야 한다는 것으로, 행정의 대응성·대표성, 공정성, 책임성 등을 제고할 수 있으나 정치적 중립과 실적을 중시하는 직업관료제나 실적주의의 이념을 약화시킬 수 있으며, 능력중심의 인사가 아니므로 효율성이나 전문성을 저해할 수 있는 단점이 있다.

05

다음 중 적극적 인사를 초래한 실적주의의 단점이 아닌 것은?

① 공무원의 정치적 자유를 지나치게 제약한다.
② 중앙인사기관에 인사에 관한 권한을 집중시킨다.
③ 정권교체에 따른 공무원의 대량교체가 가능하다.
④ 공무원의 권익보호를 위한 실적제의 여러 장치들은 인력의 탄력적 운용을 어렵게 한다.

해설 정권교체에 따른 공무원의 대량교체는 엽관주의의 특징이다.
① · ④ 실적주의는 관료의 특권화를 유발하고 행정에 대한 민주통제를 저해하는 등 공무원의 정치적 자유를 제약하며 형식적인 인사행정으로 비인간화 초래하여 인력의 탄력적 운용을 어렵게 한다.
② 실적주의는 중앙인사기관의 권한 강화로 인해 각 부처의 탄력적 · 창의적인 인사를 저해한다.

핵심정리

실적주의의 단점
- 인사행정의 소극적 · 비융통성 초래
- 중앙인사기관의 권한 강화로 각 부처의 탄력적 · 창의적인 인사 저해
- 지나친 집권성과 독립성으로 외부에 대한 불신과 비협조 초래
- 관료의 특권화를 유발하고 행정에 대한 민주통제 저해
- 형식적인 인사행정으로 비인간화 초래
- 행정의 민주적 책임성과 대응성 저해
- 실질적인 기회균등의 문제(응시 기회의 균등이 곧 고용의 평등은 아님)

06 지방직·서울시 9급 기출

엽관주의와 실적주의에 대한 설명으로 옳은 것은?

① 엽관주의는 개인의 능력, 적성, 기술을 공직 임용 기준으로 한다.
② 엽관주의는 정치지도자의 국정 지도력을 약화한다.
③ 실적주의는 국민에 대한 관료의 대응성을 높인다.
④ 실적주의는 공직 임용에 대한 기회의 균등을 보장한다.

해설 실적주의는 기회균등의 보장을 통하여 능력과 자질을 과학적 · 합리적으로 분석하고 능력중심으로 인물을 임용하는 과학적 · 합리적 · 객관주의적 인사행정이다.
① 실적주의에 대한 설명이다. 엽관주의는 공직임용이나 인사관리에 있어서의 기준을 정당에 대한 충성도와 공헌도에 두는 제도이다.
② 엽관주의는 공직임용이나 인사관리에 있어서의 기준을 정당에 대한 충성도와 공헌도에 두는 제도이다. 정치지도자들을 통해 관료집단에 대한 통제가 용이하므로 정치지도자의 국정 지도력을 강화시킨다.
③ 국민에 대한 관료의 대응성을 높이는 것은 엽관주의이다.

정답 03 ④ 04 ② 05 ③ 06 ④

07 　서울시 9급 기출

엽관주의 인사의 단점에 대한 다음 설명 중 가장 옳지 않은 것은?

① 행정의 안정성을 저해할 수 있다.
② 공무원의 정치적 중립을 저해한다.
③ 행정의 전문성을 저하시킬 수 있다.
④ 행정에 대한 민주적 통제를 약화시킨다.

해설 엽관주의는 정당에의 충성도와 공헌도를 관직의 임용기준으로 삼는 인사제도를 말한다. 정권이 바뀔 때마다 공무원이 교체됨으로써 행정에 대한 책임 확보와 민주적 통제를 강화시킨다.
　① 정권이 바뀔 때마다 공무원이 교체됨으로써 행정의 계속성·안전성·지속성을 저해할 수 있다.
　② 공직에의 취임이나 신분의 유지가 소속 정당이나 집권자에 대한 충성에 의존하므로 공무원의 정치적 중립성을 보장할 수 없다.
　③ 능력 이외의 요인을 임용기준으로 하기 때문에 행정의 전문성을 저하시킬 수 있다.

08 　지방직 9급 기출

개방형 인사제도에 대한 설명으로 옳지 않은 것은?

① 폭넓은 지식을 갖춘 일반행정가를 육성하는 데에 효과적이다.
② 기존 관료들에게 승진 기회가 축소될 수 있다는 불안감을 주고 사기를 저하시킬 수 있다.
③ 정실주의로 전락할 가능성이 있다.
④ 기존 내부 관료들에게 전문성 축적에 대한 자극제가 된다.

해설 개방형 인사제도는 공직의 모든 계급과 직위를 불문하고 외부로부터 인력을 충원하는 인사제도로 전문행정가를 확보하는 데 효과적이다. 폭넓은 지식을 갖춘 일반행정가를 육성하는 데 효과적인 제도는 폐쇄형 인사제도이다.

핵심정리

개방형 인사제도의 장단점

장점	단점
• 행정조직에 대한 민주적 통제가 용이(부패를 방지하고 행정 조직의 관료화 억제) • 공직임용의 유연성·융통성 증대 • 적극적 인사행정 가능 • 우수한 인재등용 가능 • 공직 내외의 전문가 영입으로 행정의 질적 수준 및 전문성 증대(직위의 전문성을 강조) • 정책의 효율성 제고 • 경쟁체제의 도입으로 공무원의 자기개발노력 촉진 • 외부의 유능한 인재채용으로 신진대사 촉진 • 신진대사를 통해 공직의 침체와 경직성 방지(공직의 유동성 제고)	• 외부임용 및 적극적 인사로 행정의 안정성·계속성 저해(직업공무원제도 확립 저해) • 신분보장의 미흡으로 재직자의 사기 저하, 이직률 증가 • 빈번한 교체근무로 인한 행정 책임성 저하 • 자의적 인사 및 정실적 인사의 가능성 증가(인사행정의 객관성·책임성 확보 곤란) • 신규임용에 따른 임용구조의 복잡화 및 임용비용의 증가

09

다음 중 적극적 인사행정과 가장 관련이 적은 것은?
① 모집방법의 다양화
② 인사의 분권화
③ 정년보장식 신분보장
④ 정치적 임용의 부분적 허용

해설 적극적 인사행정은 실적주의의 지나친 소극성·비융통성, 인사권의 집권성, 직업공무원제의 폐쇄성 등의 한계를 보완·극복하기 위하여 등장한 발전적 인사관리방식이다. 정년보장식 신분보장은 실적주의(직업공무원)의 소극적 인사행정과 관련된다.

10

인사행정에 관한 다음 설명 중 가장 잘못된 것은?
① 행정의 전문성 제고를 위해서는 공무원 신분을 보장하고 외부 전문가가 공직에 진출하도록 유도하는 직업공무원제가 확립되어야 한다.
② 정책에 큰 변동이 있을 때 평상시보다 엽관주의에 의한 인사가 더 요구될 수 있다.
③ 적극적 인사행정에는 정치적 임용 허용, 재직자의 능력 발전, 인사권의 분권화 등이 포함된다.
④ 실적주의의 소극성·비융통성을 극복·보완하여 유능한 인재를 외부로부터 적극적으로 모집하고, 모집방법을 다양화하는 것을 말한다.

해설 직업공무원제의 확립은 폐쇄적인 계급제를 바탕으로 하므로 외부 전문가의 영입이 어렵고 행정의 전문화 및 기술화, 공직의 질이 저하된다.

11

직업공무원제에 관한 설명으로 옳은 것은?
① 장기적인 발전 가능성보다 채용 당시의 직무수행능력이 중요시된다.
② 정권교체에 따른 행정 공백을 예방하여 행정의 계속성과 안전성을 확보하는 제도적 장치이다.
③ 전문행정가 양성에 유리하기 때문에 행정의 전문화 요구에 부응한다.
④ 직업공무원제가 성공하려면 공직 임용에서 연령의 제한을 폐지하는 것이 필요하다.

해설 행정의 지속성·안정성·일관성 유지 및 정치적 중립성을 확보할 수 있는 장점이 있다.
① 채용 당시의 직무수행능력보다 장기적인 발전 가능성이 중요시된다.
③ 직업공무원제는 폐쇄적 임용으로 인해 전문행정가 양성에 불리하므로 행정의 전문화 요구에 부응하지 못한다.
④ 직업공무원제가 성공하려면 공직 임용에서 연령을 제한해야 한다.

정답 07 ④ 08 ① 09 ③ 10 ① 11 ②

12

직업공무원제를 올바르게 수립하기 위한 요건에 대한 설명으로 잘못된 것은?

① 공직에 대한 높은 사회적 평가가 있어야 한다.
② 젊은 사람보다는 직무경험이 있는 사람이 채용되도록 하여야 한다.
③ 노력에 대한 보상이 적절해야 하며, 보수가 적절하게 지급되어야 한다.
④ 승진·전보·훈련 등을 통한 능력 발전의 기회가 공정하게 주어져야 한다.

해설 직업공무원제가 올바르게 수립되기 위해서는 젊고 유능한 사람에게 개방되어 공직에 보람을 느끼며 장기간 근무할 수 있는 여건이 마련되어야 하므로, 채용에 있어서도 직무경험보다는 발전가능성이 많은 젊은 사람이 채용되도록 하여야 한다. 이 때문에 직업공무원제하에서는 젊고 유능한 인재의 채용을 위해 연령과 학력 등의 제한이 이루어지기도 한다.
① · ③ 직업공무원제의 바람직한 정착을 위해서는 공직에 대한 높은 사회적 평가와 노력에 대한 적절한 보상 및 보수 지급 등이 이루어져야 한다.
④ 공무원 채용 및 임용과 관련된 장기적 인력수급 조절 및 직급별 인력계획의 수립·운용, 승진·전보 및 교육훈련 등을 통한 공정한 능력 발전 기회의 제공 등도 직업공무원제 확립의 토대가 된다.

13

다음 중 실적주의와 직업공무원제의 특성을 비교한 것으로 틀린 것은?

① 양자 모두 정치적 중립성을 강조한다는 점에서 유사하다.
② 기회균등이라는 측면은 직업공무원제가 더 강하다.
③ 신분보장이라는 측면은 직업공무원제가 더 강하다.
④ 양자 모두 공개경쟁채용시험에 의한 선발과 채용을 전개하므로 능력 본위의 인사를 강조한다.

해설 직업공무원제도는 공직임용 시 연령과 학력제한이 엄격하게 이루어지므로 기회균등이 다소 제약되며, 실적주의는 연령과 학력제한이 없어 완전한 기회균등을 추구할 수 있다.
① 직업공무원제도와 실적주의는 신분보장, 정치적 중립, 자격이나 능력에 의한 채용·승진 등의 공통점을 가진다.
③ 실적주의와 직업공무원제도는 신분보장을 원칙으로 한다는 점에서는 공통적이나, 실적주의는 개방형 실적주의, 직업공무원제도는 폐쇄형 실적주의라는 점에서 직업공무원제도의 신분보장 측면이 더욱 강하다.
④ 실적주의와 직업공무원제도 모두 공개경쟁채용시험에 의해 선발하므로 경력보다는 채용당시의 능력을 중시한다.

14 지방직 9급 기출

「국가공무원법」상 우리나라 인사제도에 대한 설명으로 옳지 않은 것은?

① 인사혁신처장은 고위공무원단에 속하는 공무원이 갖추어야할 능력과 자질을 설정하고 이를 기준으로 고위공무원단 직위에 임용되려는 자를 평가하여 신규채용·승진임용 등 인사관리에 활용할 수 있다.
② 국가공무원은 경력직공무원과 특수경력직공무원으로 구분하고, 경력직공무원은 다시 일반직공무원과 특정직공무원으로 나뉜다.
③ 개방형직위로 지정된 직위에는 외부 적격자뿐만 아니라 내부 적격자도 임용할 수 있다.
④ 고위공무원단에 속하는 일반직공무원의 경우 소속 장관은 해당 기관에 소속되지 아니한 공무원에 대하여 임용제청을 할 수 없다.

해설 행정기관 소속 5급 이상 공무원 및 고위공무원단에 속하는 일반직공무원은 소속 장관의 제청으로 인사혁신처장과 협의를 거친 후에 국무총리를 거쳐 대통령이 임용하되, 고위공무원단에 속하는 일반직공무원의 경우 소속 장관은 해당 기관에 소속되지 아니한 공무원에 대하여도 임용제청할 수 있다. 이 경우 국세청장은 국회의 인사청문을 거쳐 대통령이 임명한다(「국가공무원법」 제32조 제1항).
① 인사혁신처장은 고위공무원단에 속하는 공무원이 갖추어야 할 능력과 자질을 설정하고 이를 기준으로 고위공무원단 직위에 임용되려는 자를 평가하여 신규채용·승진임용 등 인사관리에 활용할 수 있다(「국가공무원법」 2조의2 제4항).
② 국가공무원은 경력직공무원과 특수경력직공무원으로 구분하고, 경력직공무원은 다시 일반직공무원과 특정직공무원으로 나뉜다(「국가공무원법」 제2조).
③ 개방형직위로 지정된 직위에는 공직 외부의 적격자뿐만 아니라 공직 내부 적격자도 임용할 수 있다. 단, 경력개방형직위는 공직 외부에서만 적격자를 선발한다.

15 지방직 9급 기출

중앙인사기관에 대한 설명으로 옳지 않은 것은?

① 독립합의형은 엽관주의를 배제하고 실적제를 발전시키는데 유리하지만, 책임소재가 불분명해질 수 있는 단점이 있다.
② 비독립단독형은 집행부형태로 인사행정의 책임이 분명하고 신속한 의사결정을 가능하게 해주지만, 인사행정의 정실화를 막기 어렵다.
③ 독립단독형은 독립합의형과 비독립단독형의 절충적 성격을 가진 형태로서 대표적인 예는 미국의 인사관리처나 영국의 공무원 장관실 등이다.
④ 정부 규모의 확대로 전략적 인적자원관리가 강조되어 중앙 인사기관의 설치 및 기능이 중요시 된다.

해설 독립단독형은 독립합의형과 비독립단독형의 절충적 성격(독립성은 있으나 합의체가 아님)을 가진 형태로 그 사례는 거의 없다. 미국의 인사관리처(OPM)는 현재 대통령 직속의 비독립단독형 기관이고, 영국의 공무원 장관실(OMCS)은 수상직속의 비독립단독형 기관으로 대처 정부 때의 기관이다(현재는 영국의 내각사무처가 비독립단독형 인사기관임).
① 독립합의형(엽관주의의 폐해를 방지하고 인사행정의 정치적 중립성을 보장하기 위해 고안된 조직)은 엽관주의를 배제하고 실적제를 발전시키는데 유리하지만, 책임소재가 불분명해질 수 있고, 의사결정이 지연되는 단점이 있다.
② 비독립단독형(행정수반에 의해 임명된 한 사람의 기관장에 의해 관리되는 중앙인사기관)은 집행부형태로 인사행정의 책임이 분명하고 신속한 의사결정을 가능하게 해주지만, 인사행정의 정실화를 막기 어렵고, 기관장의 잦은 교체로 인사행정의 계속성과 일관성이 결여되기 쉽다.
④ 정부 규모의 확대로 전략적 인적자원관리가 강조되어 현재 중앙 인사기관의 설치 및 기능이 더욱 중요시 되고 있다.

핵심정리

중앙인사행정기관
- **개념** : 정부의 인사기능을 집중적, 총괄적으로 결정 및 집행하는 기관
- **필요성**
 - 엽관주의나 정실주의의 폐해를 배제하고 인사관리의 공정성과 중립성 확보
 - 인사행정의 부서별 차별성을 방지하고, 전정부적 통일성의 확보
 - 변화하는 시대에 대응하는 적극적 인사행정의 필요성

정답 12 ② 13 ② 14 ④ 15 ③

16

중앙인사기관에 대한 설명으로 가장 옳지 않은 것은?

① 우리나라의 중앙인사위원회는 합의제 중앙인사기관으로 1999년부터 2008년까지 존속했다.
② 1983년에 설치된 미국의 연방인사위원회는 독립형 합의제 중앙인사기관의 대표적인 예이다.
③ 일본 내각관방의 내각인사국은 중앙인사기관이 행정부의 한 부처로 속해 있는 비독립형 단독제기관의 예이다.
④ 현재 우리나라 인사혁신처는 합의제 중앙인사기관으로 설립되어 있다.

해설 ④ 합의제 → 단독제
현재 우리나라 인사혁신처는 비독립 단독형 중앙인사기관으로 설립되어 있다.

핵심정리

우리나라 인사혁신처
㉠ 기능
- 인사행정에 관한 기본정책 및 운영의 기본방침, 인사 관계법령 제정·개폐
- 채용 및 교육, 성과관리, 공무원 처우 개선
- 고위공무원단 소속공무원의 채용 및 승진 기준 및 심사 사항 관장
- 직무분석의 원칙·기준에 관한 사항 관장

㉡ 조직과 구성
- 인사정책과 집행기능을 담당하며, 인재개발국·인사혁신국·인사관리국·윤리복무국 등을 둠
- **고위공무원 임용심사위원회** : 고위공무원의 채용 및 심사, 개방형직위·공모직위 임용후보자 심사업무 등을 담당
- **소청심사위원회** : 소청심사기능, 중앙고충처리 기능

17 서울시 9급 기출

「국가공무원법」상 중앙인사관장기관이 아닌 것은?
① 감사원사무총장   ② 법원행정처장
③ 헌법재판소사무처장 ④ 국회사무총장

해설 감사원은 헌법상 기관이긴 하지만 행정부에 속하고 헌법상 독립기관은 아니므로 「국가공무원법」상 중앙인사관장기관이 될 수 없다.
②·③·④ 모두 헌법상 독립기관으로 「국가공무원법」상 중앙인사관장기관이다.

핵심정리

중앙인사관장기관(「국가공무원법」 제6조)
① 인사행정에 관한 기본 정책의 수립과 이 법의 시행·운영에 관한 사무는 다음 각 호의 구분에 따라 관장(管掌)한다.
1. 국회는 국회사무총장
2. 법원은 법원행정처장
3. 헌법재판소는 헌법재판소사무처장
4. 선거관리위원회는 중앙선거관리위원회사무총장
5. 행정부는 인사혁신처장
② 중앙인사관장기관의 장(행정부의 경우에는 인사혁신처장을 말한다. 이하 같다)은 각 기관의 균형적인 인사 운영을 도모하고 인력의 효율적인 활용과 능력 개발을 위하여 법령으로 정하는 바에 따라 인사관리에 관한 총괄적인 사항을 관장한다.
③ 중앙인사관장기관의 장은 다음 각 호의 어느 하나에 해당하는 경우에는 그 초과된 현원을 총괄하여 관리할 수 있다. 이 경우 결원이 있는 기관의 장은 중앙인사관장기관의 장과 협의하여 결원을 보충하여야 한다.
1. 조직의 개편 등으로 현원이 정원을 초과하는 경우
2. 행정기관별로 고위공무원단에 속하는 공무원의 현원이 정원을 초과하는 경우
④ 행정부 내 각급 기관은 공무원의 임용·인재개발·보수 등 인사 관계 법령(특정직공무원의 인사 관계 법령을 포함하되, 총리령·부령을 제외한다)의 제정 또는 개폐 시에는 인사혁신처장과 협의하여야 한다.

18 [지방직·서울시 9급 기출]

공직 분류 체계에 대한 설명으로 옳은 것은?

① 소방 공무원은 특수경력직 공무원에 해당한다.
② 국회 수석전문위원은 일반직 공무원에 해당한다.
③ 차관에서 3급 공무원까지는 특정직 공무원에 해당한다.
④ 경력직 공무원은 실적과 자격에 의해 임용되고 신분이 보장된다.

해설 경력직 공무원이란 실적과 자격에 따라 임용되고 그 신분이 보장되며 평생 동안(근무기간을 정하여 임용하는 경우에는 그 기간 동안) 공무원으로 근무할 것이 예정되는 공무원을 말한다(「국가공무원법」 제2조).
① 소방 공무원은 경력직 공무원 중 특정직 공무원에 해당한다.
② 국회 수석전문위원은 별정직 공무원에 해당한다.
③ 차관은 정무직 공무원이다. 1~3급 실국장급은 계급·직급이 없이 고위공무원단에 포함(실장은 직무등급 가급, 국장은 직무등급 나급)되며 3급 과장급의 직급은 부이사관이며 고위공무원단이 아니다.

핵심정리

경력직 공무원

일반직 공무원	• 기술·연구 또는 행정 일반에 대한 업무를 담당하는 공무원으로, 직업공무원의 주류를 형성 • 보통 1급에서 9급까지의 계급으로 구분하며, 직군(職群)과 직렬(職列)별로 분류 • 특수 업무 분야에 종사하는 공무원과 연구·지도·특수기술 직렬의 공무원 등은 다른 법령으로 정하는 바에 따라 위의 계급 구분이나 직군 및 직렬의 분류를 적용하지 않을 수 있음(연구직이나 지도직은 연구관과 연구사, 지도관과 지도사의 2계급으로 구분)
특정직 공무원	• 법관, 검사, 외무공무원, 경찰공무원, 소방공무원, 교육공무원, 군인, 군무원, 헌법재판소 헌법연구관, 국가정보원의 직원, 경호공무원과 특수 분야의 업무를 담당하는 공무원으로서 다른 법률에서 특정직공무원으로 지정하는 공무원(검찰공무원은 제외) • 별도의 인사법령체계(외무공무원법, 경찰공무원법, 소방공무원법 등), 계급정년의 일부 적용, 별도의 계급체계 부여하는 등의 특징을 지님(외무공무원의 경우 직위분류제를 토대로 계급을 폐지하여 직무등급을 적용)

19

「지방공무원법」상 특정직 지방공무원에 해당하지 않는 것은?

㉠ 지방의회 전문위원
㉡ 교육감 소속의 교육전문직원
㉢ 자치경찰공무원
㉣ 지방소방공무원

① ㉠, ㉣
② ㉠, ㉡
③ ㉢, ㉣
④ ㉡, ㉣

해설 ㉡·㉢ 지방공무원법상 특정직에 해당된다.(지방공무원법 제2조 제2항 제2호에 따라 특정직공무원이란 공립 대학 및 전문대학에 근무하는 교육공무원, 교육감 소속의 교육전문직원, 자치경찰공무원과 그 밖에 특수 분야의 업무를 담당하는 공무원으로서 다른 법률에서 특정직 공무원으로 지정하는 공무원을 말함)
㉠ 지방의회의 전문위원은 일반직 또는 일반직의 직급에 해당하는 상당계급의 별정직 지방공무원으로 임명할 수 있다.
㉣ 지방소방공무원은 2020년 4월 국가공무원화되면서 지방공무원법 상 분류체계에서 삭제되었다.

정답 16 ④ 17 ① 18 ④ 19 ①

20 지방직 9급 기출

다음 중 특정직 공무원에 해당하는 것을 모두 고른 것은?

> ㉠ 국가인권위원회 상임위원
> ㉡ 검사
> ㉢ 헌법재판소의 헌법연구관
> ㉣ 도지사의 비서
> ㉤ 국가정보원의 직원

① ㉠, ㉢, ㉣
② ㉠, ㉣, ㉤
③ ㉡, ㉢, ㉣
④ ㉡, ㉢, ㉤

해설 ㉡ · ㉢ · ㉤ 특정직 공무원이다. 국가공무원법 상 특정직 공무원은 법관 · 검사 · 외무공무원 · 경찰공무원 · 소방공무원 · 교육공무원 · 군인 · 군무원, 헌법재판소 헌법연구관, 국가정보원의 직원, 경호공무원과 특수 분야의 업무를 담당하는 공무원으로서 다른 법률에서 특정직 공무원으로 지정하는 공무원이다. 대법관(법관), 검찰총장(검사), 경찰청장 · 해양경찰청장(경찰공무원), 소방청장(소방공무원)도 특정직 공무원이다.
㉠ 국가인권위원회 위원장과 상임위원은 정무직 공무원이다.
㉣ 도지사의 비서는 별정직 지방공무원이다.

핵심정리

특정직 공무원
- 법관, 검사, 외무공무원, 경찰공무원, 소방공무원, 교육공무원, 군인, 군무원, 헌법재판소 헌법연구관, 국가정보원의 직원, 경호공무원과 특수 분야의 업무를 담당하는 공무원으로서 다른 법률에서 특정직 공무원으로 지정하는 공무원(검찰공무원은 제외)
- 별도의 인사법령체계(외무공무원법, 경찰공무원법, 소방공무원법 등), 계급정년의 일부 적용, 별도의 계급체계 부여하는 등의 특징을 지님(외무공무원의 경우 직위분류제를 토대로 계급을 폐지하여 직무등급을 적용)

21 지방직 9급 기출

정무직 공무원과 직업관료 간의 일반적인 성향 차이에 대한 내용으로 옳지 않은 것은?

① 정무직 공무원은 재임기간이 짧기 때문에 정책의 필요성이나 성패를 단기적으로 바라보지만, 직업관료는 신분보장이 되어 있기 때문에 장기적으로 바라보는 경향이 있다.
② 정무직 공무원은 행정수반의 정책비전에 따른 변화를 추구하고, 직업관료는 제도적 건전성을 통한 중립적 공공봉사를 중시한다.
③ 정무직 공무원은 직업적 전문성(professionalism)에 따라 정책문제를 바라보고, 직업관료는 정치적 이념에 따라 정책문제를 정의한다.
④ 정책대안을 평가할 때 정무직 공무원은 조직 내부의 이익보다 정치적 반응에 더 큰 비중을 두고, 직업관료는 본인이 소속된 기관의 이익을 중시하는 경향이 있다.

해설 정무직 공무원은 구체적으로 장 · 차관 등 정치적 결정에 의해 임면되고 신분이 보장되지 않는 공직자들을 말하며, 고위 직업관료는 신분을 보장받는 일반직 공무원들 중에 상위계층에 속하는 공무원들을 말한다. 따라서 정무직 공무원은 정치적 이념에 따라 정책문제를 정의하는 반면에, 직업관료는 직업적 전문성(professionalism)에 따라 정책문제를 바라본다.

22

직위분류제에 관한 설명으로 옳지 않은 것은?

① 직무급 체계의 수립이 용이하다.
② 원활한 조직의 횡적 의사소통이 가능하다.
③ 직위란 한 사람이 맡아 수행할 수 있는 직무와 책임을 뜻한다.
④ 직위 간의 권한과 책임의 한계가 명확하다.

해설 조직의 횡적 의사소통이나 부서 간 협조·교류가 원활한 것은 직위분류제가 아닌 계급제에 해당되는 내용이다. 직위분류제는 각 직위에 내포된 직무의 종류와 곤란도·책임도에 따라 공직을 수직적·수평적으로 분류하는 제도로, 직무를 지나치게 세분화하고 권한·책임의 한계를 명확히 구분하여 부서 간의 횡적 의사소통이 원활하지 못하고 협조·조정이 곤란하다.
① 직위분류제는 동일 직무 동일 보수의 합리적 보수제도인 직무급체계의 수립이 용이하다. 한편 계급제의 경우는 생계유지 수준을 지급하는 비합리적 보수제도인 생활급체계를 지니고 있다.
③ 직위란 한 명의 공무원에게 부여할 수 있는 직무와 책임을 뜻한다.
④ 직위분류제는 직무의 내용과 수준이 명확하게 드러나므로 업무분담을 합리화하고 직위 간의 권한과 책임의 한계를 명확히 하며, 효율적 정원관리를 용이하게 한다.

핵심정리

직위분류제의 단점
- 직무 세분화로 협조·조정이 곤란
- 인사배치의 융통성 및 신축성이 부족
- 지나친 전문가 양성이 일반행정가 양성 저해
- 혼합직 적용이 곤란, 창의력 계발 저해
- 점직자와 상관없이 설계되므로 인간경시 풍조 초래
- 신분의 임의적 보장과 개방형 인사로 행정의 안정성 및 직업공무원제의 확립 저해
- 성과 파악 곤란
- 직위관리의 고립화

23

직위분류제에서 사용되는 용어에 관한 설명으로 옳지 않은 것은?

① 직위 : 한 명의 공무원에게 부여할 수 있는 직무와 책임
② 직류 : 직무의 종류가 유사한 직렬의 집단
③ 직렬 : 직무의 종류는 유사하나 곤란도, 책임도가 서로 다른 직급의 계열
④ 직급 : 직무의 성질 및 난이도, 책임의 정도가 유사한 직위의 집단

해설 직류란 동일한 직렬 내에서 담당분야가 동일한 직무의 군을 말한다. ②는 직군에 대한 설명이다.

24

다음 중 우리나라 공무원제도의 직급 체계의 구성요인을 가장 올바르게 짝지은 것은?

① 난이도 – 근무경력
② 책임도 – 능력도
③ 난이도 – 책임도
④ 책임도 – 근무경력

해설 직급이란 직무의 종류, 곤란성(난이도)과 책임도가 상당히 유사한 직위의 군으로, 인사행정의 편의상 채용이나 보수 등에 있어서 동일한 취급을 할 수 있는 집단을 말한다.

25 〔지방직 9급 기출〕

직위분류제의 단점은?

① 행정의 전문성 결여
② 조직 내 인력 배치의 신축성 부족
③ 계급 간 차별 심화
④ 직무경계의 불명확성

해설 한 사람이 하나의 직무만 전문적으로 수행하도록 하는 직위분류제는 공직을 직무의 성질 및 직무의 난이도와 책임의 경중에 따라 분류하는 제도로 전문화된 분류체제이지만 공무원이 자신의 직무 외의 다른 직무는 수행하지 못하기 때문에 수평적 융통성이 제약되어 조직 내 인력 배치의 신축성이 부족하다는 단점이 있다.
① 직위분류제는 전문성이 높은 공직분류제도이다.
③ 계급 간 차별 심화는 직업공무원제의 원리에 따라 계급 간 보수와 권한에 차등을 두어 계급을 조직 내의 신분과 동일시하는 계급제의 단점으로 출신, 학력 등에 따라 공직이 분류되므로 계급의 수가 작고 계급 간 차별도 심하다.
④ 직위분류제는 세분화된 분류기준에 의하여 직무가 종적·횡적으로 명확하게 분류되어 있어 직무경계가 명확하다.

핵심정리

직위분류제의 장·단점

장점	단점
• 보수체제의 합리적 기준 확립 • 직무분석·평가의 합리적 기준 제공 • 교육훈련 수요 및 근무성적평정의 명확화 • 전문행정가 양성에 기여 • 예산행정의 능률화 • 공직업무 명세화로 행정의 민주화에 기여 • 공무원 인사행정에 있어 객관적 기준 제시 • 인사행정상 자의성을 배제, 노동시장의 안정화에 기여 • 권한과 책임한계의 명확화	• 직무 세분화로 협조·조정이 곤란 • 인사배치의 융통성 및 신축성이 부족 • 지나친 전문가 양성이 일반행정가 양성 저해 • 혼합적 적용이 곤란, 창의력 계발 저해 • 점직자와 상관없이 설계되므로 인간경시 풍조 초래 • 신분의 임의적 보장과 개방형 인사로 행정의 안정성 및 직업공무원제의 확립 저해 • 성과 파악 곤란 • 직위관리의 고립화

26 〔국가직 9급 기출〕

직위분류제의 주요 개념에 대한 설명으로 옳은 것은?

① 등급은 직위에 포함된 직무의 성질, 난이도, 책임의 정도가 유사해 채용과 보수 등에서 동일하게 다룰 수 있는 직위의 집단이다.
② 직류는 직무 종류가 광범위하게 유사한 직렬의 군이다.
③ 직렬은 직무 종류는 유사하나 난이도와 책임 수준이 다른 직급 계열이다.
④ 직군은 동일 직렬 내에서 담당 직책이 유사한 직무군이다.

해설 직위분류제는 모든 직위를 직무의 종류와 난이도, 책임도에 따라 계급과 직급별로 분류하되, 같은 직급에 속하는 직위에 대해서는 같은 자격 요건을 필요로 하며 같은 보수가 지급되도록하는 제도로 직렬은 직무 종류는 유사하나 난이도와 책임 수준이 다른 직급 계열이다.
① 직급은 직위에 포함된 직무의 성질, 난이도, 책임의 정도가 유사해 채용과 보수 등에서 동일하게 다룰 수 있는 직위의 집단이다.
② 직군은 직무 종류가 광범위하게 유사한 직렬의 군이다.
④ 직류는 동일 직렬 내에서 담당 직책이 유사한 직무군이다.

27 지방직 9급 기출

고위공무원단에 대한 설명으로 옳지 않은 것은?

① 우리나라에서 '고위공무원'이 되기 위해서는 '고위공무원 후보자 과정'을 이수해야 하고 '역량평가'를 통과해야 한다.
② 미국의 '고위공무원단'제도는 엽관주의적 요소가 혼재되어 있다.
③ 우리나라의 경우 이명박 정부 시기인 2008년 7월 1일에 '고위공무원단'제도를 도입하였다.
④ 미국에서는 '고위공무원단'제도를 카터 행정부 시기인 1978년에 공무원제도개혁법 개정으로 도입하였다.

해설 고위공무원단제도는 1978년 미국 카터 행정부에서 개방형 인사제도의 하나로 도입된 이후 미국, 영국, 호주, 네덜란드 등에서 도입·운영하고 있다. 우리나라에서는 노무현 정부에서 2005년 국가공무원법을 개정하여 도입하고 2006년부터 시행하였다.

핵심정리

우리나라의 고위공무원단제도 기본방향(도입에 따른 기본방향의 전환)
- 자기 부처 중심의 폐쇄적 인사 → 경쟁과 개방 강화(개방형·직위공모)
- 계급·연공 → 직무·성과 중심의 직무성과급제(종전 1~3급의 계급을 없애고 직위의 직무등급을 기준으로 인사관리)
- 연공서열에 따른 자동 진입 → 체계적 검증과 경쟁을 통한 진입
- 성과관리 미흡 → 직무성과계약제를 통한 성과관리 강화
- 순환보직 → 최소 보임기간 설정, 능력개발을 통한 전문성 강화
- 각 부처 소속 → 고위공무원단 소속으로 통합적 시야 배양

28

다음 중 직위분류제 수립과정에 관한 설명으로 옳은 것은?

① 직무분석의 결과로 얻을 수 있는 것은 직급이다.
② 직무평가에 있어 직위를 비교하는 방법에는 서열법과 요소비교법이 있다.
③ 인사배치의 신축성 운용이 용이하다.
④ 동일 업무라 할지라도 보수에는 개인차가 있을 수 있다.

해설 직무평가란 직무를 곤란도·책임도 등 직무에 내포된 상대적 비중 및 가치에 따라 횡적으로 분류(수평적 분류)하는 것으로, 이를 통해 비로소 등급과 직급이 결정되고 보수책정의 합리적 기초가 마련된다(사실상의 종적 분업과 유사하다).
직무평가의 방법에는 비계량적·종합적 방법인 서열법과 분류법(등급법)이 있으며, 계량적·분석적 방법인 점수법과 요소비교법이 있다. 서열법과 요소비교법은 직위와 직위를 서로 비교하는 상대평가방법에 해당하며, 분류법과 점수법은 절대평가방법에 해당한다.
① 등급과 직급은 직무평가의 결과로 얻어지는 것이다. 직무분석은 직무기술서를 토대로 직무의 성질과 종류에 따라 종적·수직적으로 직군·직렬·직류별로 분류하는 것이다(사실상의 횡적인 분업과 유사).
③ 직위분류제는 인사배치의 융통성 및 신축성이 부족하다.
④ 직위분류제는 동일 업무에 대해 동일 보수를 지급하기 위하여 채택되었다.

정답 25 ② 26 ③ 27 ③ 28 ②

29

계급제와 직위분류제에 관한 설명으로 가장 옳지 않은 것은?

① 계급제는 개인의 능력이나 자격을 기준으로 공직 분류 체계를 형성한다.
② 직위분류제는 인사배치의 신축성과 융통성을 제고한다.
③ 계급제는 직업공무원 확립에 기여한다.
④ 직위분류제는 적재적소의 인사배치가 가능하다.

해설 직위분류제는 개방형의 충원방식을 통해 적재적소의 인사배치가 가능하나, 동일한 직렬에 따라서 전보와 승진이 이루어지므로 인사배치의 신축성과 융통성은 결여된다.

핵심정리

직위분류제의 특징
- 사회적 출신배경·학력에 관계없이 개인의 업무수행 능력과 지식·기술을 중시함
- 직무 수행의 적격자를 공직의 내부에서만 찾지 않고 모든 계층에서 외부 인사의 임용이 자유로운 개방형 인사제도
- 전문화된 분류체계로서 적재적소의 인사배치가 가능하며, 전문가를 선호함
- 직무분석과 직무평가를 통해 객관적 인사기준을 마련함으로써 적재적소의 인사배치와 인사행정의 능률화·합리화를 도모함
- 상하위직 간의 계급의식이나 위화감이 크지 않음

30

직위분류제와 관련하여 다음 설명에 해당하는 것은?

- 직무기술서를 토대로 직무의 성질과 종류에 따라 종적·수직적으로 직군·직렬·직류별로 분류하는 것
- 유사한 직위를 모아 직류를 만들고, 직류를 모아 직렬을, 직렬을 다시 모아 직군으로 만드는 수직적 분류구조를 형성하는 것
- 해당 직위의 성과책임 규명, 직무평가 및 직무수행요건 규명 등 각종 직무정보를 체계적으로 수집·분석하는 제반활동

① 직무조사 ② 직무분석
③ 직무평가 ④ 정급

해설 직무분석은 각 직위의 직무를 성질과 종류에 따라 직군·직렬·직류별로 분류하여 수직적 분류구조를 형성하는 단계이다.
① 직무조사는 직무기술서의 작성으로 분류될 직무에 관한 직무 내용, 책임도·곤란도 등에 대한 객관적 정보를 수집하고 기록하는 과정이며, 질문지법, 면접법, 관찰법 등을 이용한다.
③ 직위분류제의 수립을 위해 직무의 곤란성(난이도)과 책임성을 기준으로 상대적 가치를 결정하며 개인에게 공정한 보수를 제공하는 데 필요한 작업이다. 직무별 보수를 정하는 데도 중요한 기준이 되며 이를 위해 서열법, 분류법, 점수법 등의 평가방법을 활용한다.
④ 정급은 직무분석과정에서 수집된 각 직위에 대한 정보와 직급명세서를 비교하여 해당 직급에 분류 대상의 직위를 배정하는 것이다.

31

다음 중 직위분류제와 계급제에 관한 설명으로 틀린 것은?

① 직위분류제하에서는 전보의 기준이 명확하다.
② 계급제하에서는 인사교류의 폭이 좁아 전문행정가 양성에 유리하다.
③ 직위분류제하에서는 전문가 양성이 용이하다.
④ 직위분류제하에서는 합리적인 보수체계를 마련할 수 있다.

해설 계급제는 인사교류의 폭이 넓어 일반행정가 양성에 유리한 제도이다.

핵심정리

직위분류제와 계급제의 비교

구분	직위분류제	계급제
분류기준	직무의 종류·책임도·곤란도	개개인의 자격·능력·신분
분류단위	직위	계급
행정주체	전문행정가	일반행정가
협조 및 조정	곤란(엄격한 전문화, 할거주의)	용이·원활(부서 할거주의 적용)
충원체제	개방형(외부에서도 충원)	폐쇄형
직업공무원제 및 신분보장	• 확립 곤란 • 개방형으로 신분보장 약함 (직위폐지 시 신분 불확실)	• 확립 용이 • 폐쇄형으로 신분보장 강함 (직위폐지 시 인사이동 가능)
권한·책임한계	명확	불명확
조직 계획	현재의 조직배열에 가장 부합	장기적 조직 계획의 수립에 유용

32

계급제의 장점에 대한 설명으로 옳지 않은 것은?

① 단체정신과 조직에 대한 충성심 확보에 유리하다.
② 정치적 중립 확보를 통해 행정의 전문성을 제고할 수 있다.
③ 인력활용의 신축성과 융통성이 높다.
④ 공무원의 신분안정과 직업공무원제 확립에 기여한다.

해설 계급제는 인간 중심적 입장에서 개인의 자격, 능력, 학벌, 신분 등에 따라 계급을 분류하고 이에 따라 공직을 분류하는 제도이다. 계급제는 행정의 전문화를 이루기 곤란한 단점이 있다. 그러므로 정치적 중립 확보를 통해 행정의 전문성을 제고할 수 있다는 ②의 설명은 옳지 못하다.

핵심정리

계급제의 장점

- 인사운영의 융통성·탄력성 확보, 적재적소의 인사배치(인사배치의 신축성)가 가능
- 일반적 교양·능력을 소유한 넓은 시야를 가진 인재의 등용이 용이(일반행정가 지향)
- 직위분류제에 비해 행정조정·협조·협력이 원활
- 행정의 안정화에 기여, 공무원 신분보장 강화
- 신분보장으로 인한 직업적 연대의식 함양
- 장기적인 행정계획의 추진과 직업공무원제의 확립에 기여
- 사람과 조직의 일체화로 목표 달성에 헌신하는 조직몰입도가 높으며, 강력한 응집력 발휘

33 지방직 9급 기출

대표관료제에 대한 설명으로 적절하지 않은 것은?

① 국민의 다양한 요구에 대한 정부의 대응성을 향상시킬 수 있다.
② 현대 인사행정의 기본원칙은 실적주의를 강화시킨다.
③ 정부 관료의 충원에 있어서 다양한 집단을 참여시킴으로써 정부 관료제의 민주화에 기여할 수 있다.
④ 장애인채용목표제는 대표관료제의 일종이다.

해설 대표관료제는 수직적 형평성을 제고하는 균형적인 인사제도이지만, 능력과 자질을 중심으로 하는 실적제와 상충되며, 역차별문제 등으로 수평적 형평성이 저해되므로 실적주의와 갈등을 겪는 제도이다. 대표관료제는 실적주의를 강화하는 제도가 아니다.

핵심정리

대표관료제의 효용성과 한계

- **효용성(필요성)**
  - 정부관료제의 대응성·대표성 제고 : 소수집단의 의사를 보다 잘 반영하고 참여기회를 확대하며, 정부정책결정과 서비스 질을 제고하여 관료제의 대응성·대표성 제고
  - 내부적·비제도적 통제 강화 : 관료제에 대한 내부통제장치로 기능하며, 책임성을 제고
  - 기회균등의 실질적·적극적 보장 : 이를 통해 실적제 폐단을 시정하고, 수직적 형평과 민주성에 기여
- **한계**
  - 국민주권과 민주주의 원리에 소홀 : 관료제 내부통제에 치중하여 외부통제에 소홀
  - 구성론적 대표성 확보의 곤란 : 인구구성비율에 맞게 관료조직을 구성하는 것은 현실적·기술적으로 어려움
  - 역할론적 대표성 확보의 곤란 : 대표관료가 출신집단이나 계층을 의사와 이익 적극 대변·반영한다는 보장이 없으며, 책임성 확보가 경험적으로 입증되지 않음
  - 재사회화 문제를 고려하지 않음 : 임용 이후 대표성이나 이해관계가 변하는 경우를 고려하지 못함
  - 능력과 자질을 중심으로 하는 실적제와 상충되며, 행정의 효율성·전문성 저해
  - 수평적 형평성의 저해 및 역차별의 우려가 존재
  - 인사권자의 자의적 운영가능성, 계층제의 권력불균형 등
  - 개선 방향 : 혼합·완화된 대표성 개념의 정착, 임용 이후의 불이익 시정 등

34

직무설계에 대한 설명으로 옳지 않은 것은?

① 직무의 분업 정도를 전문화라고 한다.
② 전문화는 수직적 차원에서 직무의 범위를 결정한다.
③ 지나친 전문화의 문제점은 직무확장과 복합적 직무설계로 보완할 수 있다.
④ 비숙련 직무일수록 수평적·수직적 전문화가 높다.

해설 전문화는 수평적 차원에서는 직무의 범위를 결정하고, 수직적 차원에서는 직무의 깊이를 결정한다.
① 전문화는 직무를 성질별·기능별로 분할하여 조직의 능률성을 제고하고자 하는 것이므로, 직무의 분업 정도를 의미한다고 할 수 있다.
③ 지나친 전문화는 직무의 단조로움과 낮은 중요성으로 인해 구성원들에게 피로나 인간소외, 이직과 같은 부정적 영향을 미치는데, 이러한 문제점은 직무의 범위를 확대하는 직무확장, 직무의 깊이를 확대하는 직무충 등의 직무설계로 보완할 수 있다.
④ 비숙련 직무와 같은 단순한 직무는 높은 수평적·수직적 전문화가 효과적이다. 여기서 수평적 전문화는 직무의 동질성을 기준으로 하여 수평적으로 조직을 편성하는 것을 의미하며, 수직적 전문화란 상급기관(계층)과 하급기관(계층) 간의 직무의 분할을 의미한다.

핵심정리

전문화와 직무의 효과성

구분		수평적 전문화	
		높음	낮음
수직적 전문화	높음	생산부서의 비숙련직무	일선 관리직무
	낮음	전문가적 직무, 숙련직무	고위 전략적 관리직무

35
다음 중 인사행정에 대한 설명으로 옳지 않은 것은?

① 우리나라의 고위공무원단제도는 직업공무원제의 근간을 유지하되 고위직의 책임성을 제고하고 직무성과를 강화하기 위해 도입되었다.
② 대표관료제는 관료제의 대표성·대응성 제고에 기여하나 행정의 전문성을 저해한다.
③ 공직임용 시 상대적 소외계층에 대한 임용할당제는 행정의 대응성을 제고하기 위한 제도이다.
④ 행정의 전문성을 높이기 위해서는 외부 전문가의 공직 진출을 허용하고 공무원신분을 보장하는 직업공무원제를 확립해야 한다.

해설 신분보장이 강화되며 직업공무원제의 확립이 용이한 것은 폐쇄형 인사행정체제이다. 폐쇄형 인사행정체제에서는 외부 전문가의 충원이 곤란하여 행정의 전문성이 부족하다. 외부 전문가의 공직임용을 허용하는 것은 개방형 인사행정체제로 이는 행정의 전문성을 확대할 수 있으나 신분보장이 미흡하여 직업공무원제의 확립이 곤란하다는 단점이 있다.
  ① 고위공무원단제도는 직업공무원제의 근간은 유지하면서 고위직의 책임성을 제고하기 위한 제도로, 개방과 경쟁, 직무와 성과를 강조하는 관리전문가 육성·관리하고 궁극적으로 정부의 경쟁력과 책임, 역량 향상을 목적으로 한다.

② 대표관료제는 정부정책결정과 서비스 질·관료제의 대응성·대표성 제고하나 행정의 효율성·전문성 저해한다는 한계가 있다.
③ 공직임용 시 상대적 소외계층에 대한 임용할당제도는 관료제의 대표성 확보(평등고용 확보)를 위한 정책으로 대표관료제를 반영한 인사정책이라 할 수 있다.

36
다음 중 충원제도의 폐쇄형과 개방형에 대한 설명으로 옳지 않은 것은?

① 폐쇄형에서는 계급정년제가 나타난다.
② 개방형은 직위의 전문성을 강조한다.
③ 폐쇄형은 개방형보다 교육제도와의 관련성이 높다.
④ 양 제도는 모두 직업공무원제도의 확립에 기여한다.

해설 폐쇄형 충원제도는 직업공무원제도의 확립에 기여하나 개방형 충원제도는 직업공무원제도의 확립을 저해시킨다.

핵심정리

개방형과 폐쇄형의 비교

구분	개방형	폐쇄형
신분보장	임의적 보장	안정적이고 강한 보장
충원·임용	모든 계층이 대상	최하위 계급 위주
배경	실적주의·직위분류제(직업공무원제 확립 저해)	계급제·직업공무원제(직업공무원제 확립에 기여)
자격	직무수행능력	일반교육, 경력
보수	직무급	생활급
교육훈련	외부교육기관	직장 내 교육기관
승진 경쟁	능력·개방적 경쟁	서열·폐쇄적 경쟁
공무원 양성	능력중심의 전문가	경력중심의 일반가
직원관계	사무적	온정적
채택국가	미국, 캐나다, 필리핀	영국, 독일, 프랑스, 일본

37

다음 중 대표관료제의 효용성이 아닌 것은?

① 역차별 문제의 해소
② 관료제의 민주화
③ 관료제의 내부적 통제 강화
④ 관료의 책임성 제고

해설 대표관료제는 각 사회계층에서 관료를 고르게 충원하는, 소외계층에 대한 적극적 고용우대정책이므로 민주성과 책임성 및 수직적 형평성을 향상시키는 제도인 반면, 차별적 임용이므로 수평적 형평성을 저해하고 역차별의 문제를 일으키며, 능력과 자격에 의하여 임용된 것이 아니므로 능률성·전문성·합리성·객관성 등을 저해한다.

핵심정리

대표관료제의 효용성과 한계

효용성	• 정부관료제의 대응성·대표성 제고 : 소수집단의 의사를 보다 잘 반영하고 참여기회를 확대하며, 정부정책결정과 서비스 질을 제고하여 관료제의 대응성·대표성 제고 • 내부적·비제도적 통제 강화 : 관료제에 대한 내부통제장치로 기능하며, 책임성을 제고 • 기회균등의 실질적·적극적 보장 : 실적제 폐단을 시정하고, 수직적 형평과 민주성에 기여
한계	• 국민주권과 민주주의 원리에 소홀 : 관료제 내부통제에 치중하여 외부통제에 소홀 • 구성론적 대표성 확보의 곤란 : 인구 구성 비율에 맞게 관료조직을 구성하는 것은 현실적·기술적으로 어려움 • 역할론적 대표성 확보의 곤란 : 대표관료가 출신집단 및 계층의 의사와 이익을 적극 대변·반영한다는 보장이 없고(소극적·피동적 대표가 적극적·능동적 대표로 이어진다는 보장이 없음), 책임성 확보가 경험적으로 입증되지 않음 • 재사회화 문제를 고려하지 않음 : 임용 이후 대표성이나 이해관계가 변하는 경우를 고려하지 못함 • 능력과 자질을 중심으로 하는 실적제와 상충되며, 행정의 효율성·전문성 저해 • 수평적 형평성의 저해 및 역차별의 우려가 존재 • 인사권자의 자의적 운영가능성, 계층제의 권력불균형 등

38

다음 중 대표관료제와 관련이 적은 것은?

① 사회적 형평성을 실현한다.
② 정책결정과정에 있어 대표성을 높여준다.
③ 정부관료제의 능률성 제고를 주된 목표로 삼는다.
④ 행정의 전문성을 떨어뜨리지만 행정의 대응성은 향상시킨다.

해설 대표관료제는 공직임용 시 상대적 소외계층에 대한 임용할당제와 같이 행정의 민주성과 대표성·대응성을 제고하기 위한 제도이다.

핵심정리

대표관료제의 특징

• 실질적이며, 적극적인 균등 기회를 제공함
• 수직적 공평을 확보(역차별 논란)
• 1차 사회화만 고려(2차 사회화는 고려하지 않음)
• 비제도적 내부 통제 수단
• 실적주의의 폐단 시정
• 국민에 대한 대응성, 대표성, 책임성 향상

39

다음 중 대표관료제의 필요성이나 확보방안이 될 수 없는 것은?

① 국민에 대한 책임 있는 관료제를 확립하려 한다.
② 공무원의 정치적 중립성과 민주성의 조화를 추구한다.
③ 주로 공개경쟁채용시험 등에 의존하는 실적주의를 수정한다.
④ 국민의 의사를 존중하는 관료제 집단 구성을 위하여 선거나 투표방식에 의하여 공무원을 선출한다.

해설 대표관료제는 한 사회를 구성하는 모든 주요 집단으로부터 인구비례에 따라 관료를 충원하고, 그들을 정부관료제 내의 모든 직무분야와 계급에 비례적으로 배치함으로써(소극적 대표), 정부관료제가 사회의 모든 계층과 집단에 공평하게 대응(적극적 대표)하도록 하는 인사제도이다. 임용기준은 시험성적이나 선거·투표방식이 아니라 출신 사회집단이 된다.

핵심정리

대표관료제의 효용성(필요성)

- **정부관료제의 대응성·대표성 제고**: 소수집단의 의사를 보다 잘 반영하고 참여기회를 확대하며, 정부정책 결정과 서비스 질을 제고하여 관료제의 대응성·대표성 제고
- **내부적·비제도적 통제 강화**: 관료제에 대한 내부통제장치로 기능하며, 책임성을 제고
- **기회균등의 실질적·적극적 보장**: 실적제 폐단을 시정하고, 수직적 형평과 민주성에 기여

제2장 임용 및 능력발전

[대표유형문제]

[지방직 9급 기출]

근무성적평정 시 어떤 평정자가 다른 평정자보다 언제나 좋은 점수 또는 나쁜 점수를 주는 오류는?

① 엄격화 경향(tendency of strictness)
❷ 규칙적 오류(systematic)
③ 총계적 오류(total error)
④ 선입견에 의한 오류(prejudice error)

[정답해설] 어떤 평정자가 다른 평정자보다 언제나 좋은 점수 또는 나쁜 점수를 주는 것은 평정자의 일정한 가치관이나 기준에 의하여 일관되게 나타나는 규칙적 오류(일관적 오류)에 해당한다.

[오답해설]
① 엄격화 경향은 평정자가 평정등급을 전반적으로 낮추는(엄격화하는) 것을 말한다.
③ 총계적(불규칙적) 오류는 평정자의 평정기준이 일정하지 않아 관대화·엄격화 경향이 불규칙하게 나타나는 것을 말한다.
④ 선입견이나 편견에 의한 오류는 피평정자의 성별이나 출신 배경, 연령, 종교 등에 대한 평정자의 편견이나 선입견이나 고정관념 등으로 인해 발생하는 오류를 말한다(상동적 오차).

[핵심정리] 근무성적평정의 문제점
- 근무성적평정의 신뢰도와 타당도 등 효용도가 낮음
- 다목적인 단일평정방법이 없음
- 집중화·관대화 경향, 연쇄효과의 억제가 곤란
- 평정자의 주관적 가치의 배제가 곤란하여 공정한 평가가 곤란
- 도의적인 품성이나 장래 발전가능성은 평정이 곤란
- 업무의 능률 향상보다는 평정을 위한 평정이 되어 형식적 평정화가 될 우려

01

배치전환의 적극적 용도라고 볼 수 없는 것은?

① 공무원 능력 발전과 인간관계 개선
② 권태방지와 조직의 활성화
③ 부정부패 방지 수단
④ 보직 부적응 해소와 부서 및 부처 간의 갈등 해소

해설 부정부패 방지 수단은 배치전환의 소극적 용도에 해당한다.

핵심정리

배치전환의 용도
- 소극적 용도
  - 징계의 수단 또는 사임 강요 수단
  - 개인적 특혜의 수단 또는 개인 세력 확대의 수단
  - 부정부패 방지 수단
- 적극적 용도
  - 공무원 능력 발전과 인간관계 개선
  - 권태방지와 조직의 활성화
  - 보직 부적응 해소와 부서 및 부처 간의 갈등 해소

02

다음 설명에 해당하는 교육훈련 방법은?

> 훈련생들을 10명 내외의 소집단으로 나누고 각 집단별로 동일한 문제를 토의하여 합리적인 최종 결론을 도출시키는 훈련방법

① 심포지엄
② 임시대역
③ 신디케이트
④ 액션러닝

해설 신디케이트(syndicate, 분임연구)는 훈련생들을 10명 내외의 소집단으로 나누고 각 집단별로 동일한 문제를 토의하여 합리적인 최종 결론을 도출시키는 훈련방법이다.
① 심포지엄 : 토론자 3~9명 정도가 각자 개별적 주제에 관하여 발표하는 방식
② 임시대역 : 상관부재 또는 유고 시 상급자의 권한을 대행함으로써 하급자의 자질을 향상시키는 방법
④ 액션러닝 : 실천학습. 정책현안에 대한 현장방문, 사례조사, 성찰미팅, 행동학습 등을 통해 소그룹별 훈련생이 실제 현장의 문제해결방안을 모색하도록 하는 문제해결 및 참여와 성과지향교육훈련기법으로 최근 우리나라 등 각국의 고위공무원(관리자) 역량중심 교육훈련기법으로 많이 활용되고 있음

정답 01 ③ 02 ③

03

가장 광범위하게 이용되는 기법으로, 한쪽 편에는 실적·능력 등을 나타내는 평정요소를 표시하고 다른 편에는 우열을 나타내는 등급을 구분하여 표시하는 평정기법은?

① 도표식 평정척도법
② 서열법
③ 행태관찰척도법
④ 행태기준 평정척도법

해설 도표식 평정척도법은 가장 광범위하게 이용되는 기법으로, 한쪽 편에는 실적·능력 등을 나타내는 평정요소를 표시하고 다른 편에는 우열을 나타내는 등급을 구분하여 표시(우리나라의 경우 5급 이하에 사용)한다.
② 서열법(인물비교법) : 피평정자 간의 근무성적을 서로 비교해서 서열을 정하는 방법으로, 평정요소를 자세히 구분한 객관적 지표가 아닌 피평정자 한 사람의 전체적인 특성을 다른 사람들과 포괄적으로 비교하는 것(집단 규모가 작을 때 적합)
③ 행태관찰척도법 : 평정요소별 행태에 관한 구체적인 사건·사례를 기준으로 평정하는 한편, 등급에서는 도표식 평정척도법과 유사하게 사건을 빈도로 표시하는 척도를 구성하는 기법(행태기준 평정척도법과 도표식 평정척도법을 절충한 방식)
④ 행태기준 평정척도법 : 평정의 임의성과 주관성을 배제하기 위하여 도표식 평정척도법에 중요사건기록법을 절충한 방법으로, 직무분석에 기초하여 직무와 관련한 중요한 과업분야를 선정하고 각 과업분야에 대하여 가장 이상적인 과업행태에서부터 바람직하지 못한 행태까지 몇 개의 등급으로 구분하여 각 등급마다 중요행태를 명확하게 기술하고 점수를 할당(실제로 관찰될 수 있는 행태에 대해 서술적 문장으로 평정척도를 표시한 평정도표를 사용)

04

다음의 근무성적평정상의 오류 중 '어떤 평정자가 다른 평정자들보다 언제나 좋은 점수 또는 나쁜 점수를 주게 됨'으로써 나타나는 것은?

① 집중화 경향
② 관대화 경향
③ 총계적 오류
④ 규칙적 오류

해설 규칙적 오류는 어떤 평정자가 다른 평정자들 보다 언제나 좋은 점수 또는 나쁜 점수를 주게됨으로써 나타나는 오류를 의미한다.
① 집중화 경향이란 평정자가 모든 피평정자들에게 대부분 중간수준의 점수나 가치를 주는 심리적 경향으로 인해 중간 척도에 점수가 집중되는 오차를 의미한다.
② 관대화 경향이란 상관이 부하와의 인간관계를 의식하여 평정등급을 전반적으로 높이는 것을 의미한다.
③ 총계적 오류란 평정자의 평정기준이 일정하지 않아 관대화·엄격화 경향이 불규칙하게 나타나는 것을 의미한다.

05 국가직 9급 기출

근무성적평정 과정상의 오류와 완화방법에 대한 설명으로 옳지 않은 것은?

① 일관적 오류는 평정자의 기준이 다른 사람보다 높거나 낮은 데서 비롯되며 강제배분법을 완화방법으로 고려할 수 있다.
② 근접효과는 전체 기간의 실적을 같은 비중으로 평가하지 못할 때 발생하며 중요사건기록법을 완화방법으로 고려할 수 있다.
③ 관대화 경향은 비공식 집단적 유대 때문에 발생하며 평정결과의 공개를 완화방법으로 고려할 수 있다.
④ 연쇄효과는 도표식 평정척도법에서 자주 발생하며 피평가자별이 아닌 평정요소별 평정을 완화방법으로 고려할 수 있다.

해설 관대화 경향은 비공식 집단적 유대 등을 고려하여 피평정자에게 너그럽게 후한 점수를 주는 현상이다. 관대화 경향은 상관이 부하와의 인간관계 등을 의식하거나 불편한 관계에 처하는 것을 회피하고자 하는 경우에 종종 발생한다. 관대화의 오차를 줄이려면 평정결과의 비공개, 강제배분법을 실시하는 것이 효과적이다.
① 일관적 오류는 어떤 평정자의 가치관 및 평정기준의 차이 때문에 다른 평정자들보다 언제나 규칙적으로 후하거나 나쁘게 평정하는 것을 말한다. 강제배분법을 완화방법으로 고려할 수 있다.
② 근접효과는 평정실시 시점에 있어 쉽게 기억할 수 있는 최근의 실적이나 능력을 중심으로 평가하는 효과로 독립된 평정센터를 설치·운영, MBO 평정방식 도입, 중요사건기록법의 사용 등이 방지 대책이다.
④ 연쇄효과는 특정 평정요소에 대한 평정자의 판단이 연쇄적으로 다른 요소의 평정에도 영향을 미치거나, 피평정자의 막연하고 전반적인 인상이 평정에 영향을 미치는 현상이다. 방지 대책으로는 강제선택법을 사용하여 평정요소 간의 연상효과 배제, 평정요소별로 모든 피평정자를 순차적으로 평정한 다음 다른 요소를 평정, 평정요소마다 용지를 교환하거나 평정요소별 배열순서 조정 등이 있다.

핵심정리

근무성적평정
- 근무성적평정이란 공무원이 근무하는 조직체에 있어서의 근무실적, 직무수행능력 및 태도 등을 일정한 기준에 따라 체계적·정기적으로 평가하여 이를 인사행정자료로 활용하는 것을 말함
- 직무가 아닌 인간에 대한 평가이며, 절대평가가 아닌 상대적 평가
- 공무원 인사기록카드에 기록되며, 승진·승급, 교육훈련, 인사 배치의 자료로 활용

06

관리자가 최고관리자에 대하여 자신의 유능함을 나타내고자 자기 부하직원에 대한 평정을 모두 후하게 평정하는 평정의 오류는?

① 상동적 오차
② 유사적 오차
③ 연쇄효과의 오류
④ 해바라기효과

해설 해바라기효과(sunflower effect)는 관리자가 최고관리자에 대하여 자신의 유능함을 나타내고자 자기 부하직원에 대한 평정을 모두 후하게 평정하는 평정의 오류이다.
① 상동적 오차 : 피평정자의 성별이나 출신 배경(학교·지역 등), 연령, 종교 등에 대한 평정자의 편견이나 선입견, 고정관념 등이 영향을 미치는 것(선입견·편견에 의한 오류)
② 유사적 오차 : 객관적 기준보다는 평정자 자신의 성향과 유사한 부하를 높이 평가하는 오차
③ 연쇄효과의 오류 : 특정 평정요소에 대한 평정자의 판단이 연쇄적으로 다른 요소의 평정에도 영향을 미치거나, 피평정자의 막연하고 전반적인 인상이 평정에 영향을 미치는 현상

정답 03 ① 04 ④ 05 ③ 06 ④

07

공무원의 근무성적평정에 관한 설명으로 옳지 않은 것은?

① 공무원이 근무하는 조직체에 있어서의 근무실적, 직무수행능력 및 태도 등을 일정한 기준에 따라 체계적·정기적으로 평가하여 이를 인사행정자료로 활용하는 것을 말한다.
② 인사행정의 기준을 제공한다.
③ 근무성적평정에서 나타나기 쉬운 집중화 경향과 관대화 경향을 시정하기 위한 방법은 강제선택법이다.
④ 근무성적평정은 시험의 타당성을 측정하고 평가하는 기준이 된다.

해설 근무성적평정에서 나타나기 쉬운 집중화 경향과 관대화 경향을 시정하기 위한 방법은 강제배분법이다. 강제배분법은 피평정자들을 우열의 등급에 따라 구분한 뒤 몇 개의 집단으로 분포비율에 따라 강제적으로 배치하는 방법이다.

08

근무성적평가의 오류에 대한 설명으로 틀린 것은?

① 선입견은 평가자가 중요하게 생각하는 하나의 평가요소에 대한 결과가 성격이 다른 나머지 평가요소에 연쇄적으로 영향을 미쳐 유사하게 평가되는 것을 의미하며, 도표식 평정척도법에서 자주 발생한다.
② 집중화 경향은 평정척도상의 중간등급을 중심으로 평가하는 경향을 의미하며, 평가요소를 정확하게 이해하지 못한 상태에서 발생할 수 있다.
③ 관대화 경향은 평가결과가 공개되는 경우 평가대상자와 불편한 인간관계에 놓이는 것을 피하려는 상황에서 흔히 발견된다.
④ 근접효과는 평가시점으로부터 가까운 실적이나 사건 등을 평가에 크게 반영하는 오류를 의미하며, 중요사건기록법을 통해 해당 오류를 감소시킬 수 있다.

해설 ①은 연쇄효과(halo effect)이다. 선입견은 평정요소와 관계가 없는 요소 등에 대해 평정자가 갖고 있는 편견·고정관념이 평정에 영향을 미치는 것이다.

09

교육훈련은 실시되는 장소에 따라 직장훈련(On-the-Job Training)과 교육원훈련(Off-the-Job Training)으로 나뉜다. 다음 중 직장훈련의 장점으로 볼 수 없는 것은?

① 사전에 예정된 계획에 따라 실시하기가 용이하므로 훈련효과가 높다.
② 직장 구성원 간의 이해와 협동정신을 강화·촉진시킬 수 있다.
③ 피훈련자의 습득도와 능력에 맞게 훈련할 수 있다.
④ 훈련성과와 파악을 통해 구성원의 동기를 유발할 수 있다.

해설 직장훈련(현장훈련)은 피훈련자가 실제 직무를 수행하면서 상관이나 감독자로부터 직무수행에 관한 지식과 기술을 배우는 방식으로, 업무수행과 병행되는 경우가 많아 훈련효과가 저하될 수 있다. 또한 사전에 예정된 계획대로 실시되기가 어렵고 형식적 훈련에 그칠 우려가 있다는 단점이 있다.
② 직장훈련은 직장 구성원에 대한 이해와 협동심을 고취할 수 있는 장점이 있다.
③ 직장훈련은 피훈련자에 대한 파악이 용이해 습득도와 능력에 맞는 교육훈련이 가능하다.
④ 학습 및 기술향상 등의 훈련성과가 구체적·직접적으로 드러나므로 구성원의 동기 유발측면에서 장점을 지닌다.

10

다음 중 근무성적평정의 용도로 틀린 것은?

① 승진·승급의 합리적 자료
② 채용시험의 타당도 평가
③ 보수표의 작성의 기준
④ 적정한 인사평정의 자료

해설 직무 자체를 평가하여 보수표 작성에 이용하는 것은 직위분류제의 '직무평가'이다. 근무성적평정은 보수표 작성에 이용할 수 없다.
근무성적평정의 용도에는 ①, ②, ④ 외에도 상벌의 판단기준, 직무수행능력 및 근무능력 향상의 토대, 적재적소의 인사배치, 상·하급자 간 협조·이해 증진의 계기 등이 있다.

핵심정리

근무성적평정
- 근무성적평정이란 공무원이 근무하는 조직체에 있어서의 근무실적, 직무수행능력 및 태도 등을 일정한 기준에 따라 체계적·정기적으로 평가하여 이를 인사행정자료로 활용하는 것을 말함
- 인사행정에는 크게 직무평가와 근무성적평정이 있음
  - 직위분류제의 직무평가 : 직무의 곤란도와 책임도에 따라 수평적으로 평가함으로써 등급 및 직급을 결정하는 것(보수표 작성에 이용)
  - 근무성적평정 : 직무를 수행하는 인간(공무원)을 중심으로 하여 수행·실행된 직무성과를 평가하는 것(보수표 작성에 이용 불가)
- 직무가 아닌 인간에 대한 평가이며, 절대평가가 아닌 상대적 평가
- 공무원 인사기록카드에 기록되며, 승진·승급, 교육훈련, 인사배치의 자료로 활용

11

〈보기〉의 설명에 해당하는 근무성적 평정 방법으로 옳은 것은?

보기

적절한 평가의 판단 기준이 되는 표준행동목록을 미리 작성해 두고, 평정자가 피평정자에게 해당하는 목록의 항목을 골라 단순히 가부를 표시하게 한 후 선택 항목의 점수합계로 결정하는 방법

---

① 도표식 평정척도법
② 산출기록법
③ 체크리스트법
④ 직무기준법

해설 체크리스트법(check list, 사실표지법)은 적절한 평가의 판단 기준이 되는 표준행동목록을 미리 작성해 두고, 평정자가 피평정자에게 해당하는 목록의 항목을 골라 단순히 가부를 표시하게 한 후 선택 항목의 점수합계로 결정하는 방법(평정목록별로 가중치를 두는 것은 가중체크리스트법)이다. 평정요소의 명확한 제시 및 평정이 용이하다는 장점이 있다. 반면 평정항목 작성에 어려움이 있다는 단점이 있다.
① 도표식 평정척도법 : 가장 광범위하게 이용되는 기법으로, 한쪽 편에는 실적·능력 등을 나타내는 평정요소를 표시하고 다른 편에는 우열을 나타내는 등급을 구분하여 표시(우리나라의 경우 5급 이하에 사용)
② 산출기록법 : 일정한 시간당 생산량을 기록하여 비교·평가하는 방법으로, 업무의 성질이 비교적 단순한 일상적·반복적 업무에 적용(상대평가방법)
④ 직무기준법 : 직무수행의 구체적인 기준을 정하여 실적과 비교·평정하는 방법으로, 여러 가지 직무분석 기법이 사용됨

12 서울시 9급 기출

공무원을 대상으로 하는 성과평가제도에 대한 설명으로 가장 옳지 않은 것은?

① 성과평가제도의 목적은 공무원의 능력과 성과를 향상시켜 성과 중심의 인사제도를 구성하는 것이 핵심 요소이다.
② 근무성적평가제도는 4급 이상 고위공무원단을 대상으로 시행한다.
③ 현행 평가제도는 직급에 따라 차별적 평가체제를 적용하고 있다.
④ 다면평가제도는 능력보다는 인간관계에 따른 친밀도로 평가가 이루어질 수 있다는 단점이 있다.

해설 근무성적평가제도는 5급 이하 공무원을 대상으로 시행한다. 4급 이상 고위공무원단은 성과계약 등을 평가를 한다.
① 성과평가제도의 목적은 공무원의 능력과 성과를 향상시켜 성과 중심의 인사제도를 구성하는 것이 핵심 요소이며, 인사행정의 기준을 제공한다.
③ 4급 이상은 성과계약 등 평가를 시행하고, 5급 이하는 근무성적 평가를 시행한다.
④ 다면평가제도는 감독자 분만 아니라 부하나 동료, 일반국민까지 평가주체로 참여시키는 방법으로 능력보다는 인간관계에 따른 친밀도로 평가가 이루어질 수 있다는 단점이 있다.

13

피평정자가 성실하다는 이유로 창의적이고 청렴하다고 평정할 경우에 평정자가 범하는 오류는?

① 연쇄효과의 오류
② 근접효과의 오류
③ 대비 오류
④ 해바라기 효과

해설 연쇄효과는 평정자가 가장 중요시하는 하나의 평정요소에 대한 평가결과가 성격이 다른 평정요소에도 영향을 미치는 것을 말한다.
④ 해바라기 효과 : 관리자가 최고관리자에 대하여 자신의 유능함을 나타내고자 자기 부하직원에 대한 평정을 모두 후하게 평정하는 것

14

다면평가제도의 장점에 대한 설명 중 가장 거리가 먼 것은?

① 평가의 객관성과 공정성 제고에 기여할 수 있다.
② 계층제적 문화가 강한 사회에서 조직 간 화합을 제고해준다.
③ 피평가자가 자기의 역량을 강화할 수 있는 기회를 제공해준다.
④ 조직 내 상하 간, 동료 간, 부서 간 의사소통을 촉진할 수 있다.

해설 다면평가(집단평정)란 피평정자의 능력과 직무수행을 관찰할 기회가 있는 여러 방면의 사람(상관, 부하, 동료, 민원인 등)들이 평정에 가담한다는 뜻이다. 따라서 수평적 문화가 강한 조직에서 효용이 크며, 팀제나 매트릭스조직에서 그 효용이 크다.
① 다면평가는 평가과정에 있어서 공정성과 객관성을 높일 수 있다.
③ 다면평가는 구성원의 자기계발을 촉진한다.
④ 다면평가는 감독자(상급자)뿐만 아니라 부하나 동료, 일반국민까지 평가주체로 참여시키는 평가방법으로, 조직 내 의사소통을 활성화하고 책임성을 제고하는 장점이 있다.

정답 11 ③ 12 ② 13 ① 14 ②

15 지방직 9급 기출

공무원 교육훈련에 대한 저항이유 중 저항주체가 나머지와 다른 하나는?

① 교육훈련 결과의 인사관리 반영 미흡
② 교육훈련 발령을 불리한 인사조치로 이해하는 경향
③ 장기간의 훈련인 경우 복귀 시 보직 문제에 대한 불안감
④ 조직성과의 저하 및 훈련비용의 발생

해설 공무원 교육훈련에 대한 저항주체는 교육대상자인 공무원과 교육대상자의 소속기관으로 구분할 수 있다. 따라서 ④는 교육대상자의 소속기관이 교육훈련에 대해 저항하는 이유이다.
①·②·③은 교육대상자가 교육훈련에 대해 저항하는 이유이다.

핵심정리

공무원 교육훈련에 대한 저항의 원인 및 극복방안

- 원인 : 훈련생 자신의 저항뿐만 아니라, 관리자·감독자의 저항 및 비협조, 입법부의 비호의적 태도 등이 원인으로 작용
- 극복방안
  - 훈련생과 감독자·관리자가 스스로 교육훈련의 유용성을 인식하고 이를 홍보하여 관계자들의 이해를 구함
  - 참여에 의한 교육훈련 계획을 수립하고 효율적 훈련 방법을 개발하며, 그 성과를 계량화함
  - 교육훈련 결과를 승진·보직 등에 적극 반영함
  - 훈련생의 자발적 참여와 선발을 위한 제도적 장치를 마련함

16 국가직 9급 기출

다음과 같은 상황을 가장 잘 설명하는 근무성적 평정 오류는?

> 임용된 이후 단 한 번도 무단결근을 하지 않던 어떤 직원이 근무성적평정 하루 전날 무단결근을 하게 되었다. 이로 인하여 이 직원은 평정요소 중 직무수행태도에 대하여 낮은 점수를 받게 되었다.

① 집중화 오류(central tendency error)
② 근접효과로 인한 오류(recency effect error)
③ 연쇄효과로 인한 오류(halo effect error)
④ 선입견에 의한 오류(personal bias error)

해설 제시된 상황과 같이 평정 실시 시점에 가까운 최근의 일을 중심으로 평정함으로써 발생하는 오차를 시간적 오차 또는 근접효과의 오류(recency effect error)라 한다(시간적 오차). 이는 첫인상을 중시하는 최초효과와는 반대되는 개념으로, 독립된 평정센터를 설치·운영, MBO평정방식 도입, 중요사건기록법의 사용 등으로 방지할 수 있다.
① 집중화 오류(central tendency error)는 중간수준의 점수나 가치를 주는 평정자의 심리적 경향으로 인해 중간 척도에 점수가 집중되는 오류이다.
③ 연쇄효과로 인한 오류(halo effect error)는 특정 평정요소에 대한 평정자의 판단이 연쇄적으로 다른 요소의 평정에도 영향을 미치는 오류를 말한다(후광효과).
④ 선입견에 의한 오류(personal bias error)란 피평정자의 성별이나 출신 배경, 연령, 종교 등에 대한 평정자의 편견이나 선입견, 고정관념 등이 영향을 미치는 것을 말한다. 이를 상동적 오차 또는 유형화(집단화)의 오차라고도 한다.

17 국가직 9급 기출

공무원임용시험령상의 면접시험 평정요소가 아닌 것은?

① 공무원으로서의 정신자세
② 직장인으로서의 대인관계능력
③ 전문지식과 그 응용능력
④ 예의 · 품행 및 성실성

해설 면접시험은 공직자로서 해당 직무 수행에 필요한 능력과 적격성을 알아보기 위한 것이므로 대인관계능력은 평정요소에 속하지 않는다.

핵심정리

시험의 방법(공무원 임용시험령 제5조)
① 시험은 필기시험 · 면접시험 · 실기시험 · 서류전형 등을 거쳐 최종합격을 결정한다.
② 필기시험은 일반교양 정도와 해당 직무 수행에 필요한 지식 및 그 응용능력을 검정(檢定)한다.
③ 면접시험은 해당 직무 수행에 필요한 능력 및 적격성을 검정하며, 다음 각 호의 모든 평정요소를 각각 상, 중, 하로 평정한다.
  1. 공무원으로서의 정신자세
  2. 전문지식과 그 응용능력
  3. 의사 표현의 정확성과 논리성
  4. 예의 · 품행 및 성실성
  5. 창의력 · 의지력 및 발전 가능성
④ 실기시험은 해당 직무 수행에 필요한 지식 · 기술 또는 체력을 실험 · 실습 또는 실기의 방법으로 검정한다.
⑤ 서류전형은 해당 직무 수행에 관련되는 응시자의 자격 · 경력 등이 정해진 기준에 적합한지 등을 서면으로 심사하여 적격 또는 부적격을 판단한다.

18

근무성적평정 오차 중 사람에 대한 경직적 편견이나 고정관념 때문에 발생하는 오차는?

① 상동적 오차(error of stereotyping)
② 연속화의 오차(error of hallo effect)
③ 관대화의 오차(error of leniency)
④ 규칙적 오차(systematic of error)

해설 피평정자에 대한 경직적 편견이나 고정관념 때문에 발생하는 오차는 상동적 오차(유형화 · 정형화 · 집단화의 오차)로서 피평정자의 성별이나 출신 배경(학교 · 지역 · 종교 등)에 대한 평정자의 편견이나 선입견, 고정관념이 영향을 미치는 것이다.

② 연속화의 오차(error of hallo effect)는 특정 평정요소에 대한 평정자의 판단이 연쇄적으로 다른 요소의 평정에도 영향을 미치거나 피평정자의 막연한 전반적인 인상이 평정에 영향을 미치는 현상에서 비롯되는 오차이다. 강제선택법을 사용하여 평정요소 간의 연상효과를 배제시키거나 평정요소별로 모든 피평정자를 순차적으로 평정한 다음 다른 요소를 배정함으로써 방지할 수 있다. 평정요소별 배열순서를 조정하여 연쇄효과의 우려가 있는 요소를 멀리 배치하는 방법도 있다.

③ 관대화의 오차(error of leniency)는 상관이 부하와의 인간관계를 의식하여 평정등급을 전반적으로 높이려는 데서 생기는 오차이다. 관대화 경향은 상관이 부하와의 인간관계 등을 의식하거나 불편한 관계에 처하는 것을 회피하고자 하는 경우에 종종 발생한다.

④ 규칙적 오차(systematic of error)는 일관적인 오차로, 어떤 평정자의 가치관 및 평정기준의 차이 때문에 다른 평정자들보다 언제나 규칙적으로 후하거나 나쁘게 평정하는 것이다.

제3장 사기앙양 및 공무원 윤리

대표유형문제

국가직 9급 기출

우리나라의 공무원 인사제도에 대한 내용으로 옳지 않은 것은?

① 공무원이 인사에 관하여 자신의 의사에 반한 불리한 처분을 받았을 때에는 소청심사를 청구할 수 있다.
② 임용권자는 직무수행 능력이 부족하거나 근무성적이 극히 나쁜 자에게 직위를 부여하지 아니할 수 있다.
❸ 직권면직은 「국가공무원법」상 징계의 한 종류로서, 임용권자가 특정한 사유에 해당되는 공무원을 직권으로 면직시키는 것이다.
④ 해임처분을 받은 때부터 3년, 파면처분을 받은 때부터 5년이 지나지 아니한 자는 공무원으로 임용될 수 없다.

정답해설 직권면직은 임용권자가 특정한 사유에 해당되는 공무원을 직권으로 면직시키는 것으로 「국가공무원법」상의 징계에 해당되지 않는다. 「국가공무원법」상 징계의 종류에는 견책, 감봉, 정직, 강등, 해임, 파면이 있다(법 제79조).

오답해설 ② 직위해제는 직무수행 능력이 부족하거나 근무성적이 극히 나쁜 자, 파면·해임·강등 또는 정직에 해당하는 징계 의결이 요구 중인 자, 형사 사건으로 기소된 자 등에게 직위를 부여하지 않는 것을 말한다(「국가공무원법」 제73조의3).

핵심정리 「국가공무원법」상의 징계

경징계	견책	• 전과에 대하여 훈계하고 회개하게 하는 것으로, 6개월간 승급이 제한됨 • 가장 가벼운 징계이며, 사용빈도가 높음
	감봉	• 1~3개월의 기간 동안 보수의 1/3을 감하는 처분 • 징계처분 집행이 끝난 날부터 1년간 승진·승급이 제한됨
중징계	정직	• 1~3개월의 기간 동안 공무원 신분은 보유하나 직무에 종사하지 못함(별도의 보직없음) • 보수는 전액 삭감, 징계처분 집행이 끝난 날부터 1년 6개월간 승진·승급이 제한됨
	강등	• 1계급 아래로 직급을 내림(고위공무원단에 속하는 공무원은 3급으로 임용하고, 연구관 및 지도관은 연구사 및 지도사로 함) • 공무원 신분은 보유하나 3개월간 직무에 종사하지 못하며, 그 기간 중 보수는 전액을 감함 • 징계처분 집행이 끝난 날부터 18개월 간 승진·승급이 제한됨
	해임	• 강제퇴직의 하나로 공무원직이 박탈되며, 3년간 재임용이 제한됨 • 퇴직급여에는 영향이 없음(다만, 공금횡령 및 유용 등으로 해임된 경우는 퇴직급여의 1/8~1/4이 감액 지급되며, 징계부가금이 부과되는 경우도 있음)
	파면	• 공무원직이 박탈되며, 5년간 재임용이 제한됨 • 재직 기간에 따라 퇴직급여의 1/4 내지 1/2이 감액 지급됨

01　지방직 9급 기출

공무원의 사기관리에 대한 설명으로 옳은 것은?

① 「공무원 제안 규정」상 우수한 제안을 제출한 공무원에게 인사상 특전을 부여할 수 있지만, 상여금은 지급할 수 없다.
② 소청심사제도는 징계처분과 같이 의사에 반하는 불이익 처분을 받은 공무원이 그에 불복하여 이의를 제기했을 때 이를 심사하여 결정하는 절차이다.
③ 우리나라는 공무원의 고충을 심사하기 위하여 행정안전부에 중앙고충심사위원회를 둔다.
④ 성과상여금제도는 공직의 경쟁력을 높이기 위하여 공무원 인사와 급여체계를 사람과 연공 중심으로 개편한 것이다.

해설 소청심사제도는 징계처분과 같이 의사에 반하는 불이익 처분을 받은 공무원이 그에 불복하여 이의를 제기했을 때 이를 심사하여 결정하는 절차로, 인사혁신처 소속기관인 소청심사위원회에서 이루어진다.
① 「공무원 제안 규정」상 우수한 제안을 제출한 공무원에게는 특별승급의 인사상 특전을 부여할 수 있고, 상여금도 지급할 수 있다.
③ 우리나라는 공무원의 고충을 심사하기 위하여 6급 이하의 공무원은 각 부처에 설치된 보통고충심사위원회가, 5급 이상의 공무원은 중앙고충심사위원회가 각각 담당하며, 중앙고충심사위원회에는 중앙인사관장기관(행정부는 인사혁신처장)에 둔다.
④ 성과상여금제도는 공직의 경쟁력을 높이기 위하여 공무원 인사와 급여체계를 사람과 성과 중심으로 개편한 것이다. 즉, 성과상여금제도는 연공 중심이 아니라 업무실적과 직무수행의 성과를 측정하여 그 결과에 따라 보수를 차등적으로 지급하는 제도이다.

02

공무원 A는 주5일 대중교통으로 출퇴근 한다. 코로나19 사태로 인해 재택근무를 하고 싶으나 그가 맡은 업무는 정형적이면서도 보안을 유지해야 하는 특성이 있어 집에서 일할 수 없고 반드시 주 5일 출근을 해야만 한다. 대중교통 이용시 사람들과의 접촉을 최소화하기 위하여 A가 택할 수 있는 가장 적합한 탄력근무 방식으로 묶인 것은?

㉠ 시간선택제 전환근무형
㉡ 시차출퇴근형
㉢ 집약근무형
㉣ 재량근무형
㉤ 근무시간선택형

① ㉠, ㉡
② ㉡, ㉤
③ ㉠, ㉣
④ ㉢, ㉣

해설 유연근무제의 유형 중 탄력근무방식은 ㉡, ㉢, ㉣, ㉤이며 주 5일 출근하는 것은 ㉡, ㉤이다.
㉠ 시간선택제전환근무제(part-time work)는 통상적 근무시간(주 40시간, 1일 8시간) 동안 근무하던 공무원이 본인의 필요에 따라 신청하여 시간을 선택해 근무하는 제도로서 1일 최소 3시간 이상, 주당 15~35시간 근무한다.

핵심정리

유연근무제의 유형(인사혁신처 예규)

- 탄력근무제
  - 시차출퇴근형 : 1일 8시간 근무하면서, 출·퇴근시간 자율조정
  - 근무시간선택형 : 1일 근무 시간(4~12시간)을 조정하되, 주 5일 근무 유지(주 40시간 근무)
  - 집약근무형 : 1일 근무 시간(4~12시간)을 조정하여, 주 3.5~4일 근무(주 40시간 근무)
  - 재량근무형 : 출·퇴근의무 없이 프로젝트 수행으로 주 40시간 인정
- 원격근무제
  - 재택근무형 : 사무실이 아닌 집에서 근무
  - 스마트워크근무형 : 사무실이나 집이 아닌 자택 인근 스마트워크센터 등 별도 사무실 근무

정답 01 ②　02 ②

03

「공무원보수규정」상 고위공무원단 소속 공무원에 적용되는 직무성과급적 연봉제에 대한 설명으로 옳지 않은 것은?

① 고위공무원단에 속하는 모든 공무원에 대하여 적용한다.
② 기본연봉은 기준급과 직무급으로 구성된다.
③ 기준급은 개인의 경력 및 누적성과를 반영하여 책정된다.
④ 직무급은 직무의 곤란성 및 책임의 정도를 반영하여 직무등급에 따라 책정된다.

해설 고위공무원에 대해서는 직무성과급적 연봉제를 적용한다. 다만, 대통령경호실 직원 중 고위공무원단에 속하는 별정직공무원에 대해서는 호봉제를 적용한다(공무원 보수규정 제63조).

핵심정리

연봉제(성과급)
㉠ 의의
1년 단위로 개개인의 능력, 실적 및 공헌도의 평가와 계약에 의해 연간 임금액을 결정하는 실적중심의 임금지급 형태(1년 단위로 관리를 하나 총액임금이 전년도 성과와 연동되어 결정)
㉡ 성과 연봉제
- **적용대상** : 고위공무원단 및 4급 공무원
- **급여구성**
  - 기본연봉 : 해당 직책과 계급, 개인의 성과를 반영해 지급되는 기본급여의 연액
  - 성과연봉 : 전년도 근무성적의 평가결과를 반영해 차등지급하는 급여의 연액
㉢ 연봉제의 장단점

장점	단점
• 개별평가에 의한 성과급 구현 • 동기유발과 책임감 부여를 통한 업무목표 달성이 가능 • 우수한 인재의 확보 가능	• 연봉제의 정확성·공정성 등에 대한 불신 • 두드러진 연봉 증감으로 인한 충격 및 부작용 • 팀워크의 분산과 과다한 경쟁심 유발

04

다음 중 공무원의 보수에 관한 설명으로 옳지 않은 것은?

① 직무급은 직무수행의 결과 또는 실적을 기준으로 결정된다.
② 성과급은 동기유발을 위하여 도입되었으나 그 효과에 대한 의문도 있다.
③ 공무원의 보수표는 직종의 분화에 따라 다원화시키는 것이 바람직하다.
④ 보수행정의 합리화 정도가 낮은 국가의 경우 수당의 종류가 많은 편이다.

해설 구성원이나 집단이 수행한 작업성과나 능률에 따라 임금을 차등 지급하도록 하는 것은 성과급에 대한 설명이다. 보수제도는 생활급, 근속급, 직무급, 성과급 등으로 구성된다.

핵심정리

보수의 일반적 결정요인
- **경제적 요인**(정부가 보수수준의 상한선 결정 시 우선 고려하는 요인) : 민간기업의 임금수준, 국민의 담세능력, 정부의 재정력(지불능력), 정부의 경제정책(자원배분정책, 경기변동정책 등), 물가수준
- **사회윤리적 요인** : 보수의 하한선의 결정기준으로서, 정부는 공공복지를 추구하는 모범적 고용주로서 공무원의 생계비·생활급을 지급해야할 사회적·윤리적 의무가 있음(적어도 공무원으로서의 건강과 품위유지 수준의 생계비를 지급)
- **부가적 요인** : 연금, 보험, 신분보장, 복지 등 보수 외에 받는 편익과 특혜
- **정책적 요인** : 보수를 근무의욕이나 행정능률, 성과를 제고하는 수단으로 활용하며, 기타 노동시장조건, 사기 앙양 등도 고려

05

「국가공무원법」에서 규정하고 있는 징계의 종류에 해당하는 것은?

① 강등　　　　② 강임
③ 직권면직　　④ 직위해제

해설 「국가공무원법」상 징계는 파면·해임·강등·정직·감봉·견책이다.
②·③·④ 강임, 직권면직, 직위해제는 징계의 성격은 있으나 「국가공무원법」에서 규정하고 있는 징계의 종류에는 해당하지 않는다.

핵심정리

「국가공무원법」상의 징계

경징계	견책	• 전과에 대하여 훈계하고 회개하게 하는 것으로, 6개월간 승급이 제한됨 • 가장 가벼운 징계이며 사용빈도가 높음
	감봉	• 1~3개월의 기간 동안 보수의 1/3을 감하는 처분 • 징계처분 집행이 끝난 날부터 1년간 승진·승급이 제한됨
중징계	정직	• 1~3개월의 기간 동안 공무원 신분은 보유하나 직무에 종사하지 못함(별도의 보직이 없음) • 보수는 전액 삭감, 징계처분 집행이 끝난 날부터 1년 6개월간 승진·승급이 제한됨
	강등	• 1계급 아래로 직급을 내림(고위공무원단에 속하는 공무원은 3급으로 임용하고, 연구관 및 지도관은 연구사 및 지도사로 함) • 공무원 신분은 보유하나 3개월간 직무에 종사하지 못하며, 그 기간 중 보수는 전액을 감함 • 징계처분 집행이 끝난 날부터 18개월 간 승진·승급 제한
	해임	• 강제퇴직의 하나로 공무원직이 박탈되며, 3년간 재임용이 제한됨 • 퇴직급여에는 영향이 없음(다만, 공금횡령 및 유용 등으로 해임된 경우는 퇴직급여의 1/8~1/4이 감액 지급되며, 징계부가금이 부과되는 경우도 있음)
	파면	• 공무원직이 박탈되며, 5년간 재임용이 제한됨 • 재직기간에 따라 퇴직급여의 1/4 내지 1/2이 감액 지급됨

06

다음 중 연금의 효용으로 보기 어려운 것은?

① 공무원이 재직 중 안정감과 의욕을 갖고 근무할 수 있게 한다.
② 퇴직 후 장래에 대한 안정감으로 직무수행에 전념할 수 있다.
③ 행정의 능률과 예산절약에 기여한다.
④ 공무원의 복지향상에 기여한다.

해설 행정의 능률과 예산절약에 기여하는 점은 제안제도의 효용에 해당되며, 연금의 효용과는 거리가 멀다.

핵심정리

연금

- **개념** : 공무원이 노령이나 질병, 부상 등으로 퇴직하거나 사망한 때 본인이나 유족에게 지급되는 급여로서, 공무원과 그 유족이 생활안정 및 복리향상에 기여하기 위한 사회보장제도의 일종
- **효용** : 공무원의 사회보장, 공무원의 사기양양, 인사관리의 활력소

07 국가직 9급 기출

다음 ㉠과 ㉡에 들어갈 내용으로 옳은 것은?

「공직자윤리법」에서는 퇴직공직자의 취업제한 및 행위제한 등을 규정하고 있는데, 취업심사 대상자는 퇴직일부터 (㉠)간 퇴직 전 (㉡) 동안 소속하였던 부서 또는 기관의 업무와 밀접한 관련성이 있는 취업제한기관에 취업할 수 없다.

	㉠	㉡
①	2년	5년
②	2년	3년
③	5년	3년
④	3년	5년

해설 「공직자윤리법」의 퇴직공직자 취업제한(제17조) 규정에 따라 취업심사대상자는 퇴직일부터 3년간 퇴직 전 5년 동안 소속하였던 부서 또는 기관의 업무와 밀접한 관련성이 있는 취업제한기관에 취업할 수 없다. 그러므로 ㉠에는 '3년', ㉡에는 '5년'이 들어갈 내용으로 적절하다.

08

우리나라의 공무원 인사제도에 대한 설명으로 옳지 않은 것은?

① 공무원을 수직적으로 이동시키는 내부 임용의 방법으로는 전직과 전보가 있다.
② 강등은 1계급 아래로 직급을 내리고(고위공무원단에 속하는 공무원은 3급으로 임용하고, 연구관 및 지도관은 연구사 및 지도사로 한다) 공무원 신분은 보유하나 3개월 간 직무에 종사하지 못하며 그 기간 중 보수의 전액을 감한다.
③ 청렴하고 투철한 봉사 정신으로 직무에 모든 힘을 다하여 공무 집행의 공정성을 유지하고 깨끗한 공직 사회를 구현하는 데에 다른 공무원의 귀감이 되는 공무원은 특별승진임용하거나 일반 승진시험에 우선 응시하게 할 수 있다.
④ 임용권자는 만 8세 이하(취학 중인 경우에는 초등학교 2학년 이하)의 자녀를 양육하기 위하여 필요하거나 여성공무원이 임신 또는 출산하게 되어 휴직을 원하면 대통령령으로 정하는 특별한 사정이 없으면 휴직을 명하여야 한다.

해설 전보와 전직은 공무원을 수평적으로 이동시키는 내부 임용의 방법이다. 전보는 직무의 내용이나 책임이 유사한 동일한 직렬과 직급 내에서 직위만 바꾸는 것인 반면 전직은 등급은 동일하지만 직무의 내용이 다른 직위로의 이동으로서 직렬을 달리하는 것이다.

09

공무원 단체활동 부정론의 근거로 옳은 것은?

① 공익에 반하는 것을 금한다.
② 노사구분이 뚜렷하다.
③ 실적주의 원칙을 침해할 우려가 있다.
④ 사상적 혼란을 야기하는 것에 반한다.

[해설] 공무원단체의 부정론(반대론)은 역기능을 강조하는 전통적 · 소극적인 입장으로서 공무원단체가 실적주의 인사원칙을 저해할 수 있다고 본다.
① 국민 전체에 대한 봉사자로서의 공무원 역할에 반한다.(공익에 반한다.)
② 노사구분이 애매하며 교섭대상의 확인이 어렵다.
④ 사상적 혼란 및 국가 발전을 저해한다.

핵심정리

공무원단체의 인정론(찬성론)과 부정론(반대론)

- **인정론(찬성론)** : 순기능을 강조하는 현대적 · 적극적 입장
  - 권익보장과 불만해소를 통한 사기진작
  - 공무원의 의견전달 수단
  - 관리층의 의사결정에 도움을 줌
  - 대화와 협상을 통한 행정개선 및 행정의 민주화와 행정 발전에 기여
  - 실적제의 강화
  - 올바른 직업윤리의 확립과 부패 방지
- **부정론(반대론)** : 역기능을 강조하는 전통적 · 소극적 입장
  - 국민 전체에 대한 봉사자로서의 공무원 역할에 반함 (공익에 반함)
  - 실적주의 인사원칙을 저해
  - 행정능률 및 행정의 계속성 저해
  - 특권집단화(국가와 특별권력관계), 관리층의 인사권 제약
  - 노사구분이 애매하며 교섭대상의 확인이 어려움
  - 사상적 혼란 및 국가 발전 저해

10

내부고발에 대한 설명으로 가장 타당한 것은?

① 퇴직 후의 고발은 내부고발이 아니다.
② 조직 내의 비정치적 행위를 대상으로 한다.
③ 내부고발은 익명으로 이루어져야 한다.
④ 내부적인 이의제기 형식과는 다르다.

[해설] 내부고발(whistle blowing)이란 조직구성원이 조직의 잘못된 일이나 사건을 대외적으로 폭로하는 것이므로 조직 내부에 제기하는 이의제기와는 그 형식 등이 다르다.
① 퇴직 후의 고발이라 하더라도 재직 중 알게 된 내용을 고발하는 경우는 내부고발에 해당한다.
② 내부고발은 조직 내의 부패행위를 고발하는 것이므로 대상 행위가 비정치적 행위로 한정되는 것은 아니다(정치적 · 비정치적 행위임을 불문하고 모든 부패행위가 내부고발의 대상이 됨).
③ 부패행위를 신고하고자 하는 자는 신고자의 인적사항과 신고취지 및 이유를 기재한 기명의 문서로써 하여야 하며, 신고대상과 부패행위의 증거 등을 함께 제시하여야 한다(「부패방지 및 국민권익위원회의 설치와 운영에 관한 법률」 제58조).

핵심정리

내부고발자보호제도의 특성

- 이타주의적 외형
- 실제 동기의 다양성
- 조직의 전 · 현직 구성원이 주체(퇴직 후라도 재직 중의 부패행위에 대한 고발이 가능)
- 비공식적 · 비통상적인 통로를 이용한 대외적 공표
- 중립적 분규해결장치의 미비

정답 07 ④ 08 ① 09 ③ 10 ④

11 국가직 9급 기출

「국가공무원법」에 명시된 공무원의 의무에 해당하지 않는 것은?

① 부패행위 신고의무 ② 품위 유지의 의무
③ 복종의 의무 ④ 성실 의무

해설 부패행위 신고의무는 「부패방지 및 국민권익위원회 설치와 운영에 관한 법률」에 명시되어 있다. 공직자는 그 직무를 행함에 있어 다른 공직자가 부패행위를 한 사실을 알게 되었거나 부패행위를 강요 또는 제의받은 경우에는 지체 없이 이를 수사기관·감사원 또는 위원회에 신고하여야 한다.(「부패방지 및 국민권익위원회 설치와 운영에 관한 법률」 제56조)
② 공무원은 직무의 내외를 불문하고 그 품위가 손상되는 행위를 하여서는 아니 된다(「국가공무원법」 제63조).
③ 공무원은 직무를 수행할 때 소속 상관의 직무상 명령에 복종하여야 한다(「국가공무원법」 제57조).
④ 모든 공무원은 법령을 준수하며 성실히 직무를 수행하여야 한다(「국가공무원법」 제56조).

12 국가직 9급 기출

「부정청탁 및 금품등 수수의 금지에 관한 법률」상 금지하는 부정청탁에 해당하지 않는 것은?

① 채용·승진·전보 등 공직자등의 인사에 관하여 법령을 위반하여 개입하거나 영향을 미치도록 하는 행위
② 공공기관이 주관하는 각종 수상, 포상, 우수기관 선정 또는 우수자 선발에 관하여 법령을 위반하여 특정 개인·단체·법인이 선정 또는 탈락되도록 하는 행위
③ 공개적으로 공직자등에게 특정한 행위를 요구하는 행위
④ 각급 학교의 입학·성적·수행평가 등의 업무에 관하여 법령을 위반하여 처리·조작하도록 하는 행위

해설 공개적으로 공직자등에게 특정한 행위를 요구하는 행위는 「부정청탁 및 금품등 수수의 금지에 관한 법률」상 부정청탁에 해당되지 않는다(제5조 2항의 2).

> **핵심정리**
>
> **부정청탁의 금지(부정청탁 및 금품등 수수의 금지에 관한 법률 제5조)관련 예외사항**
>
> 다음 각 호의 어느 하나에 해당하는 경우에는 이 법을 적용하지 아니한다.
> - 「청원법」, 「민원사무 처리에 관한 법률」, 「행정절차법」, 「국회법」 및 그 밖의 다른 법령·기준(제2조 제1호 나목부터 마목까지의 공공기관의 규정·사규·기준을 포함한다. 이하 같다)에서 정하는 절차·방법에 따라 권리침해의 구제·해결을 요구하거나 그와 관련된 법령·기준의 제정·개정·폐지를 제안·건의하는 등 특정한 행위를 요구하는 행위
> - 공개적으로 공직자등에게 특정한 행위를 요구하는 행위
> - 선출직 공직자, 정당, 시민단체 등이 공익적인 목적으로 제3자의 고충민원을 전달하거나 법령·기준의 제정·개정·폐지 또는 정책·사업·제도 및 그 운영 등의 개선에 관하여 제안·건의하는 행위
> - 공공기관에 직무를 법정기한 안에 처리하여 줄 것을 신청·요구하거나 그 진행상황·조치결과 등에 대하여 확인·문의 등을 하는 행위
> - 직무 또는 법률관계에 관한 확인·증명 등을 신청·요구하는 행위
> - 질의 또는 상담형식을 통하여 직무에 관한 법령·제도·절차 등에 대하여 설명이나 해석을 요구하는 행위
> - 그 밖에 사회상규(社會常規)에 위배되지 아니하는 것으로 인정되는 행위

13

공무원 부패와 관련하여 바르게 연결된 것은?

ㄱ. 부패가 실질적인 규범으로 되는 경우, 즉 부패가 일상화되고 부패를 저지른 사람들이 조직의 옹호를 받고 당연시되는 부패
ㄴ. 사회에 영향을 미칠 수 있는 잠재성을 지닌 부패로, 사회구성원 일부는 처벌을 원하나 다른 일부는 용인하는 부패

ㄷ. 상층부가 정치권력을 부당하게 행사하는 거대한 부패로, 겉으로 드러나지 않으며 주로 정책결정 이전 단계에서 영향력을 발휘
ㄹ. 관료와 국민 간에 발생하는 부패

① ㄱ : 직무유기형 부패 ㄴ : 흑색부패
   ㄷ : 행정적 부패   ㄹ : 내부부패
② ㄱ : 권력형 부패   ㄴ : 백색부패
   ㄷ : 제도화된 부패   ㄹ : 내부부패
③ ㄱ : 제도화된 부패   ㄴ : 회색부패
   ㄷ : 권력형 부패   ㄹ : 외부부패
④ ㄱ : 거래형 부패   ㄴ : 행정적 부패
   ㄷ : 후원형 부패   ㄹ : 외부부패

해설 ㄱ. 제도화된 부패(체제부패) : 행정체제에서 부패의 방법이나 과정, 범위, 수준, 금액 등이 어느 정도 일반화되어 있어 부패행위가 일정한 행위 유형을 나타내는 것, 부패가 실질적인 규범으로 되는 경우, 즉 부패가 일상화되고 부패를 저지른 사람들이 조직의 옹호를 받고 당연시되는 부패
ㄴ. 회색부패 : 사회에 영향을 미칠 수 있는 잠재성을 지닌 부패로, 사회구성원 일부는 처벌을 원하나 다른 일부는 용인하는 부패, 과도한 선물수수와 같이 윤리적으로 문제될 수 있지만 법률로 규정하는 것에 대해서는 논란이 있는 경우 등
ㄷ. 권력형 부패(정치적 부패) : 상층부가 정치권력을 부당하게 행사하는 거대한 부패로, 겉으로 드러나지 않으며 주로 정책결정 이전 단계에서 영향력을 발휘
ㄹ. 외부부패 : 관료와 국민 간에 발생하는 부패

14

공무원 부패에 관한 설명으로 가장 옳지 않은 것은?

① 공무원과 민간인 간의 뇌물과 특혜의 교환 등이 이루어지는 것은 거래형 부패에 해당한다.
② 무허가 업소를 단속하던 단속원이 정상적인 단속활동을 수행하다가 금품을 제공하는 특정업소에 대해서 단속을 하지 않는 것은 직무유기형 부패에 해당한다.
③ 인·허가와 관련된 업무를 처리할 때 소위 '급행료'를 지불하는 것을 당연시하는 관행은 제도화된 부패에 해당한다.
④ 금융위기가 심각함에도 불구하고 국민들의 동요나 기업 활동의 위축을 막기 위해 공직자가 거짓말을 하는 것은 백색부패에 해당한다.

해설 직무유기형 부패 → 일탈형 부패
무허가 업소를 단속하던 단속원이 정상적인 단속활동을 수행하다가 금품을 제공하는 특정업소에 대해서 단속을 하지 않는 것은 일탈형 부패에 해당한다.

핵심정리

일반적 부패 유형

- **직무유기형 부패** : 시민이 개입되지 않은 관료 개인의 부패로, 관료로서의 직무를 소홀히 하여 발생한 부패
- **후원형 부패** : 관료가 정실이나 학연·지연 등을 토대로 특정 단체나 개인을 불법적으로 후원하는 부패
- **사기형 부패** : 공금의 유용이나 횡령, 회계부정 등 거래 상대방 없이 공무원에 의해 일방적으로 발생하는 부패
- **거래형 부패** : 뇌물을 매개로 이권을 불법적으로 제공하는 부패로, 공무원과 민간인 간의 뇌물과 특혜의 교환 등이 거래형 부패(외부부패)의 예
- **제도화된 부패(체제부패)**
  - 행정체제에서 부패의 방법이나 과정, 범위, 수준, 금액 등이 어느 정도 일반화되어 있어 부패행위가 일정한 행위 유형을 나타내는 것
  - 부패가 실질적인 규범으로 되는 경우, 즉 부패가 일상화되고 부패를 저지른 사람들이 조직의 옹호를 받고 당연시되는 부패
- **우발적 부패(일탈형 부패)** : 구조화되지 않은 일시적 부패로서 공금횡령 등 주로 개인의 윤리적 일탈로 인한 개인적 부패(단속공무원이 돈 받고 단속 눈감아 주기 등)

나두공

9급 공무원

제 5 편

재무행정론

제1장 예산의 기초이론

제2장 예산결정이론 및 예산제도론

제3장 예산과정

제1장 예산의 기초이론

실전문제

대표유형문제

<small>국가직 9급 기출</small>

우리나라 예산제도에 대한 설명으로 옳지 않은 것은?

① 국회는 정부의 동의 없이 정부가 제출한 지출예산 각 항의 금액을 증가시킬 수 없다.
② 정부가 예산안 편성 시 감사원의 세출예산요구액을 감액하고자 할 때에는 국무회의에서 감사원장의 의견을 구하여야 한다.
❸ 정부는 회계연도 개시 전까지 예산안이 의결되지 못한 때에는 전년도 예산에 준해 모든 예산을 편성해 운영할 수 있다.
④ 국회는 감사원이 검사를 완료한 국가결산보고서를 정기회 개회 전까지 심의 · 의결을 완료해야 한다.

<small>정답해설</small> 새로운 회계연도가 개시될 때까지 예산안이 의결되지 못한 때에는 정부는 국회에서 예산안이 의결될 때까지 '헌법이나 법률에 의하여 설치된 기관 또는 시설의 유지 · 운영, 법률상 지출의무의 이행, 이미 예산으로 승인된 사업의 계속'의 목적을 위한 경비는 전년도 예산에 준하여 집행할 수 있다(헌법 제54조).

<small>오답해설</small> ① 국회는 정부의 동의없이 정부가 제출한 지출예산 각항의 금액을 증가하거나 새 비목을 설치할 수 없다(헌법 제57조).
② 정부는 감사원의 세출예산요구액을 감액하고자 할 때에는 국무회의에서 감사원장의 의견을 들어야 한다(국가재정법 제41조).
④ 국회는 결산에 대한 심의 · 의결을 정기회 개회 전까지 완료하여야 한다(국회법 제128조의2).

01 〔서울시 9급 기출〕

머스그레이브(Musgrave)가 제시한 재정의 기본 원칙에 해당하지 않는 것은?

① 자원배분기능
② 소득 분배의 공평화기능
③ 경제안정기능
④ 행정관리적기능

해설 머스그레이브는 재정의 경제적 기능을 자원배분기능, 소득분배의 공평화기능, 경제안정기능, 경제성장 촉진기능으로 분류하였으며 행정관리적기능은 이에 포함되지 않는다.

핵심정리

예산의 경제적 기능(R. Musgrave가 강조)
- **경제안정기능** : 예산은 재정정책의 도구로서 경기불안 시 경제를 안정시키고 국민경제생활의 균형을 유지하는 기능을 수행
- **소득재분배기능** : 예산은 세율조정이나 사회보장적 지출을 통하여 소득재분배형성의 기능을 수행(누진세, 실업수당 등)
- **자원배분기능** : 시장이 효율적인 자원배분에 실패하였을 경우 정부가 이를 치유하기 위해 자원배분의 우선순위를 정하거나 직접공급(배분)하는 기능
- **경제성장 촉진기능** : 정부주도의 지속적 경제발전을 추구하는 개발도상국에서 특히 강조되는 기능

02 〔국가직 9급 기출〕

예산과 재정 관리에 대한 설명으로 옳지 않은 것은?

① 우리나라의 예산은 행정부가 제출하고 국회가 심의·확정하지만, 미국과 같은 세출예산법률의 형식은 아니다.
② 조세는 현 세대의 의사결정에 대한 재정 부담을 미래 세대로 전가하지 않는다는 장점이 있다.
③ 성과주의 예산제도의 도입에도 불구하고 품목별 예산제도는 우리나라에서 여전히 활용되고 있다.
④ 추가경정예산은 예산의 신축성 확보를 위한 제도로서, 최소 1회의 추가경정예산을 편성하도록 『국가재정법』에 규정되어 있다.

해설 추가경정예산은 예산이 성립된 이후에 생긴 사유로 이미 성립된 예산에 변경을 가할 필요가 있을 때 편성하는 예산으로 추가경정예산의 편성 횟수에 대한 법적인 제한은 없다.
① 우리나라 예산은 행정부예산편성주의에 따라 행정부가 예산안을 제출하면 국회가 심의·확정한다. 즉, 미국의 예산은 법률과 동일한 형식을 취하는 법률주의를 채택하고 있으나, 우리나라 예산은 국회의 의결을 통한 의결주의를 채택하고 있다.
② 조세는 공채와 달리 재정부담이 미래세대에 전가되지 않는다.
③ 품목별 예산제도는 지출의 대상과 성질에 따라 세부 항목별로 분류하여 편성하는 예산제도로, 다른 예산제도와 결합하여 병행·사용될 수 있는 모든 예산제도의 기초이다.

정답 01 ④ 02 ④

03 [서울시 9급 기출]

예산의 원칙에 대한 설명 중 옳지 않은 것은?

① 공개성의 원칙에는 예외가 있다.
② 사전의결의 원칙에는 예외가 있다.
③ 통일성의 원칙은 회계장부가 하나여야 한다는 원칙이다.
④ 총괄예산제도는 명확성의 원칙과 관련이 있다.

해설 통일성의 원칙(국고통일원칙, 자기목적구속금지원칙)이란 전체세입으로 전체세출을 충당해야 한다는 국고통일의 원칙을 의미한다. 회계장부가 하나여야 한다는 원칙은 단일성의 원칙이다.
① 공개성의 원칙의 예외로는 신임예산, 국가 기밀에 속하는 국방비·외교활동비·기밀정보비 등이 있다.
② 준예산 등은 사전의결의 예외에 해당한다.
④ 총괄예산제도는 세부내역을 밝히지 않고 총액으로 편성·승인해주는 예산제도로, 명확성(명료성)의 원칙에 대한 예외이다.

핵심정리
전통적 예산의 원칙
- 공개성의 원칙
- 명료성의 원칙
- 완전성(포괄성)의 원칙
- 단일성의 원칙
- 한정성의 원칙
- 정확성(엄밀성)의 원칙
- 절차성(사전의결)의 원칙
- 통일성의 원칙(국고통일원칙, 자기목적구속금지원칙)

04 [지방직 9급 기출]

머스그레이브(Musgrave)의 정부 재정기능의 기본 원칙에 대한 설명으로 옳지 않은 것은?

① 시장실패를 교정하고 사회적 최적 생산과 소비수준이 이루어지도록 해야 한다.
② 세입 면에서는 차별 과세를 하고, 세출 면에서는 사회보장적 지출을 통해 소외계층을 지원해야 한다.
③ 고용, 물가 등과 같은 거시경제 지표들을 안정적으로 조절해야 한다.
④ 정부에 부여된 목적과 자원을 연계하여 소기의 성과를 거둘 수 있도록 관료를 통제해야 한다.

해설 머스그레이브(R. Musgrave)는 예산의 기능을 경제적 측면에 입각하여 경제안정기능, 경제성장 촉진기능, 소득재분배기능, 자원배분기능 등으로 구분하였다. ④의 관료의 통제기능은 이에 해당되지 않는다.
① 자원배분기능은 시장이 효율적인 자원배분에 실패했을 경우 정부가 시장실패를 교정하기 위해 자원배분의 우선순위를 정하거나 직접 배분한다.
② 소득재분배기능은 세율조정이나 사회보장적 지출을 통해 소외계층을 지원하고 소득재분배 형성의 기능을 수행한다.
③ 경제안정기능은 경기불안 시 고용, 물가 등과 같은 거시경제 지표들을 안정적으로 조절하고 국민경제생활의 균형을 유지하는 기능을 수행한다.

핵심정리
예산의 경제적 기능(R.Musgrave)
- **경제안정기능**: 예산은 재정정책의 도구로써, 경기불안 시 경제를 안정시키고 국민경제생활의 균형을 유지하는 기능을 수행함
- **경제성장 촉진기능**: 정부 주도의 지속적 경제발전을 추구하는 개발도상국에서 특히 강조되는 기능
- **소득재분배기능**: 예산은 세율조정이나 사회보장적 지출을 통하여 소득재분배 형성의 기능을 수행(누진세, 실업수당 등)
- **자원배분기능**: 시장이 효율적인 자원배분에 실패했을 경우 정부가 이를 치유하기 위해 자원배분의 우선순위를 정하거나 직접 공급(배분)하는 기능

05

다음 중 예산의 원칙과 그 내용을 연결한 것으로 옳지 않은 것은?

① 공개의 원칙 - 예산 내역을 전체 공무원에게 알린다.
② 완전성의 원칙 - 비용지출을 빠짐없이 모두 계상해야 한다.
③ 단일성의 원칙 - 예산은 단일구조로 구성해야 한다.
④ 통일성의 원칙 - 특정한 세입과 세출을 직접 연관시켜서는 안 된다.

해설 ① 공개의 원칙은 편성·심의·의결과 예산의 집행 등 예산과정의 주요한 단계는 국민 또는 입법부에 공개해야 한다는 원칙이다.
② 완전성의 원칙은 한 회계연도의 모든 수입을 세입으로 하고 모든 지출을 세출로 한다는 원칙, 즉 정부의 세입·세출은 빠짐없이 전부 예산에 계상되어야 한다는 원칙이다.
③ 단일성의 원칙은 예산은 모든 재정활동을 포괄하여 하나의 단일예산(일반회계)으로 편성해야 한다는 원칙으로 예외로는 특별회계, 기금, 추가경정예산 등이 있다.
④ 통일성의 원칙은 전체 세입으로 전체 세출을 충당해야 한다는 국고통일의 원칙, 즉 모든 수입을 하나의 공통된 일반세원에 포함하여 지출함으로써 특정 세출로 직접 연결시켜서는 안 된다는 원칙을 말한다. 이러한 통일성 원칙의 예외로는 특별회계와 목적세 등이 있다.

06

국가가 현물로 출자하는 경우와 외국차관을 도입하여 전대하는 경우에 이를 세입·세출예산 외로 처리할 수 있도록 한 것은 어떤 원칙의 예외인가?

① 예산완전성의 원칙
② 예산공개의 원칙
③ 예산통일의 원칙
④ 예산단일의 원칙

해설 전통적 예산원칙 중 예산완전성(포괄성)의 원칙(예산총계주의)은 한 회계연도의 모든 수입을 세입으로 하고 모든 지출을 세출로 한다는 원칙이다. 즉, 정부의 세입·세출은 빠짐없이 전부 예산에 계상되어야 한다는 원칙을 말하므로, 현물출자의 경우나 외국차관을 도입하여 전대하는 경우 이를 세입세출예산 외로 처리할 수 있도록 한 것은 예산완전성 원칙의 예외에 해당한다. 이외에도 순계예산, 기금, 초과수입을 관련 경비에 초과지출할 수 있는 수입대체경비 등도 예외에 해당한다.
② 예산공개의 원칙의 예외로는 신임예산, 국가기밀에 속하는 국방비·외교활동비 등이 있다.
③ 예산통일의 원칙의 예외로는 특별회계, 기금, 수입대체경비, 목적세 등이 있다.
④ 예산단일의 원칙의 예외로는 특별회계, 기금, 추가경정예산 등이 있다.

07 서울시 9급 기출

다음은 예산의 원칙에 대한 설명이다. 바르게 짝지어진 것은?

> A : 한 회계연도의 세입과 세출은 모두 예산에 계상하여야 한다.
> B : 모든 수입은 국고에 편입되고 여기에서부터 지출이 이루어져야 한다.

① A : 예산 단일의 원칙
　B : 예산 총계주의 원칙
② A : 예산 총계주의 원칙
　B : 예산 단일의 원칙
③ A : 예산 통일의 원칙
　B : 예산 총계주의 원칙
④ A : 예산 총계주의 원칙
　B : 예산 통일의 원칙

해설 A는 예산 완전성의 법칙(예산 총계주의 원칙), B는 예산 통일성의 원칙에 대한 설명이다. 예산 단일성의 원칙은 모든 재정활동을 포괄하여 하나의 단일예산으로 편성해야 한다는 원칙을 말한다.

핵심정리

전통적 예산의 원칙
- 공개성의 원칙
- 명료성의 원칙
- 완전성(포괄성)의 원칙
- 단일성의 원칙
- 한정성의 원칙
- 정확성(엄밀성)의 원칙
- 절차성(사전의결)의 원칙
- 통일성의 원칙(국고통일원칙, 자기목적구속금지원칙)

08 지방직 9급 기출

예산원칙의 예외에 대한 설명으로 옳지 않은 것은?

① 특별회계는 단일성의 원칙에 대한 예외이다.
② 준예산제도는 사전의결의 원칙에 대한 예외이다.
③ 예산의 이용(移用)은 한계성의 원칙에 대한 예외이다.
④ 목적세는 공개성의 원칙에 대한 예외이다.

해설 공개성의 원칙이란 예산은 국민에게 공개되어야 한다는 원칙이며, 예외로는 일부 국방비, 외교활동비, 정보비 등이 있다. 목적세는 전체 세입으로 전체 세출을 충당해야 한다는 통일성의 원칙의 예외이다.

핵심정리

이용(移用)과 전용(轉用)

- **이용(移用)**
  - 예산에 정한 기관 간이나 입법과목인 장(章)·관(款)·항(項) 사이에 서로 융통하는 것
  - 미리 국회의 의결을 얻은 때에는 기획재정부장관(중앙예산기관장)의 승인을 얻어 이용하거나 기획재정부장관이 위임하는 범위 안에서 자체적으로 이용 가능

- **전용(轉用)**
  - 행정과목인 세항(細項)과 목(目) 사이에 서로 융통하는 것
  - 기획재정부장관의 승인만 얻으면 가능(행정재량, 국회의결 불요)(이 경우 사업 간의 유사성이 있는지, 재해대책 재원 등으로 사용할 시급한 필요가 있는지, 기관운영을 위한 경비의 충당을 위한 것인지 여부 등을 종합적으로 고려하여야 함)
  - 기획재정부장관이 위임하는 범위 안에서 각 중앙관서장이 자체적으로 전용가능(자체전용한도제)

09

「국가재정법」상 국가의 회계는 일반회계와 특별회계로 구분한다. 다음 중 특별회계의 운영·설치 사유가 아닌 것은?

① 국가에서 특별한 목적의 사업을 운영할 경우
② 차관수입, 채권·용역의 판매수입과 같은 세외수입이 발생했을 경우
③ 국가가 특별한 자금을 보유하여 운영할 경우
④ 기타 특정한 세입을 특정한 세출에 충당함으로써 일반회계와 구분하여 계리할 필요가 있을 경우

해설 특별회계는 특정한 세출에 충당하기 위하여 일반회계와 별도로 구분·경리하는 예산이다. 국가에서 특정한 사업을 운영할 때, 특정한 자금을 보유하여 운영할 때, 기타 특정한 세입으로 특정한 세출을 충당함으로써 일반회계와 구분하여 계리할 필요가 있을 때 설치한다.

핵심정리

일반회계와 특별회계

- 일반회계예산
  - 국가활동의 총세입·총세출을 포괄적으로 편성한 예산으로서, 일반적으로 예산이라 하면 일반회계를 의미함
  - 조세수입 등을 주요 세입으로 하여 국가의 일반적인 세출에 충당하기 위하여 설치
- 특별회계예산
  - 예산의 단일성·통일성 원칙에 대한 예외로서, 예산집행 과정상의 신축성과 융통성, 재량을 확보하기 위한 예산
  - 국가에서 특정한 사업을 운영하고자 할 때, 특정한 자금을 보유하여 운용하고자 할 때, 특정한 세입(조세 외 수입)으로 특정한 세출에 충당함으로써 일반회계와 구분하여 계리할 필요가 있을 때에 법률로써 설치

10 지방직 9급 기출

우리나라 예산과정에 대한 설명으로 옳은 것은?

① 정부는 회계연도마다 예산안을 편성하여 회계연도 개시 60일 전까지 국회에 제출해야 한다.
② 예산총액배분 자율편성제도는 중앙예산기관과 정부부처 사이의 정보 비대칭성을 완화하려는 목적을 갖고 있다.
③ 예산집행의 신축성을 확보하기 위한 제도로써 이용, 총괄예산, 계속비, 배정과 재배정 제도가 있다.
④ 예산불성립 시 조치로써 가예산 제도를 채택하고 있다.

해설 예산총액배분·자율편성제도는 전체 재정규모, 분야별·부처별 예산규모 등 중요 정보를 편성 기간 중에 각 부처와 재정당국이 공유하고 분야별·부처별 재원배분계획을 국무회의에서 함께 결정하므로 예산규모 결정과정의 투명성이 높아진다. 따라서 중앙예산기관과 정부부처 사이의 정보 비대칭성을 완화하려는 목적을 갖고 있다.
① 정부는 대통령의 승인을 얻은 예산안을 회계연도 개시 120일 전까지 국회에 제출하여야 한다(「국가재정법」 제33조).
③ 이용, 총괄예산, 계속비는 예산집행의 신축성을 확보하기 위한 제도이지만 배정과 재배정은 예산집행의 통제를 확보하기 위한 제도이다.
④ 예산불성립 시 조치로써 준예산 제도를 채택하고 있다. 가예산 제도는 제1공화국 때 사용되었다. 준예산 제도는 예산불성립 시 정부가 국회에서 예산안이 의결될 때까지 일정 범위내에서 전년도 예산에 준하여 경비를 지출할 수 있는 제도를 말하며, 가예산 제도는 예산불성립 시 최초 1개월분을 국회의 의결로 집행할 수 있는 제도를 말한다.

정답 07 ④ 08 ④ 09 ② 10 ②

11

다음 중 특별회계에 대한 설명으로 옳지 않은 것은?

① 일반회계로부터 전입금을 받거나 잉여금을 일반회계에 전입하기도 한다.
② 정부 역할이 증대되고 다양화됨에 따라 특별회계의 수가 증가하는 경향이 있다.
③ 일반회계와 같이 국가예산을 구성하며, 국회의 최종적인 심의를 받는다.
④ 특별회계는 순수공공재를 생산하는 재원이 된다.

해설 일반회계는 국가의 고유기능을 수행하는 순수공공재를 생산하는 재원이 된다.
① 우리나라 기업특별회계들은 일반회계로부터 전입금을 받거나 잉여금을 일반회계에 전입하기도 한다.
② 정부 역할이 증대되고 예산사업이 다양화됨에 따라 특별회계의 수와 규모는 점차 증대되는 경향이 있다.
③ 특별회계예산은 국회의 심의·의결로 확정되며, 국회의 결산심의와 승인을 거쳐야 한다.

핵심정리

특별회계예산의 장단점

장점	단점
• 세입·세출에 있어서의 정부수지의 명확화 • 재정운용의 자율성, 재량 확대 • 경영합리화·능률성 제고에 기여 • 행정기능의 전문화·다양화에 부응	• 예산구조·체계의 복잡화 • 재정운용의 경직성 초래(특정세입이 특정세출로 이어지는 칸막이 현상 초래) • 입법부의 예산통제와 민중통제 곤란 • 회계신설이 용이해 재정팽창의 원인이 됨

12 [지방직 9급 기출]

우리나라 특별회계에 대한 설명으로 옳지 않은 것은?

① 예산단일성과 예산통일성 원칙에 대한 예외이다.
② 일반회계와 구분해 경리할 필요가 있을 때 설치하므로 일반회계로부터 전입은 금지된다.
③ 정부가 "2014년 세출예산은 약 367.5조 원이다"라고 발표했다면 여기에는 특별회계 지출이 포함된 규모이다.
④ 현재 정부기업특별회계로는 '양곡관리', '조달' 등이 운영되고 있다.

해설 정부예산은 정부에서 수행하는 사업의 성질에 따라 일반회계와 특별회계로 구분되는데, 정부예산은 일반회계와 특별회계를 포함한다. 특별회계는 일반회계와 구분해 경리하지만 일반회계로부터 전입과 전출이 허용된다.
① 특별회계예산은 예산의 단일성·통일성 원칙에 대한 예외로서, 예산집행 과정상의 신축성과 융통성, 재량을 확보하기 위한 예산이다.
③ 정부가 발표하는 세출예산 규모는 일반회계, 특별회계, 기금을 포함한다.
④ 현재 정부기업 특별회계는 양곡관리·조달·우체국보험·우편사업 특별회계가 설치·운용되고 있으며, 책임운영기관특별회계도 포함된다.

핵심정리

특별회계예산의 장·단점

장점	• 세입·세출에 있어서의 정부수지의 명확화 • 재정운용의 자율성, 재량 확대 • 경영합리화·능률성 제고에 기여 • 행정기능의 전문화·다양화에 부응
단점	• 예산구조·체계의 복잡화 • 재정운용의 경직성 초래(특정세입이 특정세출로 이어지는 칸막이 현상 초래) • 입법부의 예산통제와 민중통제 곤란 • 회계신설이 용이해 재정팽창의 원인이 됨

13 지방직·서울시 9급 기출

특별회계 예산과 기금에 대한 설명으로 옳지 않은 것은?

① 기금은 특정 수입과 지출의 연계가 강하다.
② 특별회계 예산은 세입과 세출이라는 운영 체계를 지닌다.
③ 특별회계 예산은 합목적성 차원에서 기금보다 자율성과 탄력성이 강하다.
④ 특별회계 예산과 기금은 모두 결산서를 국회에 제출하여야 한다.

해설 기금(fund)이란 국가가 특정한 목적을 위하여 특정한 자금을 신축적으로 운영할 필요가 있을 때에 한하여 법률로써 특별히 설치할 수 있는 자금으로, 특별회계 예산에 비해 자율성과 탄력성이 크다.
① 정부의 출연금 또는 법률에 따른 민간부담금을 재원으로 하는 기금은 규정된 법률에 의하지 않고는 설치할 수 없으며, 세입·세출예산에 의하지 않고 예산 외로 운용한다(제3의 예산). 따라서 특정 수입과 기출의 연계가 강하다.
② 특별회계 예산은 세입과 세출이라는 운영 체계를 지닌다. 기금은 세입과 세출 예산 외로 운영되고 있다.
④ 특별회계 예산과 기금 모두 결산서를 다음 연도 5월 31일까지 국회에 제출하여야 한다.

14

기금, 일반회계, 특별회계에 대한 다음 설명 중 가장 적절하지 않은 것은?

① 일반회계는 국가 고유의 일반적 재정활동을, 기금은 특정한 세입으로 특정한 사업을 운용하기 위해 설치된다.
② 특별회계는 일반회계와 기금 운용형태가 혼재되어 있다.
③ 기금과 예산 모두 국회 심의·의결 확정절차를 따른다.
④ 금융성기금 외의 기금은 주요항목 지출금액의 변경 범위가 20%를 초과하면 국회의 의결이 필요하다.

해설 국가에서 특정한 세입으로 특정한 사업을 운영하고자 할 때 설치되는 것은 특별회계이다. 기금은 특정한 목적을 위하여 특정한 자금을 신축적으로 운영할 필요가 있을 때 설치된다.
② 특별회계의 경우 일반회계와 기금의 운영형태가 혼재되어 나타난다.
③ 예산과 기금의 경우 모두 국회의 심의·의결절차를 요한다.
④ 기금관리주체는 기금운용계획 중 주요항목 지출금액을 변경하고자 하는 때에는 기금운용계획변경안을 국회에 제출하여야 하는데, 금융성 기금 외의 기금은 주요항목 지출금액의 변경범위가 10분의 2 이하, 금융성 기금은 주요항목 지출금액의 변경범위가 10분의 3 이하인 경우 등은 기금운용계획변경안을 국회에 제출하지 않고 대통령령으로 정하는 바에 따라 변경이 가능하다. 따라서 기금은 주요항목 지출금액의 변경범위가 20%(금융성 기금의 경우 30%)를 초과하는 경우 국회의 의결을 요한다고 할 수 있다.

정답 11 ④ 12 ② 13 ③ 14 ①

15

다음 설명에 해당하는 예산의 종류는?

> - 회계연도 개시일 전까지 예산안이 성립되지 못한 경우 최초 1개월분을 국회의 의결로 집행할 수 있는 예산제도
> - 1개월간의 기간 제한이 있으며, 국회의결을 필요로 함
> - 우리나라는 제1공화국 때 사용된 적이 있으며(총 9차례 의결되어 6차례 사용됨), 프랑스는 제3 · 4공화국 때 실시한 적이 있음

① 추가경정예산 ② 준예산
③ 잠정예산 ④ 가예산

해설 가예산은 회계연도 개시일 전까지 예산안이 성립되지 못한 경우 최초 1개월분을 국회의 의결로 집행할 수 있는 예산제도이다. 1개월간의 기간 제한이 있다는 점에서 잠정예산과 다르며, 국회의결을 필요로 한다는 점에서 준예산과 다르다. 우리나라는 제1공화국 때 사용된 적이 있으며(총 9차례 의결되어 6차례 사용됨), 프랑스는 제3 · 4공화국 때 실시한 적이 있다.

① 추가경정예산 : 예산이 국회를 통과하여 확정(성립)된 후에 생긴 사유로 인하여 이미 성립된 예산에 추가 · 변경이 있을 때 편성되는 예산(예산의 수정). 예산 단일성의 원칙에 대한 예외로, 마지막 추가경정예산을 최종예산이라고 함

② 준예산 : 새로운 회계연도가 개시될 때까지 예산이 불가피하게 성립되지 못한 경우 정부가 국회에서 예산안이 의결될 때까지 일정 범위 내에서 전년도 예산에 준하여 경비를 지출할 수 있는 제도.

③ 잠정예산 : 회계연도 개시 전까지 본예산이 성립되지 않았을 때 잠정적으로 예산을 편성하여 의회에 제출하고 의회의 사전의결을 얻어 사용하는 제도. 사용기간은 대부분의 국가에서 규정되어 있지 않으며 의회 의결시 정해지기도 함. 영국 · 미국은 예산심의 제도상 관행적으로 사용하며, 일본은 부득이한 경우 예외적으로 사용함. 우리나라는 사용한 적이 없음

16

다음 중 예산과 기금에 대한 설명으로 옳지 않은 것은?

① 기금운용계획은 예산과 달리 국회의 승인을 받을 필요가 없다.
② 기금은 정부출연금, 부담금 등 재원이 다양하지만 일반회계 예산은 조세수입이 대부분을 차지한다.
③ 무상적 급부를 원칙으로 하는 예산과 달리, 기금은 유상적 급부가 원칙이다.
④ 예산은 합법성에 의해 엄격히 통제되지만 기금은 합목적의 차원에서 상대적인 자율성 · 탄력성을 가진다.

해설 예산과 기금 모두 국회의 심의 · 의결절차가 필요하다. 정부는 기금운용계획안을 회계연도 개시 120일 전까지 국회에 제출해야 하며, 국회는 이를 회계연도 개시 30일 전까지 심의 · 의결해야 한다.

핵심정리

예산과 기금의 비교

구분	예산	기금
재원	• 일반회계 : 조세수입 • 특별회계 : 일반회계와 기금의 혼재	전입금, 정부출연금, 부담금 등
급부	무상적 급부	유상적 급부(융자사업 등 유상급부 제공이 원칙)
성격	소비성	적립성 또는 회전성
보상	일반보상원리	개별보상원리
확정 절차	부처의 예산요구 – 기획재정부의 예산안 편성 – 국회 심의 · 의결	기금관리주체의 계획 수립 – 기획재정부장관과의 협의 · 조정 – 국회 심의 · 의결
집행의 자율성	엄격통제(합법성)	상대적인 자율성 · 탄력성(합목적성)
수입과 지출의 연계	• 일반회계 : 연계배제 • 특별회계 : 연계(통일성)	연계(통일성)

17

다음 중 집행 시 전년도 예산이 기준이 되는 예산은?

① 준예산 ② 수정예산
③ 특별회계예산 ④ 추가경정예산

해설 준예산은 새로운 회계연도가 개시될 때까지 예산이 불가피하게 성립되지 못한 경우 정부가 국회에서 예산안이 의결될 때까지 법정된 기관의 유지·운영비, 경비, 계속비 등을 전년도 예산에 준하여 경비를 지출할 수 있도록 집행하는 것이다.
② 수정예산은 정부가 예산안을 국회로 제출한 후 예산이 최종 성립(의결) 전에 국내외 여건의 변화로 부득이하게 예산안 내용의 일부를 수정하여 편성·제출한 예산이다.
③ 특별회계예산은 국가에서 특정한 사업을 운영하고자 할 때, 특정한 자금을 보유하여 운용하고자 할 때, 특정한 세입(조세 외 수입)으로 특정한 세출에 충당함으로써 일반회계와 구분하여 계리할 필요가 있을 때에 법률로써 설치하는 것으로, 예산집행 과정상의 신축성과 융통성, 재량을 확보하기 위한 예산이다.
④ 추가경정예산은 예산이 국회를 통과하여 확정(성립)된 후에 생긴 사유로 인하여 이미 성립된 예산에 추가·변경이 있을 때 편성되는 예산이다.

18

다음 중 예산에 대한 설명으로 틀린 것은?

① 준예산은 지출항목이 한정적이다.
② 북한은 예산심의제도상 잠정예산을 사용하고 있다.
③ 한국은 회계연도 개시 30일 전까지 의결이 되지 않을 경우 준예산을 사용한다.
④ 준예산은 국회의 의결이 불필요하다.

해설 준예산은 새로운 회계연도가 개시될 때까지 예산이 불가피하게 성립되지 못한 경우 정부가 국회에서 예산안이 의결될 때까지 전년도 예산에 준하여 경비를 지출할 수 있는 제도이다.
① 준예산이 적용되는 경비로는 헌법이나 법률에 의하여 설치된 기관 또는 시설의 유지비·운영비(공무원 보수와 기본경비 등), 법률상 지출의 의무가 있는 경비, 이미 예산으로 승인된 사업의 계속비 등으로 지출항목이 한정적이다.
② 잠정예산은 회계연도 개시 전까지 본예산이 성립되지 않았을 때 잠정적으로 예산을 편성하여 의회에 제출하고 의회의 사전의결을 얻어 사용하는 제도로서 사용기간은 대부분의 국가에서 규정되어 있지 않으며 의회 의결시 정해지기도 한다. 영국·미국은 예산심의 제도상 관행적으로 사용하고 일본은 부득이한 경우 예외적으로 사용한다. 반면 우리나라는 사용한 적이 없다. 북한의 경우 회계연도는 1월 1일에 시작되지만 최고인민회의는 매년 4월 초에 예산심의를 하기 때문에 3개월 정도의 잠정예산을 사용한다.
④ 준예산은 기간의 제한이 없으며(당해연도의 예산이 성립할 때까지 제한 없이 사용 가능), 국회의 의결도 불필요하다.

19

다음 중 준예산제도가 적용되는 경비와 거리가 먼 것은?

① 법률상 지출의무의 이행
② 예산초과지출에 충당하기 위한 예비비
③ 이미 예산으로 승인된 사업의 계속
④ 헌법이나 법률에 의하여 설치된 기관 또는 시설의 유지 · 운영

해설 준예산은 새로운 회계연도가 개시될 때까지 예산이 불가피하게 성립되지 못한 경우 정부가 국회에서 예산안이 의결될 때까지 ①, ③, ④의 경비를 전년도 예산에 준하여 사용하는 제도이다. 이때, 당해연도 예산이 성립되면 준예산은 효력을 잃으며, 그동안 집행된 예산은 성립된 예산으로 집행된 것으로 간주된다.

핵심정리

준예산이 적용되는 경비
- 헌법이나 법률에 의하여 설치된 기관 또는 시설의 유지비 · 운영비(공무원 보수와 기본경비 등)
- 법률상 지출의 의무가 있는 경비
- 이미 예산으로 승인된 사업의 계속비

준예산, 잠정예산, 가예산 비교

비교기준	준예산	잠정예산	가예산
지출대상	한정적	무한정	무한정
지출기간	무한정	한정(수개월)	한정(1개월)
국회의결	불필요	필요	필요

20 국가직 9급 기출

「국가재정법」상 추가경정예산안 편성이 가능한 사유에 해당하지 않는 것은?

① 전쟁이나 대규모 재해가 발생한 경우
② 남북관계의 변화와 같은 중대한 변화가 발생한 경우
③ 경기침체, 대량실업 같은 중대한 변화가 발생할 우려가 있는 경우
④ 경제협력, 해외원조를 위한 지출을 예비비로 충당해야 할 우려가 있는 경우

해설 경제협력, 해외원조를 위한 지출을 예비비로 충당해야 할 우려가 있는 경우는 「국가재정법」상 추가경정예산의 편성사유에 해당하지 않는다.
① · ② · ③ 「국가재정법」 제89조의 각호의 추가경정예산안 편성 가능 사유에 해당한다.

핵심정리

추가경정예산
- 의의
  - 예산이 국회를 통과하여 확정(성립)된 후에 생긴 사유로 인하여 이미 성립된 예산에 추가 · 변경이 있을 때 편성되는 예산(예산의 수정)
  - 예산 단일성의 원칙에 대한 예외로, 마지막 추가경정예산을 최종예산이라고 함
- 편성 사유 : 「국가재정법」에서는 재정건전성 제고를 위해 추가경정예산이 편성되는 경우를 다음으로 제한하고 있음
  - 전쟁이나 대규모 자연재해가 발생한 경우
  - 경기침체, 대량실업, 남북관계의 변화, 경제협력과 같은 대내 · 외 여건에 중대한 변화가 발생하였거나 발생할 우려가 있는 경우
  - 법령에 따라 국가가 지급하여야 하는 지출이 발생하거나 증가하는 경우

21

「국가재정법」상 추가경정예산을 편성할 수 있는 경우가 아닌 것은?

① 법령에 따라 국가가 지급하여야 하는 지출이 발생하거나 증가하는 경우
② 경기침체, 대량실업, 남북관계의 변화, 경제협력과 같은 대내·외 여건에 중대한 변화가 발생하였거나 발생할 우려가 있는 경우
③ 새로운 회계연도가 개시될 때까지 국회에서 예산안이 의결되지 못한 경우
④ 전쟁이나 대규모 재해가 발생한 경우

해설 새로운 회계연도가 개시될 때까지 국회에서 예산안이 의결되지 못한 때에 편성되는 것은 추가경정예산이 아니라 준예산이다.

핵심정리

추가경정예산을 편성할 수 있는 경우
- 전쟁이나 대규모 자연재해가 발생한 경우
- 경기침체, 대량실업, 남북관계의 변화, 경제협력과 같은 대내·외 여건에 중대한 변화가 발생하였거나 발생할 우려가 있는 경우
- 법령에 따라 국가가 지급하여야 하는 지출이 발생하거나 증가하는 경우

22

다음 예산의 분류 중 가장 오래되고 기본적인 분류는?

① 기능별 분류
② 조직별 분류
③ 경제성질별 분류
④ 품목별 분류

해설 조직별 분류는 예산을 부서별·기관별·소관별로 분류하는 방법으로, 가장 오래되고 기본적인 분류방법이다.

핵심정리

기준별 예산의 분류

구분	내용
기능별 분류	정부가 수행하는 국가의 주요기능에 따라 분류하는 방법
조직별 (소관별) 분류	예산을 예산주체, 즉 부처별·기관별·소관별로 구분하는 방법으로, 가장 오래되고 기본적인 분류방법
품목별 (항목별) 분류	지출의 대상이나 성질, 물품·서비스의 종류를 중심으로 한 분류. 통제중심의 예산제도로서 주로 세출예산에 적용
경제성질별 분류	예산이 국민경제(소득, 소비, 저축, 생산, 투자)에 미치는 영향을 파악하는 데 도움을 주기 위한 분류
기타 분류	• 사업계획별 분류 : 업무를 구체적으로 몇 개의 사업계획으로 나누어 분류하는 방법 • 활동별 분류 : 예산안의 편성·제출, 예산집행상황 회계업무처리를 용이하게 하는 방법으로, 사업계획별 분류를 다시 세분화하여 분류하는 방법 • 성과별 분류 : 기능과 활동을 기초로 예산지출에 의한 사업성과에 중점을 둔 분류방법

23
다음 중 계획과 예산을 밀접하게 연결시키기 위한 방안으로 적절하지 않은 것은?

① 기획 및 예산담당자의 인사교류
② 계획기구와 예산기구의 1원화
③ 계획예산에서 품목별 예산으로의 전환
④ 연동계획의 활용

해설 품목별 예산제도처럼 전년도 답습적인 통제지향적·점증적 예산제도에서는 예산과 계획의 유기적 연결이 곤란하다. 예산과 계획의 조화를 위해서는 계획기능을 고려할 수 있는 계획예산(PPBS)이나 목표관리예산(MBO)이 필요하다.
계획은 정부가 추구하는 목표를 설정한 후 이를 달성하기 위해 수단을 선택하고 우선순위를 매기는 과정인데 비해, 예산은 정부의 계획을 금액으로 표시하고 재정적으로 뒷받침하는 활동이다. 예산을 고려하지 않은 계획은 무의미하고 비현실적이며, 계획과 유기적으로 연결되지 않은 예산은 정책목표와 유리되어 비효율과 낭비를 초래하기 쉬우므로, 양자는 상호보완적으로 작용해야 한다(현실적으로는 기획을 뒷받침할 재원의 부족, 계획과 예산의 신축성 결여, 예산제도의 결함, 계획제도의 비합리성 등 여러 요인으로 인해 양자 간의 괴리가 발생).

핵심정리
계획과 예산의 조화·연계 방안
- 기획기구·예산기구의 1원화, 기획·예산 조정기구 설치
- 단기적·통제중심적 예산제도 탈피, 계획예산(PPBS)·목표관리예산(MBO), 다년도예산의 활용
- 계획·예산담당자의 상호 협조 : 담당자 간 인사교류·순환보직·공동교육훈련, 집행책임을 지는 행정부서가 기획과정에 적극 참여
- 적실성 있고 구체적인 계획, 연동계획(연차계획)의 활용
- 예산집행의 신축성 확보, 효율성 배당 등 집행의 자율성 제고
- 정치지도자의 확고한 정책의지 및 입법부의 계획에 대한 인식 제고
- 복식부기·발생주의 회계의 도입을 통한 회계정보시스템 구축
- 심사분석과 결산제도의 개선

24 국가직 9급 기출
우리나라의 성인지 예산제도에 대한 설명으로 옳지 않은 것은?

① 정부는 예산이 여성과 남성에게 미치는 효과를 평가하고, 그 결과를 정부의 예산편성에 반영하기 위하여 노력하여야 한다.
② 성인지 예산서는 기획재정부 장관이 각 중앙관서의 장과 협의하여 제시한 작성기준 및 방식 등에 따라 여성가족부장관이 작성한다.
③ 성인지 예산서에는 성인지 예산의 개요, 규모, 성평등 기대효과, 성과목표 및 성별수혜분석 등의 내용이 포함되어야 한다.
④ 성인지 결산서에는 집행실적, 성평등 효과분석 및 평가 등이 포함되어야 한다.

해설 성인지 예산은 남녀평등을 구현하려는 정책의지를 예산과정에 명시적으로 도입한 차별철폐 지향적 예산으로, 성인지 예산서는 기획재정부장관이 여성가족부장관과 협의하여 제시한 작성기준 및 방식 등에 따라 각 중앙관서의 장이 작성한다.
① 우리나라에서는 국가재정법에서 성인지 예·결산서를 규정하여 정부예산이 남성과 여성에게 미치는 영향이나 효과를 분석·평가하여 예산에 있어 성차별이 개선되도록 규정하고 있다.
③ 정부는 예산이 여성과 남성에게 미칠 영향을 미리 분석한 성인지 예산서를 작성하여야 하며, 여기에는 성평등 기대효과, 성과목표, 성별 수혜분석 등의 내용이 포함된다.
④ 정부는 여성과 남성이 동등하게 예산의 수혜를 받고 예산이 성차별을 개선하는 방향으로 집행되었는지를 평가하는 성인지 결산서를 작성하여야 하며, 여기에는 집행실적, 성 평등 효과분석 및 평가 등의 내용이 포함된다.

25 지방직 9급 기출

성인지 예산(gender budgeting)에 대한 설명으로 옳지 않은 것은?

① 예산과정에 성 주류화(gender mainstreaming)의 적용을 의미한다.
② 성중립적(gender neutral) 관점에서 출발한다.
③ 우리나라는 국가재정법에서 성인지 예산서와 결산서 작성을 의무화하였다.
④ 성인지적 관점의 예산운영은 새로운 재정 운영의 규범이 되고 있다.

해설 성인지 예산(gender budgeting)은 성 중립적(gender neutral) 관점이 아니라 성 주류화(gender mainstreaming)와 관련된다. 성 중립적 관점은 양성평등에 있어 소극적 공평 또는 기회의 공평을 강조하는데 비해, 성주류화에서는 적극적 공평 또는 결과의 공평을 구현하려는 전략이다.
① 성인지 예산은 남녀평등을 구현하려는 정책의지를 예산과정에 반영한 차별·철폐지향적 예산으로, 예산과정에서 양성평등을 구현하는 전략인 성 주류화(性 主流化, gender mainstreaming)를 적용한 예산이다. 성 주류화는 여성의 주류화, 양성평등 관점의 주류화, 주류의 전환의 3가지 과정을 포함한다.
③ 우리나라 「국가재정법」에서는 성인지 예산서 작성(동법 제26조)과 성인지 결산서의 작성(동법 제57조)을 의무화하고 있다.
④ 성별 영향평가를 통해 마련된 양성평등정책이 성인지 예산을 통해 공공예산의 편성·집행·결산 등 재정운영의 전 과정에서 반영됨으로써, 성인지적 관점의 예산운영은 새로운 재정운영의 규범으로서의 역할을 수행하고 있다.

26

우리나라 예산분류에 대한 내용으로 옳은 것은?

① 우리나라의 경우 다양한 분류기준이 혼합적으로 사용되고 있어 품목별 분류가 비교적 요연하게 되어 있다.
② 재정운영의 책임소재가 분명하다.
③ 예산회계별 독립적인 재정운용으로 자원배분의 총체적 효율성이 저하된다.
④ 중앙정부와 지방정부의 예산 연계가 비교적 유연하게 이루어지고 있다.

해설 우리나라는 예산회계별 독립적인 재정운용으로 자원배분의 총체적 효율성이 저하되며, 중장기 전략적 자원배분이 어렵다.
① 우리나라의 경우 다양한 분류기준이 혼합적으로 사용되고 있지만 품목별 분류가 지나치게 세분화되어 예산과목체계가 복잡하다.
② 재정운영의 자율성이 저하되며, 책임소재가 불분명하다.
④ 중앙정부와 지방정부의 예산 연계가 미흡하다.

핵심정리

우리나라 예산분류 개선방향
- 사업과 성과중심의 예산과목 체계의 구축
- 참여정부시기 재정개혁의 원활한 진행을 위해 종래 품목별 예산중심의 구조를 사업별 예산(프로그램예산) 중심의 구조로 전환을 모색
- 사업별로 분류한 후 말단 비목에 가서 품목별 분류를 적용

정답 23 ③ 24 ② 25 ② 26 ③

제2장 예산결정이론 및 예산제도론

대표유형문제

지방직·서울시 9급 기출

예산제도에 대한 설명으로 옳지 않은 것은?

❶ 품목별 예산제도는 행정부의 재량권을 확대하기 위해 도입되었다.
② 성과주의 예산제도에서는 사업의 단위원가를 기초로 예산을 편성한다.
③ 계획예산제도에서는 장기적인 기획과 단기적인 예산편성을 연계하여 합리적 예산 배분을 시도한다.
④ 영기준 예산제도는 예산을 편성할 때 전년도 예산에 구애받지 않는다.

정답해설 품목별 예산제도는 지출의 대상과 성질에 따라 세부 항목별로 분류하여 편성하는 예산제도이다. 지출대상인 급여·여비·수당·시설비 등을 기준으로 분류하여 지출대상과 그 한계를 규정함으로써 예산을 통제하는 제도로 행정부의 권한과 재량을 제한하는 통제지향적 예산제도이다.

오답해설 ② 성과주의 예산제도는 주요사업을 세부 사업으로 나누고 각 세부 사업마다 업무측정단위(성과단위)를 선정한 후, 하나의 업무측정단위의 원가(단위원가)와 업무량을 통해 예산액을 산출하는 것이다(단위원가×업무량 = 예산액).
③ 계획예산제도란 장기적인 계획수립과 단기적인 예산을 프로그램 작성을 통하여 유기적으로 결합시킴으로써 자원배분에 관한 의사결정을 합리적으로 행하려는 제도이다.
④ 영기준 예산제도는 조직체의 모든 사업·활동을 원점에서 총체적으로 분석·평가하고 우선순위를 결정한 뒤 이에 따라 예산을 근원적·합리적으로 결정하는 예산제도이다. 따라서 전년도 예산에 구애받지 않는다.

핵심정리 품목별 예산제도의 장·단점

장점	단점
• 편성 및 운영방법이 비교적 간단·용이하며, 이해가 용이 • 지출예산별 금액이 표시되므로 재정적 한계와 공무원의 회계책임이 명확하고, 부패가 억제됨 • 명시된 지출품목 이외에 지출 불가능 • 정책에 대해 중립적이며 다양한 정책과 조화가 가능 • 행정재량의 범위를 제한하며, 의회의 심의·통제가 용이하여 재량권 남용을 억제 • 차기 예산안 편성에 도움이 되며, 정부운영에 필요한 자료를 받아 활용 가능	• 예산의 지나친 세분화로 예산집행의 신축성·자율성·융통성을 저해 • 산출이 아닌 투입 중심의 예산편성으로 인해 정부 사업에 대한 전체적 상황파악이 곤란 • 사업 성과와 정부생산성에 대한 정확한 평가가 곤란 • 사업과 예산의 연계에 대한 고려가 없음 • 예산이 국민경제에 미치는 전략적·적극적인 역할을 이해하는 데 무용함 • 장기적 계획수립이나 자원배분의 효율성을 저해

01

다음 중 예산결정의 합리주의 결정방식에 대한 설명으로 틀린 것은?

① 품목별 예산이나 성과주의 예산의 예산편성방식과는 다르다.
② 거시적이고 하향적으로 예산편성이 이루어진다.
③ 목표와 수단의 상호 유기적 관계를 인정하는 결정방식이다.
④ 목표를 합리적으로 달성할 수 있는 대안분석을 위해 체제분석을 한다.

해설 합리주의 결정방식은 목표와 수단을 구분하여 분석하는 목표수단분석을 실시한다.
① 품목별 예산이나 성과주의 예산제도는 점증주의에 의한 결정방식(A. Wildavsky)이므로 합리주의와 구분된다.
②·④ 합리주의 결정방식은 결정과 관련된 모든 요소를 종합적으로 검토하는 총체적·통합적 접근방법으로 대안에 대한 종합적이고 완전한 정보를 획득하여 최적의 대안을 선택한다. 분석은 하향적·거시적으로 이루어지는 경우가 많다.

핵심정리

합리주의(총체적·규범적·거시적 접근)
- 예산결정과 관련된 모든 요소를 과학적 분석기법을 사용하여 총체적·종합적으로 검토·결정하는 예산이론
- 비용과 효율 면에서 프로그램이나 정책대안을 관리과학 등의 분석기법을 이용하여 총체적·체계적으로 검토한 후 예산액을 결정하는 것
- 규범적 성격이 강하며, 오늘날의 예산개혁은 이러한 예산결정이론을 제도화한 것이라 할 수 있음

02 국가직 9급 기출

다음 내용의 괄호 안에 해당하는 것은?

> 최근 미국은 의회의 연방예산처리 지연으로 예산편성 및 집행에 큰 어려움을 겪으면서 행정업무가 마비되는 사태를 겪은 바 있다. 우리나라는 새로운 회계연도가 개시될 때까지 예산안이 국회에서 의결되지 못한 경우에 대비하여 ( ) 제도를 시행하고 있다.

① 준예산　　② 가예산
③ 수정예산　④ 잠정예산

해설 준예산은 새로운 회계연도가 개시될 때까지 예산이 불가피하게 성립되지 못한 경우 정부가 국회에서 예산안이 의결될 때까지 일정 범위 내에서 전년도 예산에 준하여 경비를 지출할 수 있는 제도로 우리나라는 새로운 회계연도가 개시될 때까지 예산안이 국회에서 의결되지 못한 경우에 대비하여 준예산 제도를 시행하고 있다.
② 가예산 : 회계연도 개시일 전까지 예산안이 성립되지 못한 경우 최초 1개월분을 국회의 의결로 집행할 수 있는 예산제도(우리나라 제1공화국 사용)
③ 수정예산 : 정부가 예산안을 국회로 제출한 후 예산이 최종 성립(의결) 전에 국내외 여건의변화로 부득이하게 예산안 내용의 일부를 수정하여 편성·제출한 예산(우리나라 1970년, 1981년, 2009년 본예산, 1980년 추가경정예산 4회 편성)
④ 잠정예산 : 회계연도 개시일 전까지 예산이 국회를 통과하지 못한 경우 일정 기간 동안 일정금액(최초 3~4개월분) 예산의 국고지출을 잠정적으로 허용하는 제도(미국, 일본, 영국 등 우리나라는 사용한적 없음)

03 지방직 9급 기출

점증주의 예산결정이론의 특성이 아닌 것은?

① 현실설명력은 높지만 본질적인 문제해결방식이 아니며 보수적이다.
② 정책과정상의 갈등을 완화하고 해결하는 데 필요한 정치적 합리성을 갖는다.
③ 계획예산제도(PPBS)와 영기준예산제도(ZBB)는 점증주의 접근을 적용한 대표적 사례이다.
④ 자원이 부족한 경우 소수 기득권층의 이해를 먼저 반영하게 되어 사회적 불평등을 야기할 우려가 있다.

> **해설** 계획예산제도(PPBS)와 영기준예산제도(ZBB)는 합리주의(총체주의)를 적용한 대표적 사례이다. 점증주의를 적용한 방법으로는 품목별예산제도(LIBS), 성과주의예산제도(PBS) 등이 있다.
> ① 결정자의 현실적 제약(인지 및 분석능력의 한계, 시간과 정보의 부족, 대안 비교 기준의 불분명)에서 현존 정책에 대한 소폭적 변화만을 대안으로 고려하여 결정하기 때문에 현실설명력은 높지만 본질적인 문제해결방식이 아니며 보수적(정치적 실현가능성과 결정체제의 안정성에 치중)이다.
> ② 점증주의는 정치적·현상유지적·보수적 성격으로 정책과 정상의 갈등을 완화하고 해결하는 데 필요한 정치적 합리성을 갖는다.
> ④ 자원이 풍족한 경우 타당성이 높으나 자원이 부족한 경우 소수 기득권층의 이해를 먼저 반영하게 되어 사회적 불평등을 야기할 우려가 있다.

> **핵심정리**
> **예산결정이론**
> - **합리주의 예산결정** : 예산결정과 관련된 모든 요소를 과학적 분석기법을 사용하여 총체적·종합적으로 검토·결정하는 방법
> - **점증주의 예산결정** : 현 연도의 예산액을 기준으로 하여 다음 연도의 예산액을 결정하는 방식

04 서울시 9급 기출

우리나라의 재정건전성 관련 제도에 대한 설명으로 가장 옳은 것은?

① 총사업비관리제도는 예비타당성조사제도와 같은 시기에 도입되었다.
② 예비타당성조사는 총사업비 500억원 이상이면서 국가재정 지원이 300억원 이상인 신규 사업 중에 일정한 절차를 거쳐 실시한다.
③ 토목사업은 400억원 이상일 경우 총사업비관리 대상이다.
④ 재정사업자율평가제도는 2004년부터 실시되었다.

> **해설** 총사업비가 500억원 이상이고 국가의 재정지원 규모가 300억원 이상인 신규 사업으로서 건설공사가 포함된 사업, 지능정보화 사업, 국가연구개발사업은 예비타당성조사 대상사업이다.
> ① 총사업비관리제도는 1994년도부터 운영되고 있고, 예비타당성조사제도는 1999년도부터 실시하여 2000년 예산편성 때부터 적용하고 있는 제도이다.
> ③ 토목사업은 500억원 이상, 건축사업은 200억원 이상일 경우 총사업비관리 대상이다.
> ④ 기획재정부는 예산편성과 성과관리의 연계를 위해 2005년도부터 재정사업자율평가제도를 실시하고 있다.

> **핵심정리**
> **예비타당성조사 및 총사업비관리 대상사업**
> ① **예비타당성조사 대상사업** : 신규사업으로서 다음 해당 사업
>   ㉠ 총사업비 500억 이상, 국가 재정지원 300억 이상인 건설사업(토목, 건축 등 건설공사가 포함된 사업), 지능정보화사업, 국가연구개발사업
>   ㉡ 중기사업계획서에 의한 재정지출이 500억 이상인 사회복지, 보건, 교육, 노동, 문화 및 관광, 환경보호, 농림해양수산, 산업·중소기업 분야의 사업
> ② **총사업비관리 대상사업** : 완성에 2년 이상 소요되는 사업으로서 다음 해당 사업
>   ㉠ 총사업비 500억 이상, 국가 재정지원 300억 이상인 다음 사업

- 건설공사가 포함된 사업. 단 건축사업 제외
- 지능정보화 사업
- 그 밖에 사회복지, 보건, 교육, 노동, 문화 및 관광, 환경 보호, 농림해양수산, 산업·중소기업 분야의 사업

ⓒ 건축사업 또는 연구개발사업으로서 총사업비가 200억 원 이상인 사업

05 국가직 9급 기출

품목별 예산제도에 대한 설명으로 옳은 것은?

① 지출을 통제하고 공무원들로 하여금 회계적 책임을 쉽게 확보할 수 있는 데 용이하다.
② 미국 케네디 행정부의 국방장관인 맥나마라(McNamara)가 국방부에 최초로 도입하였다.
③ 거리 청소, 노면 보수 등과 같이 활동 단위를 중심으로 예산재원을 배분한다.
④ 능률적인 관리를 위하여 구성원의 참여를 촉진한다는 점에서는 목표에 의한 관리(MBO)와 비슷하다.

해설 품목별 예산제도(LIBS ; The Line Item Budgeting System)는 지출대상인 급여·여비·수당·시설비 등을 기준으로 분류하여 지출대상과 그 한계를 규정함으로써 예산을 통제하는 제도로, 공무원들로 하여금 회계적 책임을 쉽게 확보할 수 있는 데 용이하다.
② 미국 케네디 행정부의 국방장관인 맥나마라(McNamara)가 국방부에 최초로 도입된 것은 계획예산제도(PPBS ; Planning Programming Budgeting System)이다.
③ 거리 청소, 노면 보수 등과 같이 활동 단위를 중심으로 예산재원을 배분하는 것은 성과주의예산제도(PBS ; Performance Budgeting System)이다.
④ 품목별 예산제도는 예산편성이 상향적으로 이루어지는 것은 맞지만, 상관과 부하가 함께 참여하여 목표를 설정하고 실행활동을 하면서 평가와 환류를 중시하는 목표관리예산제도(MBO)와는 성격이 다르다.

06

다음 중 품목별 예산제도에 관한 설명으로 잘못된 것은?

① 해당 공무원의 회계책임을 명확히 할 수 있다.
② 예산집행 시 발생하는 예기치 못한 상황에 신축적으로 대응하지 못한다.
③ 시간 경과, 예산비목 증가, 능률적 통제가 어려워진다.
④ 단위사업 구분에 따른 단위원가 계산이 어려워진다.

해설 성과주의 예산제도는 단위원가 계산의 곤란(단위원가란 업무측정단위 하나를 산출하는 데 소요되는 인건비, 자재비 기타 모든 경비를 합산한 것이므로, 회계제도가 미발달한 국가나 현금주의를 채택하는 경우는 계산이 어려움), 업무측정단위의 선정 곤란(성과주의에 있어 예산편성의 기본단위인 업무측정단위는 최종산출물이 성과로 표시되는데, 공행정의 무형성으로 인해 성과를 계량적으로 측정하는 데 근본적으로 어려움이 따름) 등의 기술적 곤란성으로 인해 도입 및 운용상의 문제점이 있다.

핵심정리

품목별 예산제도의 단점
- 예산의 지나친 세분화로 예산집행의 신축성·자율성·융통성을 저해
- 산출(사업)중심이 아닌 투입(예산)중심의 예산편성으로 인해 정부 사업에 대한 전체적 상황파악이 곤란(각각의 예산항목만 강조하여 사업이나 정책 우선순위를 경시)
- 사업 성과와 정부생산성에 대한 정확한 평가가 곤란
- 사업과 예산의 연계에 대한 고려가 없음
- 예산이 국민경제에 미치는 전략적·적극적인 역할을 이해하는 데 무용함
- 장기적 계획수립이나 자원배분의 효율성을 저해

07

다음 중 품목별 예산제도의 장점이 아닌 것은?

① 차기 예산안 편성에 도움이 된다.
② 회계책임을 명백히 할 수 있다.
③ 정부활동의 전체적인 상황파악이 가능하다.
④ 행정지출의 남용을 방지할 수 있고 행정권이 제한된다.

해설 품목별 예산제도는 예산을 지출의 대상과 성질에 따라 세부항목별로 분류하므로 지출항목의 파악이 가능하지만, 산출이 아닌 투입에 치중하므로 정부의 사업에 대한 전체적인 상황파악은 곤란하다.
① 전년도 결정에 따라 점증적인 결정이 이루어지므로 차기 예산안 편성에 도움이 되며, 정부운영에 필요한 자료를 받아 활용이 가능하다.
② 지출예산별 금액이 표시되므로 재정적 한계와 공무원의 회계책임이 명확하며, 부패를 억제할 수 있다.
④ 행정재량의 범위를 제한하며, 의회의 예심 · 통제가 용이하여 재량권 남용을 억제할 수 있다.

핵심정리

품목별 예산제도의 장점
- 편성 및 운영방법이 비교적 간단 · 용이하며, 이해가 용이(모든 예산편성의 기초)
- 지출예산별 금액이 표시되므로 재정적 한계와 공무원의 회계책임이 명확함, 부패억제
- 명시된 지출품목 이외에 지출 불가능(비능률적 지출이나 초과지출을 억제)
- 정책에 대해 중립적이며 다양한 정책과 조화가 가능
- 행정재량의 범위를 제한하며, 의회의 예심 · 통제가 용이하여 재량권 남용을 억제
- 차기 예산안 편성에 도움이 되며, 정부운영에 필요한 자료를 받아 활용 가능

08 국가직 9급 기출

예산제도의 특징에 대한 설명으로 옳은 것은?

① 품목별 예산은 사업대안의 우선순위에 필요한 정보를 제공한다.
② 계획예산은 정보들을 의사결정 패키지별로 조직한다.
③ 영기준예산은 장기적 계획과 단기적 예산을 영(zero)수준의 프로그래밍을 통해 연계한다.
④ 성과예산은 업무량 또는 활동별 지출을 단위비용으로 표현하고자 한다.

해설 업무량 또는 활동별 지출을 단위비용으로 표현하고자 하는 예산제도는 성과주의 예산(PBS)이다. 즉, 성과주의 예산은 정부예산을 사업별 · 활동별로 구분하여 편성하는 예산으로, 주요사업을 세부사업(활동)으로 나누고 세부사업별 업무측정단위(성과단위)를 선정한 후 업무측정단위의 원가와 업무량을 통해 예산액을 산출하는 예산을 말한다.
① 품목별 예산(LIBS)은 지출의 대상과 성질에 따라 세부항목별로 분류하여 편성하는 예산으로, 각각의 예산항목만 강조하여 그것으로 수행되는 사업이나 정책 우선순위에 대한 정보를 제공하지 못하는 단점이 있다.
② 정보들을 의사결정 패키지별로 조직하는 것은 영기준예산(ZBB)에 해당되는 내용이다. 영기준예산은 점증주의 예산을 탈피하여 조직체의 모든 사업 · 활동을 원점에서 총체적으로 분석 · 평가하고 우선순위를 결정한 뒤 이에 따라 예산을 근원적 · 합리적으로 결정하는 예산제도로서, 의사결정단위에 대한 분석 및 평가결과와 관련 정보를 기재한 의사결정 패키지(의사결정항목)의 작성을 핵심적인 작업으로 한다.
③ 계획예산(PPBS)에 대한 내용이다. 계획예산제도는 장기적인 계획수립(planning)과 단기적인 예산(budgeting)을 프로그램 작성(programming)을 통하여 유기적으로 결합시킴으로써 자원배분에 관한 의사결정을 합리적으로 행하려는 제도이다.

09
점증주의의 이점으로 보기 어려운 것은?
① 타협의 과정을 통해 이해관계의 갈등을 조정하는 데 유리하다.
② 대안의 탐색과 분석에 소요되는 비용을 줄일 수 있다.
③ 예산결정을 간결하게 한다.
④ 합리적·총체적 관점에서 의사결정이 가능하다.

해설 합리적·총체적 관점에서 의사결정이 가능한 것은 합리주의이다. 점증주의는 부분적·단편적·할거적 예산결정을 특징으로 한다.

핵심정리

점증주의의 특징 및 한계
- 특징
  - 예산결정은 보수적·단편적·선형적(경향적)·역사적 성격(전년도 예산을 기준으로 소폭의 증감으로 결정)
  - 정치적·과정중심적 예산결정
  - 예산결정을 오류로부터 점차 수정 가능한 연속과정으로 파악
  - 전체대안이 아닌 중요한 몇 가지 대안만 고려하며, 대안에 대한 부분적 분석에 치중
  - 비합리적이며 주먹구구식의 성향으로 품목별예산과 성과주의 예산에 적합
  - 분석은 상향적·미시적으로 이루어짐
- 한계
  - 보수주의적 성격(정치적 실현가능성과 결정체제의 안정성에 치중)
  - 예산개혁을 위한 규범이론으로서의 한계
  - 점증의 정도나 대상 등에 대한 합의 부족
  - 이론적 설명의 불충분(특히, 최근 예산감축을 강조하는 하향적·거시적 예산결정을 설명하지 못함)
  - 자원 부족 시 적용이 곤란

10
다음 중 성과주의 예산의 장점으로 가장 알맞은 것은?
① 예산집행의 신축성을 증진시킨다.
② 감사를 용이하게 할 수 있다.
③ 불법지출의 방지에 효과적이다.
④ 세입의 징수를 촉진시키며, 세출의 적법성을 확보할 수 있다.

해설 성과주의 예산은 예산사업마다 업무단위를 선정한 후 업무단위의 원가와 업무량을 통해 예산액을 계산해서 사업별·활동별로 분류 편성하는 예산제도로, 예산집행을 신축적이고 탄력적으로 운영할 수 있게 한다. 또한 성과주의 예산은 사업중심적·원가중심적·관리중심적·성과중심적 예산제도로서 예산의 배정과정에서 필요 사업량이 제시되므로 예산과 사업의 연계가 가능한 예산제도이다.

핵심정리

성과주의 예산의 장점
- 관리층에 효율적인 관리수단을 제공하며, 의사결정력 제고(의사결정의 합리화)
- 국민과 의회가 정부사업의 목적과 활동을 이해하기 쉬움
- 사업별 산출근거가 제시되므로 의회의 예산심의가 간편함
- 실적평가 및 장기계획 수립 및 실시에 유용하며, 차기 회계연도 예산 반영가능
- 예산편성에 있어 자원배분의 합리화·효율화에 기여함
- 통제가 아닌 관리 중심의 예산이므로 예산 집행의 자율적 관리 및 신축성 확보가 용이함(절약과 능률 확보 가능)

정답 07 ③ 08 ④ 09 ④ 10 ①

11 국가직 9급 기출

성과주의 예산제도에 관한 설명으로 옳은 것을 모두 고른 것은?

> ㄱ. 예산서에는 사업의 목적과 목표에 대한 기술서가 포함되며, 재원은 활동단위를 중심으로 배분된다.
> ㄴ. 사업의 대안들을 제시하도록 하고 가장 효과적인 프로그램에 대해 재원배분을 선택하도록 한다.
> ㄷ. 예산의 배정과정에서 필요 사업량이 제시되므로 예산과 사업을 연계시킬 수 있다.
> ㄹ. 장기적인 계획과의 연계보다는 단위사업만을 중시하기 때문에 전략적인 목표의식이 결여될 수 있다.

① ㄱ, ㄴ
② ㄱ, ㄷ, ㄹ
③ ㄱ, ㄴ, ㄷ
④ ㄴ, ㄷ, ㄹ

해설 'ㄴ'은 계획예산제도(PPBS)에 해당되는 설명이다. 계획예산제도는 장기적인 계획수립과 단기적인 예산을 프로그램 작성을 통하여 유기적으로 결합시킴으로써 자원배분에 관한 의사결정을 합리적으로 행하려는 제도를 말한다.
> ㄱ. 성과주의 예산제도는 업무량 또는 활동별 지출을 단위비용으로 표현하고자 하는 예산제도이므로 활동단위를 중심으로 한 재원배분이 이루어진다.
> ㄷ. 성과주의 예산제도는 예산의 배정과정에서 필요 사업량이 제시되므로 예산과 사업의 연계가 가능한 예산제도이다.
> ㄹ. 성과주의 예산은 총체적·장기적인 계획에 따른 대안선택이 충분히 검토되지 못하고 단위사업에 치중하므로 전략적 목표의식이 결여될 수 있다는 비판이 따른다.

12

다음 중 성과주의 예산의 특징이 아닌 것은?
① 업무단위의 계량화가 중요하다.
② 단위원가의 계산이 가능해야 한다.
③ 성과단위가 복수여야 한다.
④ 예산과 사업의 연계가 가능하다.

해설 성과주의 예산에서는 가능한 한 성과단위가 단수 또는 소수여야 한다.
① 성과주의 예산에서의 업무량은 계량화된 성과단위에 의해 표시된 세부사업별 업무량을 말하므로 계량화가 중요하게 요구된다. 그러나 공공행정의 무형성으로 업무측정단위 선정이 곤란하다는 것이 근본적인 문제이다.
② 성과주의 예산은 주요사업을 세부사업(활동)으로 나누고 각 세부사업마다 업무측정단위(성과단위)를 선정한 후, 하나의 업무측정단위의 원가(단위원가)와 업무량을 통해 예산액을 산출한다.
④ 예산의 배정과정에서 필요 사업량이 제시되므로 예산과 사업의 연계가 가능한 예산제도이다.

핵심정리

성과주의 예산의 단점
- 성과측정이 가능한 단위사업에만 적용이 가능하므로 총괄예산계정에는 적합하지 못함(적용 영역의 제한성)
- 품목별 분류에 비해 입법부의 엄격한 예산통제가 곤란함(통제지향이 아닌 능률·관리지향적 예산제도)
- 이미 확정된 사업에 한정된 우선순위 분석이나 대안평가로는 합리적 검토가 곤란함
- 자원배분결정의 합리성이 부족함
- 업무측정단위(성과단위) 선정 및 단위원가 계산 등이 기술적으로 곤란함
- 장기적 계획과의 연계성이 부족함
- 현금지출 주체 및 회계책임의 한계가 모호함
- 충분한 경험을 가진 전문회계인의 부족함

13

성과주의 예산의 단점을 설명한 것으로 옳은 것은?

① 국민이나 입법부가 정부사업의 목적을 이해하기 어렵다.
② 총괄예산계정에 적합하지 않고 입법부의 재정통제가 곤란하다.
③ 정책과 계획수립을 어렵게 하고 입법부에 의한 예산심의가 복잡하다.
④ 하향적 의사결정에 따라 권한이 상부에 집중되는 경향이 있다.

해설 성과주의 예산(PBS)은 성과측정이 가능한 단위사업에만 적용이 가능하므로 총괄예산계정에 적합하지 않고(적용 영역의 제한성), 품목별 분류에 비해 입법부의 엄격한 예산통제가 곤란하다는 단점을 지닌다(통제지향이 아닌 능률·관리지향적 예산제도).
① 성과주의 예산은 국민과 입법부가 정부사업의 목적과 활동을 이해하기 쉬운 장점이 있다.
③ 성과주의 예산은 정책과 계획수립을 용이하게 하고 사업별 산출근거가 제시되므로 의회의 예산심의가 간편하다.
④ 성과주의예산은 점증주의예산으로서 상향적·분권적 예산이다.

14

예산성과금에 대한 설명으로 옳지 않은 것은?

① 각 중앙관서의 장은 예산낭비신고센터를 설치·운영하여야 한다.
② 각 중앙관서의 장은 예산의 집행방법 또는 제도의 개선 등으로 인하여 수입이 증대되거나 지출이 절약된 때에는 이에 기여한 자에게 성과금을 지급할 수 있다.
③ 각 중앙관서의 장은 직권으로 성과금을 지급하거나 절약된 예산을 다른 사업에 사용할 수 있다.
④ 예산낭비신고, 예산절감과 관련된 제안을 받은 중앙관서의 장 또는 기금관리주체는 그 처리결과를 신고 또는 제안을 한 자에게 통지하여야 한다.

해설 예산성과금이란 예산의 집행방법 또는 제도의 개선 등으로 인해 수입이 증대되거나 지출이 절약이 된 경우 기여한 공무원에게 지급하는 성과금이다. 이 경우 성과금은 예산성과금 심사위원회의 심사를 거쳐 지급하게 된다.

핵심정리

예산성과금(「국가재정법」 제49조)
① 각 중앙관서의 장은 예산의 집행방법 또는 제도의 개선 등으로 인하여 수입이 증대되거나 지출이 절약된 때에는 이에 기여한 자에게 성과금을 지급할 수 있으며, 절약된 예산을 다른 사업에 사용할 수 있다(증대된 수입은 다른 사업에 사용 불가).
② 각 중앙관서의 장은 제1항의 규정에 따라 성과금을 지급하거나 절약된 예산을 다른 사업에 사용하고자 하는 때에는 예산성과금심사위원회의 심사를 거쳐야 한다.
③ 생략

15

다음 중 PPBS의 설명으로 틀린 것은?

① 조직의 통합적 운영이 가능하다.
② 예산편성에 있어서 하의상달을 중시한다.
③ 체제분석기법을 통하여 경제적 합리성을 추구한다.
④ 장기적 시계에서 프로그램을 선택하고 예산결정을 한다.

해설 예산편성에 있어서 하의상달로 각 수준의 관리자 참여가 가능하며 지도자 훈련의 기회 제공하는 것은 영기준예산제도(ZBB)이다. 계획예산(PPBS)은 기획·사업분석·예산기능을 단일의 의사결정으로 통합하여 집권적·하향적 성격을 지닌 예산이다(상의하달).
① PPBS는 체제예산의 성격을 지니므로 균형과 조화를 추구하며 대립을 조정하는 특성을 지닌다.
③ PPBS는 주관과 편견을 배제하고 체제분석 등 과학적 분석기법을 이용하는 합리주의 예산이다.
④ PPBS는 장기적인 안목을 가지고 장기적 시계에서 프로그램 선택·예산편성(장기계획과 예산을 유기적으로 연결시키는 연동예산)한다.

> **핵심정리**
>
> **계획예산(PPBS)의 장점**
> • 예산과 기획에 관한 의사결정의 연계(일원화)로 합리적 결정과 조직의 통합적 운영이 가능
> • 절약과 능률을 제고하며 자원배분의 합리화에 기여
> • 장기적인 분석·평가로 사업계획의 신뢰성 제고
> • 조직 간 장벽을 제거하고 활발한 의사교환으로 조직의 통합적 운영 실현(부서 갈등의 조정 등)
> • 사업계획과 예산편성의 상호 밀접한 관련성 보장(계획과 예산의 연계)
> • 정부 예산지출의 최종 결과 파악이 가능
> • 정책목표를 명확히 하며 목표달성을 위한 효율적 수단 분석이 가능
> • 최고층의 관리수단을 예산에 반영

16 지방직 9급 기출

품목별예산제도에 대한 설명으로 옳지 않은 것은?

① 재정민주주의 구현에 유리한 통제지향 예산제도이다.
② 정부활동의 중복방지와 통합·조정에 유리한 예산제도이다.
③ 지출 대상에 따라 자세히 예산이 표시되어 있으므로 예산 심의가 용이하다.
④ 정부가 수행하는 사업과 그 효과에 대한 명확한 정보를 제공 하지 못한다.

해설 정부활동의 중복방지와 통합·조정에 유리한 예산제도는 계획예산 제도이다. 품목별예산제도는 정부활동의 중복방지와 통합·조정이 어렵다.(투입 중심의 예산 편성으로 정부 사업에 대한 전체적 상황파악이 곤란 등)
① 가장 최초의 근대적인 예산제로서 행정부의 재정활동을 입법부가 효율적으로 통제하여 재정민주주의를 실현하기 위해 등장하였다. 회계책임이 명확하여 재정민주주의 구현에 유리하다.
③ 지출 대상에 따라 자세히 예산이 표시되어 있으므로 의회의 예산 심의가 용이하다.
④ 각각의 예산항목만 강조하여 사업이나 정책 우선순위를 경시하기 때문에 정부가 수행하는 사업과 그 효과에 대한 명확한 정보를 제공하지 못한다.

> **핵심정리**
>
> **품목별예산 특징**
> • 매년 반복되는 1년 주기의 단기예산으로, 단년도 지출에 초점을 줌
> • 대안의 평가에 무관심하여 전년도 결정에 따라 점증적인 결정이 이루어짐
> • 예산운영의 목적은 지출의 한계를 준수하는 것이며, 기관의 지출에 대해서만 관심을 가지므로 지출효과나 예산절감에는 관심을 두지 않음
> • 예산을 품목별로 표시하므로 사업별 비교가 불가능함
> • 예산의 통제기능을 강조하므로 입법부 우위의 예산원칙이 적용됨

17

예산제도에 대한 설명으로 옳지 않은 것은?

① 품목별 예산제도는 정부가 예산을 통해 의도하는 지출의 전체적인 성과를 알 수 있다.
② 성과주의 예산제도는 업무수행의 성과를 명백히 하려는 예산제도를 말한다.
③ 계획예산제도는 하향식 예산 접근으로 중앙집권적인 기획기능이 강화된다.
④ 영기준 예산제도는 효율적인 예산배분을 도모하고자 하는 예산제도로서, 총체예산, 백지상태예산이라고도 불린다.

해설 품목별 예산제도는 투입 중심의 예산편성으로 인하여 사업성과에 대한 이해가 어렵고 재정지출의 구체적인 목표의식이 결여되어 있다. 따라서 정부가 예산을 통해 의도하는 지출의 전체적인 성과를 알 수 없다.

핵심정리

품목
- 인건비(기본급, 수당 등)
- 물건비(운영비, 여비, 장비구입비 등)
- 경상이전비(보조금, 출연금, 배상금 등)
- 자본지출(시설비, 토지매입비 등)
- 융자·출자, 보전재원, 정부내부거래, 예비비 등

18 국가직 9급 기출

계획예산제도(PPBS)에 대한 설명으로 옳지 않은 것은?

① 품목별 예산은 하향식 예산 과정을 수반하나, PPBS는 상향식 접근이 원칙이다.
② 품목별 예산과는 달리 부서별로 예산을 배정하지 않고 정책별로 예산을 배분한다.
③ PPBS는 집권화를 강화시킨다.
④ 계량적인 기법인 체제분석, 비용편익분석 등을 사용한다.

해설 품목별 예산은 상향식 예산 과정을 수반하나, PPBS는 하향적이고 집권적 접근이 원칙이다.
② 품목별 예산은 지출의 대상과 성질에 따라 세부 항목별로 분류하여 편성하는 예산으로, 지출대상인 급여·여비·수당·시설비 등을 기준으로 분류하여 지출대상과 그 한계를 규정함으로써 예산을 통제한다. 하지만 PPBS의 경우에는 장기적인 계획수립과 단기적인 예산을 프로그램 작성을 통하여 유기적으로 결합시킴으로써 자원배분에 관한 의사결정을 합리적으로 행하는 제도이다.
④ PPBS는 주관과 편견을 배제하고 체제분석 등 과학적 분석기법을 이용하는 합리주의 예산제도이다. 따라서 비용편익분석 등 계량적·체계적 분석기법 사용을 강조한다.

핵심정리

계획예산제도(PPBS)의 단계
- **기획** : 장기 재정계획을 수립하고 조직의 목표와 그 우선순위를 결정하는 단계로, 목표달성을 위한 대안의 비교를 위해 비용편익분석 등의 체제분석을 사용함
- **사업계획 작성** : 목표 달성을 위한 대안을 체계적으로 검토하여 사업계획을 확정하는 단계(실시계획 결정, 사업구조 작성, 사업재정계획 작성)
- **예산편성** : 구체적인 실시계획을 예산에 반영하는 단계로, 1회계연도의 실행예산을 편성(단기적 예산편성)

19

품목별 예산제도에 대한 설명으로 옳은 것은?

① 통제지향 예산제도로 재정민주주의 구현에 유리하다.
② 단위원가에 업무량을 곱하여 예산액을 측정한다.
③ 비용편익분석 등 계량적인 분석기법의 사용을 강조한다.
④ 재정운영 및 자금배정의 탄력성을 확보할 수 있다.

해설 가장 최초의 근대적인 예산제로서 행정부의 재정활동을 입법부가 효율적으로 통제하여 재정민주주의를 실현하기 위해 등장하였다.
② 성과주의 예산제도에 대한 설명이다.
③ 계획예산제도에 대한 설명이다.
④ 영기준 예산제도에 대한 설명이다.

핵심정리

품목별 예산제도의 개념
- 품목별 예산은 지출의 대상과 성질에 따라 세부 항목별로 분류하여 편성하는 예산임
- 지출대상(투입요소, 품목)인 급여·여비·수당·시설비 등을 기준으로 분류하여 지출대상과 그 한계를 규정함으로써 예산을 통제하는 제도(통제지향적 예산)
- 가장 최초의 근대적인 예산제로서 행정부의 재정활동을 입법부가 효율적으로 통제하여 재정민주주의를 실현하기 위해 등장함
- 우리나라를 포함하여 세계적으로 가장 많이 활용되는 제도이며, 모든 예산제도의 기초로서 다른 예산제도와 결합하여 병행·사용될 수 있는 예산제도

20

다음 중 전년도 예산을 기준으로 하여 점진적으로 예산을 결정하는 데 따른 폐단을 시정하기 위한 예산제도로 옳은 것은?

① 성과주의 예산제도   ② 계획예산제도
③ 품목별 예산제도   ④ 영기준예산제도

해설 영기준예산제도(ZBB)는 기존의 점증주의적 예산을 탈피하여 조직체의 모든 사업·활동(기존의 사업이든 신규 사업이든)을 원점에서 총체적으로 분석·평가하고 우선순위를 결정한 뒤 이에 따라 예산을 근원적·합리적으로 결정하는 예산제도이다.

21

다음 중 영기준예산제도에 대한 설명으로 틀린 것은?

① 전년도 예산을 무시하고 예산을 전반적으로 검토하는 것이다.
② 신규사업에 대한 투입과 산출을 분석하는 것이 중요하다.
③ 예산에 있어 우선순위를 결정하는 과정을 중시한다.
④ 예산의 점증주의적 성격을 탈피한 것으로, 예산을 근원적·합리적으로 결정하는 예산제도이다.

해설 영기준예산제도는 투입과 산출보다 사업의 계속·축소·확대 여부를 분석·평가하는 것이 핵심이며, 신규사업만을 분석하는 점증예산과 달리 계속사업까지 분석하므로 예산에 대한 전반적인 검토가 이루어진다.

22

다음 설명에 해당하는 예산제도는?

- 예산사업마다 업무단위를 선정한 후 업무단위의 원가와 업무량을 통해 예산액을 계산해서 사업별·활동별로 분류해 편성하는 예산제도
- 업무량 또는 활동별 지출을 단위비용으로 표현하고자 하는 예산제도
- 능률·관리지향적 예산제도

① 계획예산제도 ② 품목별예산제도
③ 성과주의예산제도 ④ 자본예산제도

해설 성과주의예산(PBS ; Performance Budgeting System)은 예산사업마다 업무단위를 선정한 후 업무단위의 원가와 업무량을 통해 예산액을 계산해서 사업별·활동별로 분류해 편성하는 예산제도로 예산의 배정과정에서 필요 사업량이 제시되므로 예산과 사업의 연계가 가능하다. 주요사업을 세부 사업(활동)으로 나누고 각 세부 사업마다 업무측정단위(성과단위)를 선정한 후, 하나의 업무측정단위의 원가(단위원가)와 업무량을 통해 예산액을 산출(단위원가×업무량 = 예산액)한다.
① 계획예산(PPBS ; Planning Programming Budgeting System)이란 장기적인 계획수립(planning)과 단기적인 예산(budgeting)을 프로그램 작성(programming)을 통하여 유기적으로 결합시킴으로써 자원배분에 관한 의사결정을 합리적으로 행하려는 제도이다.
② 품목별예산(LIBS ; the Line Item Budgeting System)은 지출의 대상과 성질에 따라 세부 항목별로 분류하여 편성하는 예산이다.
④ 자본예산(CBS ; Capital Budgeting System)예산을 경상계정과 자본계정으로 구분하여 경상지출은 경상수입으로, 자본지출은 자본적 수입이나 차입으로 충당하는 예산제도(경상지출은 경상수입으로 충당하여 수지의 균형을 이루도록 하고, 자본지출은 적자재정과 공채발행 등으로 충당하게 하는 제도)이다.

23

다음 중 계획예산제도(PPBS)와 영기준예산제도(ZBB)의 공통점은?

① 점증주의적 예산
② 자원의 최적배분 중시
③ 연동계획의 적용
④ 재정통제 중시

해설 양자 모두 합리주의 방식으로, 자원배분의 합리화를 강조한다.

핵심정리

계획예산제도(PPBS)와 영기준예산제도(ZBB)의 비교

분류기준	계획예산	영기준예산
중심	정책 및 발전계획 수립, 목표설정, 기획지향	사업목표달성, 사업 평가 및 환류, 평가지향
예산의 기능	계획(행정국가 시대의 예산)	조정(탈행정국가의 예산)
결정의 흐름 및 성격	하향적(중앙집권, 최고관리층의 관리도구), 거시적	상향적(분권, 중간관리층의 관리도구), 미시적
사업평가	구체적 사업평가 곤란	예산결정표의 작성으로 사업평가
관심 대상	사업 간의 예산변동	기존 사업의 계속적 재평가
기본체제	개방체제(조직 간 장벽 제거)	폐쇄체제(조직구조를 토대로 활동)
기간	장기(5년)	단기(1년)
결정모형	점증형과 합리형의 중간형(절충형)	완전한 합리모형, 포괄적 접근법

정답 19 ① 20 ④ 21 ② 22 ③ 23 ②

24

다음 중 일몰법과 영기준예산을 비교·설명한 것으로 틀린 것은?

① 영기준예산은 예산편성과 관련된 행정적 과정이다.
② 일몰법은 예산심의와 관련된 입법적 과정이다.
③ 영기준예산은 최상위정책의 심사와 관련된다.
④ 일몰법은 3~7년, 영기준예산은 매년 심사된다.

해설 예산심사와 관련된 입법적 과정은 일몰법에 관한 설명이다. 즉, 일몰법은 최상위정책의 심사를 위한 것이며, 영기준예산은 조직의 상층구조에서 중하층구조까지 관련된 행정적 과정이다.

핵심정리

영기준예산(ZBB)과 일몰법(sunset law)의 비교

구분	영기준예산(ZBB)	일몰법(sunset law)
공통점	• 자원난시대에 대비하는 감축관리의 일환 • 기득권의식을 없애고 자원의 합리적 배분을 기함 • 현 사업의 능률성·효과성을 검토하여 사업계속 여부를 결정하기 위한 재심사	
차이점	• 예산편성과 관련된 행정직 과정 • 조직 각 수준의 관리자(상층 + 중하층) 참여, 모든 수준의 정책심사 • 매년 사업재평가 실시(단기적)	• 예산에 관한 심의·통제를 위한 입법적 과정 • 행정 상위계층의 주요정책 심사 • 3~7년(장기적)

25

다음 중 자본예산과 관련된 설명으로 틀린 것은?

① 경상수입으로 경상지출을 충당한다.
② 선진국은 경제성장에, 개도국은 경기회복에 목적이 있다.
③ 공채발행의 수입으로 자본지출에 충당한다.
④ 시장실패를 치료하기 위한 것이다.

해설 선진국의 경우 경기회복의 필요에 의해 도입되었으나, 개도국의 경우 경제성장을 위한 재원조달에 그 목적이 있다.
① · ③ 자본예산제도는 경상지출은 경상수입으로 충당하여 수지의 균형을 이루도록 하고, 자본지출은 적자재정과 공채발행 등으로 충당하게 하는 제도이다.
④ 자본예산제도는 시장실패 치료를 위한 행정국가의 재정적 산물로, 불균형예산제도 혹은 복식예산제도(자본계정에는 엄격한 복식부기를 적용)라 불린다.

26 서울시 9급 기출

예산제도와 그 특성의 연결이 가장 옳지 않은 것은?

① 품목별 예산제도(LIBS)-통제 지향
② 성과주의 예산제도(PBS)-관리 지향
③ 계획 예산제도(PPBS)-기획 지향
④ 영기준 예산제도(ZBB)-목표 지향

해설 영기준 예산제도(ZBB)는 목표 지향이 아니라 감축 지향이다. 영기준 예산제도는 기존 사업과 새로운 사업을 구분하지 않고 매년 모든 사업의 타당성을 영기준에서 엄밀히 분석해 예산을 편성하는 제도이다.

27

예산배분 결정에 관한 '경제원리'를 가장 잘 반영하고 있는 예산제도는?

① 품목별 예산제도 ② 성과주의 예산제도
③ 영기준예산제도 ④ 계획예산제도

해설 경제원리란 사업대안을 경제적 합리성에 따라 분석하는 체제분석(예 비용편익분석, 비용효과분석)을 사용하여 예산을 최적적으로 배분하는 것을 의미한다. 경제적 합리성을 중시하는 예산제도는 계획예산과 영기준예산이다. 계획예산은 기존사업을 당연한 것으로 여기고 재평가를 하지 않는 반면, 영기준예산은 기존 사업을 당연한 것으로 여기지 않고 모든 예산사업을 대상으로 사업의 타당성부터 예산액 배분규모의 적정성을 총체적으로 재검토하는 편성방식이라는 점(완전합리주의), 사업대안뿐만 아니라 금액수준의 대안(증액대안패키지)까지 분석한 정보를 포함한다는 점, 한정된 자원을 합리적으로 배분하기 위하여 정부 전체적으로 우선순위를 고려한다는 점 등을 종합적으로 판단해 볼 때 합리성의 추구가 그 정점에 도달한 예산제도이다. 따라서 영기준예산이 상대적으로 경제논리에 더 가깝다고 할 수 있다.

핵심정리

예산결정의 경제원리와 정치원리

구분	경제원리	정치원리
초점	'어떻게 예산상의 이득을 극대화할 것인가'	'예산상의 이득을 누가(who) 얼마만큼(how much) 향유할 것인가'
목적	효율적 자원배분(파레토 최적의 달성)	몫의 공정한 배분(균형의 달성)
이론	총체주의	점증주의
방법	분석적 기법과 계획적 행동에 따른 체계적 결정	정치적 과정(협상, 타협)에 따른 단편적 결정
적용 분야	신규사업, 높은 분석수준을 요하는 사업, 기술적 문제와 관련된 분야 등	계속적 사업, 거시적 문제, 소득재분배와 관련된 분야 등

28

다음 중 예산제도별 특징을 설명한 것으로 옳지 않은 것은?

① 품목별 예산제도 – 조직마다 품목예산을 배정하기 때문에 활동의 중복을 막기 어렵다.
② 성과주의 예산제도 – 성과주의 예산에 있어 가장 어려운 점은 업무측정단위의 선정이다.
③ 영기준예산제도 – 경상계정과 자본계정으로 구분한다.
④ 계획예산제도 – 질적이라기보다는 계량적 분석을 주로 한다.

해설 예산을 경상계정과 자본계정으로 구분하여 경상지출은 경상수입으로, 자본지출은 자본수입 및 차입(공채발행수입)으로 충당하는 예산제도는 자본예산제도이다. 영기준예산이란 기존의 점증주의적 예산을 탈피하여 조직체의 모든 사업·활동(기존의 사업이든 신규 사업이든)을 원점에서 총체적으로 분석·평가하고 우선순위를 결정한 뒤 이에 따라 예산을 근원적·합리적으로 결정하는 예산제도이다.
① 품목별 예산제도는 예산의 편성·분류를 인건비·인쇄비·여비·수당 등과 같이 정부가 구입 또는 지출하고자 하는 물품이나 용역별로 지출 총액을 정하고 운용하는 예산방식으로, 조직마다 품목예산을 배정하기 때문에 활동의 중복을 막기 어렵다.
② 성과주의 예산제도는 예산사업마다 업무단위를 선정한 후 업무단위의 원가와 업무량을 통해 예산액을 계산하는 것으로 업무측정단위의 선정이 중요하다.
④ 계획예산제도는 주관과 편견을 배제하고 체제분석 등 과학적 분석 기법을 이용하는 합리주의 예산으로 비용편익분석 등 계량적·체계적 분석기법의 사용을 강조한다.

29

다음 예산제도에 대한 설명 중 틀린 것은?

① 계획예산은 복식예산의 일종으로서, 정부예산을 경상지출과 자본수지로 구분한다.
② 감축관리는 조직의 자원과 활동수준을 가능한 한 낮추기 위한 관리전략이다.
③ 감축관리는 조직구성원들의 창의성과 사기를 약화시킬 수 있다.
④ 일몰법은 입법부가 행정기관을 실질적으로 감시할 수 있도록 하는 효과적인 수단이다.

해설 자본예산은 정부예산을 경상계정과 자본계정으로 구분하여 운영하는 복식예산의 일종이다(경상지출은 경상수입으로, 자본지출은 자본적 수입이나 차입으로 충당하는 예산제도로, 불균형예산제도 또는 복식예산제도라고도 함). 계획예산제도는 장기적인 계획수립(planning)과 단기적인 예산(budgeting)을 프로그램 작성(programming)을 통하여 유기적으로 결합함으로써 자원배분에 관한 의사결정을 합리적으로 행하려는 제도이다.
② · ③ 감축관리는 자원난 시대에 대비하여 조직의 자원소비와 활동수준을 낮추는 방향으로 조직변동을 관리하는 것을 말하며, 이는 획일적 · 기계적 감축으로 조직구성원의 창의성과 사기를 약화하고 저항을 초래할 수 있는 문제가 있다.
④ 일몰법과 그에 대한 재심사 · 재보증의 권한은 입법부가 행정기관을 실질적으로 감시할 수 있도록 하는 효과적인 수단이 된다.

30 지방직 9급 기출

우리나라의 재정정책 관련 예산제도에 대한 설명으로 옳은 것은?

① 지출통제예산은 구체적 항목별 지출에 대한 집행부의 재량행위를 통제하기 위한 예산이다.
② 우리나라의 통합재정수지에 지방정부예산은 포함되지 않는다.
③ 우리나라의 통합재정수지에서는 융자지출을 재정수지의 흑자요인으로 간주한다.
④ 조세지출예산제도는 국회 차원에서 조세감면의 내역을 통제하고 정책효과를 판단하기 위한 제도이다.

해설 조세지출예산제도는 조세감면과 같은 조세지출의 구체적 내역을 예산구조에 반영하여 국회의 심의 · 의결을 받도록 하는 제도로서, 조세감면 등의 집행을 국회차원에서 통제하여 재정운용의 투명성을 제고하는 목적이 있다.
① 지출통제예산은 각 부처가 부서 내 모든 지출항목을 없애고 중앙예산기관이 정해준 예산 총액의 범위 내에서 구체적인 항목별 지출을 집행기관의 재량에 맡기는 성과지향적 예산제도이다.
② 우리나라의 통합재정수지에 지방정부예산을 2004년부터 포함시키고 있다.
③ 융자지출은 정부가 국민에게 융자해준 것이므로 우리나라에서의 통합예산의 경우 융자시점에서는 융자지출을 재정수지의 적자요인으로 파악하고 있다.

핵심정리

지출통제예산(expenditure control budget)
- 의의
  - 각 부처가 부서 내 모든 지출항목을 없애고 중앙예산기관이 정해준 예산총액의 범위 내에서 구체적인 항목별 지출을 집행기관의 재량에 맡기는 성과지향적 예산제도
  - 주민발의안 13호로 재정수입이 격감했던 캘리포니아주의 Fairfield시에서 도입
- 특징 : 지출의 자율성, 전용의 신축성, 이월의 허용과 효율성 배당제도(지출수요에 따라 예산운용을 신축적으로 함으로써 절감된 예산은 다음 연도에 이월하여 해당 부처가 사용할 수 있도록 하는 것), 자율과 책임의 조화

31 국가직 9급 기출

미국의 예산개혁과 결부시켜 쉬크(A. Schick)가 도출한 예산제도의 주된 지향점으로 볼 수 없는 것은?

① 성과지향
② 통제지향
③ 기획지향
④ 관리지향

해설 앨런 쉬크(A. Schick)는 「예산개혁단계론」(1966)에서 미국의 예산개혁은 예산의 기능에 따라 통제지향, 관리지향, 기획지향으로 변천해 왔다고 주장하였다.

핵심정리

예산의 행정적 기능

A.Schick는 예산제도의 발전과 관련하여 예산의 행정적 기능을 통제·관리·계획 3가지 기능으로 구분. 1970년대 이후 재정위기에 따라 감축기능과 결과 및 참여지향 기능이 강조됨.

- 재정 통제(control)기능(1920~1930년대)
  - 재정민주주의 실현을 위한 의회의 통제기능으로, 예산의 전통적 기능에 해당
  - 의회의 재정 통제와 중앙예산기관의 내부통제가 포함됨
  - 품목별 예산, 정기배정 등
- 관리(management)기능(1950년대)
  - 행정부가 가용자원을 동원하여 경제적·효율적으로 관리하는 기능
  - 성과주의 예산, 배정유보 등
- 계획(planning)기능(1960년대)
  - 자원 획득·배정·사용을 위해 정책을 직접 결정하는 기획과 예산의 연계기능
  - 계획예산제도(PPBS) 등
- 감축기능(1970년대 후반 이후)
  - 자원난시대에 사업의 우선순위를 원점에서 검토·배분
  - 영기준예산제도(ZBB) 등
- 결과 및 참여지향 기능(1980년대~) : 19080년대 신공공관리론 입장에서 투입보다는 결과(outcomes), 기관보다는 시민참여 중심의 개혁적 예산제도 도입
  cf) 예산의 행정적 기능의 변화 순서로 '통제지향 → 관리지향 → 기획지향 → 참여지향(MBO) → 감축지향' 순으로 보는 견해도 있음

32

타당성조사와 예비타당성조사의 차이점으로 옳지 않은 것은?

① 타당성조사의 주체는 중앙행정기관인 반면, 예비타당성조사의 주체는 기획재정부이다.
② 타당성조사에서 조사의 범위는 국가재정 전반적 관점인 반면, 예비타당성조사에서 조사의 범위는 당해사업이다.
③ 타당성조사에서 조사기간은 장기(3~4년)인 반면, 예비타당성조사에서 조사기간은 단기(수개월)이다.
④ 타당성조사는 사후적·세부적이라는 특징을 지닌 반면, 예비타당성조사는 사전적·개략적이라는 특징을 지닌다.

해설 타당성조사에서 조사의 범위는 당해사업인 반면, 예비타당성조사에서 조사의 범위는 경제적, 재정적(정책적) 측면이다.

핵심정리

타당성조사와 예비타당성조사의 차이

구분	타당성조사	예비타당성조사
주체	주무사업부(중앙행정기관)	기획재정부
조사의 초점	기술적 측면	경제적, 재정적(정책적) 측면
조사의 범위	당해사업	국가재정 전반적 관점
조사기간	장기(3~4년)	단기(수개월)
특징	사후적·세부적	사전적·개략적

정답 29 ① 30 ④ 31 ① 32 ②

제5편 재무행정론

제3장 예산과정

실전문제

대표유형문제

국가직 9급 기출

예산주기에 비추어 볼 때 2021년도에 볼 수 없는 예산과정은?

① 국방부의 2022년도 예산에 대한 예산요구서 작성
② 기획재정부의 2021년도 예산에 대한 예산배정
③ 대통령의 2022년도 예산안에 대한 국회 시정연설
❹ 감사원의 2021년도 예산에 대한 결산검사보고서 작성

정답해설 감사원의 2021년도 예산에 대한 결산검사보고서의 작성은 2022년에 이루어지므로 2021년도에 볼 수 없다.

오답해설 ① 2022년도 예산요구서는 전년도인 2021년도 5월 31일까지 기획재정부장관에게 작성·제출되어야한다(예산편성).
② 2021년도 예산에 대한 예산배정은 2021년에 기획재정부 장관이 중앙관서의 장에게 배분한다(예산집행).
③ 2022년도 예산은 회계연도 개시일 120일 전인 2021년 국회에 제출하면서 예산에 대한 국회 시정연설을 한다(예산심의).

핵심정리 **예산과정**
- 의의 : 일반적으로 예산은 매년 '편성 → 심의 → 집행 → 결산 및 회계검사'의 순환과정을 거치는데, 이를 예산과정이라 함
- 성격
  - 예산은 국가 정책의 하나이며, 정책의 각 과정이 예산의 각 과정과 연계되어 있음
  - 예산과정은 관련 집단이 자신의 이익을 추구하는 가치배분적 정치투쟁의 성격을 지님(정치성, 예산의 현실적 속성)
  - 예산과정은 자원배분의 최적화를 추구하는 합리적 분석·결정과정임(합리성, 예산의 규범적·이상적 속성)
  - 예산과정은 동태성과 주기적 순환성을 지님

01

정부 각 기관에 배정될 예산의 지출한도액은 중앙예산기관과 행정수반이 결정하고 각 기관의 장에게는 그러한 지출한도액의 범위 내에서 자율적으로 목표달성 방법을 결정하는 자율권을 부여하는 예산관리모형은 무엇인가?

① 총액배분 자율편성예산제도
② 목표관리 예산제도
③ 성과주의 예산제도
④ 결과기준 예산제도

해설 총액배분 자율편성예산제도는 중앙예산기관이 국가재정운용계획에 의하여 각 부처의 지출한도를 하향식으로 설정해주면 각 부처가 배정받은 지출한도 내에서 자율 편성하는 제도이다.
③ 성과주의 예산제도는 예산사업마다 업무단위를 선정한 후 업무단위의 원가와 업무량을 통해 예산액을 계산해서 사업별·활동별로 분류해 편성하는 예산제도를 말한다. 주요사업을 세부사업(활동)으로 나누고 각 세부사업마다 업무측정단위(성과단위)를 선정한 후, 하나의 업무측정단위의 원가(단위원가)와 업무량을 통해 예산액을 산출하는 것을 말한다.

핵심정리

자율예산편성제도(사전재원배분제, top-down방식)
- 재정당국이 국가재정운용계획에 근거하여 연도별 재정규모와 지출한도를 제시하면 각 부처가 그 범위 내에서 자율적으로 예산을 편성하고 재정당국이 이를 점검·보완하여 최종적으로 예산안을 편성하는 방식
- 국가재정운용계획·성과관리제·디지털예산회계시스템과 함께 참여정부의 4대 재정개혁과제에 해당됨

02 국가직 9급 기출

우리나라의 예산과정에 대한 설명으로 옳지 않은 것은?

① 각 중앙관서의 장은 매년 1월 31일까지 당해 회계연도부터 5회계연도 이상의 기간 동안의 신규사업 및 기획재정부장관이 정하는 주요 계속사업에 대한 중기사업계획서를 기획재정부장관에게 제출하여야 한다.
② 국가가 특정한 목적을 위하여 특정한 자금을 신축적으로 운용할 필요가 있을 때에 법률로써 설치하는 기금은, 세입세출예산에 의하지 아니하고 운용할 수 있다.
③ 예산안편성지침은 부처의 예산 편성을 위한 것이기 때문에 국무회의의 심의를 거쳐 대통령의 승인을 받아야 하지만 국회 예산결산특별위원회에 보고할 필요는 없다.
④ 정부는 회계연도마다 예산안을 편성하여 회계연도 개시 90일전까지 국회에 제출하도록 헌법에 규정되어 있다.

해설 기획재정부장관은 각 중앙관서의 장에게 통보한 예산안편성지침을 국회 예산결산특별위원회에 보고하여야 한다(「국가재정법」제30조).
④ 「헌법」상에서 정부는 예산안을 회계연도 개시 90일 전까지 국회에 제출하도록 규정되어 있다. 반면에 「국가재정법」상에서는 정부는 예산안을 회계연도 개시 120일 전까지 국회에 제출하도록 규정되어 있다.

03 국가직 9급 기출

예산과정에 관한 설명으로 옳지 않은 것은?

① 예산을 행정부가 편성하여 입법부에 제출하는 것이 현대국가의 추세이다.
② 총액예산제도가 실시되면서 총액의 한도 내에서 의원들의 관심이 높은 예산사업을 소규모화하거나 우선순위를 낮게 설정하는 전략이 사용되기도 한다.
③ 대통령중심제라는 정치체제의 성격이 국회예산심의의 기본 특징을 규정한다.
④ 결산이란 한 회계연도에서 국가의 수입과 지출의 실적을 예정적 계수로서 표시하는 행위이다.

해설 ④에서 '예정적'을 '확정적'으로 바꿔야 옳다. 1회계연도 내의 수입·지출에 대한 사전적·예정적 계산서는 예산이며, 그 결과를 사후에 확정적 계수로 표시한 것이 결산이다.
① 예산은 행정부, 입법부, 독립기구 등에서 각각 편성하는 방식이 있는데, 현대국가에서는 행정의 복잡·전문화 경향의 반영과 행정수요의 객관적인 판단 및 반영, 예산집행상의 용이성 등의 측면을 고려하여 행정부에서 편성하는 것이 대체적인 추세이다. 우리나라를 비롯한 대부분의 국가에서 행정부예산편성주의를 채택하고 있다.
② 총액예산제도가 실시되면서 총액의 한도 내에서 예산사업이 모두 국회에서 통과될 수 있도록 의원들의 관심이 높은 예산사업을 소규모화하거나 우선순위를 낮게 설정하고 관심이 낮은 예산사업의 우선순위를 높게 설정하는 전략을 사용하기도 한다.
③ 대통령중심제는 의원내각제와 달리 삼권분립에 입각하여 행정부와 입법부가 견제와 균형 관계이므로 의회의 예산심의 권한이 막강하고 예산심의가 엄격하다. 미국 의회는 새 비목 설치권과 증액권도 보유하며 행정부가 요구하지 않은 예산도 의회가 입안하여 의결하기도 한다. 다만, 우리나라는 예산안 심의가 정치적 협상 대상이 됨으로써 수정비율이 크지는 않다.

04

우리나라의 현행 예산제도에 관한 사항으로 옳지 못한 것은?

① 국회에서 정부의 동의 없이 삭감할 수는 없으며, 새 비목을 설치할 수도 없다.
② 국회에서 심의·확정된 예산안은 그것으로 완전히 성립하며, 대통령의 공포는 효력발생요건이 아니다.
③ 우리나라의 예산은 의결의 형식으로 성립되므로 법률과 같은 형식적 요건을 갖출 필요가 없다.
④ 우리나라의 예산심의는 위원회를 중심으로 이루어지고 있다.

해설 국회에서 정부의 동의 없이 세출예산 각 항의 금액을 증액하거나 새 비목을 설치할 수는 없으나, 정부의 동의 없이 삭감할 수는 있다.
② 예산안의 심의는 본회의 의결로 예산은 완전하게 성립하며, 공포절차가 불요하다.
③ 예산이 법률의 형식으로 동등한 효력(예산의 의결이 곧 세출법안의 의결)을 가지므로 예산에 대한 비교적 엄격한 심의가 이루어진다(미국, 영국 등).
④ 우리나라는 본회의 중심이 아니라 상임위원회와 예산결산특별위원회 중심으로 예산이 심의된다(위원회중심주의). 우리나라·미국·일본은 소위원회중심주의(위원회중심주의)이고, 영국은 전원위원회중심주의(본회의중심주의)이다. 우리나라는 중요한 정책이나 법률·예산은 상임위원회의 의견을 중시하고 본회의는 형식성이 강하며, 예산의 경우 본회의에서 수정된 예는 거의 없다. 다만, 국민에게 부담을 주는 주요 의안의 경우 상임위원회의 의결을 거쳐 예외적으로 의원 전원으로 구성된 전원위원회 심사를 거칠 수 있도록 하였다.

05 〔지방직·서울시 9급〕

지방자치단체의 예비비에 대한 설명으로 옳지 않은 것은?

① 예측할 수 없는 예산 외의 지출에 충당하기 위하여 예산에 계상한다.
② 일반회계의 경우 예산총액의 100분의 1 이내의 금액을 예비비로 계상하여야 한다.
③ 지방의회의 예산안 심의 결과 감액된 지출항목에 대해 예비비를 사용할 수 있다.
④ 재해·재난 관련 목적 예비비는 별도로 예산에 계상할 수 있다.

해설 지방의회의 예산안 심의 결과 폐지되거나 감액된 지출항목에 대해서는 예비비를 사용할 수 없다.
①·②·④ 지방자치단체는 예측할 수 없는 예산 외의 지출 또는 예산 초과 지출에 충당하기 위하여 일반회계와 교육비특별회계의 경우에는 각 예산 총액의 100분의 1 이내의 금액을 예비비로 예산에 계상하여야 하고, 그 밖의 특별회계의 경우에는 각 예산 총액의 100분의 1 이내의 금액을 예비비로 예산에 계상할 수 있다. 재해·재난 관련 목적 예비비는 별도로 예산에 계상할 수 있다(「지방재정법」 제43조).

핵심정리
「지방재정법」 제43조(예비비)
① 지방자치단체는 예측할 수 없는 예산 외의 지출 또는 예산 초과 지출에 충당하기 위하여 일반회계와 교육비특별회계의 경우에는 각 예산 총액의 100분의 1 이내의 금액을 예비비로 예산에 계상하여야 하고, 그 밖의 특별회계의 경우에는 각 예산 총액의 100분의 1 이내의 금액을 예비비로 예산에 계상할 수 있다. 〈개정 2020. 6. 9.〉
② 제1항에도 불구하고 재해·재난 관련 목적 예비비는 별도로 예산에 계상할 수 있다. 〈신설 2014. 5. 28.〉
③ 지방자치단체의 장은 지방의회의 예산안 심의 결과 폐지되거나 감액된 지출항목에 대해서는 예비비를 사용할 수 없다. 〈신설 2014. 5. 28.〉
④ 지방자치단체의 장은 예비비로 사용한 금액의 명세서를 「지방자치법」 제150조제1항에 따라 지방의회의 승인을 받아야 한다. 〈신설 2014. 5. 28., 2021. 1. 12.〉

06

다음 중 우리나라의 예산심의 절차를 순서대로 나열한 것은?

㉠ 예비심사   ㉡ 시정연설
㉢ 종합심사   ㉣ 본회의 의결

① ㉠-㉡-㉢-㉣
② ㉠-㉡-㉣-㉢
③ ㉡-㉠-㉢-㉣
④ ㉡-㉠-㉣-㉢

해설 우리나라 예산심의 절차 : 대통령의 시정연설 → 상임위원회별 예비심사 → 예산결산위원회의 종합심사 → 국회 본회의 의결

핵심정리
우리나라의 예산심의 절차 및 기간
- **국정감사** : 본격적 예산심의에 앞서 매년 국회 정기회 집회일(9월 1일) 이전에 감사 시작일 부터 30일 이내의 기간을 정하여 소관 상임위원회별로 국정감사를 실시하고 예산운영에 대한 현장조사 및 자료수집을 하고 그 결과를 신년도 예산안에 반영(본회의 의결로 정기회 기간 중에 감사 실시 가능함(단, 예산심의과정에 국정감사가 포함되지는 않음)
- **시정연설** : 회계연도 개시일 120일 전까지 예산안이 국회에 제출되면, 본회의에서 대통령의 시정연설과 기획재정부장관의 제안 설명이 이루어짐
- **상임위원회의 예비심사** : 소관부처 장관의 제안 설명 → 전문위원의 검토보고 → 정책질의 → 부별심의와 계수조정 → 결과보고의 순으로 이루어짐
- **예산결산특별위원회의 종합심사** : 기획재정부장관의 예산안 제안 설명 → 전문위원의 검토보고 → 국정전반에 대한 종합정책질의 및 답변 → 부별심사 또는 분과위원회 심사 → 예산안조정소위원회의 계수조정 → 예산결산특별위원회의 전체회의 의결
- **본회의 의결** : 회계연도 30일 전까지 의결해야 하며, 본회의 의결로 예산은 완전하게 성립함(공포절차 불요)

07

정부예산심사에는 예비심사와 종합심사가 있다. 다음 중 예비심사가 이루어지는 곳은?

① 본회의
② 상임위원회
③ 예산결산특별위원회
④ 계수조정소위원회

해설 예비심사는 각 상임위원회별로 수행된다.
① 국회 '본회의'는 국회의 의사를 최종 결정하는 곳으로, 각 상임위원회에서 심사한 안건을 최종적으로 결정한다.
③ 예산결산특별위원회는 예산안과 결산을 심사하기 위하여 국회에 설치된 특별위원회로 50인 이내의 위원으로 구성된다. 특별위원회에서는 각 상임위원회별로 예비심사한 예산안 및 결산을 종합심사한다.
④ 계수조정소위원회는 각 상임위에서 검토되어 올라온 예산안 가운데 불필요한 예산은 삭감하고, 필요한 예산은 국가 재정규모에 맞게 증액과 삭감으로 예산을 결정하는 소위원회이다.

핵심정리
정부예산심사
- **상임위원회의 예비심사** : 소관부처 장관의 제안 설명 → 전문위원의 검토보고 → 정책질의 · 부별심의와 계수조정 → 결과보고의 순으로 이루어짐
- **예산결산특별위원회의 종합심사** : 기획재정부장관의 예산안 제안 설명 → 전문위원의 검토보고 → 국정전반에 대한 종합정책질의 및 답변 → 부별심사 또는 분과위원회 심사 → 예산안조정소위원회의 계수조정 → 예산결산특별위원회의 전체회의 의결

08 지방직 9급 기출

우리나라의 예산심의에 대한 설명으로 옳지 않은 것은?

① 예산은 본회의 중심이 아니라 상임위원회와 예산결산특별위원회 중심으로 심의된다.
② 우리나라는 미국과 같이 예산의 형식으로 통과되어 법률보다 하위의 효력을 갖는다.
③ 국회는 정부의 동의 없이 새로운 비목을 설치하지 못한다.
④ 예산결산특별위원회의 심의과정은 예산조정의 정치적 성격이 강하게 반영되는 특징이 있다.

해설 미국은 예산이 법률과 동일한 형식을 취하여(법률주의) 법률과 동일한 효력을 가지나, 우리나라는 예산이 '의결'의 형식으로 통과되므로(예산주의, 의결주의) 법률보다 하위의 효력을 갖는다.
① 우리나라의 예산심의는 본회의보다 상임위원회와 예산결산특별위원회의 역할이 중심이 된다(cf. 특히 예산결산특별위원회 중심의 심의).
③ 국회는 정부 동의 없이 세출예산 금액을 증액하거나 새 비목을 설치할 수 없다.
④ 우리나라 예산결산특별위원회는 상임위원회에 비하여 상대적으로 재정(삭감) 지향적이지만 심의과정에서 당리당략 및 선심성 예산 등 정치적 성격이 강하게 반영되어 대폭적인 수정이나 심도 있는 심의가 이루어지지 못하고 있는 실정이다.

핵심정리
예산심의의 기능(역할)
- 행정부를 감독 · 통제하는 기능을 수행
- 정부가 추진해야 할 사업계획과 수준을 결정
- 국가발전의 목표달성을 위한 자원의 합리적 배분을 실현
- 의회는 예산심의를 통해 세법 및 조세에 관한 법률을 제정 및 개정
- 의회는 정부 활동을 비판 · 감시하고, 그 효율성을 분석하여 예산심의에 반영

09

다음 중 경비가 부족할 때 사용되는 방법이 아닌 것은?

① 추가경정예산 편성
② 예산의 긴급배정
③ 예산의 재배정
④ 예비비의 사용

해설 경비부족 시 대처하는 신축성 유지방안으로는 추가경정예산, 예비비, 긴급배정, 이용, 전용 등이 있다. 예산의 배정, 재배정, 지출원인행위의 통제 등은 재정통제수단이다.

10

다음 중 정부조직에 관한 법령의 변경 또는 폐지로 인하여 중앙예산기관장의 승인을 얻어 예산을 옮겨 쓰는 것은?

① 이체   ② 이용
③ 전용   ④ 이월

해설 예산의 이체란 정부조직 등에 관한 법령의 제정·개정 또는 폐지로 인하여 변동이 있을 때 사용목적과 금액은 변동 없이 기획재정부장관(중앙예산기관장)의 승인을 받아 변경하는 신축적 예산집행을 말한다. 당해 중앙관서장의 요구에 의해 기획재정부장관이 행하며, 책임소관 외에 사용목적과 금액은 변경되지 않는다.

11 국가직 9급 기출

예산집행에 대한 설명으로 옳지 않은 것은?

① 예산의 재배정은 행정부처의 장이 실무부서에게 지출을 할 수 있는 권한을 부여하는 것을 의미한다.
② 예산의 전용을 위해서 정부 부처는 미리 국회의 승인을 받아야 한다.
③ 예비비는 공무원 인건비 인상을 위한 인건비 충당을 목적으로 사용할 수 없다.
④ 사고이월은 집행과정에서 재해 등의 이유로 불가피하게 다음 연도로 이월된 경비를 말한다.

해설 예산의 이용(移用)은 국회의 승인을 필요로 하나, 예산의 전용(轉用)은 국회의 승인 없이 기획재정부장관의 승인만으로 가능하다.
① 예산의 재배정은 중앙관서의 장이 기획재정부장관으로부터 배정받은 예산을 그 부속기관이나 하위기관에 다시 배정하는 것을 의미한다.
③ 공무원의 보수 인상을 위한 인건비 충당을 위해서는 예비비의 사용목적을 지정할 수 없다.
④ 사고이월은 천재지변, 관급자재의 공급지연 등 불가피한 사유로 인하여 연도 내에 지출하지 못한 경비와 지출원인행위를 하지 않은 부대경비 이월을 말한다.

핵심정리

예산의 이용과 전용

이용(移用)	전용(轉用)
• 예산으로 정한 기관 간이나 입법과목인 장(章)·관(款)·항(項) 사이에 서로 융통하는 것 • 미리 국회의 의견을 얻은 때에는 기획재정부장관의 승인을 얻어 이용하거나 기획재정부장관이 위임하는 범위 안에서 자체적으로 이용 가능	• 행정과목인 세항(細項)과 목(目) 사이에 서로 융통하는 것 • 기획재정부장관의 승인만 얻으면 가능 • 기획재정부장관이 위임하는 범위 안에서 각 중앙관서장이 자체적으로 전용가능 • 공공요금 및 봉급의 전용도 가능

정답 07 ② 08 ② 09 ③ 10 ① 11 ②

12

다음 중 예비비에 관한 설명으로 틀린 것은?

① 예산완전성의 원칙에 대한 예외이다.
② 기획재정부장관이 관리한다.
③ 예산편성 시 예측할 수 없는 예산 외 지출이나 예산초과지출 충당을 위해 세입세출예산에 계상한 경비이다.
④ 예산총칙 등에 따라 미리 사용목적을 지정해 놓은 예비비는 별도로 세입세출예산에 계상할 수 있다.

해설 예비비는 예산한정성 원칙과 예산사전의결의 원칙에 대한 예외이다.
② 예비비는 기획재정부장관이 관리하며, 편성 시 예측할 수 없는 예산 외 지출이나 예산초과지출 충당을 위한 것이므로, 성립 전에 이미 발생한 사유나 국회 개회 중의 대규모 예비비 지출, 국회에서 부결한 용도의 지출 등은 지출이 제한된다.
③ 예비비는 예산편성 시 예측할 수 없는 예산 외 지출이나 예산초과지출 충당을 위해 세입세출예산에 계상한 경비로, 정부는 예측할 수 없는 예산 외의 지출 또는 예산초과지출에 충당하기 위하여 일반회계 예산총액의 100분의 1 이내의 금액을 예비비(일반예비비)로 세입세출예산에 계상할 수 있다.
④ 예산총칙 등에 따라 미리 사용목적을 지정해 놓은 예비비(목적예비비)는 별도로 세입세출예산에 계상할 수 있다(다만, 공무원의 보수 인상을 위한 인건비 충당을 위해서는 예비비의 사용목적을 지정할 수 없음).

13 서울시 9급 기출

예산집행의 신축성을 유지하기 위한 방안에 대한 설명 중 가장 옳지 않은 것은?

① 이체란 정부조직 등에 관한 법령의 제정·개정 또는 폐지로 인하여 중앙관서의 직무와 권한에 변동이 있을 때 관련 예산을 이동하는 것이다.
② 전용이란 입법 과목 간 상호 융통으로, 각 중앙관서의 장은 예산의 목적범위 안에서 재원의 효율적 활용을 위하여 기획재정부장관의 승인을 얻어 각 세항 또는 목의 금액을 전용할 수 있다.
③ 이월이란 당해 연도 예산액의 일정 부분을 다음 연도로 넘겨서 사용할 수 있는 제도이다.
④ 계속비란 완성에 수년도를 요하는 사업에 대해 그 경비의 총액과 연도별 지출액을 정하여 미리 국회의 의결을 얻은 범위 안에서 수년도에 걸쳐 지출하는 경비이다.

해설 ② 입법 과목 → 행정 과목
전용이란 행정 과목 간 상호 융통으로, 각 중앙관서의 장은 예산의 목적범위 안에서 재원의 효율적 활용을 위하여 기획재정부장관의 승인을 얻어 각 세항 또는 목의 금액을 전용할 수 있다.

14

다음 중 국고채무부담행위에 대한 설명으로 옳지 않은 것은?

① 국고채무부담행위에 대한 국회의 의결은 채무부담과 지출권한에 대한 것이다.
② 국고채무부담행위를 할 때는 미리 예산으로서 국회의 의결을 얻어야 한다.
③ 국고채무부담행위에 의한 채무이행의 책임은 다음 회계연도 이후에 있는 것이 원칙이다.
④ 예산총칙·세입세출예산·계속비·명시이월비 등과 함께 예산을 구성한다.

해설 국고채무부담행위는 국회 의결이 있을 때 채무를 부담할 권한(채무부담권)이 발생한다. 채무부담권만 생기고 지출권까지 생기는 것은 아니므로, 채무이행을 위해 실제 예산으로써 지출하려면 별도의 국회 의결이 필요하다.
국고채무부담행위란 국가가 법률에 따른 것과 세출예산 금액 또는 계속비의 총액의 범위 안의 것 외에 채무를 부담하는 행위를 말하며, 이때에는 미리 예산으로써 국회의 의결을 얻어야 한다. 국회 의결을 거친다는 점에서 통제적 성격이 있으나 세출예산 금액범위를 벗어난 행위를 허가하는 것이므로 신축성 유지 수단으로 본다.

핵심정리

국고채무부담행위의 특성
- 지출권한이 아닌 채무부담행위를 할 권한을 말하므로 실제 지출 시 미리 예산에 계상하여 의결을 얻어야 하며, 일단 승인된 후에는 국회가 임의로 삭감할 수는 없음
- 재해복구 등 예외적 사유에 해당하는 경우에는 미리 전년도 예산으로 의결되지 않아도 당해연도 국회의결을 거쳐 국고채무부담행위를 할 수 있음
- 실제 지출은 당해연도가 아닌 다음 회계연도부터 이루어지며, 다음 회계연도 예산에 계상

15

「국가재정법」상 정부가 국회에 제출하는 예산안에 첨부하는 서류가 아닌 것은?

① 세입세출예산 총계표 및 순계표
② 세입세출예산사업별 설명서
③ 국고채무부담행위 설명서
④ 국가채무관리계획

해설 국가채무관리계획은 예산안 첨부서류가 아니며 국가재정운용계획에 포함되어 제출된다.

핵심정리

예산안의 첨부서류(「국가재정법」 제34조)
- 세입세출예산 총계표 및 순계표
- 세입세출예산사업별 설명서
- 세입예산 추계분석보고서
- 계속비에 관한 전년도말까지의 지출액 또는 지출추정액, 해당 연도 이후의 지출예정액과 사업전체의 계획 및 그 진행상황에 관한 명세서
- 총사업비 관리대상 사업의 사업별 개요, 전년도 대비 총사업비 증감 내역과 증감사유, 해당 연도까지의 연부액 및 해당 연도 이후의 지출예정액
- 국고채무부담행위 설명서(완성에 2년 이상이 소요되는 사업으로서 대통령령으로 정하는 대규모 사업의 국고채무부담행위 총규모)
- 예산정원표와 예산안편성기준단가
- 국유재산의 전전년도말에 있어서의 현재액과 전년도말과 당해 연도말에 있어서의 현재액 추정에 관한 명세서
- 성과계획서
- 성인지 예산서
- 조세지출예산서
- 회계와 기금 간 또는 회계 상호 간 여유재원의 전입·전출 명세서 그 밖에 재정의 상황과 예산안의 내용을 명백히 할 수 있는 서류
- 국유재산특례지출예산서
- 예비타당성조사를 실시하지 아니한 사업의 내역 및 사유
- 지방자치단체 국고보조사업 예산안에 따른 분야별 총 대응지방비 소요 추계서

정답 12 ① 13 ② 14 ① 15 ④

16 국가직 9급 기출

예산의 집행에 대한 설명으로 옳은 것은?

① 기획재정부장관은 각 중앙관서의 장에게 예산을 배정한 때에는 감사원에 통지하여야 한다.
② 기획재정부장관은 반기별 예산배정계획을 작성하여 국회의 심의를 받은 뒤에 예산을 배정한다.
③ 중앙관서의 장에게 자금을 사용할 수 있는 권한을 부여하는 것을 예산 재배정이라고 한다.
④ 기획재정부장관은 매년 2월 말까지 예산집행지침을 각 중앙관서의 장과 국회예산 정책처에 통보하여야 한다.

해설 「국가재정법」은 기획재정부장관이 월별자금계획서와 각 중앙관서의 장이 제출한 예산배정요구서에 의거하여 4분기별로 예산배정계획을 작성하고, 월별자금계획과 함께 국무회의의 심의를 거쳐 대통령의 승인을 얻은 후(예산배정과 자금계획의 일원화), 이를 기초로 각 중앙관서의 장에게 4분기별로 예산을 배정한 경우 감사원에 통지하도록 규정하고 있다.
② 「국가재정법」은 기획재정부장관이 예산배정요구서에 따라 4분기별로 예산배정계획을 작성하여 월별자금계획과 함께 무회의의 심의를 거친 후 대통령의 승인을 얻어야 한다.
③ 예산의 배정은 기획재정부장관이 각 중앙관서의 장에게 각각 집행되어야 할 세입·세출예산, 계속비와 국고채무부담행위 등에 대하여 배분하는 것을 말하고, 예산의 재배정은 중앙관서의 장이 그 부속기관이나 하위 기관에 예산액을 배정하는 것을 말한다.
④ 기획재정부장관은 예산집행지침을 작성하여 매년 1월말까지 각 중앙관서의 장에게 통보하여야 하며(국가재정법 시행령 제18조 1항), 국회에는 통보하지 않아도 된다.
cf) 기획재정부장관은 국무회의의 심의를 거쳐 대통령의 승인을 얻은 다음 연도의 예산안편성지침을 매년 3월 31일까지 각 중앙관서의 장에게 통보하고, 통보한 지침을 국회 예산결산특별위원회에 보고하여야 한다.

17 국가직 9급 기출

예산 관련 제도들 중 나머지 셋과 성격이 다른 것은?

① 예비비와 총액계상예산
② 이월과 계속비
③ 이용과 전용
④ 배정과 재배정

해설 배정과 재배정은 재정통제수단이고 나머지는 모두 예산 집행의 신축성 유지방안에 해당한다.

핵심정리

예산집행상의 통제장치 및 신축성 유지방안

통제장치	• 예산의 배정과 재배정 • 지출원인행위의 통제 • 공무원 정원과 보수통제 • 예비타당성제도 • 회계기록 및 보고제도 • 총사업비 관리제도
신축성 유지방안	• 이용, 전용, 이체, 이월 • 예비비, 계속비, 수입대체경비 • 국고채무부담행위 • 총액계상예산제도 • 국고여유자금 • 대통령의 재정·경제에 관한 긴급명령 • 신성과주의예산(총괄배정예산, 지출통제예산 등) • 추가경정예산, 준예산, 수입·지출의 특례 등

18 국가직 9급 기출

우리나라 행정부의 예산집행 통제장치에 해당하지 않는 것은?

① 정원 및 보수를 통제하여 경직성 경비의 증대를 억제한다.
② 정부조직 등에 관한 법령의 제정, 개정, 폐지로 인해 그 직무권한에 변동이 있을 때 예산도 이에 따라서 변동시킬 수 있다.
③ 각 중앙관서의 장은 2년 이상 소요되는 사업 중 대통령령이 정하는 대규모사업에 대해 사업규모·총사업비·사업기간을 정해 미리 기획재정부장관과 협의해야 한다.
④ 각 중앙관서의 장은 월별로 기획재정부장관에게 사업집행 보고서를 제출해야 한다.

해설 ②는 예산의 이체(移替)에 대한 설명인데, 이는 예산집행의 통제장치가 아니라 신축성 유지방안에 해당한다.

핵심정리

예산집행의 통제방안
- **공무원 정원과 보수통제**: 공무원의 보수는 국가예산에서 큰 비중을 차지하고 있으므로, 예산한도액을 초과시키지 않으려면 각 기관의 정원과 보수 등을 법정화하여 통제해야 함
- **예비타당성제도**: 대규모 개발사업에 대한 신중한 착수와 재정투자의 효율성 제고를 위하여 실시하는 사전적인 경제적 타당성 조사(투자우선순위, 적정투자시기, 재원조달방법 등)로서, 당해사업뿐 아니라 국가재정의 전반적 차원에서 기획재정부가 수행하는 조사제도
- **회계기록 및 보고제도**: 각 중앙관서는 자체 수입·지출에 대한 회계기록뿐 아니라 시기별 보고와 결산보고를 해야 함
- **총사업비 관리제도**: 완성에 2년 이상 소요되는 대규모사업에 대하여 그 사업규모, 총사업비, 사업기간을 미리 정하여 기획재정부장관과 협의하게 하는 제도

19 서울시 9급 기출

예산집행의 신축성을 유지하여 예산집행자로 하여금 보다 예산목적에 부합하는 집행 성과를 올릴 수 있도록 하는 우리나라 예산집행의 장치로 보기 어려운 것은?

① 계속비
② 예산의 배정과 재배정
③ 예산의 이용(移用)과 전용(轉用)
④ 예산의 이체(移替)와 이월(移越)

해설 예산의 배정과 재배정은 예산집행의 신축성 유지방안이 아닌 재정통제수단에 해당된다. 예산의 배정은 자금의 집중적인 지출을 막기 위해 중앙예산기관의 장(기획재정부장관)이 각 중앙관서의 장에게 각 분기별로 집행할 수 있는 금액과 책임소재를 명확히 하는 절차를 말하며, 예산의 재배정은 각 중앙관서의 장이 배정받은 예산액의 범위 내에서 다시 산하 재무관(부속기관 또는 하급기관)에게 월별 또는 분기별로 예산액을 다시 배정주는 것을 말한다.

① 계속비는 완성에 수년도를 요하는 공사나 제조 및 연구개발사업은 그 경비의 총액과 연부액(年賦額)을 정하여 미리 국회의 의결을 얻은 범위 안에서 수년도에 걸쳐서 지출할 수 있는 경비를 말한다.
③ 예산의 이용(移用)은 예산에 정한 기관 간이나 입법과목인 장(章)·관(款)·항(項) 사이에 서로 융통하는 것을 말하며, 예산의 전용(轉用)은 행정과목인 세항(細項)과 목(目) 사이에 서로 융통하는 것을 말한다.
④ 예산의 이체(移替)는 정부조직 등에 관한 법령의 제정·개정 또는 폐지로 인하여 중앙관서의 직무와 권한에 변동이 있을 때 예산의 책임소관이 기획재정부장관(중앙예산기관장)의 승인으로 변경되는 것을 말한다. 예산의 이월(移越)은 해당 회계연도에 집행되지 않은 예산을 다음 회계연도에 넘겨서 다음 해의 예산으로 사용하는 것을 말한다.

정답 16 ① 17 ④ 18 ② 19 ②

20 지방직 9급 기출

다음 괄호 안에 들어갈 내용으로 바르게 짝지어진 것은?

> 정부회계의 '발생주의'는 정부의 수입을 (㉠) 시점으로, 정부의 지출을 (㉡) 시점으로 계산하는 방식을 의미한다.

	㉠	㉡
①	현금수취	현금지불
②	현금수취	지출원인행위
③	납세고지	현금지불
④	납세고지	지출원인행위

해설 정부회계는 발생주의에 입각한 복식부기에 의해 처리된다. 발생주의는 현금의 유입(수입)과 유출(지출)에 관계 없이 거래사실이 발생했을 때 기록하는 방식으로 채권과 채무를 인식한다. 따라서 채권인 납세고지를 국민에게 했을 때 수익으로 인식하고 채무인 지출원인행위를 했을 때 비용으로 인식한다.

핵심정리
정부회계의 회계처리방식
- 정부회계란 정부조직의 경제적 정보를 식별·측정하여 정보이용자가 적절한 판단과 의사결정을 할 수 있도록 전달·보고하는 과정
- 정부회계는 '거래를 어느 시점에 할 것인가'라는 수익·비용의 인식기준과 시점에 따라 현금주의와 발생주의로 분류되며, '거래를 어떠한 방식으로 할 것인가'라는 회계처리의 방식에 따라 단식부기와 복식부기로 분류

21

정부회계의 회계처리방식에서 현금주의와 발생주의에 대한 설명으로 옳지 않은 것은?

① 현금주의는 선급비용과 선수수익을 각각 비용과 수익으로 인식하는 반면, 발생주의는 선급비용과 선수수익을 자산과 부채로 인식한다.
② 현금주의는 미지급비용·미수수익은 인식이 안 되는 반면, 발생주의는 미지급비용·미수수익을 부채와 자산으로 인식한다.
③ 현금주의는 무상거래는 인식이 안 되는 반면, 발생주의는 무상거래를 이중 거래로 인식한다.
④ 현금주의는 복식부기에 주로 적용하는 반면, 발생주의는 단식부기에 주로 적용한다.

해설 현금주의는 단식부기에 주로 적용하는 반면, 발생주의는 복식부기(기업회계방식)에 주로 적용한다.

핵심정리
현금주의와 발생주의

구분	현금주의	발생주의
개념	• 현금이 수납될 때 수익이 발생하는 것으로 기록하고, 현금이 지급될 때 비용이 발생하는 것으로 보는 방식 • 가계부, 비영리 공공부문	• 현금의 수납보다는 현금 이동을 발생시키는 경제적 사건이 실제로 발생한 시점에 거래를 인정하는 방식 • 기업, 일부 비영리 공공부문
특징	• 현금수납사실을 기준으로 회계정리(회계관리가 단순) • 선급비용을 비용으로, 선수수익을 수익으로 인식 • 미지급비용·미수수익은 인식 안 됨 • 감가상각·대손상각은 인식 안 됨 • 무상거래는 인식 안 됨 • 단식부기에 주로 적용	• 자산 변동·증감의 발생사실에 따라 회계처리 • 선급비용을 자산으로, 선수수익을 부채로 인식 • 미지급비용을 부채로, 미수수익을 자산으로 인식 • 감가상각·대손상각을 비용으로 인식 • 무상거래를 이중 거래로 인식 • 복식부기(기업회계방식)에 주로 적용

22 지방직 9급 기출

우리나라의 행정통제에 대한 설명으로 옳은 것은?

① 행정기관 및 공무원의 직무에 관한 감찰을 하기 위하여 대통령 소속하에 감사원을 두고 있다.
② 권위주의적 정치·행정문화 속에서 행정의 내·외부통제가 보다 효과적으로 이루어졌다.
③ 헌법재판소는 행정에 대한 통제기능은 수행하지 못한다.
④ 입법부의 구성이 여당 우위일 경우에 효과적인 행정통제 기능을 수행할 수 있다.

해설 감사원은 국가의 세입·세출 결산을 심사하고, 행정기관의 사무와 공무원의 직무를 감찰하기 위해 설립된 대통령 직속의 헌법기관이다.
② 권위주의적 정치·행정문화 속에서는 행정의 내·외부통제가 보다 효과적으로 이루어지지 못한다.
③ 헌법재판소는 헌법소원심판, 탄핵심판, 위헌법률심판, 권한쟁의심판 등 행정에 대한 통제기능을 수행한다.
④ 입법부의 구성이 여당 우위일 경우에 효과적인 행정통제 기능을 수행하기 어렵다.

핵심정리

우리나라의 회계검사기관(감사원)
- 성격 및 구성
  - 감사원은 대통령 소속의 헌법기관이며, 필수적 독립기관
  - 감사위원회와 사무처로 구성
  - 감사위원회는 원장을 포함하여 5~11인 이하의 감사위원으로 구성되는 의결기관이며, 사무처는 조사·확인기관
- 주된 기능 : 결산의 확인 및 검사, 회계검사, 직무감찰
- 부수적 기능 : 검사·감찰결과의 처리, 심사청구의 심리·결정, 의견진술

23 국가직 9급 기출

세계잉여금에 대한 설명으로 옳은 것을 모두 고르면?

> ㄱ. 일반회계, 특별회계가 포함되고 기금은 제외된다.
> ㄴ. 적자 국채 발행 규모와 부(-)의 관계이며, 국가의 재정 건전성을 파악하는 데 효과적이다.
> ㄷ. 결산의 결과 발생한 세계잉여금은 전액 추가경정예산에 편성하여야 한다.

① ㄱ
② ㄷ
③ ㄱ, ㄴ
④ ㄴ, ㄷ

해설 ㄱ. 세계잉여금은 우리나라의 매 회계연도 세입세출예산(일반회계 + 특별회계)에 대한 결산을 통해 계산한 실제 세입액에서 세출액을 차감하며 생긴 잉여금으로, 일반회계와 특별회계는 포함하나 기금에 대한 결산은 포함하지 않는 제도이다.
ㄴ. 적자 국채 발행 규모와 반드시 부(-)의 관계(역의 관계)인 것은 아니다. 세계잉여금은 사용우선순위가 정해져 있고, 세계잉여금이 증가해도 긴급한 재정수요가 발생하면 적자국채 발행규모도 늘어날 수 있다. 따라서 세계잉여금만으로 국가의 재정건전성을 파악할 수는 없다.
ㄷ. 결산의 결과 발생한 세계잉여금은 지방교부세 및 지방교육재정교부금의 정산, 공적자금상환 기금에의 출연, 채무상환, 추가경정예산안 편성에 사용 순으로 처리하고 남은 잔액을 다음 연도 세입에 이입한다.

24

다음 중 우리나라의 회계검사에 관한 설명으로 틀린 것은?

① 우리나라의 회계검사기관은 행정부 소속의 합의제 기관이다.
② 우리나라의 경우 사전검사제도를 도입하고 있으나, 그 활용은 미미한 수준이다.
③ 오늘날의 회계검사는 전통적 회계검사보다 효과성이나 합목적성이 강조되고 있다.
④ 현재 국가와 지방자치단체, 정부출자기관은 필요적 회계검사대상 기관이다.

해설 정부출자기관의 경우 선택적 회계검사대상 기관이다.
① 우리나라의 회계검사기관인 감사원은 현재 행정부 소속하에 있고 기관의 구성은 합의제형이며, 설치에 관한 법적 근거는 헌법에 두는 헌법상 기관이다.
② 회계검사를 지출이 있기 전과 후를 기준으로 사전검사와 사후검사로 구분할 때, 우리나라의 경우 사전검사를 할 수 있도록 되어 있으나 실질적으로는 거의 활용되지 못하고 있는 실정이다.
③ 오늘날의 회계검사는 전통적인 재무감사나 합법성감사 외에도, 정부의 기능이나 사업의 성과나 경제성, 능률성, 효과성을 중점적으로 감사하는 정책감사, 성과감사 등으로 그 방향이 전환되고 있다.

핵심정리

감사원의 회계검사대상
- 필요적 회계검사대상 : ㉠ 국가의 회계, ㉡ 지방자치단체의 회계, ㉢ 한국은행의 회계와 국가 또는 지방자치단체가 자본금의 2분의 1 이상을 출자한 법인의 회계, ㉣ 다른 법률에 따라 감사원의 회계검사를 받도록 규정된 단체 등의 회계
- 선택적 회계검사대상 : 감사원은 필요하다고 인정하거나 국무총리의 요구가 있는 경우 감사원법에 정한 사항 (감사원법은 국가 또는 지방자치단체가 자본금의 일부를 출자한 자의 회계를 선택적 회계검사대상으로 규정)

25

다음 중 회계검사에 대한 설명으로 옳지 않은 것은?

① 지출의 합법성을 확보하는 것이 중요하다.
② 재정에 관한 입법부의 의도실현 여부를 검증하는 성격을 띤다.
③ 자신이 기록하는 회계기록도 자율통제의 차원에서 회계검사를 할 수 있다.
④ 예산이 품목별로 편성되어 있을 경우에는 합목적성·효과성 검사가 어렵다.

해설 회계검사는 독립된 제3의 기관이 수행한다. 회계검사기관은 회계기록 작성자와는 별개의 독립된 기관이어야 한다.

핵심정리

회계검사
- 정부기관의 재정활동 및 그 수지결과를 제3의 기관이 확인·검증·보고하는 행위
- 특성
  - 회계검사의 대상은 회계기록(회계와 관계있는 모든 기록)
  - 회계기록은 타인(제3의 기관)이 작성한 것이어야 함
  - 회계기록의 정부(正否) 및 적부(適否)에 관한 비판적 검증절차(비판적 의견 표명)
- 목적
  - 지출의 합법성을 확보(1차적 목적)
  - 재정낭비의 방지와 비리·부정의 적발 및 시정
  - 회계검사의 결과를 행정관리 개선과 차기 재정정책 수립에 반영

26

다음 중 정부회계의 특징에 대해 기술한 것으로 틀린 것은?

① 정부회계는 영리성보다 합법성을 더욱 중시한다.
② 정부기업회계는 기업회계의 특성을 갖지 않는다.
③ 정부회계는 기업회계에 비해 목표가 다양하다.
④ 정부회계는 기업회계에 비해서 내용의 준수를 강조한다.

> **해설** 정부기업회계는 기업회계의 특성을 갖는다. 정부기업이란 기업형태로 운영하는 우편사업, 우체국예금사업, 양곡관리사업 및 조달사업을 말하는데, 정부기업을 운영하기 위하여 우편사업특별회계 · 우체국예금특별회계 · 양곡관리특별회계 · 조달특별회계를 설치하고 그 세입으로써 그 세출에 충당한다(「정부기업예산법」 제2조, 제3조).
> ① 정부회계는 영리성보다 합법성을 중시하며 지출의 합법성을 확보하는 것이 1차적 목적이다.
> ③ 기업회계가 영리추구라는 하나의 목표와 관련된 것인데 비해, 정부회계는 정부기관이나 기업, 일반 국민 등 보다 다양한 사람이 다양한 목적으로 이용되기 때문에 정부회계는 기업회계에 비하여 목표가 다양하다고 할 수 있다.
> ④ 정부회계는 기업회계에 비해 예산상 정해진 절차나 방법, 내용의 준수를 강조한다. 정부회계란 정부조직의 경제적 정보를 식별 · 측정하여 정보이용자가 적절한 판단과 의사결정을 할 수 있도록 전달 · 보고하는 과정을 말한다.

27

회계검사에 대한 다음의 설명 중 옳지 않은 것은?

① 품목별 예산제도에는 효과성 검사를 용이하게 하는 측면이 있다.
② 자신이 기록한 회계기록에 대한 자율적 검사는 회계검사에 포함되지 않는다.
③ 회계검사에서는 지출의 영리성보다는 합법성을 중요시한다.
④ 회계검사는 재정에 관한 입법부 의도의 실현 여부를 검증하는 성격을 갖고 있다.

> **해설** 품목별 예산제도는 지출의 대상과 성질에 따라 세부항목별로 편성되어 있으므로 합법성 위주의 회계검사를 용이하게 하는 장점이 있다. 효과성 검사가 용이하려면 예산이 프로그램이나 사업별로 편성되어 있어야 한다.
> ② 회계검사의 대상은 회계와 관계있는 모든 회계기록이며, 회계기록은 타인(제3의 기관)이 작성한 것이어야 한다.
> ③ 회계검사는 재정낭비의 방지와 부정적발 및 시정을 위한 것으로 지출의 합법성을 확보하는 것이 1차적 목적이다.
> ④ 회계검사는 정부기관의 재정활동 및 그 수지결과를 제3의 기관이 확인 · 검증 · 보고하는 행위로, 회계검사의 결과를 행정관리 개선과 차기 재정정책수립에 반영하여 재정에 관한 입법부 의도의 실현 여부를 검증하는 성격을 갖고 있다.

나두공

9급 공무원

제 6 편

행정환류론

제1장 행정책임과 행정통제

제2장 행정개혁

제1장 행정책임과 행정통제

대표유형문제

국가직 9급 기출

행정부에 대한 외부통제에 해당하는 것만을 모두 고르면?

ㄱ. 행정안전부의 각 중앙행정기관 조직과 정원 통제
ㄴ. 국회의 국정조사
ㄷ. 기획재정부의 각 부처 예산안 검토 및 조정
ㄹ. 국민들의 조세부과 처분에 대한 취소소송
ㅁ. 국무총리의 중앙행정기관에 대한 기관평가
ㅂ. 환경운동연합의 정부정책에 대한 반대
ㅅ. 중앙행정기관장의 당해 기관에 대한 자체평가
ㅇ. 언론의 공무원 부패 보도

① ㄱ, ㄷ, ㅁ, ㅅ
② ㄴ, ㄷ, ㄹ, ㅁ
③ ㄴ, ㄹ, ㅁ, ㅇ
❹ ㄴ, ㄹ, ㅂ, ㅇ

정답해설 ㄴ은 입법통제로서, ㄹ은 민중통제로서 외부통제에 해당한다. ㅂ은 시민단체에 의한, ㅇ은 언론에 의한 외부통제에 해당한다.

오답해설 ㄱ, ㄷ, ㅅ은 각급 기관에 의한 내부통제에 해당하며, ㅁ은 국무총리에 의한 내부통제에 해당한다.

핵심정리 행정통제의 유형

외부통제 (민주통제)	공식적 통제	• 입법통제 : 입법 및 정책결정, 예산 · 국정질의, 국정조사 · 감사, 임명동의, 탄핵소추권 • 사법통제 : 행정구제제도, 명령 · 처분의 위헌 · 위법 심사 • 옴부즈만 : 우리나라의 국민권익위원회는 내부통제기관
	비공식적 통제	민중통제 : 선거 · 투표, 시민참여, 지식인의 영향력, 이익집단, 여론 및 언론기관, 정당 등
내부통제 (자율통제)	공식적 통제	행정수반(대통령), 감사원, 국민권익위원회, 행정조직 및 기관, 행정절차 · 운영, 교차기능조직, 내부평가 및 감사 · 감찰제도
	비공식적 통제	행정윤리, 대표관료제, 공익

01

다음 중 행정책임에 대한 설명으로 옳은 것은?

① 행정책임 구성요소들 사이의 상대적 비중은 시대에 따라 조금씩 달라진다.
② 행정책임을 물을 때는 우선 행동의 동기를 확인할 필요가 있다.
③ 책임을 확보하기 위해서 꼭 권한과 책임의 명확화가 전제되어야 하는 것은 아니다.
④ 현대 행정국가에서는 행정의 전문화로 인해 외재적 책임이 강조되고 있다.

해설 근대 입법국가에서는 외재적 책임(주로 의회에 의한 외재적 책임)이 강조되었으나, 자율적인 현대 행정국가에서는 내재적·자율적 책임이 중시되는데, 이렇게 행정책임의 구성요소들 간 상대적 비중은 시대에 따라 조금씩 달라지고 있다(책임기준의 유동성).
② 행정책임에서는 동기보다는 결과가 더 중요하다(행동의 결과에 대한 책임의 강조에서 발생).
③ 책임확보를 위해서는 권한과 책임의 명확화가 전제되어야 한다(행정상 일정한 임무를 수행할 의무와 권한의 실천을 전제로 함).
④ 현대 행정국가에서는 행정의 전문화로 인한 외재적 책임이 약화되면서, 내재적·기능적 책임이 강조되고 있다.

핵심정리

외재적 책임과 내재적 책임
- **외재적 책임**: 외부적인 힘, 즉 법률이나 입법부, 사법부, 국민에 대하여 지는 책임(합법적·계층적·제도적·응답적 책임 등)
- **내재적 책임**: 관료나 공무원 자신의 마음속 기준에 따른 책임(직업적·관료적·기능적 책임, 주관적·자율적·심리적 책임 등)

02 지방직 9급 기출

행정윤리에 대한 설명으로 옳지 않은 것은?

① 제도적 책임성이란 공무원이 전문가로서의 직업윤리와 책임감에 기초해서 자발적인 재량을 발휘해 확보되는 행정책임을 의미한다.
② 행정윤리는 사익보다는 공익과 밀접한 관계가 있다.
③ 결과주의에 근거한 윤리평가는 사후적인 것이며 문제의 해결보다는 행위 혹은 그 결과에 대한 처벌에 중점을 둔다.
④ 공무원 부패의 원인을 사회문화적 접근으로 보는 관점에서는 특정한 지배적 관습이나 경험적 습성이 부패를 조장한다는 입장이다.

해설 공무원이 전문가로서의 직업윤리와 책임감에 기초해서 자발적인 재량을 발휘해 확보되는 행정책임은 자율적 책임성이다. 제도적 책임성은 공식적인 각종 제도적 통제를 통해 국민에 의해 표출된 국민의 요구를 충족시켜주기 위해 정부와 공무원들이 임무를 수행하게 하는 타율적 수동적인 행정책임이다.
② 행정윤리는 사익(개인의 사사로운 이익)보다는 공익(사회 일반의 공동이익)과 밀접한 관계가 있다.
③ 결과주의에 근거한 윤리평가는 사후적인 것이며 문제의 해결 보다는 행위 혹은 그 결과에 대한 처벌에 중점을 둔다. 반면, 의무론적 입장은 동기에 대판 평가와 도덕적 원칙을 강조하고 부도덕한 동기 실현의 사전 제어에 중점을 둔다.
④ 공무원 부패의 원인을 사회문화적 접근으로 보는 관점에서는 특정한 지배적 관습이나 경험적 습성이 부패를 조장한다는 입장이다.

핵심정리

행정윤리
행정 영역에 있어서의 행위규범과 그 가치기준. 즉, 행정윤리란 행정의 모든 역할을 올바르고 공정한 방향으로 이끌게 하는 규범적 가치기준

정답 01 ① 02 ①

03

다음 중 행정책임에서 객관적 책임에 대한 설명으로 틀린 것은?

① 행동자의 개인적 욕구, 취약점, 선호 등이 고려된다.
② 대표적인 것으로는 법률에 대한 책임을 들 수 있다.
③ 외부로부터 부과되는 기대와 관련된다.
④ 일정한 직무수행기준에 관하여 행동자 이외의 사람에게 지는 의무이다.

해설 객관적 책임은 책임을 져야 할 직위에 있는 사람에게 의무를 부과하는 것으로, 행동자의 개인적 욕구, 취약점, 선호 등은 전혀 고려되지 않는다.

핵심정리

행정책임의 유형
- 객관적 책임 : 외부로부터 주어진 의무나 기준(법령, 공익, 조직적·사회적 요구 등)에 따라야 할 책임(제도적·합법적 책임, 응답적 책임 등)
- 주관적 책임 : 행정인 스스로의 신념·가치관·윤리기준(양심, 충성심, 일체감, 행정윤리, 내적·정신적 욕구 등)에 충실하려는 책임(내재적·자율적 책임 등)

04

다음 중 행정책임의 기준으로 볼 수 없는 것은?

① 분권화 정도
② 공익
③ 행정인 윤리기준
④ 수익자 집단의 요구

해설 행정책임의 기준은 법령적·강제적 기준(법령에 명시한 경우)과 자율적·추상적 기준(법령에 명시하지 않은 경우)으로 나눌 수 있다. 이 중 자율적·추상적 기준에는 공익 등의 행정이념, 행정윤리, 국민의 여망과 기대, 행정목표와 계획, 수익자 집단의 요구 등이 있다.

05

다음 중 행정통제에 관한 설명으로 옳지 않은 것은?

① 행정통제를 위해서는 결과(산출)의 측정이 용이해야 한다.
② 행정통제의 유효성 제고를 위해 옴부즈만제도가 확대·강화되어야 한다.
③ 국회는 입법권 이외에도 재정권과 조사권을 통하여 행정부를 통제한다.
④ 사법적 통제는 주로 사후통제이다.

해설 행정통제의 기준에는 효과성뿐만 아니라 절차적 민주성이나 형평성, 공익성 등도 함께 요구되므로 ①처럼 단정할 수 없다. 즉 행정책임과 통제에는 결과(산출)뿐만 아니라 절차에 대한 것도 포함되므로 행정통제를 위해서 반드시 결과의 측정이 용이해야 하는 것은 아니다.

06 지방직·서울시 9급 기출

행정통제와 행정책임에 대한 설명으로 옳은 것만을 모두 고르면?

> ㄱ. 파이너(Finer)는 법적·제도적 외부통제를 강조한다.
> ㄴ. 감사원의 직무감찰과 회계감사는 외부통제에 해당한다.
> ㄷ. 프리드리히(Friedrich)는 내재적 통제보다 객관적·외재적 책임을 강조한다.

① ㄱ
② ㄴ
③ ㄱ, ㄷ
④ ㄴ, ㄷ

해설 ㄱ. 파이너(Finer)는 〈민주정부에 있어서의 행정책임〉이라는 논문에서 외부기관의 통제가 미약하면 관료권력이 강화된다고 주장하며 외부적 제재에 의한 통제를 강조하였다.
ㄴ. 감사원의 직무감찰과 회계감사는 내부통제에 해당한다.
ㄷ. 프리드리히(Friedrich)는 〈공공정책과 행정책임의 성질〉이라는 논문에서 외재적 책임의 한계를 지적하면서 관료들의 내재적·자율적·도덕적 책임을 강조하였다.

핵심정리

제도적 책임과 자율적 책임
- **제도적 책임** : 문책자의 외재화, 제재수단의 존재(제재 가능), 공식적·제도적 통제, 절차에 대한 준수 강조, 판단기준 및 절차의 객관화, 외재적·객관적·법적·합법적 책임
- **자율적 책임** : 문책자의 내재화 또는 부재, 제재수단의 부재(제재 불가), 공식적·제도적 통제로 확보 불가, 절차의 준수와 책임완수는 별개, 객관적인 기준이 존재하지 않음, 내재적·주관적·도덕적·재량적 책임

07 지방직 9급 기출

우리나라의 행정통제에 대한 설명으로 옳은 것은?

① 행정기관 및 공무원의 직무에 관한 감찰을 하기 위하여 대통령 소속하에 감사원을 두고 있다.
② 권위주의적 정치·행정문화 속에서 행정의 내·외부통제가 보다 효과적으로 이루어졌다.
③ 헌법재판소는 행정에 대한 통제기능은 수행하지 못한다.
④ 입법부의 구성이 여당 우위일 경우에 효과적인 행정통제 기능을 수행할 수 있다.

해설 감사원은 국가의 세입·세출 결산을 심사하고, 행정기관의 사무와 공무원의 직무를 감찰하기 위해 설립된 대통령 직속의 헌법기관이다.
② 권위주의적 정치·행정문화 속에서는 행정의 내·외부통제가 보다 효과적으로 이루어지지 못한다.
③ 헌법재판소는 헌법소원심판, 탄핵심판, 위헌법률심판, 권한쟁의심판 등 행정에 대한 통제기능을 수행한다.
④ 입법부의 구성이 여당 우위일 경우에 효과적인 행정통제 기능을 수행하기 어렵다.

정답 03 ① 04 ① 05 ① 06 ① 07 ①

08

행정책임에 대한 설명으로 옳지 않은 것은?

① 행정고객의 이익과 정당한 요구도 행정책임의 판단기준이 된다.
② 외재적 책임보다는 내재적 책임이 강조되는 경향이 있다.
③ 행정책임을 묻기 위해서는 행동의 결과보다는 동기를 파악하는 것이 중요하다.
④ 행정책임을 묻기 위해서는 행정인의 권한과 책임의 명확화가 전제되어야 한다.

해설 행정책임이란 행정인 또는 행정기관이 국민의 기대에 부응하여 윤리적·기술적·법규적 기준에 따라 행동해야 할 의무를 말하는 것으로, 행정책임에는 결과에 대한 책임과 과정에 대한 책임이 있다. 행정책임은 행동의 결과에 대한 책임의 강조에서 발생된다.

핵심정리
행정책임의 특징
- 행정상 일정한 임무를 수행할 의무와 권한의 실천을 전제로 함
- 행정인의 재량권과 자율성에 기인하여 발생
- 업무수행상의 중대하고 명백한 일탈에 대하여 발생
- 행동의 결과에 대한 책임 강조에서 발생
- 행정책임은 행정통제의 목적이며, 행정통제는 행정책임 보장을 위한 수단
- 개인적 요구보다 상위차원의 공익이나 수익집단·법령의 요구, 윤리성 등에 기인(외연성)
- 행정책임 기준의 비중은 시대에 따라 변화(책임기준의 유동성)

09

행정책임성 확보를 위한 행정통제의 방안으로 거리가 먼 것은?

① 행정정보공개제도의 활성화
② 내부고발인보호제도의 활용
③ 공무원 신분보장 강화
④ 정책과정에의 시민참여 기회의 확대

해설 공무원 신분보장의 강화는 오히려 행정통제를 더욱 어렵게 만든다. 행정통제는 행정이 국민과 입법부의 요구나 기대, 공익, 법규 등의 기준에 합당하게 이루어지고 있는가를 확인·평가하고 적절한 개선방안을 강구하는 것으로, 이를 통해 행정의 대외적 책임성을 확보하고 조직의 본래 목표나 규범을 적절히 준수하도록 하는 것이다. 그런데 공무원의 신분보장을 강화하게 되면 행정에 대한 통제가 어려워지고 조직구성원의 저항이 커져 행정의 책임성 및 대응성, 행정윤리의 확보가 더욱 곤란해지며, 공무원의 권한 남용과 부정부패, 도덕적 해이 등이 발생할 가능성이 높아지게 된다.
② 내부고발인보호제도는 내부고발 행위를 한 사람을 보호함으로써 조직에 만연된 비리나 부패를 척결하려고 마련된 제도이므로 행정책임성 확보를 위한 행정통제 방안의 하나로 볼 수 있다.
④ 시민참여를 확대하는 것은 외부통제의 하나인 민중통제에 해당한다.

핵심정리
행정통제의 유효성 개선방안
- 행정정보공개제도의 활성화
- 행정절차법의 활용
- 옴부즈만제도의 확대 및 강화
- 내부고발자 보호제도의 활용
- 정책과정에서의 시민참여 기회의 확대 등

10

다음 중 행정의 외부통제에 관한 설명으로 옳지 않은 것은?

① 예산심의·결정권은 강력한 입법통제수단이다.
② 옴부즈만제도는 다른 통제방법보다 더 신속하게 행정행위를 취소시키는 효과가 있다.
③ 민중통제의 방법으로는 선거, 여론, 주민참여, 이익단체의 활동 등이 있다.
④ 사법통제는 권익의 침해가 전제되기 때문에 사후적 통제가 되며, 부작위에 대한 통제가 어렵다.

해설 옴부즈만제도는 공무원의 위법·부당한 권리침해로 인해 제기된 민원·불평 등을 조사하여 관계기관에 시정을 권고함으로써 입법부나 사법부의 통제를 보완하여 신속·공정하고 저렴한 비용으로 국민의 권리를 구제하는 것으로, 외부적·공식적 행정통제 방안에 해당한다. 그러나, 옴부즈만은 조사결과에 대한 간접적 통제권만 지니므로 직접적으로 위법·부당한 행정행위에 대해 그 시정·개선을 요구하거나 권고할 수는 있지만 이를 직접 취소·정지·무효화시킬 수는 없다.

① 예산심의·의결권, 예비비 설치동의, 지출승인, 결산승인, 조세징수 동의권 등은 국가재정에 대한 통제로 입법통제수단에 해당한다.
③ 민중통제의 방법으로는 선거·투표, 시민참여, 지식인의 영향력, 이익집단, 여론 및 언론기관, 정당 활동 등이 있다.
④ 사법통제는 주로 사후적 통제에 해당하며, 행정의 전문성에 의한 통제의 제약과 부작위에 대한 통제나 부당행위에 대한 구제가 곤란하다는 단점이 있다.

핵심정리

행정통제의 유형(외부통제)

공식적 통제	입법통제, 사법통제, 옴부즈만제도
비공식적 통제	민중통제(선거, 투표, 시민참여, 지식인의 영향력, 이익집단, 여론 및 언론기관, 정당 등)

11 지방직 9급 기출

행정통제에 대한 설명으로 옳지 않은 것은?

① 독립통제기관(separate monitoring agency)은 일반행정기관과 대통령 그리고 외부적 통제중추들의 중간 정도에 위치하며, 상당한 수준의 독자성과 자율성을 누린다.
② 헌법재판제도는 헌법을 수호하고 부당한 국가권력으로부터 국민의 권리와 자유를 보호하는 과정에서 행정에 대한 통제기능을 수행한다.
③ 교차기능조직(criss-cross organizations)은 행정체제 전반에 걸쳐 관리작용을 분담하여 수행하는 참모적 조직단위들로서 내부적 통제체제로부터 완전히 독립되어있다.
④ 국무총리 소속 국민권익위원회는 옴부즈만적 성격을 가지며, 국민권익위원회의 위원장과 부위원장은 국무총리의 제청으로 대통령이 임명한다.

해설 교차기능조직(교차행정조직)은 행정체제 전반에 걸쳐 조직·인사·재무관리 등 관리기능을 분담하여 수행하는 참모적 조직단위들로서 계선적 운영조직의 관리적 작용을 대신하여 일반운영기관의 활동을 지원하고 통제하는 역할을 수행한다. 교차기능조직(교차행정조직)은 내부적 통제체제로부터 완전히 독립되어 있지 않고, 행정부의 대통령 통할 하에 두거나 국무총리 소속으로 설치되므로 내부통제장치에 해당하는 조직이다.

핵심정리

행정통제의 유형(내부통제)

공식적 통제	행정수반(대통령), 독립통제기관(감사원, 국민권익위원회), 행정조직 및 기관(계층제, 계선기관, 상급자 등)에 의한 통제, 교차기능조직(참모조직), 내부평가(심사평가) 및 감사·감찰제도, 행정절차나 운영에 따른 통제
비공식적 통제	행정윤리, 대표관료제, 공익, 공무원단체, 정치적 중립

12

다음 중 행정통제의 원칙이 아닌 것은?

① 예외의 원칙
② 즉시성의 원칙
③ 일치의 원칙
④ 다원화의 원칙

해설 **행정통제의 원칙**
- 예외의 원칙 : 대규모 조직의 관리자가 조직 전체를 통제하기는 어려우므로 통제의 효율성을 위해 일상적·반복적 업무보다 특별히 비일상적·예외적인 사항만을 통제
- 합목적성의 원칙 : 목표에 기여하는 가장 합목적적인 통제
- 명확성(이해가능성)의 원칙 : 통제의 목적·동기, 기준, 방법 등에 대해 명확히 인식·이해할 수 있어야 함
- 경제적 효용성의 원칙 : 경제적 효용성을 극대화할 수 있는 통제(적은 통제로 최대의 통제 효과 확보)
- 적량성의 원칙 : 과다통제와 과소통제는 행정통제의 효율성을 저하시키므로, 통제의 효율성을 제고하는 적절한 통제수준 유지
- 적응성(신축성)의 원칙 : 예측하지 못한 사태에 대한 신축적·적응적 대응 요구
- 즉시성의 원칙 : 통제는 기획이 실천단계에 들어가면서 신속히 시행되어야 함
- 일치의 원칙 : 피통제자의 권한과 책임이 일치하도록 통제
- 비교의 원칙 : 통제에 필요한 모든 실적자료는 본래의 명확한 기준과 비교해 판단
- 지속성의 원칙 : 일회성 있는 통제는 효과를 저해하므로 지속적인 통제 시스템 형성

13

행정책임과 행정통제에 대한 설명 중 옳지 않은 것은?

① 행정통제의 중심과제는 궁극적으로 민주주의와 관료제 간의 조화 문제로 귀결된다.
② 행정통제는 설정된 행정목표와 기준에 따라 성과를 측정하는 데 초점을 맞추면 별도의 시정 노력은 요구되지 않는 특징이 있다.
③ 행정책임은 행정관료가 도덕적·법률적 규범에 따라 행동해야 하는 국민에 대한 의무이다.
④ 행정통제란 어떤 측면에서는 관료로부터 재량권을 빼앗는 것이다.

해설 행정통제는 목표와 그 실천행동을 부합시키는 활동이다. 따라서 행정이 국민의 요구나 입법부, 사법부, 행정수반이 원하는 방향으로 수행되도록 평가하고 필요에 따라 시정조치가 수반되어야 한다.
① 행정통제는 행정의 권한남용 방지와 책임확보, 비윤리적 행위 방지, 행정 민주성 확보 등을 위해 필요하다. 따라서 궁극적으로는 관료제와 민주주의 간의 조화 문제로 귀결된다고 볼 수 있다.
③ 행정책임이란 행정인 또는 행정기관이 국민의 기대에 부응하여 윤리적·기술적·법규적 기준에 따라 행동해야 할 의무를 말한다.
④ 행정통제는 행정이 국민과 입법부의 요구 및 법규 등의 기준에 합당하게 이루어지고 있는가를 확인·평가하고 시정조치를 하기위한 것이므로 어떤 측면에서는 관료의 재량권을 빼앗는 것이라고 볼 수 있다.

14
현대 행정국가에서 내부통제의 중요성이 증대되는 가장 큰 이유는?

① 행정의 전문화 현상
② 관료권력의 비대화
③ 관료부패의 증대
④ 의회기능의 증대

해설 행정국가의 행정전문화·복잡화 경향에 따라 외부통제(민주성 중시)가 실효성이 약화되는 한계에 부딪쳐 행정조직 내부기관이나 구성원에 의한 내부통제(능률성·효과성 중시)가 강조되고 있다. 바람직한 행정통제를 위해서는 외부통제에서 내부통제로, 소극적 통제에서 적극적 통제로, 사후통제에서 사전통제로, 일시적 통제에서 계속적 통제로, 양적·수단적 통제에서 질적·가치적 통제로, 공식적 통제에서 비공식적·자율적 통제로 방향 전환이 이루어져야 한다.

핵심정리

내부통제(행정관리통제, 자율적 통제)
- 행정활동이 본래의 목표나 방침대로 이루어지고 있는가를 자체적으로 확인·평가하여 필요한 시정조치를 취하는 것
- 행정의 전문성이 높아진 오늘날의 행정에서 그 중요성과 실효성이 부각되고 있음
- 행정수반 및 고급관료 등 엘리트(리더십, 권위)에 의한 통제
- 행정기구나 제도, 위원회, 감찰기관 등에 의한 통제
- 교차기능조직(참모조직)에 의한 통제
- 정책이나 기획, 관리·조정, 절차·규정 등에 의한 통제
- 비공식 집단에 의한 통제
- 공무원단체에 의한 통제
- 행정윤리의 확립(가장 바람직한 통제방법)
- 관료제의 대표성(대표관료제)에 의한 통제
- 공익, 정치적 중립 등에 의한 통제

15
행정통제에 관한 설명으로 타당하지 않은 것은?

① 외부통제에는 입법부에 의한 통제, 사법부에 의한 통제, 시민에 의한 통제 등이 있다.
② 행정통제는 그 주체와 영향력의 행사 방향에 따라 외부통제와 내부통제로 나눌 수 있다.
③ 오늘날의 행정전문화 경향에 따라 내부통제보다 외부통제가 점차 강조되고 있다.
④ 행정통제는 공무원 개인 또는 행정체제의 일탈에 대한 감시와 처벌을 통해 원래의 행정성과를 달성하려는 활동들을 말한다.

해설 행정이 전문성·복잡성을 띠게 될수록 외부통제가 한계에 부딪혀 내부통제가 더 강조된다.

16 지방직 9급 기출
민원행정의 성격에 대한 설명으로 옳은 것만을 모두 고르면?

ㄱ. 규정에 따라 서비스를 제공하는 전달적 행정이다.
ㄴ. 행정기관도 민원을 제기하는 주체가 될 수 있다.
ㄷ. 행정구제수단으로 볼 수 없다.

① ㄱ
② ㄷ
③ ㄱ, ㄴ
④ ㄴ, ㄷ

해설 ㄱ. 민원행정은 정책결정·기획이 아니라, 규정에 따라 서비스를 제공하는 전달적 행정이다.
ㄴ. 제시된 지문은 부정확하지만 정답 이의제기에도 불구하고 옳은 지문으로 처리되었다. 행정기관은 원칙적으로 민원을 제기하는 주체가 될 수 없다. 다만, 행정기관이 사경제(私經濟) 주체로서 다른 행정기관에게 처분 등 특정한 행위를 요구하는 경우 민원인으로 본다.

ㄷ. 국민이 정부의 정책으로 인해 입은 피해에 대해 행정기관에게 권리구제를 요구하는 민원을 제기하고 이를 처리해주는 것도 민원행정에 포함되며, 가장 1차적인 행정구제 수단이자 행정통제수단으로서의 기능을 수행한다.

핵심정리

민원행정

행정기관에 특정한 행위를 요구하는 민원인(개인·법인·단체 등)의 의사 표시에 대응해 이를 처리하는 행정. 민원인에 의해 요구되는 민원으로는 각종 허가 등의 신청, 등록의 신청, 특정한 사실의 증명 또는 확인, 행정기관의 처분행위에 대한 이의신청·진정·건의·질의, 행정 관련 불편 사항의 신고 및 해소 요청 등이 있다.

민원인으로 보지 않는 경우(민원처리에 관한 법률 시행령 제2조 1항)

- 행정기관에 처분 등 특정한 행위를 요구하는 행정기관 (단, 행정기관이 사경제의 주체로서 요구하는 경우는 민원인으로 봄)
- 행정기관과 사법(私法)상 계약관계가 있는 자로서 계약관계와 직접 관련하여 행정기관에 처분 등 특정한 행위를 요구하는 자
- 행정기관에 처분 등 특정한 행위를 요구하는 자로서 성명·주소 등이 불명확한 자(법인 또는 단체의 경우 그 명칭, 사무소 또는 사업소의 소재지와 대표자의 성명이 불명확한 경우)

일방적인 것이 아니라 쌍방향적인 의사소통이 있지만, 주로 정부 주도에 의한 의사소통이다. 이런 경우 대부분은 정부가 시민들의 관심과 정책적 순응을 확보하기 위해 활용한다.
① 행정절차법 → 협의형
② 국민의 입법 제안 → 정책결정형
④ 정보공개법 → 정보공개형

17 서울시 9급 기출

온라인 시민 참여유형과 관련제도가 바르게 연결된 것은?
① 정책결정형 – 행정절차법
② 협의형 – 국민의 입법 제안
③ 협의형 – 옴부즈만 제도
④ 정책결정형 – 정보공개법

해설 시민의 온라인 참여는 정보제공형, 협의형, 정책결정형의 3가지 유형으로 구분할 수 있는데, 옴부즈만 제도는 협의형에 해당한다. 협의형 참여는 시민과 정부 사이에

18

다음 중 옴부즈만제도에 관한 설명으로 틀린 것은?
① 스웨덴에서 최초로 명문화되어 많은 나라에서 채택하고 있다.
② 외국의 옴부즈만은 의회 소속이나, 우리나라는 대통령 소속이라는 점에서 차이가 있다.
③ 위원회 조사 결과 위법 부당한 처분이라고 할지라도 행정기관의 결정을 직접 취소할 수 없다.
④ 직권 또는 신청에 의한 조사 모두 가능하다.

해설 외국의 옴부즈만은 보통 의회 소속이며 우리나라의 경우 국민권익위원회의 고충처리제도가 옴부즈만제도에 해당하는데 국민권익위원회는 국무총리 소속으로서 외부통제가 아닌 내부통제기관이며 직무상 독립성은 보장되지만 외국의 옴부즈만에 비해 약한 편이다.
① 옴부즈만제도는 입법부나 사법부의 통제를 보완하여 신속·공정하고 저렴한 비용으로 국민의 권익을 구제하기 위해 등장한 제도로, 1809년 스웨덴에서 최초로 명문화되어 많은 나라에서 채택하고 있다.
③ 위법 부당한 처분이라고 할지라도 기존의 결정이나 행위를 무효로 하거나 취소·변경할 수 없으며 대상기관에 대한 직접적인 감독권·제재권이 없다(간접적 통제 제도).
④ 옴부즈만은 국민으로부터 신청을 받아 조사할 수 있고, 신청이 없더라도 신문이나 기타 자료·정보에 의하여 스스로 인지한 문제를 직권으로 조사할 수도 있다. 우리나라 국민권익위원회의 경우는 직권에 의한 조사는 불가능하고 고충민원 등의 신청이 있는 경우에만 조사할 수 있다는 한계가 있다(자발적 조사권 결여).

19

옴부즈만(Ombudsman) 제도에 대한 설명으로 옳은 것은?

① 18세기에 프랑스에서 최초로 명문화되어 많은 나라에서 채택하고 있다.
② 직무상 자율성이 미흡하여 행정에 대한 통제 기능을 수행하지 못한다.
③ 우리나라의 국민권익위원회는 헌법상 독립성을 보장하기 위해 대통령 소속으로 설치되었다.
④ 옴부즈만을 임명하는 주체는 입법기관, 행정 수반 등 국가별로 상이하다.

해설 옴부즈만을 임명하는 주체는 국가별로 상이하여 스웨덴이나 핀란드는 의회소속의 기관이지만 우리나라는 행정부소속의 기관이다.
① 1809년(19세기) 스웨덴에서 최초로 명문화되어 많은 나라에서 채택하고 있다.
② 옴부즈만 제도는 전통적으로 입법부에 의한 행정통제수단으로 발전해왔으며, 기능적으로는 입법부 및 행정부로부터 독립적·자율적으로 활동한다.
③ 우리나라의 국민권익위원회는 국무총리 소속기관이며, 소속상 외부통제가 아닌 내부통제기관에 해당된다. 또한 스웨덴과 달리 헌법상 기관이 아니라 법률상 기관이다.

20 지방직 9급 기출

옴부즈만(Ombudsman) 제도에 대한 설명으로 옳은 것만을 모두 고른 것은?

> ㄱ. 옴부즈만 제도는 설치주체에 따라 크게 의회 소속형과 행정기관 소속형으로 구분된다.
> ㄴ. 옴부즈만 제도는 정부 행정활동의 비약적인 증대에 따른 시민의 권리침해 가능성에 대해 충분한 구제제도를 두기 위하여 핀란드에서 최초로 도입되었다.
> ㄷ. 옴부즈만은 행정행위의 합법성뿐만 아니라 합목적성 여부도 다룰 수 있다.
> ㄹ. 우리나라의 경우 대통령 직속의 국민권익위원회가 옴부즈만에 해당한다.

① ㄱ, ㄴ
② ㄱ, ㄷ
③ ㄷ, ㄹ
④ ㄴ, ㄹ

해설 ㄱ. 옴부즈만 제도는 설치주체에 따라 크게 의회 소속형(행정부로부터 독립하여 행정감시기능을 공정하게 수행, 스웨덴·영국 등)과 행정기관 소속형(행정부 수반의 권한에 의거 행정내부를 조사함, 대한민국·프랑스 등)으로 구분된다.
ㄷ. 옴부즈만 제도는 행정기관의 위법·부당한 행정행위로 인하여 일반 국민의 권리나 이익이 침해되었을 때 옴부즈만이 국민의 대리인 입장에서 이를 신속히 조사하여 시정케 함으로써 국민의 침해받은 권익을 구제하는 제도로 행정행위의 합법성뿐만 아니라 합목적성 여부도 다룰 수 있다.
ㄴ. 옴부즈만 제도는 정부 행정활동의 비약적인 증대에 따른 시민의 권리침해 가능성에 대해 충분한 구제제도를 두기 위하여 스웨덴(1809)에서 최초로 도입되었다.
ㄹ. 우리나라의 경우 국무총리 소속의 국민권익위원회가 옴부즈만에 해당한다.

제6편 행정환류론

제2장 행정개혁

실전문제

대표유형문제

[지방직·서울시 9급 기출]

4차 산업혁명에 관한 설명으로 옳지 않은 것은?

① 초연결성, 초지능성 등의 특징이 있다.
❷ 대량 생산 및 규모의 경제 확산이 핵심이다.
③ 사물인터넷은 스마트 도시 구현에 도움이 된다.
④ 빅데이터를 활용한 맞춤형 공공 서비스 제공이 가능하다.

정답해설 대량 생산이나 규모의 경제 등은 초기 산업혁명의 특징에 적합하다. 4차 산업혁명 등 정보화 사회에서는 다품종 소량생산이나 속도의 경제 또는 범위의 경제를 중시한다.

오답해설 ① 4차 산업혁명은 사물인터넷(IoT)과 같은 초연결성, 인공지능과 같은 초지능성의 특징이 있다.
③ 사물과 사물, 사물과 사람 등을 모두 이어주는 사물인터넷(IoT)은 스마트 도시 구현에 도움이 된다.
④ 4차 산업혁명은 인공지능(AI), 사물인터넷(IoT), 빅데이터, 로봇 등 신기술을 바탕으로 맞춤형 공공 서비스 제공 등이 가능하다.

핵심정리 **4차 산업혁명 핵심 개념들**

- **인공지능(AI ; Artificial Intelligence)** : 인간의 인식 판단, 추론, 문제해결, 언어나 행동지령, 학습 기능과 같은 인간의 두뇌작용과 같이 컴퓨터 스스로 추론·학습·판단하면서 작업하는 시스템
- **사물인터넷(IoT ; internet of things)** : 생활 속 사물들을 유무선 네트워크로 연결해 정보를 공유하는 환경을 말함. 즉, 각종 사물들에 통신 기능을 내장해 인터넷에 연결되도록 해 사람과 사물, 사물과 사물 간의 인터넷 기반 상호 소통을 이루는 것
- **자율주행차** : 운전자가 브레이크, 핸들, 가속 페달 등을 제어하지 않아도 도로의 상황을 파악해 자동으로 주행하는 자동차
- **가상현실(VR ; Virtual Reality)** : 컴퓨터로 만들어 놓은 가상의 세계에서 사람이 실제와 같은 체험을 할 수 있도록 하는 최첨단 기술
- **드론(Drone)** : 조종사 없이 무선전파의 유도에 의해서 비행 및 조종이 가능한 비행기나 헬리콥터 모양의 군사용 무인항공기의 총칭

01

다음 중 행정개혁의 일반적 특징이 아닌 것은?

① 행정을 인위적·의식적·계획적으로 변화시키려는 것이므로 행정 관련자들의 저항을 수반한다.
② 행정개혁의 성공을 위해서는 정치적 요소를 최대한 배제하고 총체적 계획하에 신속하게 수행·완료하여야 한다.
③ 행정개혁이란 변화하는 환경 속에서 행정체제의 바람직한 상태로의 변동과정을 의미한다.
④ 행정개혁은 조직개편·관리의 기술적인 속성과 함께 권력투쟁, 타협, 설득이 병행되는 사회심리적 과정을 포함한다.

해설 행정개혁은 정치성을 지닌 지속적·계속적인 변화지향적 활동이 되므로 정치적 요소를 배제할 수 없으며, 총체적·일시적·단기적으로 완수될 수 없다.
① · ④ 행정개혁에는 단순한 조직개편이나 관리기술의 개선뿐만 아니라 행정인들의 가치관·신념·태도를 변화시키는 것도 포함된다. 이러한 성격으로 인해 행정개혁에는 대부분 저항을 수반하게 된다.
③ 행정을 현재보다 나은 상태나 방향으로 변동·개선하기 위한 의도적이고 계획적인 노력이나 활동을 말한다. 이는 행정체제의 '바람직한 상태로의 변동과정'을 의미하는 것으로, 행정쇄신 또는 정부혁신과 유사한 개념이다.

02

행정개혁에 대한 저항이 발생하는 원인이 아닌 것은?

① 관료제의 경직성
② 개혁내용의 불확실성
③ 구성원의 참여부족
④ 개혁 보상의 불충분성

해설 행정개혁에 대한 저항의 원인에는 기득권의 침해, 개혁내용의 불명확성, 구성원의 참여부족 및 비협조, 관료제의 경직성과 보수적 경향, 비공식적 관행 및 규범과의 부조화, 개혁목표·내용의 비수용성과 방법상의 부적합성, 소수주도자에 의한 일방적·비공개적 추진 등이 있다.

03

다음 행정개혁의 접근방법 중 조직구성원의 가치관이나 태도, 신념의 변화에 중점을 두는 접근방법은?

① 관리기술적 접근방법
② 행태적 접근방법
③ 구조적 접근방법
④ 종합적 접근방법

해설 행태적·인간관계적 접근방법은 행정인의 가치관·신념·태도를 인위적으로 변혁시켜 행정체제 전체의 바람직한 변화를 유도하려는 인간중심적 접근방법이다.

정답 01 ② 02 ④ 03 ②

04 국가직 9급 기출

행정개혁의 접근방법에 대한 설명으로 옳지 않은 것은?

① 사업(산출)중심적 접근방법은 행정활동의 목표를 개선하고 서비스의 양과 질을 개선하려는 접근방법으로 분권화의 확대, 권한 재조정, 명령계통 수정 등에 관심을 갖는다.
② 과정적 접근방법은 행정체제의 과정 또는 일의 흐름을 개선하려는 접근방법이다.
③ 행태적 접근방법의 하나인 조직발전(OD ; Organizational Development)은 의식적인 개입을 통해서 조직 전체의 임무수행을 효율화하려는 계획적이고 지속적인 개혁활동이다.
④ 문화론적 접근방법은 행정문화를 개혁함으로써 행정체제의 보다 근본적이고 장기적인 개혁을 성취하려는 접근방법이다.

해설 ①은 구조중심적 접근방법에 대한 설명이다. 사업(산출)중심적 접근방법은 행정산출의 정책목표와 내용 및 소요자원에 초점을 두고 행정활동의 목표를 개선하고 행정서비스의 양과 질을 개선하려는 접근방법이다.

05

다음 중 행정개혁의 접근방법에 관한 설명으로 타당성이 없는 것은?

① 인간관계적 접근방법은 감수성 훈련기법 등을 활용한다.
② 구조적 접근방법은 비공식조직의 구조도 포함된다.
③ 구조적 접근방법은 과학적 관리론에 근거를 두고 있다.
④ 행태적 접근방법은 상향적이며, 민주적이다.

해설 구조적 접근방법은 공식적·합리적 조직에 중점을 둔다.

핵심정리

행정개혁의 접근방법

- **관리·기술·과정적 접근법**
  - 의의 : 과학적 관리에 바탕을 둔 접근법으로 행정이 수행되는 절차나 과정·기술의 개혁으로 행정성과의 향상을 도모하려는 접근방법
  - 기법 : OR·SA(체제분석), EDPS, MIS, PMIS(행정정보체계), RE(리엔지니어링), BPR(업무절차혁신), TQM(총체적 품질관리), BSC(균형성과관리), 관리과학, 체제분석 등
- **구조적·기구적 접근법**
  - 의의 : 행정체제의 구조설계를 개선·재조정하는 고전적 접근법으로, 공식적·합리적 조직관에 바탕을 두며 원리전략과 분권화전략이 대표적인 방법
  - 기법 : 분권화의 확대, 통솔범위의 조정, 의사결정권한의 수정, 의사전달 체계의 수정 등
- **행태적·인간관계적 접근법**
  - 의의 : 행정인의 가치관·신념·태도를 인위적으로 변혁시켜 행정체제 전체의 바람직한 변화를 유도하려는 인간중심적 접근방법(인간관계론, 행태론 등이 배경)
  - 기법 : OD(조직발전), 목표관리 등
- **종합적·체계적 접근법** : 현대행정에서 가장 타당한 행정개혁의 방안으로, 구조·관리기술·인간 등의 종합적 영역에 관심을 갖고 이의 상호융합을 시도한 접근방법

06

다음 중 행정개혁의 특징으로 옳게 짝지어진 것은?

> ㉠ 행정을 인위적 · 계획적으로 변화시키는 것이다.
> ㉡ 매우 역동적이고 의식적인 과정이다.
> ㉢ 권력투쟁, 타협, 설득이 병행되는 정치적 · 사회심리적 과정이다.
> ㉣ 특성상 계속적인 과정이라기보다는 단시간에 결과를 보는 일시적 과정이다.

① ㉠, ㉡, ㉢, ㉣
② ㉠, ㉡, ㉢
③ ㉠, ㉢, ㉣
④ ㉡, ㉢, ㉣

해설 ㉠ · ㉡ · ㉢ 행정개혁은 행정을 의식적 · 계획적으로 변화시키며, 역동성 · 동태성을 추구하는 특징이 있다. 또한 행정개혁은 타협과 협상, 설득, 권력투쟁이 반복 · 병행되는 정치적 과정이기도 하다.
㉣ 행정개혁은 일시적 과정이 아닌 계속적인 변화를 지향한다.

핵심정리

행정개혁의 특성
- 목표 및 가치지향성
- 동태성 · 행동지향성
- 포괄적 연관성(연계성)
- 인위적 · 의식적 · 계획적 변화지향성
- 시간적 계속성 · 지속성
- 개방성 · 능동성
- 정치성, 불확실성, 저항의 수반 등

07

다음의 행정개혁에 대한 저항 극복방안 중 규범적 · 사회적 전략에 해당되는 것은?

① 개혁의 점진적 추진
② 적절한 시기의 선택
③ 참여의 확대
④ 반대급부의 보장

해설 행정개혁에 대한 저항 극복방안 중 규범적 · 사회적 전략은 구성원이 자발적으로 개혁을 수용 · 참여하게 유도하는 것으로, 참여의 확대, 의사소통의 촉진, 집단토론과 사전훈련, 카리스마나 상징의 활용, 충분한 시간의 부여 등이 이에 해당된다.
① · ② · ④ 공리적 · 기술적 전략에 해당된다.

핵심정리

저항의 극복방안
- **규범적 · 사회적 전략(가장 바람직한 전략)** : 개혁의 규범적 정당성에 대한 인식을 높이고 참여를 확대, 사회적 · 심리적 지원을 제공함으로써 자발적 협력과 개혁의 수용을 유도, 집단 토론을 촉진하고 태도 · 가치관의 변화를 위한 훈련을 실시
- **공리적 · 기술적 전략** : 관련자들의 이익침해 방지 또는 보상, 점진적인 개혁 추진(기득권 침해의 폭이 적고 기술적인 것부터 개혁 실시), 정치 · 사회적 환경이 유리한 실시시기를 선택, 객관적 · 계량적인 개혁안 제시 및 개혁안의 공공성 강조, 개혁 과정의 기술적 · 관리적 요인의 조정 및 융통성 있는 수행, 손해에 대한 적절한 보상 등
- **물리적 · 강제적 전략(단기적 · 최종적 전략)** : 개혁추진자의 강압적 권력행사(제재 · 불이익)나 일방적 명령권 행사, 의식적인 긴장 조성을 통한 순응적 분위기 조성, 긴급을 요하고 추진자가 강력한 권한을 가진 경우 사용(많은 부작용 우려)

08
다음 중 행정개혁의 저항에 대한 극복방안으로 틀린 것은?
① 저항에 대한 원천봉쇄
② 개혁에 대한 수정요구의 무시
③ 기득권의 침해를 최소화한 개혁 추진
④ 개혁의 점진적 추진

> 해설 개혁에 대한 저항을 극복하기 위해서는 이해관계자들의 수정요구를 융통성 있게 조정하는 것이 필요하다.
> ① · ③ · ④ 강제적 · 물리적 방법을 사용하거나, 반대로 설득이나 의사소통 · 참여 확대를 통해서도 저항을 해소할 수 있다. 또한 공리적 · 기술적 전략으로, 개혁의 점진적 추진이나 기득권 침해의 최소화 등을 통해 저항을 감소시킬 수도 있다.

핵심정리

행정개혁 저항의 극복방안
- 규범적 · 사회적 전략(가장 바람직한 전략)
  - 사회적 · 심리적 지원을 제공함으로써 자발적 협력과 개혁의 수용을 유도
  - 집단 토론을 촉진하고 태도 · 가치관의 변화를 위한 훈련을 실시
- 공리적 · 기술적 전략
  - 관련자들의 이익침해를 방지 또는 보상
  - 점진적인 개혁 추진(기득권 침해의 폭이 적고 기술적인 것부터 개혁실시)
  - 객관적 · 계량적인 개혁안 제시 및 개혁안의 공공성 강조
  - 개혁과정의 기술적 · 관리적 요인의 조정 및 융통성 있는 수행
  - 손해에 대한 적절한 보상 등
- 물리적 · 강제적 전략(단기적 · 최종적 전략)
  - 개혁추진자의 강압적 권력행사(제재, 불이익)나 일방적 명령권 행사
  - 의식적인 긴장 조성을 통한 순응적 분위기 조성

09
다음 중 행정개혁의 성공조건에 관한 기술로 틀린 것은?
① 축소지향의 행정개혁이어야 한다.
② 저항세력에 대한 정확한 진단이 필요하다.
③ 단순한 외국제도나 기술의 모방 · 도입이어서는 안 된다.
④ 사회 · 문화적 세력을 반영하는 행정개혁이어야 한다.

> 해설 축소지향적 행정개혁이 꼭 성공한다고는 할 수 없으며, 그보다는 참여지향성이나 개혁지향성이 개혁 성공의 중요한 조건이 된다.
> ② 행정개혁안의 준비 및 작성과정에서 저항세력을 발견하고 그에 대한 극복전략도 함께 마련해야 한다.
> ③ 단순한 모방이나 도입보다는 개혁을 시행하기 위해서는 현재 수준에 적합한 관련 법안 및 규정, 편람, 예산, 인사, 교육훈련, 정치 · 사회적 환경이 유리한 실시시기를 선택하는 등의 조치가 뒷받침되어야 한다.
> ④ 소수 주도자에 의한 일방적 · 비공개적 추진이 아닌 참여를 확대하여 융통성 있는 행정개혁이 이루어져야 한다.

핵심정리

행정개혁의 성공조건
- 실현가능성(적실성)
- 내외관계인의 참여(저항의 최소화)
- 비용과 기대효과(추진비용과 효과의 체계적 분석)
- 대안적 개혁안(복수의 행정개혁안 제시)

10

행정개혁의 주요 속성에 해당되는 것이 아닌 것은?

① 공공적 상황에서의 개혁
② 포괄적 연관성
③ 동태성
④ 시간적 단절성

해설 행정개혁은 단절적·일시적인 것이 아니라 계속적·지속적 변화를 추구하는 과정이다.
① 행정개혁은 정치적·사회심리적·공공적 속성을 지닌다.
② 행정개혁은 개혁을 둘러싼 여러 요인들의 포괄적 연관성을 중시한다.
③ 행정개혁은 불확실한 미래에 대응하기 위한 동태적·행동지향적 과정이라 할 수 있다.

핵심정리

행정개혁의 특성
- 목표 및 가치지향성, 포괄적 연관성(연계성)
- 동태성·행동지향성, 개방성·능동성
- 인위적·의식적·계획적인 변화지향성, 시간적 계속성·지속성
- 정치성·불확실성(정치적·공공적·사회심리적 과정), 저항의 수반 등

11 지방직 9급 기출

행정서비스헌장제와 관련성이 가장 적은 것은?

① Charter Mark
② 시장성평가(Market Testing)
③ 정보공개
④ 고객선택의 강조

해설 행정서비스헌장제는 공공서비스를 시민의 권리로 공표하고 그 실현을 약속하는 것이므로, 정부 기능의 적정한 축소를 위한 기법인 시장성평가(Market Testing)와는 직접적인 관련이 없다. 시장성평가(Market Testing)란 정부기능을 원점에서부터 재검토하여 이를 적절히 축소하려는 기법으로, 정부의 모든 기능을 3년 또는 5년마다 검토하여 존폐 여부와 수행주체를 결정하는 것이다.
① Charter Mark는 영국에서 시민헌장제의 시행과 관련하여 그 성과가 우수한 기관에 대해 시상하는 제도를 말한다.
③ 행정서비스헌장제는 공공서비스 과정과 기준에 대한 완전하고도 정확한 정보의 공개를 기본원리로 한다.
④ 서비스 처리에 있어 고객(시민)에게 서비스 선택의 기회가 제공되어야 한다.

핵심정리

시민헌장제도(행정서비스헌장제도)
- 행정기관이 제공하는 서비스 중 주민생활과 밀접한 관련이 있는 서비스의 기준과 내용 및 수준, 제공받을 수 있는 절차와 방법, 잘못된 서비스에 대한 시정 및 보상조치 등을 구체적으로 정하여 공표하고 이의 실현을 국민에게 약속하는 것
- 공공기관에 대하여 행정서비스에 대한 의무조항을 명시적으로 설정하여 국민의 당연한 권리로 천명하고, 불이행시 시정조치와 보상을 요구할 수 있도록 하는 고객중심적 관리제도

12

다음 중 시민헌장제도의 필요성이 아닌 것은?

① 서비스 제공 시 대응성과 책임성을 강화시키기 위해서이다.
② 비용가치의 증대를 위해서이다.
③ 시민헌장제도하에서는 시민의 참여가 어렵다.
④ 모든 사람들에게 공평한 서비스를 제공하고 형평성을 강조하기 위해서이다.

해설 시민헌장제도는 고객중심적 관리제도로 시민의 참여를 기본 원칙으로 하며, 시민의 의견이 정기적으로 수렴되어 의사결정에 반영된다.

핵심정리

시민헌장제도(행정서비스헌장제도)의 기본원리
- 서비스 품질의 명확한 표준의 설정 및 적절한 공표
- 서비스 과정과 기준에 대한 완전하고도 정확한 정보의 공개
- 서비스 처리가 어디에서나 가능하고 고객(시민)에게 서비스 선택의 기회 제공
- 서비스의 공평한 공급 및 정중하고 친절한 서비스 제공
- 서비스가 잘못된 경우 적절한 사과나 설명 제시, 즉각적이고 효과적인 구제나 보상체계 마련
- 정부는 서비스 제공 시 능률적·경제적 방법으로 집행(비용가치의 증대)

13

다음 중 시민헌장제도에 대한 설명으로 잘못된 것은?

① 영국에서는 시민헌장제도가 성과관리를 이룩하는 데 크게 기여하였다.
② 시민헌장에서는 각 공공기관에 대하여 의무조항과 일반국민이 당연히 누려야 할 권리를 명시하고 있다.
③ 소비자의 이해관계가 공급자의 이해관계에 의해 지배당하는 제도적 장치이다.
④ 정부 내 시장원리의 사각지대에 고객지향적 행정서비스제도를 적용하기 위한 하나의 방안이다.

해설 시민헌장제도는 소비자의 이익이 공급자의 이해관계나 편의에 의하여 지배당하지 않도록 하기 위한 제도로서, 고객의 입장이 우선 고려되는 고객중심의 원칙에 입각한다.
① 시민헌장제도는 1991년 영국 메이저(J. Major) 정부의 Citizen's Charter에서 출발하였으며, 영국에서는 시민헌장제도 시행결과 성과가 우수한 기관에 대해 시상을 하는 'Charter Mark'를 운영하고 있다.
② 시민헌장에서는 각 공공기관에 대하여 행정서비스에 대한 의무조항을 명시적으로 설정하여 국민의 당연한 권리로 천명하고 있다.
④ 시민헌장제도는 행정에 대한 주민들의 근접통제의 물리적 한계를 극복하고 잘못된 서비스에 대한 시정 및 보상조치 등이 있을 경우 고객의 입장과 편의를 최우선으로 고려하는 고객중심적 관리제도이다.

14 국가직 9급 기출

균형성과표(BSC)에 대한 설명으로 옳은 것만을 모두 고른 것은?

> ㄱ. 조직의 비전과 목표, 전략으로부터 도출된 성과지표의 집합체이다.
> ㄴ. 재무지표 중심의 기존 성과관리의 한계를 극복하기 위한 것이다.
> ㄷ. 조직의 내부요소보다는 외부요소를 중시한다.
> ㄹ. 재무, 고객, 내부 프로세스, 학습과 성장이라는 네 가지 관점 간의 균형을 중시한다.
> ㅁ. 성과관리의 과정보다는 결과를 중시한다.

① ㄱ, ㄴ, ㅁ
② ㄴ, ㄷ, ㄹ
③ ㄱ, ㄴ, ㄹ
④ ㄷ, ㄹ, ㅁ

해설 ㄱ. 균형성과표(BSC)는 조직의 비전과 전략을 달성하기 위해 수행해야 할 핵심적인 사항을 측정 가능한 형태로 바꾼 성과지표의 집합체이다.
ㄴ. 기존의 성과평가가 매출액 같은 재무적 관점만을 반영하고 조직 인적 자원의 역량이나 고객의 신뢰와 같은 비재무적 성과를 경시한 점을 지적·보완하였다.
ㄹ. 재무·고객·내부프로세스·학습과 성장이라는 4개의 관점에서 균형적·전략적 성과관리를 추구한다.
ㄷ. 조직의 내부요소(프로세스, 학습과 성장)와 외부요소(재무, 고객)의 균형을 추구한다.
ㅁ. 성과관리의 과정(프로세스)과 결과(재무, 고객)의 균형을 중시한다.

15

균형성과평가(BSC)의 요소에 해당하지 않은 것은?

① 내부 업무과정적 관점
② 학습과 성장적 관점
③ 재정적 관점
④ 환경적 관점

해설 균형성과평가(BSC : Balanced Score Card)는 조직의 비전과 전략목표 실현을 위해 재무적 관점, 고객적 관점, 내부 프로세스적 관점(업무과정적 관점), 학습과 성장적 관점의 4가지 관점에서 조직의 전략을 입체적으로 관리할 수 있도록 균형 잡힌 시각을 제공한다. 이 4가지 관점의 성과지표를 도출하여 성과를 관리하며 단기적 성격의 재무적 목표가치와 장기적 목표가치들 간의 조화를 추구한다.

- 재무적 관점 : 기업활동의 성과를 재무적인 정보를 통해 파악하는 관점
- 고객적 관점 : 고객만족도를 높이고 고객 기반을 확대하는 것이 기업가치 창출 및 재무적 성과 달성으로 이어진다고 보는 관점
- 내부 프로세스적 관점 : 성과를 극대화하기 위하여 기업의 핵심프로세스 및 핵심역량을 규명하는 과정과 관련한 관점 기업의 제품 및 서비스가 고객들의 기대를 충족시키고, 경쟁사를 앞서기 위해 관련된 프로세스가 효율적으로 운영되기 위해서는 무엇을 해야 하는지를 구체화하는 과정
- 학습과 성장적 관점 : 현재에는 그 가치가 잘 보이지 않지만 회사의 장기적인 잠재력을 키우기 위한 직원들의 역량개발, 핵심인재의 확보 등이 여기에 해당함

16 국가직 9급 기출

정보화와 전자정부 등에 대한 설명으로 옳지 않은 것은?

① e-거버넌스는 모범적인 거버넌스를 실현하기 위하여 다양한 차원의 정부와 공공부문에서 정보통신기술의 잠재력을 활용하기 위한 과정과 구조의 실현을 추구한다.
② 웹 접근성이란 장애인 등 정보 소외계층이 웹 사이트에 있는 정보에 접근할 수 있도록 편의를 제공하는 것을 말한다.
③ 빅데이터(big data)의 3대 특징은 크기, 정형성, 임시성이다.
④ 지역정보화 정책의 기본 목표는 지역경제의 활성화, 주민의 삶의 질 향상, 행정의 효율성 강화이다.

해설 빅데이터(big data)는 기존의 데이터베이스 관리도구가 처리할 수 있는 역량을 넘어서는 정형·반정형·비정형 데이터세트(data set)의 집적물, 그리고 이로부터 경제적으로 필요한 가치를 추출 및 분석할 수 있는 기술로 3대 특징은 다양성(정형 데이터 외에 문자, 비디오 등의 비정형 데이터도 포함), 속도(데이터 처리 능력), 크기(Volume)이다.
① e-거버넌스는 ICT에 기초한 온라인 시스템으로, 사회문제를 해결에 거버넌스(국가를 관리하는 모든 수준에서 정치적, 경제적, 행정적 권위의 행사) 접근을 강화한다.
② 웹 접근성은 신체 제약이나 환경 제약에 얽매이지 않고 이용자가 웹 사이트에서 제공하는 정보에 접근해 이용할 수 있어야 한다는 개념으로 장애인 등 정보소외계층이 웹사이트에 있는 정보에 접근할 수 있도록 편의를 제공한다.

17

유비쿼터스 전자정부에 대한 설명으로 옳지 않은 것은?

① 서비스 전달 측면에서 지능적인 업무수행과 개개인의 수요에 맞는 맞춤형 서비스를 제공한다.
② 기술적으로 브로드밴드와 무선, 모바일 네트워크, 센싱, 칩 등을 기반으로 한다.
③ Any-time, Any-where, Any-device, Any-network, Any-service 환경에서 실현되는 정부를 지향한다.
④ 물리적·현실적 공간이 아닌 인터넷 기반 온라인에 의한 가상공간 안에서의 미래형 전자정부이다.

해설 전자정부 3.0 패러다임인 유비쿼터스 정부란 인터넷 기반 온라인에 의한 가상공간을 뛰어넘어 무선 모바일 등 물리적·현실적 공간까지 확대된 차세대 미래형 전자정부로 지능화된 수요자 개개인의 맞춤형 서비스를 강조한다. 이를 위한 기술적인 기반은 브로드밴드(광대역 초고속 인터넷)와 무선, 모바일 네트워크, 센싱, 칩 등을 기반으로 하고, Any-time, Any-where, Any-device, Any-network, Any-service 환경에서 실현되는 정부를 지향한다.

18

다음 중 전자정부에 대한 설명으로 옳지 않은 것은?

① 공급자 위주의 행정에서 고객 위주의 행정으로 전환한다.
② 공공기관 간 정보의 공동이용을 금지한다.
③ 정보기술을 활용하여 행정서비스의 질을 개선한다.
④ 'one-stop 서비스'나 'non-stop 서비스'를 적극적으로 개발한다.

해설 전자정부는 행정기관 간 정보의 one-stop 행정을 통한 창구서비스의 일원화가 가능한 형태이므로, 정보의 공동이용을 금지하는 것은 전자정부에 대한 내용으로 보기 어렵다.

핵심정리

전자정부의 구축방안
- **전자문서교환(EDI ; Electronic Data Interchange)** : 서로 독립된 조직 간에 행정상·업무상의 거래를 종이문서가 아닌 표준화된 형식(양식, 포맷)을 통해 전자문서화하여 컴퓨터 간에 교환·처리하는 시스템을 말함
- **정보전달의 전자화** : 각종 신고·신청·보고 등을 전자화하여 전달·교환하는 것을 말함
- **전자적 민원처리** : 기존의 행정서비스 절차와는 달리 민원인들이 행정기관을 직접 방문하지 않고 정보통신망을 통해 민원을 신청하거나 문의하고 상담하며, 민원처리결과를 신속하고 정확하게 받아 볼 수 있게 하기 위한 안방민원처리시스템을 말함
- **행정정보의 전자적 공개** : 정보화시대에 있어 행정정보 제공은 주로 정보통신망을 통한 행정정보의 전자적 공개를 통해 달성됨
- one-stop 행정 및 non-stop 행정의 구현
- 법정 보존문서의 전자매체화 등

19

「전자정부법」상 전자정부에 대한 설명으로 옳은 것은?

① 행정기관 등의 장은 3년마다 해당 기관의 전자정부 구현·운영 및 발전을 위한 기본계획을 수립하여 중앙사무관장기관의 장에게 제출하여야 한다.
② 행정기관 등은 전자정부의 구현을 위해 개별성, 경제성, 접근성, 일방성 등을 우선적으로 고려하여야 한다.
③ 행정기관 등의 장이 행정안전부장관에게 데이터 활용을 신청한 경우 행정안전부장관은 비공개대상정보라도 반드시 제공하여야 한다.
④ 행정기관 등의 장은 해당 기관의 전자정부서비스에 대한 이용실태 등을 주기적으로 조사하여야 한다.

해설 전자정부법 제22조 제1항에 따르면 행정기관 등의 장은 해당 기관에서 제공하는 전자정부서비스에 대한 이용실태 등을 주기적으로 조사·분석하여 관리한 다음 개선방안을 마련하여야 한다.
① 기관별 기본계획에 따르면 행정기관 등의 장이 5년마다 전자정부의 구현·운영 및 발전을 위한 기본계획을 수립하여 중앙사무관장기관의 장에게 제출하여야 한다.
② 행정기관 등은 전자정부의 구현·운영 및 발전을 추진할 때 대민서비스의 전자화 및 국민 편익 증진, 행정업무의 혁신 및 생산성·효율성 향상, 정보시스템의 안전성, 신뢰성 확보, 개인정보 및 사생활 보호, 행정정보의 공개 및 공동이용의 확대, 중복투자의 방지 및 상호운용성 증진 등을 우선적으로 고려하고 이에 필요한 대책을 마련해야 한다.
③ 전자정부법상 '데이터 활용 신청'이 아니라 '행정정보의 공동이용 신청'이다. 행정기관 등의 장이 행정안전부장관에게 공동이용을 신청한 행정정보가 다른 법률 또는 다른 법률에서 위임한 명령(국회규칙, 대법원규칙, 헌법재판소규칙, 중앙선거관리위원회규칙, 감사원규칙, 대통령령, 총리령·부령 및 조례·규칙만 해당)에서 비밀 또는 비공개 사항으로 규정된 경우 행정안전부장관은 공동이용을 승인할 수 없다(전자정부법 제39조 2항).

정답 16 ③ 17 ④ 18 ② 19 ④

20

다음 중 UN에서 본 전자거버넌스로서의 전자적 참여의 형태가 진화하는 단계로 옳은 것은?

① 전자정보화 – 전자자문 – 전자결정
② 전자문서화 – 전자결정 – 전자자문
③ 전자자문 – 전자문서화 – 전자결정
④ 전자정보화 – 전자결정 – 전자문서화

> 해설 전자 거버넌스(E-Governance)는 전자공간을 활용하여 거버넌스를 구현하는 것을 말하는데, UN에서는 전자 거버넌스로서의 전자적 참여형태가 '전자정보화(E-Information) → 전자자문(E-Consultation) → 전자결정(E-Decision)'의 순으로 발전하고 있다고 하였다.

21

다음 중 전자정부 구현의 기대효용이 아닌 것은?

① 행정에 대한 국민참여와 정보의 공개를 통한 행정의 민주성·투명성 제고
② 투입의 다양화로 인한 신속한 정책결정
③ 정보화로 인한 국가경쟁력 향상
④ 행정절차의 기계적·통합적 처리로 인한 행정의 슬림화

> 해설 투입기능의 활성화 및 다양화로 민주적인 의사결정에는 기여하나 신속한 결정에는 도움을 주지 못한다.

22

서로 다른 조직 간에 약속된 포맷을 사용하여 행정상의 거래를 컴퓨터와 컴퓨터 간에 행하는 것은?

① 행정정보 공동활용
② 전자문서교환
③ 전자민원처리
④ 전자정보공개

> 해설 서로 다른 독립된 조직 간에 약속된 포맷(format, 표준화된 형식·양식)을 사용하여 행정상·업무상의 거래를 컴퓨터와 컴퓨터 간에 행하는 것은 전자문서교환(EDI ; Electronic Data Interchange)이다. EDI는 일정하게 정해진 통신표준에 따라 개별 조직이나 기업이 공적 서식을 표준화된 전자문서로 변화시켜 컴퓨터 간에 교환·축적·처리하는 정보전달 방식으로, 서류의 작성·전달을 통해 관련 업무를 처리하는 전통적 방식을 데이터 통신망을 통한 전자문서의 전송·처리 방식으로 전환하여 서류 없는(Paperless) 정보·자료 전달을 실현하기 위한 것이다.

핵심정리

전자정부
- 정보기술을 활용하여 행정기관 및 공공기관의 업무를 전자화하여 행정기관 등의 상호 간의 행정업무 및 국민에 대한 행정업무를 효율적으로 수행하는 정부
- 문서를 전자매체화하고 정보전달을 전자화함으로써 행정정보의 공동활용을 활성화하고 신속하고 능률적인 행정서비스를 제공하는 정부
- 구성요소 : 전자문서교환(EDI), 근거리통신망(LAN), 통합DB관리시스템, 스마트카드(Smart Card), 정보보안기술과 시스템 등

23 국가직 9급 기출

전자정부와 지식관리에 대한 설명으로 옳지 않은 것은?

① 전자정부의 발달과 함께 공공정보의 개인 사유화가 심화되었다.
② 지식관리는 계층제적 조직보다는 학습조직을 기반으로 한다.
③ 전자거버넌스의 확대는 직접민주주의에 대한 가능성을 높인다.
④ 정보이용계층에 대한 정보화정책으로써 정보격차 해소 정책이 중요해졌다.

해설 전자정부의 발달에 따라 수평적 네트워크구조를 통한 공공정보의 공유를 촉진한다.
② 지식관리는 계층제적 조직보다는 수평적 · 탈관료제적 조직구조와 유기적 · 신축적 학습조직을 기반으로 한다.
③ 전자거버넌스(E-Governance)는 전자공간을 활용하여 거버넌스를 구현하는 것으로, 전자정보화와 전자적 참여 확대 등을 통해 직접민주주의의 가능성을 높인다.
④ 전자정부에서는 정보소외 계층과 계층 간 격차가 발생할 수 있으므로 정보격차의 해소 정책이 중요해졌다.

핵심정리

전자정부의 등장배경
- 통제와 공식적 절차를 중시하는 관료제적 성격보다는 성과 · 결과에 대한 책임과 고객에 대한 반응성, 탈관료제 등이 부각
- 전통적인 관료제의 재정적 비효율, 정책상의 효율성 및 신뢰도 저하 문제의 해결
- 증가한 행정수요에 대처할 수 있는 조직 · 인력의 효율화(작고 효율적인 정부 등)
- 정책문제와 환경의 복잡화에 따라 광범위한 네트워크와 체계적인 정보자원관리의 필요

24

전자정부법에서의 전자정부의 운영원칙에 해당하지 않는 것은?

① 개인정보 및 사생활의 보호
② 행정정보의 공개 및 공동이용의 확대
③ 정보시스템의 안정성 및 신뢰성의 확보
④ 수직적 네트워크를 통한 정보공유

해설 전자정부에서는 수평적 네트워크구조를 통한 정보공유 및 전달이 이루어져야 한다.

핵심정리

전자정부의 원칙(「전자정부법」 제4조)
① 행정기관 등은 전자정부의 구현 · 운영 및 발전을 추진할 때 다음 각 호의 사항을 우선적으로 고려하고 이에 필요한 대책을 마련하여야 한다.
1. 대민서비스의 전자화 및 국민편익의 증진
2. 행정업무의 혁신 및 생산성 · 효율성의 향상
3. 정보시스템의 안전성 · 신뢰성의 확보
4. 개인정보 및 사생활의 보호
5. 행정정보의 공개 및 공동이용의 확대
6. 중복투자의 방지 및 상호운용성 증진
② 행정기관 등은 전자정부의 구현 · 운영 및 발전을 추진할 때 정보기술아키텍처를 기반으로 하여야 한다.
③ 행정기관 등은 상호 간에 행정정보의 공동이용을 통하여 전자적으로 확인할 수 있는 사항을 민원인에게 제출하도록 요구하여서는 아니 된다.
④ 행정기관 등이 보유 · 관리하는 개인정보는 법령에서 정하는 경우를 제외하고는 당사자의 의사에 반하여 사용되어서는 아니 된다.

정답 20 ① 21 ② 22 ② 23 ① 24 ④

나두공

제7편 지방행정론

9급 공무원

제1장 지방행정의 기초이론

제2장 지방자치

제3장 도시행정

제1장 지방행정의 기초이론

대표유형문제

[지방직 9급 기출]

광역행정에 대한 설명으로 옳지 않은 것은?

① 광역행정이란 둘 이상의 지방자치단체 관할구역에 걸쳐서 공동적 또는 통일적으로 수행되는 행정을 말한다.
② 사회경제권역의 확대는 광역행정을 촉진시키는 요인으로 작용한다.
③ 공동처리방식은 둘 이상의 지방자치단체가 상호 협력하여 광역행정사무를 공동으로 처리하는 방식이다.
❹ 연합방식은 일정한 광역권 안에 여러 자치단체를 통합한 단일의 정부를 설립하여 광역행정사무를 처리하는 방식이다.

정답해설 일정한 광역권 안에 여러 지방자치단체를 통합한 단일의 정부를 설립하는 광역행정방식은 합병방식(통합방식)이다. 연합방식은 복수의 지방자치단체가 독립된 법인격을 가지고 있으면서 별도의 기구를 설치하여 광역행정사무를 담당하게 하는 방식이다.

오답해설 ① 광역행정은 기존의 관할구역을 넘어선 광역적 행정수요를 복수의 지방자치단체가 공동적·통일적으로 수행하는 지방행정의 한 양식이다.
② 산업화와 도시화의 급속한 진전과 사회경제권역의 확대 등은 광역행정을 촉진하는 요인이 된다.
③ 공동처리방식은 복수의 지방자치단체가 상호 합의하에 광역적 행정사무를 공동으로 처리하는 방식을 말한다.

핵심정리 **광역행정의 업무처리수단별 처리방식**
- **공동처리방식(사무위탁, 행정협의회, 사무조합, 공동기관)** : 복수의 지방자치단체가 상호합의에 따라 광역적 행정사무를 공동처리하는 방식
- **연합방식(자치단체연합체, 도시공동체, 복합사무조합)** : 복수의 지방자치단체가 법인격을 가지고 있으면서 별도의 기구를 설치하고 이 기구로 하여금 광역행정사무를 담당하게 하는 방식
- **통합방식(합병, 권한 및 지위흡수, 전부사무조합)** : 여러 지방자치단체를 통합하여 단일의 정부를 설립하는 방식
- **특별구역방식** : 일반행정구역과는 달리 특별행정구역을 정하여 특정 행정업무만을 광역적으로 처리하는 방식

01

다음 중 우리나라와 대륙계 국가에서 보는 지방행정의 범위로 가장 적합한 것은?

① 자치행정에 한정
② 자치행정과 위임행정
③ 자치행정과 위임행정에 관치행정 포함
④ 순수한 자치행정

해설 우리나라와 대륙계 국가에서는 일반적으로 협의설을 취해 지방행정의 범위를 자치행정 + 위임행정으로 파악한다. 한편, 순수한 자치행정은 가장 순수한 의미의 지방행정으로 영미계 국가의 개념에 해당된다.

핵심정리

지방행정의 개념
- **광의의 지방행정**
  - 행정의 주체나 처리사무에 관계없이 일정한 지역 내에서 수행하는 일체의 행정. 즉 자치행정과 위임행정, 관치행정을 포괄하는 개념(주로 후진국형의 지방행정 개념)
  - 여기서의 자치행정은 주민자치를, 위임행정은 단체자치를, 관치행정은 특별지방행정기관에 의한 행정(중앙집권)을 의미
- **협의의 지방행정**
  - 일정한 지역 내에서 지방자치단체가 처리하는 행정(자치행정 + 위임행정)을 지칭
  - 우리나라 등 대륙계 국가의 일반적인 지방자치의 개념
- **최협의의 지방행정**
  - 지방행정의 개념을 '자치행정'과 동의어로 파악하여, 일정 지역 주민이 자신의 자치사무를 국가(중앙정부)의 간섭 없이 자주적으로 처리하는 것으로 봄
  - 영미계 국가의 지방행정 개념으로, 본래적 의미, 고유한 의미의 개념에 해당

02

지방분권 추진 원칙 중 다음 설명에 해당하는 것은?

> 주민의 생활과 가까운 정부에 사무 및 기능의 우선적인 관할권을 인정한다는 기능배분 원칙

① 보충성의 원칙　② 포괄성의 원칙
③ 형평성의 원칙　④ 비경합의 원칙

해설 보충성의 원칙에 대한 설명이다. 보충성의 원칙은 지방단위에서 공공사무는 원칙적으로 지방정부가 담당하고, 중앙정부의 기능은 지방정부가 하기 힘든 부분에 한해 보충적 수준에서만 인정한다는 원칙이다.

핵심정리

지방분권 3대원칙
- **선분권·후보완의 원칙** : 지방분권으로 인해 문제가 예상될 경우에도 먼저 분권조치를 취하고 사후 부작용은 지방정부와 시민사회가 자정능력에 의해 보완함
- **보충성의 원칙** : 주민의 생활과 가까운 정부에 사무 및 기능의 우선적인 관할권을 인정한다는 기능배분 원칙
- **포괄성의 원칙** : 단위사무 중심의 단편적 이양 대신 중·대단위 사무를 포괄적으로 이양함

정답 01 ② 02 ①

03

다음 중 지방분권화가 요구되는 상황인 것은?

① 신속한 행정결정이 요구되는 불확실한 상황
② 전문화가 요구되는 상황
③ 획일성과 통일성이 요구되는 상황
④ 규모의 경제성이 요구되는 상황

해설 일선 대민행정 등 신속한 대처가 요구되는 가변적이고 불확실한 상황에서는 지방분권화가 필요하다.
②, ③, ④는 중앙집권화가 촉진되는 상황이라 할 수 있다.

핵심정리

지방분권의 촉진요인
- 대규모 조직·오래된 조직인 경우
- 최고관리층의 업무부담을 감소시키는 경우
- 행정의 민주화가 요구되는 경우(주민통제의 강화)
- 지역실정에 적응이 요구되는 경우
- 정책의 지역적 실험이 필요한 경우
- 행정의 신속한 업무처리를 하려는 경우
- 하위층에 적응하는 관리를 하려는 경우
- 구성원의 창의력을 제고하는 경우

04

지방분권의 발달을 저해하는 요인이 아닌 것은?

① 위임사무의 확대
② 지방주민의 행정통제
③ 광역행정의 발달
④ 일선기관의 강화

해설 지방주민에 의한 행정통제와 참여는 지방분권의 발달을 촉진하는 전제조건이다.

05

다음 중 신중앙집권화의 발달요인에 대한 설명으로 옳지 않은 것은?

① 행정의 민주성과 능률성의 조화가 목적
② 교통·통신 및 컴퓨터의 발달과 광역화
③ 행정·재정적 중앙통제의 강화 필요성
④ 행정 사무의 양적 확대와 질적 변화로 지방 정부 대응의 한계

해설 신중앙집권화란 19세기 지방자치를 발달시켜왔던 영미계의 민주국가에 있어서 행정국가화 경향과 광역행정 등으로 중앙정부가 지방정부에 대하여 지원을 증대하거나 지방기능이 중앙으로 이관되는 등 새로운 협력관계로서 다시 중앙정부의 통제와 기능이 강화되는 현상을 말하는 것으로, 비권력적·기능적·기술적·협동적·사회적·수평적 성격을 가진다.

핵심정리

신중앙집권화의 촉진요인
- 지방사무의 양적인 증대와 질적 심화(전문화)
- 지방정부의 양적·기술적 능력의 한계
- 행정사무의 전국화·복잡화·전문화 경향
- 교통·통신의 발달로 인한 행정의 광역화·국제화
- 과학기술발달에 따른 행정역할의 변화
- 국토균형개발 요청에 따른 광역단위의 지역계획 및 전국규모의 국가계획 추진
- 국민생활권의 확대와 경제적 규제의 필요성 증대
- 국제정세의 불안정과 국제적 긴장 고조
- 지방재정의 자립성 저하 및 중앙에의 의존성 증대
- 행정의 민주화와 능률화의 조화
- 복지행정의 지역 간 균형 및 국민복지의 최저수준(National minimum)의 유지

06

다음 중 지방자치단체에 대한 행정통제의 단점으로 볼 수 없는 것은?

① 행정통제가 지나치게 강화되면 지방자치의 본질을 해치게 된다.
② 지방행정기능의 자기결정성과 자기책임성이라는 지방주민들의 욕구를 충족시키기 곤란하다.
③ 지방의 특성과 실정에 맞는 행정이 곤란해진다.
④ 자치단체 간의 행정수준 차이가 커져 국민생활의 균형을 유지하기 어렵다.

해설 지방자치단체 간의 행정수준 차이가 크다는 것은 중앙정부가 통제할 필요성이 있음을 의미한다.
① 행정통제가 지나치게 강화되면 지방자치제의 발전을 약화시키는 저해요인으로 작용하여 지방자치의 본질(현지실정에 맞는 자치추구)을 해치게 된다.
② 권위주의적 행정과 자치단체의 민주성 저해로 지방행정기능의 자기결정성을 약화시키고 주민참여 및 공동체의식의 약화를 초래할 수 있다.
③ 각 자치지역의 특수 여건이 무시되어 비능률화를 초래할 수 있고, 경우에 따라 지역상호 간의 이해충돌로 반목과 불화가 야기될 우려가 있다.

핵심정리

중앙통제의 필요성
- 행정사무의 양적 증가와 질적 전문화·다양화에 따른 지방정부에 대한 행정적·재정적 지원
- 교통·통신수단의 발달로 인한 행정의 광역화·전국화
- 지방적 사무의 전국적 이해와의 관련성
- 신속·능률적 행정업무의 수행
- 지방정부 간의 분쟁조정 및 광역행정의 필요
- 복지행정의 요청

07 지방직 9급 기출

지방분권 추진 원칙 중 다음 설명에 해당하는 것은?

- 기능 배분에 있어 가까운 정부에게 우선적 관할권을 부여한다.
- 민간이 처리할 수 있다면 정부가 관여해서는 안 된다.
- 가까운 지방정부가 처리할 수 있는 업무에 상급 지방정부나 중앙정부가 관여해서는 안 된다.

① 보충성의 원칙   ② 포괄성의 원칙
③ 형평성의 원칙   ④ 경제성의 원칙

해설 보충성의 원칙은 가능한 한 많은 사무를 주민과 가장 가까운 기초정부에게 부여하고 지방정부가 처리하기 곤란한 사무를 상급 지방정부나 중앙정부가 보충적으로 처리하는 것으로 이 원칙에 따르면 주민에게 가장 가까운 지방정부가 처리할 수 있는 사무는 상급 지방정부나 중앙정부가 관여해서는 안 되며 기초정부가 수행하기 어려운 사무만을 광역정부에게, 광역정부도 수행하기 어려운 사무만을 중앙정부에게 부여해야 한다.
② 포괄성의 원칙이란 연관된 사무는 세분하지 말고 대단위로 묶어서 일괄 이양을 해야 한다는 원칙이다.
③ 형평성의 원칙이란 자치단체 간에 차등을 두지 말고 가급적 균등하게 사무를 배분해야 한다는 원칙이다.
④ 경제성의 원칙이란 어느 수준의 자치단체에 사무를 배분하는 것이 비용이나 시간 절감이 가능한지를 고려해야 한다는 원칙이다.

08 지방직 9급 기출

정부 간 관계(IGR) 모형에 대한 설명으로 옳은 것만을 모두 고른 것은?

> ㄱ. 로즈(Rhodes) 모형에서 지방정부는 중앙정부에 완전히 예속되는 것도 아니고 완전히 동등한 관계가 되는 것도 아닌 상태에서 상호 의존한다.
> ㄴ. 로즈(Rhodes)는 지방정부는 법적 자원, 재정적 자원에서 우위를 점하며, 중앙정부는 정보자원과 조직자원 측면에서 우위를 점한다고 주장한다.
> ㄷ. 라이트(Wright)는 정부 간 관계를 포괄형, 분리형, 중첩형의 세 유형으로 나누고, 각 유형별로 지방정부의 사무내용, 중앙·지방간 재정관계와 인사관계의 차이가 있음을 밝히고 있다.
> ㄹ. 라이트(Wright) 모형 중 포괄형에서는 정부의 권위가 독립적인데 비하여, 분리형에서는 계층적이다.

① ㄱ, ㄴ
② ㄴ, ㄷ, ㄹ
③ ㄱ, ㄷ
④ ㄱ, ㄴ, ㄷ

해설 ㄱ. 로즈의 모형은 지방을 중앙과 대등한 교환적인 권력관계로 파악해야 한다는 관점으로 중앙-지방 관계를 전략적인 행위자 관점에서 교환과 게임의 관계로 파악한다.
ㄷ. 라이트(Wright)모형은 미국의 연방-주-지방정부 간의 관계를 분석하기 위한 분석틀로 정부 간 관계를 포괄형, 분리형, 중첩형의 세 유형으로 나누고, 각 유형별로 지방정부의 사무내용, 중앙·지방간 재정관계와 인사관계의 차이가 있음을 밝히고 있다.
ㄴ. 중앙정부는 법적 자원, 재정적 자원에서 우위를 점하며, 지방정부는 정보자원과 조직자원의 측면에서 우위를 점한다고 주장한다.
ㄹ. 분리형에서는 정부의 권위가 독립적인데 비하여, 포괄형에서는 계층적이다.

09

다음 중 특별지방행정기관(일선기관)에 대한 설명으로 틀린 것은?

① 주민자치에 입각한 행정기관이다.
② 국가행정을 지방에서 실시하는 기관이다.
③ 국민이 직접 행정과 접촉할 수 있는 기관이다.
④ 중앙의 각 부처를 정점으로 하는 계층제를 이루고 있다.

해설 특별지방행정기관은 중앙행정기관의 업무를 현지에서 효율적으로 분담처리하기 위해 설치하는 기관으로, 주민자치보다는 관치행정의 성격이 강하다.

핵심정리

특별지방행정기관(일선기관)
- 중앙행정기관의 업무를 지역적으로 분담처리하기 위하여 특정한 중앙행정기관에 소속되어 현지에 설치되는 국가의 지방행정기관을 말함
- 국가의 지역별 소관사무를 분담처리하기 위하여 중앙행정기관의 하부기관으로서 지방에 설치한 국가의 일선기관을 의미함
- 국가사무의 처리에 있어 전국적 통일성과 전문성의 요구에 따라 지방자치단체에 위임·처리하는 것이 적합하지 않을 경우 예외적으로 지방에 설치하는 국가의 행정기관(중앙의 대민적 업무를 현지에서 효율적으로 처리하기 위해 설치)
- 국가기관으로서 책임과 권한이 국가에 있고 중앙의 엄격한 통제를 받는 관치행정의 성격을 띠며, 고유사무가 아닌 국가사무를 지역적 차원에서 수행한다는 점 등에서 지방자치단체와 구별됨

10

중앙행정기관이 국가의 특정 업무 수행을 위해 지방에 설치하는 기관은?

① 광역자치단체
② 지방자치단체조합
③ 책임운영기관
④ 특별지방행정기관

해설 특별지방행정기관이란 중앙행정기관의 업무를 지역적으로 분담처리하기 위하여 특정한 중앙행정기관에 소속되어 설치되는 국가의 지방행정기관(일선기관)을 말한다.
① 지방자치단체를 목적에 따라 구분할 때 일반적·보편적·종합적 성격을 가진 일반지방자치단체(보통지방자치단체)와 특정 목적·사무처리나 행정사무 공동처리를 위해 설립된 특별지방자치단체로 구분되는데, 일반(보통)지방자치단체는 지역을 기초로 한 통치단체로서 광역자치단체(특별시·광역시·특별자치시·도·특별자치도), 기초자치단체(시·군·자치구)로 구성된다.
② 지방자치단체조합은 2개 이상의 지방자치단체가 하나 또는 둘 이상의 사무를 공동으로 처리할 필요가 있을 때에는 규약을 정하여 지방의회의 의결을 거쳐 시·도는 행정안전부장관의 승인, 시·군 및 자치구는 시·도지사의 승인을 받아 지방자치단체조합을 설립할 수 있다. 지방자치단체조합은 법인으로 한다.
③ 책임운영기관은 정부가 수행하는 사무 중 공공성을 유지하면서도 경쟁원리에 따라 운영하는 것이 바람직한 집행적 사무에 대하여 책임운영기관장에게 행정 및 재정상의 자율성을 부여하고 그 운영성과에 대하여 책임을 지도록 하는 행정기관을 말한다.

11 국가직 9급 기출

행정기관에 대하여 관계법령에 규정된 내용으로 옳은 것은?

① 부속기관이란 행정권의 직접적인 행사를 임무로 하는 기관에 부속하여 그 기관을 지원하는 행정기관을 말한다.
② 보조기관이란 행정기관이 그 기능을 원활하게 수행할 수 있도록 그 기관장을 보좌함으로써 행정기관의 목적달성에 공헌하는 기관을 말한다.
③ 하부기관이란 중앙행정기관에 소속된 기관으로서, 특별지방 행정기관과 부속기관을 말한다.
④ 방송통신위원회, 공정거래위원회, 소청심사위원회 등은 행정기관의 소관 사무에 관하여 자문에 응하거나 조정, 협의, 심의 또는 의결 등을 하기 위해 복수의 구성원으로 이루어진 합의제 기관으로서 행정기관이 아니다.

해설 부속기관이란 행정권의 직접적인 행사를 임무로 하는 기관에 부속되어 그 기관을 지원하는 행정기관으로 교육기관, 연구기관, 시험기관 등이 이에 해당된다.
② 행정기관이 그 기능을 원활하게 수행할 수 있도록 그 기관장을 보좌함으로써 행정기관의 목적달성에 공헌하는 기관은 보조기관이 아니라 보좌기관이다.
③ 중앙행정기관에 소속된 기관으로서 특별지방행정기관과 부속기관은 하부기관이 아니라 소속기관이다.
④ 방송통신위원회, 공정거래위원회, 소청심사위원회는 모두 자문위원회가 아니라 행정위원회로서 행정기관에 해당한다.

정답 08 ③ 09 ① 10 ④ 11 ①

12

특별지방행정기관에 대한 설명으로 옳은 것은?

① 국가적 통일성보다는 지역의 특수성을 중요시 하여 설치한다.
② 지방자치의 발전에 기여한다.
③ 지방자치단체와 명확한 역할배분이 이루어져 행정의 효율성을 높일 수 있다.
④ 주민들의 직접 통제와 참여가 용이하지 않다.

> **해설** 특별행정기관은 중앙행정기관의 업무를 지역적으로 분담 처리하기 위하여 특정한 중앙행정기관에 소속되어 현지에 설치되는 국가의 지방행정기관이므로 주민들의 직접 참여와 통제가 곤란하다.
> ① 지역의 특수성보다는 전국적 통일성과 행정의 전문성을 중시한다.
> ② 대부분이 국가 소속기관이므로 지방자치 의식을 저해한다.
> ③ 지방자치단체의 업무와 유사하고 중첩되는 업무를 수행하는 일선기관의 증가로 행정의 낭비, 예산과 인력의 비효율성을 초래한다.

핵심정리

특별지방행정기관(일선기관)의 장단점

장점	단점
• 전국차원의 통일적 기술운용 가능 • 중앙행정기관의 업무량 감소 • 중앙행정기관은 정책·기획 기능에 전념 가능 • 지역과 타당성에 따른 구체적 정책집행 • 인접구역과의 유기적 상호협동관계 확립	• 중앙행정기관과의 마찰 발생 우려 • 일선기관의 증가로 인원과 경비 가중 • 결정의 지체 및 절차의 복잡화 초래 • 주민참여의 곤란 및 자치의식의 저해

13 국가직 9급 기출

특별지방행정기관에 대한 설명으로 옳지 않은 것은?

① 관할지역 주민들의 직접적인 통제와 참여가 용이하기 때문에 책임행정을 실현할 수 있다.
② 출입국관리, 공정거래, 근로조건 등 국가적 통일성이 요구되는 업무를 수행한다.
③ 현장의 정보를 중앙정부에 전달하거나 중앙정부와 지방자치단체 사이의 매개 역할을 수행하기도 한다.
④ 국가의 사무를 집행하기 위해 중앙정부에서 설치한 일선행정기관으로 자치권을 가지고 있지 않다.

> **해설** 특별지방행정기관은 국가의 지역별 소관 사무를 분담·처리하기 위하여 중앙행정기관의 하부기관으로서 지방에 설치한 국가의 일선기관이므로 주민들의 직접적인 통제와 참여가 곤란하며, 책임행정을 저해한다.

14
다음 중 광역행정의 필요성과 거리가 먼 것은?
① 행정운영의 민주화
② 사회경제권역의 확대
③ 지역개발의 합리적 추진
④ 행정수준의 격차시정

해설 광역행정은 기존의 관할구역을 넘어선 광역적 행정수요를 복수의 지방자치단체가 공동적·통일적으로 수행하는 지방행정의 한 양식으로, 행정운영의 민주화보다는 능률성·경제성을 확보하기 위해 필요하다.
② 산업화·도시화로 인한 사회경제권역의 확대와 교통·통신수단의 발달에 따른 생활권의 확대로 생활권과 행정권이 일치하지 않는 현상이 초래되었는데, 이를 해결하기 위해 광역행정이 요구되고 있다.
③·④ 광역행정은 지방행정에서의 대규모 지역개발사업 및 규모의 경제가 적용되는 분야에서 강하게 요구되며, 행정권의 불일치 문제, 재정과 행정서비스의 불균등 문제 등의 해결을 위해 필요하다.

핵심정리
광역행정의 필요성
- 산업화와 도시화의 급속한 진전과 사회경제권역의 확대(광역행정을 촉진)
- 교통·통신수단의 발달에 따른 생활권과 행정권의 불일치 현상의 해소(사회변화와 제도 사이의 괴리 완화)
- 대규모 지역개발사업 및 규모의 경제에 의한 경비절약의 요청
- 토지이용에 대한 갈등의 완화
- 지방분권(자치성)과 중앙집권(능률성)의 조화
- 재정과 행정서비스의 불균등 문제 해결(복지행정의 요청)
- 외부효과에의 대처(서비스 혜택과 비용부담의 일치)

15
광역행정에 대한 설명으로 옳은 것은?
① 규모의 경제를 확보하기 어렵다.
② 지방자치단체 간에 상이한 행정서비스를 제공하는 계기로 작용해 왔다.
③ 기존의 행정구역을 초월하지 않는 범위 안에서 행정을 수행한다.
④ 행정권과 주민의 생활권을 일치시켜 행정 효율성을 증진시킬 수 있다.

해설 교통·통신의 발달에 따라 행정권과 주민의 생활권을 일치시켜 행정 효율성을 증진시킬 수 있다.
① 광역행정은 조직 간 협동적 사무의 필요성이나 분쟁 우려가 크고 규모의 경제가 적용되는 분야에서 강하게 요구된다.
② 광역행정은 도농 간의 격차 축소, 전국적인 균형발전을 도모하여 지방자치단체 간에 균질한 행정서비스를 제공하는 계기로 작용해 왔다.
③ 광역행정은 기존의 관할구역을 넘어선 광역적 행정수요를 복수의 지방자치단체가 공동적·통일적으로 수행하는 지방행정의 한 양식이다.

핵심정리
광역행정의 효용(장점)
- 국가자원의 경제적 활용 및 절약, 능률증진, 효과성·합목적성 제고
- 교통·통신의 발달에 따른 생활권과 행정권의 일치 가능
- 능률성에 역점을 두는 중앙집권주의와 민중성에 역점을 두는 지방분권주의의 조화
- 복지국가의 요청에 따른 행정서비스의 균질화 및 주민복지의 평준화
- 문화수준 향상 및 편의 제공
- 도농 간의 격차 축소, 전국적 균형발전 도모

16

우리나라가 채택하고 있는 가장 일반적인 광역행정방식은?

① 행정협의회
② 특별구역 설치
③ 합병
④ 사무조합

해설 우리나라는 가장 일반적인 광역행정방식으로 행정협의회를 채택하고 있다. 행정협의회는 가장 일반적으로 활용되는 방식으로 복수의 지방자치단체가 광역적 업무의 공동처리나 조정, 협의 등을 위하여 구성하는 협의회를 말한다.
② 특별구역방식은 일반행정구역과는 달리 특별행정구역을 정하여 특정행정업무만을 광역적으로 처리하는 방식(교육구, 관광특구 등)이다.
③ 합병은 2개 이상의 지방자치단체가 종래의 법인격을 통·폐합시켜 광역을 단위로 하는 새로운 법인격을 창설하는 방식(시·군 통폐합식, 과거 일본의 도쿄자치단체합병, 시정촌합병 등)을 말한다.
④ 사무조합은 인접 지방자치단체 간에 사무의 일부를 공동처리하기 위해 계약(규약)에 의해 설치하는 법인체(우리나라의 일부사무조합)를 말한다.

핵심정리

우리나라의 광역행정의 근거 규정

- 지방자치단체는 다른 지방자치단체로부터 사무의 공동처리에 관한 요청이나 사무처리에 관한 협의·조정·승인 또는 지원의 요청을 받으면 법령의 범위에서 협력하여야 함. 관계 중앙행정기관의 장은 지방자치단체 간의 협력 활성화를 위하여 필요한 지원을 할 수 있음(「지방자치법」 제164조)
- 대표적 방식으로 사무의 위탁, 행정협의회, 지방자치단체조합을 규정

17

중앙행정기관의 장과 지방자치단체의 장이 사무를 처리할 때 의견을 달리하는 경우 이를 협의·조정하기 위하여 설치하는 기구는?

① 행정협의조정위원회
② 중앙분쟁조정위원회
③ 지방분쟁조정위원회
④ 갈등조정협의회

해설 중앙행정기관의 장과 지방자치단체의 장이 사무를 처리함에 있어서 의견을 달리하는 경우 이를 협의·조정하기 위하여 국무총리 소속하에 행정협의조정위원회를 둔다.

핵심정리

행정협의조정위원회

- 중앙행정기관의 장과 지방자치단체의 장이 사무를 처리함에 있어서 의견을 달리하는 경우 이를 협의·조정하기 위하여 국무총리 소속으로 설치
- 협의·조정을 위해서는 행정협의조정위원회의 위원장에게 신청하여야 함
- 신청을 받은 위원장은 지체 없이 이를 국무총리에게 보고하고 행정안전부장관, 관계 중앙행정기관의 장 및 해당 지방자치단체의 장에게 통보하며, 협의·조정사항에 관한 결정을 하는 경우에도 지체 없이 서면으로 국무총리에게 보고하고 행정안전부장관 등에게 통보함
- 결정에 대한 통보를 받은 관계 중앙행정기관의 장과 그 지방자치단체의 장은 그 협의·조정 결정사항을 이행하여야 함

18 지방직 9급 기출

우리나라의 중앙정부와 지방정부 간 관계에 대한 설명으로 옳지 않은 것은?

① 중앙정부와 지방정부 간의 인사교류 활성화는 소모적 갈등의 완화에 기여할 수 있다.
② 특별지방행정기관과 지방정부 간 기능이 유사·중복되어 갈등이 발생하기도 한다.
③ 중앙정부와 지방정부 간 재원 및 재정부담을 둘러싼 갈등이 심화되고 있다.
④ 중앙정부와 지방정부 간 갈등을 해결하기 위하여 설치된 행정협의조정위원회의 결정은 강제력을 지닌다.

해설 중앙정부와 지방정부 간 갈등을 해결하기 위하여 설치된 행정협의조정위원회의 결정은 직무이행명령권이나 대집행권이 없으므로 강제력이 없다.

핵심정리

우리나라의 분쟁조정제도

- 자치단체 상호 간 분쟁조정
  - 상급감독기관의 분쟁조정 : 자치단체 상호 간에 분쟁이 있을 때에는 행정안전부장관(구 안전행정부장관)이나 시·도지사가 당사자의 신청에 의하여 이를 조정할 수 있음(그 분쟁이 공익을 저해하여 조속한 조정이 필요한 경우 직권으로 조정 가능)
  - 지방자치단체 분쟁조정위원회 : 행정안전부장관(구 안전행정부장관)이나 시·도지사가 분쟁조정을 하는 경우 관계 중앙행정기관의 장과 협의를 거쳐 지방자치단체 중앙분쟁조정위원회(행정안전부에 설치) 또는 지방자치단체 지방분쟁조정위원회(시·도에 설치)의 의결에 따라야 함
  - 분쟁조정의 효력(구속력이 있음) : 행정안전부장관(구 안전행정부장관) 또는 시·도지사의 조정결정에 대한 통보를 받은 관계 지방자치단체의 장은 그 조정결정사항을 이행하여야 하며, 관계 자치단체는 필요한 예산을 우선 편성하여야 함(조정결정사항을 이행하지 않을 경우 직무상 이행명령을 발할 수 있고, 이에 불응할 경우 대집행이 가능)
- 중앙정부와 자치단체 간 분쟁조정
  - 행정협의조정위원회 : 중앙행정기관의 장과 지방자치단체의 장이 사무를 처리함에 있어서 의견을 달리하는 경우 이를 협의·조정하기 위하여 국무총리 소속하에 둘 수 있음
  - 협의·조정의 효력 : 분쟁조정위원회의 경우와 달리 협의·조정결정사항을 이행하지 않는 경우에도 직무상 이행명령이나 대집행권의 규정이 없음

제2장 지방자치

● 대표유형문제 ●

국가직 9급 기출

우리나라 지방자치단체의 사무 구분에 대한 설명으로 옳은 것은?

① 자치사무와 단체위임사무는 자치단체가 전액 경비를 부담하며, 기관위임사무는 원칙적으로 자치단체와 위임기관이 공동으로 부담한다.
② 단체위임사무는 법령에 의해 하급 자치단체장에게 위임된 사무이며, 기관위임사무는 법령에 의해 국가 또는 다른 자치단체로부터 위임된 사무이다.
❸ 자치사무와 단체위임사무의 처리를 위해 자치단체는 조례를 제정하는 것이 가능한데, 기관위임사무는 원칙적으로 조례제정 대상이 아니다.
④ 자치사무는 지방의회의 관여(의결, 사무감사 및 사무조사) 대상이지만, 단체위임사무와 기관위임사무는 관여 대상이 아니다.

정답해설 단체위임사무는 지방자치단체에게 위임된 사무이므로 의결기관인 지방의회가 조례에 규정할 수 있는 반면, 기관위임사무는 지방자치단체의 집행기관에게 위임된 사무이므로 의결기관인 지방의회가 관여하여 조례로 규정할 수 없는 것이 원칙이다.

오답해설 ① 자치사무는 자치단체가 전액 경비를 부담하고 단체위임사무는 위임기관과 자치단체가 공동부담하며 기관위임사무는 위임기관이 전액 부담한다.
② 서로 반대로 서술되어 있다.
④ 원칙적으로 기관위임사무는 지방의회의 관여대상이 아니며, 자치사무와 단체위임사무는 관여대상이 된다.

핵심정리 지방자치단체의 사무 비교

구분	고유사무(자치사무)	단체위임사무	기관위임사무
사무성질	지방적 이해를 갖는 사무	지방적+전국적 이해관계	전국적 이해관계
사무처리주체	지방자치단체	지방자치단체	지방자치단체장(일선기관의 지위)
경비부담	자치단체가 전액 부담, 국고보조금은 장려적 보조금	자치단체와 국가의 공동 부담, 국고보조금은 부담금(일정 비율 분담)	국가가 전액 부담, 국고보조금은 교부금(전액 부담)
지방의회의 관여	가능	가능	불가능
자치입법	조례, 규칙	조례, 규칙	규칙(조례 불가)

01

지방자치의 필요성에 관한 설명 중 적합하지 않은 것은?

① 광역행정의 요청
② 주민정치 교육에 기여
③ 전제정치에 대한 방파제
④ 정치의 지역적 실험

해설 광역행정은 지방자치를 저해시키는 요인이며 신중앙집권화의 요인이 되기도 한다.

핵심정리

지방자치의 필요성

- 정치적 필요성
  - 민주주의의 훈련장으로서의 주민교육
  - 중앙정치의 독재화에 대한 방파제 역할
  - 민주정치의 기초를 다짐
  - 중앙정국혼란의 지방파급 방지
  - 지역주민의 참여기회로 정치적 욕구충족 및 애향심 고취
- 행정 · 기술적 필요성
  - 지역적 특성과 실정에 맞는 행정의 구현
  - 국가사무의 분담으로 행정업무의 기능적 분화의 촉진
  - 주민의 참여로 행정의 민주성 · 능률성 향상
  - 제도와 정책의 지역적 실험 가능
  - 지역의 실정에 맞는 공무원 충원으로 효율적인 능력 개발

02

다음 중 주민자치와 단체자치에 대한 설명으로 틀린 것은?

① 주민자치란 지방주민이 주체가 되어 스스로 주민이 선출한 대표자를 통해 지역의 공공사무를 처리하는 것을 뜻한다.
② 단체자치는 독일과 프랑스 등 유럽대륙을 중심으로 발달하였다.
③ 주민자치는 주민참여에 중점을 두는 제도이다.
④ 단체자치에서는 중앙정부의 특별행정기관과 지방자치단체의 행정기관이 지방에 동시에 공존하는 일이 없다.

해설 ④는 주민자치에 대한 설명이다. 즉, 주민자치에서는 이론적으로 지방자치단체가 고유사무만 처리하므로 중앙정부의 특별행정기관과 지방자치단체의 행정기관이 지방에 동시에 공존하는 일은 없다.

03

다음 중 우리나라 지방자치에 관한 설명으로 잘못된 것은?

① 의회와 집행기관이 대립하는 기관대립형이다.
② 주민감사청구제도가 시행되고 있다.
③ 지방자치단체는 독자적인 법인격은 없다.
④ 보통자치단체는 광역자치단체와 기초자치단체로 구성된다.

해설 지방자치단체는 독자적인 권리 · 의무의 주체가 되므로 법인격을 가진다.

정답 01 ① 02 ④ 03 ③

04 국가직 9급 기출

우리나라 지방자치단체의 권한(자치권)으로 옳지 않은 것은?

① 지방자치단체는 법률의 위임이 있어야 주민의 권리를 제한하는 조례를 제정할 수 있다.
② 지방자치단체는 주민의 복지증진과 사업의 효율적 수행을 위하여 지방공기업을 설치·운영할 수 있다.
③ 지방자치단체는 조례를 위반한 행위에 대하여 조례로써 1,500만원 이하의 과태료를 정할 수 있다.
④ 지방자치단체조합도 따로 법률로 정하는 바에 따라 지방채를 발행할 수 있다.

해설 지방자치단체는 조례를 위반한 행위에 대하여 조례로써 1천만원 이하의 과태료를 정할 수 있다(지방자치법 제34조 제1항).
① 지방자치단체는 법령의 범위 안에서 그 사무에 관하여 조례를 제정할 수 있다. 다만, 주민의 권리 제한 또는 의무 부과에 관한 사항이나 벌칙을 정할 때에는 법률의 위임이 있어야 한다(지방자치법 제28조 제1항).
② 지방자치단체는 주민의 복리증진과 사업의 효율적 수행을 위하여 지방공기업을 설치·운영할 수 있다(지방자치법 제163조 제1항).
④ 지방자치단체의 장이나 지방자치단체조합은 따로 법률로 정하는 바에 따라 지방채를 발행할 수 있다(지방자치법 제139조 제1항).

핵심정리

자치권의 내용
- **자치입법권** : 지방자치가 필요한 조례나 규칙을 자주적으로 제정할 수 있는 권리
- **자치조직권** : 자치단체가 지방자치단체의 조직을 자주적으로 구성할 수 있는 권한
- **자치재정권** : 지방자치의 필요한 재원을 자주적으로 조달하고 관리할 수 있는 권한
- **자치행정권(협의)** : 지방의 사무를 중앙의 통제·간섭 없이 자주적으로 처리할 수 있는 권리

05

다음 지방자치단체의 계층구조 중 단층제의 장점으로 볼 수 없는 것은?

① 이중행정과 이중감독의 폐단을 방지하고 신속한 행정처리를 도모한다.
② 행정수행상의 낭비를 제거하고 능률을 증진시킨다.
③ 업무분업으로 인해 행정책임을 명확히 할 수 있다.
④ 기초자치단체와 광역자치단체 간 업무의 분업적 수행이 가능하다.

해설 행정기능의 적절한 업무의 분업은 중층제의 장점이다. 중층제는 상하 자치단체 간 업무분업과 상호보완이 가능하며, 민주주의 요소인 자치와 국가의 감독기능을 동시에 추구할 수 있다는 것이 장점이다.

핵심정리

단층제의 장단점

장점	단점
• 계층의 수가 적어 신속한 사무처리(이중행정·감독 방지) • 행정의 책임소재가 명확 • 행정의 경비절감 및 능률 증진 • 국가정책의 신속·정확한 전달·반영 • 지역적 특수성 존중(획일성 방지)	• 면적이 넓고 인구가 많은 국가에서 채택 곤란 • 중앙집권화 우려(중앙정부의 직접적 지시와 감독) • 광역적 행정수행이나 개발사무처리에는 부적합

06 서울시 9급 기출

지방자치의 두 요소인 주민자치와 단체자치에 대한 설명으로 가장 옳은 것은?

① 주민자치의 원리는 주로 영국과 미국에서 발달하였으며, 단체자치의 원리는 주로 독일과 프랑스에서 발달하였다.
② 주민자치가 지방자치의 형식적·법제적 요소라고 한다면, 단체자치는 지방자치를 실현하기 위한 내용적·본질적 요소라고 할 수 있다.
③ 단체자치에서는 법률에 의해 권한이 명시적·한시적으로 규정되어 사무를 자주적으로 처리할 수 있는 재량의 범위가 크다.
④ 단체자치에서는 입법통제와 사법통제가 주된 통제방식이다.

해설 주민자치의 원리는 주로 영국과 미국에서 발달한 주민참여적·지방분권적 지방행정제도이며, 단체자치의 원리는 주로 프랑스와 독일 등 유럽대륙에서 발달한 지방행정제도이다.
② 단체자치가 지방자치의 형식적·법제적 요소라고 한다면, 주민자치는 지방자치를 실현하기 위한 내용적·본질적 요소라고 할 수 있다.
③ 제시된 내용은 주민자치의 특징이다. 주민자치에서는 사무배분방식에서 개별적 수권주의를 취하여 개별적으로 주어진 사무에 대해 자치권을 폭넓게 보장하고 중앙정부의 간섭을 최대한 배제하므로 자치권 영역이 넓어진다. 단체자치는 사무배분이 포괄적 수권방식이지만 국가의 위임사무가 존재하며 특히, 기관위임사무의 경우 국가에 의한 통제를 강하게 받으므로 자치권의 영역이 더 좁다.
④ 주민자치에서는 입법통제와 사법통제가 주된 통제방식이고, 단체자치는 행정통제가 주된 통제방식이다.

07 국가직 9급 기출

우리나라의 지방자치계층에 대한 설명으로 옳지 않은 것은?

① 자치계층으로 군을 두고 있는 광역시가 있다.
② 세종특별자치시의 관할구역으로 자치구를 둘 수 있다.
③ 자치계층은 주민공동체의 정책결정 및 집행의 단위로서 정치적 민주성 가치가 중요시된다.
④ 제주특별자치도는 자치계층 측면에서 단층제로 운영되고 있다.

해설 자치구는 특별시와 광역시의 관할 구역 안에 둔다(지방자치법 제3조 2항). 특별자치시에는 자치구를 둘 수 없다. 세종특별자치시는 지방자치단체가 1개뿐인 단층제로 운영된다.
① 자치계층으로 군을 두고 있는 광역시로는 인천광역시(강화군, 옹진군), 울산광역시(울주군) 등이 있다.
③ 자치계층은 지방분권과 민주성을 위한 계층으로, 주민공동체의 정책결정 및 집행의 단위로서 정치적 민주성 가치가 중요시된다.
④ 지방자치단체의 계층구조 중 단층제는 1개의 자치계층만 존재하는 경우(동일한 구역 내의 공공사무를 단일 기관만이 처리하는 구조)로, 제주특별자치도는 자치계층 측면에서 단층제로 운영되고 있다.

08

우리나라 지방자치제에 대한 설명으로 옳은 것은?

① 지방자치단체는 법인에 해당하지 않는다.
② 지방자치단체와 지방의회는 기관통합형이다.
③ 주민투표청구제, 주민감사제, 주민소환청구제를 실시하고 있다.
④ 자치입법권, 자치조직권, 자치재정권을 인정하고 있다.

해설 우리나라의 일반적인 자치권의 내용으로 자치입법권(지방자치가 필요한 조례나 규칙을 자주적으로 제정할 수 있는 권리)과 자치행정권이 인정되는데, 자치조직권(자치단체가 지방자치단체의 조직을 자주적으로 구성할 수 있는 권한)과 자치재정권(지방자치의 필요한 재원을 자주적으로 조달하고 관리할 수 있는 권한), 협의의 자치행정권(지방의 사무를 중앙의 통제·간섭 없이 자주적으로 처리할 수 있는 권리)이 포함된다.
① 우리나라의 지방자치단체는 독립된 법인격을 가지는 법인(공법인)에 해당한다.
② 우리나라 지방자치단체의 기관구성형태는 의결기관(지방의회)과 집행기관(자치단체장)이 분리된 채 엄격한 견제와 균형을 유지하는 기관대립형(기관분리형)을 취하고 있다.
③ 우리나라의 경우 주민투표제(「주민투표법」, 「지방자치법」 제18조), 주민감사청구제(「지방자치법」 제21조), 주민소환제(「주민소환에 관한 법률」, 「지방자치법」 제25조) 등을 실시하고 있다.

09 국가직 9급 기출

우리나라의 중앙정부와 지방자치단체 간의 관계에 대한 설명으로 옳지 않은 것은?

① 보충성의 원칙에 따라 중앙정부가 처리하기 곤란한 사무는 지방자치단체가 보충적으로 처리해야 한다.
② 자치권은 법적 실체 간의 권한배분관계에서 배태된 개념으로 중앙정부가 분권화시킨 결과이다.
③ 적절한 재원 조치 없는 사무의 지방이양은 자치권을 오히려 제약하는 문제를 야기한다.
④ 사무처리에 필요한 법규를 자율적으로 제정할 수 있는 자치 입법권에 대해 제약적인 규정을 두고 있다.

해설 보충성의 원리란 지방자치단체가 일차적으로 사무를 처리하고 지방정부가 처리하기 곤란한 사무는 중앙정부가 처리하는 원칙을 말한다. 국가는 지방자치단체가 행정을 종합적·자율적으로 수행할 수 있도록 국가와 지방자치단체 간 또는 지방자치단체 상호 간의 사무를 주민의 편익증진, 집행의 효과 등을 고려하여 서로 중복되지 아니하도록 배분하여야 한다(「지방분권 및 지방행정체계 개편에 관한 특별법」 제9조).
② 자치권은 고유권으로 보지 않고 국가의 필요에 따라 인정해 준 권리라고 보아 중앙정부가 국가의 성립을 전제로 법적으로 분권화시킨 결과물로 본다(전래권설).
③ 기능분담과 재원배분이 일치하지 않아 적절한 재원 조치 없는 사무의 지방이양은 자치권을 오히려 제약하는 문제를 야기하고 있다.
④ 법령의 범위 안에서 자치법규를 제정하도록 제한하고 있으므로 개별법 우선 적용 원칙이 적용되며 이에 따라 자치입법권이 제약된다.

10 지방직 9급 기출

우리나라 지방자치단체의 자치재정권에 대한 설명으로 옳지 않은 것은?

① 지방세 탄력세율 제도는 지방자치단체 재정의 신축성과 자율성을 제고하기 위한 제도이다.
② 지방자치단체는 법령의 위임이 없더라도 조례의 제정을 통하여 지방 세목을 설치할 수 있다.
③ 지방자치단체의 장은 재정투자사업에 관한 예산안을 편성할 경우 대통령령이 정하는 바에 따라 사전에 그 필요성과 타당성에 대한 심사를 하여야 한다.
④ 지방자치단체의 장은 재해예방 및 복구사업을 위한 자금조달에 필요할 때에는 지방채를 발행할 수 있다.

해설 우리나라는 조세법률주의에 따라 지방자치단체는 조례의 제정을 통하여 지방 세목을 설치할 수 없다. 즉, 입법기관인 국회의 의결을 거쳐 지방 세목을 설치해야 한다.
① 지방세에서 탄력세율의 적용가능 범위를 지방세법에서 규정하여 그 범위 안에서 지방자치단체의 조례에 따라 자율적으로 세율을 규정하도록 하고 있다. 이는 지방자치단체 재정의 신축성과 자율성을 제고하기 위한 제도이다.
③ 지방자치단체의 장은 재정투자사업에 관한 예산안을 편성할 경우 대통령령이 정하는 바에 따라 사전에 그 필요성과 타당성에 대한 심사를 하여야 한다(지방재정법 제37조).
④ 지방자치단체의 장은 재해예방 및 복구사업을 위한 자금조달에 필요할 때에는 지방채를 발행할 수 있다(지방재정법 제11조).

11 지방직·서울시 9급 기출

지방정부의 기관구성 형태에 대한 설명으로 옳지 않은 것은?

① 강시장-의회(strong mayor-council) 형태에서는 시장이 강력한 정치적 리더십을 행사한다.
② 위원회(commission) 형태에서는 주민 직선으로 선출된 의원들이 집행부서의 장을 맡는다.
③ 약시장-의회(weak mayor-council) 형태에서는 일반적으로 의회가 예산을 편성한다.
④ 의회-시지배인(council-manager) 형태에서는 시지배인이 의례적이고 명목적인 기능을 수행한다.

해설 의회-시지배인형태에서 시장은 지방자치단체의 대표로서 의례적이고 명목적인 기능을 수행한다.
④ 의회-시지배인형 : 주민이 지방의회 의원만 선출하고 시장을 따로 선출하지 않으며 의회에서 행정전문가로서 시지배인(책임행정관)을 임명하여 집행권을 담당하게 한다. 의회는 행정운영을 총괄하며, 시지배인은 의회가 결정한 정책을 책임지고 능률적으로 집행하는 업무를 담당한다. 시지배인은 예산편성권, 의회에 대한 권고권, 행정부서장에 대한 임명, 파면 등의 권한을 갖는등 실제적인 행정의 총 책임자이다. 시장은 주민에 의해 직선되는 경우도 있으나 일반적으로 의원들 가운데 선출(윤번제로 운영되거나 선거에서 최다 득표를 얻은 의원)되며, 어떤 경우든 의례적이고 명목적인 기능만을 수행한다.
① 강시장-의회형 : 우리나라와 유사하며 시장(지방자치단체장)이 강력한 지위를 가진다. 시장과 의회의원을 주민이 직접 선출하는 기관대립형 기관구성 형태이다. 시장은 소속직원에 대한 인사권, 예산안제출권, 의회의결 거부권등 지방행정에 대한 책임과 통제권을 행사하며, 지방단위에서 내외적으로 강력한 리더십을 행사하며, 의회는 법안의 제정, 예산안 의결등 정책결정에 대한 책임을 진다.
② 위원회형 : 주민이 선출한 몇 명의 위원으로 구성된 위원회가 결정기능과 집행기능을 수행한다. 위원들이 지방의회를 구성해 정책결정을 함과 동시에 담당 전문기능 분야를 갖고 각 집행부서 책임자로서 역할을 수행. 위원 중 한명이 자치단체장 직무를 담당하나 실질적 권한은 크지 않다.

정답 08 ④ 09 ① 10 ② 11 ④

③ 약시장-의회형 : 시장과 의회의원을 주민이 직접 선출하되 시장이 의회의장을 겸하는 기관협조형 기관구성 형태이다. 시장은 의회의장 기능과 명목상의 시 대표기능을 갖고 제한된 거부권과 공무원 임명권을 행사한다. 의회는 입법기능과 집행기능을 동시에 가지며 주요 공무원을 임명하고, 행정업무에 대해 지도·감독을 하며 시의 예산에 대하여 실질적인 통제 역할을 한다.

12

지방자치단체 기관구성형태인 기관통합형에 대한 내용으로 옳지 않은 것은?

① 의결기관과 집행기관을 단일의 기관에 집중시키는 유형으로 영국의 의회형, 프랑스의 의회의장형을 들 수 있다.
② 지방자치상의 모든 권한이 주민대표기관에 집중되어 있어서 책임정치를 실현할 수 있는 장점이 있다.
③ 복수인의 의사에 따라 정책을 결정하고 집행하므로 신중하고 공정한 자치행정을 수행할 수 있다.
④ 지방자치정부 조직에 있어서 권력남용의 방지, 행정의 전문화, 행정책임의 명백화를 기할 수 있는 장점을 가지고 있다.

해설 ④는 기관대립형의 장점이다. 기관통합형은 단일의 기관에서 의결기능과 집행기능을 동시에 행사하므로 견제와 균형이 결여되어 권력의 남용이 발생할 가능성이 높고, 주민에 의해 선출된 의원이 행정을 맡게 되므로 행정의 전문성을 발전시킬 수 없으며, 단일의 지도자·책임자가 없으므로 책임소재의 명백화를 기하기 곤란한 점을 가지고 있다(기관통합형이 지방행정의 권한·책임이 의결기관인 지방의회에 집중되므로, 민주정치와 책임행정 구현하기 용이하다는 표현과는 구별해야 함).

13 국가직 9급 기출

우리나라의 중앙정부와 지방자치단체 간의 관계에 대한 설명으로 옳지 않은 것은?

① 보충성의 원칙에 따라 중앙정부가 처리하기 곤란한 사무는 지방자치단체가 보충적으로 처리해야 한다.
② 자치권은 법적 실체 간의 권한배분관계에서 배태된 개념으로 중앙정부가 분권화시킨 결과이다.
③ 적절한 재원 조치 없는 사무의 지방이양은 자치권을 오히려 제약하는 문제를 야기한다.
④ 사무처리에 필요한 법규를 자율적으로 제정할 수 있는 자치 입법권에 대해 제약적인 규정을 두고 있다.

해설 보충성의 원리란 지방자치단체가 일차적으로 사무를 처리하고 지방정부가 처리하기 곤란한 사무는 중앙정부가 처리하는 원칙을 말한다. 국가는 지방자치단체가 행정을 종합적·자율적으로 수행할 수 있도록 국가와 지방자치단체 간 또는 지방자치단체 상호 간의 사무를 주민의 편익증진, 집행의 효과 등을 고려하여 서로 중복되지 아니하도록 배분하여야 한다(「지방분권 및 지방행정체계 개편에 관한 특별법」제9조).
② 자치권은 고유권으로 보지 않고 국가의 필요에 따라 인정해 준 권리라고 보아 중앙정부가 국가의 성립을 전제로 법적으로 분권화시킨 결과물로 본다(전래권설).
③ 기능분담과 재원배분이 일치하지 않아 적절한 재원 조치 없는 사무의 지방이양은 자치권을 오히려 제약하는 문제를 야기하고 있다.
④ 사무처리에 필요한 조례나 규칙 제정 시 상위법령의 제약이 많다.

14 지방직·서울시 9급 기출

자치경찰제도에 대한 설명으로 옳지 않은 것은?

① 지역 실정에 맞는 치안 행정을 펼칠 수 있다.
② 경찰 업무의 통일성과 효율성을 높일 수 있다.
③ 제주자치경찰단은 주민의 생활안전 활동에 관한 사무를 수행한다.
④ 자치경찰 사무를 관장하기 위하여 광역자치단체에 시·도자치경찰위원회를 둔다.

해설 경찰 업무의 통일성과 효율성을 높일 수 있는 것은 국가경찰제도의 장점에 해당한다.
① 자치경찰제는 지방자치단체가 설립, 조직, 관리하고 지방자치단체에 권한과 책임이 있으므로 지역 실정에 맞는 치안 행정을 펼칠 수 있다.
③ 자치경찰은 생활안전을 위한 순찰 및 시설 운영, 주민 참여 방범활동의 지원 및 지도, 안전사고와 재해·재난 등으로부터의 주민보호, 아동·청소년·노인·여성 등 사회적 보호가 필요한 사람의 보호와 가정·학교 폭력 등의 예방, 주민의 일상생활과 관련된 사회질서의 유지와 그 위반행위의 지도·단속의 주민의 생활안전활동에 관한 사무를 처리한다(제주특별자치도 설치 및 국제자유도시 조성을 위한 특별법 제90조).
④ 자치경찰사무를 관장하게 하기 위하여 특별시장·광역시장·특별자치시장·도지사·특별자치도지사 소속으로 시·도자치경찰위원회를 둔다(국가경찰과 자치경찰의 조직 및 운영에 관한 법률 제18조 제1항).

15

다음 중 우리나라의 지방자치에서 고유사무의 종류에 해당되는 것은?

① 근로
② 보건소
③ 금융정책
④ 상·하수도 사업

해설 지방자치법상의 고유사무에는 자치단체의 존립·유지에 관한 사무(조례·규칙제정)와 주민복지사무(학교, 병원, 주택, 상·하수도 사업, 소방, 교통, 도시계획 등)가 있다.

16 국가직 9급 기출

『지방자치법』상 지방의회에 대한 내용으로 옳지 않은 것은?

① 지방의회는 조례로 정하는 바에 따라 위원회를 둘 수 있으며, 위원회의 종류는 상임위원회와 특별위원회로 한다.
② 지방의회는 그 의결로 소속 의원의 사직을 허가할 수 있다. 다만, 폐회 중에는 의장이 허가할 수 있다.
③ 의장은 의결에서 표결권을 가지지 못하며, 찬성과 반대가 같으면 부결된 것으로 본다.
④ 지방의회에서 부결된 의안은 같은 회기 중에 다시 발의하거나 제출할 수 없다.

해설 지방의회의 의장은 의결에 있어 표결권을 가지나 가부동수인 경우 부결된 것으로 간주하여 의장의 캐스팅보드 역할을 불인정한다.
① 지방의회는 조례로 정하는 바에 따라 위원회를 둘 수 있으며, 위원회의 종류는 소관 의안과 청원 등을 심사·처리하는 상임위원회와 특정한 안건을 심사·처리하기 위한 특별위원회로 한다(지방자치법 제64조).
② 지방의회는 그 의결로 소속 지방의회의원의 사직을 허가할 수 있다. 다만, 폐회 중에는 의장이 허가할 수 있다(지방자치법 제89조).
④ 지방의회에서 부결된 의안은 같은 회기 중에 다시 발의하거나 제출할 수 없다(지방자치법 제80조).

정답 12 ④ 13 ① 14 ② 15 ④ 16 ③

17 국가직 9급 기출

우리나라 지방자치에 대한 설명으로 옳은 것은?

① 자치사법권은 인정되고 있다.
② 지방자치단체의 예산안 편성권은 지방자치단체장에 속한다.
③ 자치입법권은 지방의회만이 행사할 수 있는 전속적 권한이다.
④ '세종특별자치시'와 제주특별자치도의 '제주시'는 기초자치단체로서 자치권을 가지고 있다.

해설 지방자치단체의 예산안 편성권은 지방자치단체장의 권한에 속하고, 예산안 심의·의결권은 지방의회의 권한에 속한다.
① 지방자치권을 구성하는 핵심적 사항은 자치입법권, 자치조직권, 자치재정권, 자치사법권이 있으며, 우리나라의 경우 자치사법권이 부여되어 있지 않다.
③ 자치입법권이란 자치에 필요한 조례와 규칙을 제정할 수 있는 권한으로, 조례는 지방의회만 제정할 수 있지만, 규칙은 지방자치단체장 및 교육감이 제정할 수 있다.
④ '세종특별자치시'와 '제주특별자치도'는 광역자치단체이지만 '세종특별자치시'와 '제주특별자치도'에는 기초자치단체인 '시·군·구'를 두지 않는다. 제주특별자치도의 '제주시'와 '서귀포시'는 행정시로서 지방자치단체가 아니다.

18 지방직 9급 기출

우리나라 지방자치단체의 자치권에 대한 설명으로 옳지 않은 것은?

① 헌법과 지방자치법은 법령의 범위 안에서 자치에 관한 조례를 제정할 수 있다고 규정하고 있다.
② 지방자치단체는 행정기구의 설치에 대해 법령의 범위 안에서 당해 지방자치단체의 조례로써 정할 수 있다.
③ 조세법률주의에 따라 지방세의 세목과 세율에 대해서는 법률로써 정해야 하며, 조례에 의한 세목의 설치를 허용하지 않는다.
④ 자치권을 구성하는 핵심적인 사항은 자치입법권, 자치사법권, 자치행정권, 자치재정권이라 할 수 있다.

해설 자치권의 종류에 자치사법권이 포함될 수 있지만, 우리나라에서는 자치사법권이 인정되지 않고 자치입법권, 자치행정권, 자치재정권, 자치조직권이 자치권으로서 인정된다. 지방자치법 제15조(지방자치단체는 다음 각 호의 국가사무를 처리할 수 없다. 다만, 법률에 이와 다른 규정이 있는 경우에는 국가사무를 처리할 수 있다. 1. 외교, 국방, 사법, 국세 등 국가의 존립에 필요한 사무…)에서 국가사무의 처리 제한에 관해 규정하고 있다.
① 헌법은 제117조("지방자치단체는 주민의 복리에 관한 사무를 처리하고 재산을 관리하며, 법령의 범위 안에서 자치에 관한 규정을 제정할 수 있다.")에서, 지방자치법은 제28조에서 지방자치단체의 조례 제정에 관해 규정하고 있다.
② 지방자치단체는 그 사무를 분장하기 위하여 필요한 행정기구와 지방공무원을 둔다. 이에 따른 행정기구의 설치와 지방공무원의 정원은 인건비 등 대통령령으로 정하는 기준에 따라 그 지방자치단체의 조례로 정한다(「지방자치법」 제125조).
③ 헌법(제59조)에서 조세의 종목과 세율은 법률로 정한다(조세법률주의)고 규정하고 있으므로 조례에 의해 세목을 설치하는 것은 허용되지 않는다.

19

우리나라 지방자치제에 대한 설명으로 옳지 않은 것은?

① 지방사무의 배분방식은 포괄적 예시주의를 채택하고 있다.
② 지방자치단체의 정책 결정기능과 집행기능을 모두 단일기관에 집중·귀속시키는 기관통합형이다.
③ 우리나라는 현재 국가경찰과 자치경찰을 이원적으로 운영하고 있다.
④ 특별지방행정기관은 중앙행정기관이 소관 사무를 집행하기 위해 설치한 지방행정기관이며, 세무서와 출입국관리사무소는 특별지방행정기관에 해당한다.

해설 우리나라는 지방자치단체의 의사를 결정하는 의결기관과 의사를 집행하는 집행기관을 이원적으로 구성하는 기관대립(분립)형을 채택하고 있다.
① 우리나라는 자치단체가 처리한 사무를 개략적으로 예시만 하고 동법시행령에서 광역과 기초 간 사무배분을 열거하고 있기 때문에 지방사무의 배분방식은 포괄적 예시주의이다.
③ 우리나라는 2021년부터 자치경찰제가 도입되어 시범실시를 거쳐 2021년 7월부터 전면실시되고 있다. 따라서 국가경찰과 자치경찰의 2원적 운영이 이뤄지고 있다. 시·도 경찰청장은 국가경찰사무에 대해서는 경찰청장의 지휘·감독을, 자치경찰사무에 대해서는 시·도자치경찰위원회의 지휘·감독을 받는다(시·도자치경찰위원회는 시·도지사 소속). 단, 수사사무에 대해서는 국가수사본부장(국가수사본부는 경찰청 소속)의 지휘·감독을 받는다.

20

「지방자치법」상 지방자치단체의 사무처리에 관한 설명으로 가장 옳은 것은?

① 지방자치단체는 법령을 위반하여 그 사무를 처리할 수 있다.
② 지방자치단체는 법률에 다른 규정이 있는 경우를 제외하고 외교, 국방, 사법, 국세 등 국가의 존립에 필요한 사무를 처리할 수 있다.
③ 행정처리 결과가 2개 이상의 시·군 및 자치구에 미치는 광역적 사무는 시·도가 처리한다.
④ 시·도와 시·군 및 자치구의 사무가 서로 겹치면 시·도에서 먼저 처리한다.

해설 행정처리 결과가 2개 이상의 시·군 및 자치구에 미치는 광역적 사무는 시·도에서 처리한다.
① 지방자치단체는 법령이나 상급 지방자치단체의 조례를 위반하여 그 사무를 처리할 수 없다.
② 지방자치단체는 외교, 국방, 사법, 국세 등 국가의 존립에 필요한 사무를 처리할 수 없다. 다만, 법률에 이와 다른 규정이 있는 경우에는 국가사무를 처리할 수 있다.
④ 시·도와 시·군 및 자치구는 사무를 처리할 때 서로 겹치지 아니하도록 하여야 하며, 사무가 서로 겹치면 시·군 및 자치구에서 먼저 처리한다.

21

지방자치단체의 조례에 관한 설명으로 옳은 것을 모두 고른 것은?

> ㄱ. 지방자치단체의 장은 법령 또는 조례의 범위에서 그 권한에 속하는 사무에 관하여 규칙을 제정할 수 있다.
> ㄴ. 지방의회에서 의결된 조례안은 10일 이내에 지방자치단체의 장에게 이송되어야 한다.
> ㄷ. 재의요구를 받은 조례안은 재적의원 과반수의 출석과 출석의원 과반수의 찬성으로 재의요구를 받기 전과 같이 의결되면, 조례로 확정된다.
> ㄹ. 지방자치단체의 장은 재의결된 조례가 법령에 위반된다고 판단되면 재의결된 날부터 20일 이내에 대법원에 제소할 수 있다.

① ㄱ, ㄴ
② ㄴ, ㄹ
③ ㄱ, ㄹ
④ ㄷ, ㄹ

해설 ㄴ. 지방의회에서 의결한 조례안은 5일 이내에 지방자치단체의 장에게 이송하여야 한다(「지방자치법」 제32조 제1항).
ㄷ. 재의요구를 받은 조례안은 재적의원 과반수의 출석과 출석의원 3분의 2 이상의 찬성으로 재의결하면, 조례로 확정된다(동법 제120조 제2항).

22 [지방직 9급 기출]

지방자치법상의 지방자치단체에 대한 국가 및 시·도의 지도, 감독에 대한 설명 중 옳은 것만을 고른 것은?

> ㉠ 중앙행정기관의 장이나 시·도지사는 지방자치단체의 사무에 관하여 조언 또는 권고하거나 지도할 수 있다.
> ㉡ 중앙행정기관의 장과 지방자치단체의 장이 사무를 처리할 때 의견을 달리하는 경우 이를 협의·조정하기 위하여 행정안전부 소속으로 협의조정기구를 둘 수 있다.
> ㉢ 지방자치단체의 사무에 관한 그 장의 명령이나 처분이 법령에 위반되거나 현저히 부당하여 공익을 해친다고 인정되면 시·도에 대하여는 주무부장관이, 시·군 및 자치구에 대하여는 시·도지사가 즉시 이를 취소하거나 정지할 수 있다.
> ㉣ 주무부장관이나 시·도지사는 해당 지방자치단체의 장이 정해진 기간 내에 이행명령을 이행하지 아니하면 그 지방자치단체의 비용부담으로 대집행하거나 행정상·재정상 필요한 조치를 할 수 있다.

① ㉠, ㉡
② ㉠, ㉣
③ ㉡, ㉢
④ ㉢, ㉣

해설 ㉠ 「지방자치법」 제184조 제1항에 규정된 내용이다.
㉣ 동법 제189조 제2항에 규정된 내용이다.
㉡ 중앙행정기관의 장과 지방자치단체의 장이 사무를 처리할 때 의견을 달리하는 경우 이를 협의·조정하기 위해 국무총리 소속으로 행정협의조정위원회를 둔다(동법 제187조 제1항).
㉢ 주무부장관이나 시·도지사가 즉시 취소하거나 정지할 수 있는 것이 아니라, 시·도에 대하여는 주무부장관이, 시·군 및 자치구에 대하여는 시·도지사가 기간을 정하여 서면으로 시정할 것을 명하고 그 기간에 이행하지 아니하면 이를 취소하거나 정지할 수 있다(동법 제188조 제1항).

23

다음 중 지방자치단체의 재원의 수평적·수직적 조정재원은?

① 세외수입 ② 국고보조금
③ 지방교부세 ④ 보통세

해설 지방재정조정제도인 의존재원에는 국고보조금과 지방교부세가 있는데, 국고보조금이 국가의 시책상 또는 자치단체의 재정상 필요에 의해 지급하는 수직적 조정재원이라면 지방교부세는 지방의 재정적 필요 및 재정적 결함에 따라 지급한다는 점에서 수직적 성격과 함께 수평적 성격도 지닌다고 볼 수 있다.

핵심정리

지방교부세의 특성 및 기능

특성	• 내국세 총액의 일정비율에 따라 모든 자치단체가 공유하는 독립재원 • 일단 교부된 후에는 자유롭게 사용할 수 있는 일반재원(용도지정이 없음)
기능	• 자치단체 간의 재정격차 완화(수평적 조정재원) • 지방재원의 보장기능(수직적 조정재원)

24

중앙과 지방의 권한배분에 대한 설명으로 옳은 것은?

① 국가는 지방자치단체에 이양한 사무가 원활히 처리될 수 있도록 행정적·재정적 지원을 병행하여야 한다.
② 자치분권 및 지방행정체제 개편을 추진하기 위하여 국무총리 소속으로 자치분권위원회를 둔다.
③ 중앙행정기관의 장과 지방자치단체의 장이 사무를 처리할 때 의견을 달리하는 경우 이를 협의·조정하기 위하여 대통령 소속으로 행정협의조정위원회를 둔다.
④ 「지방자치법」은 원칙적으로 사무배분방식에 있어서 포괄적 수권방식을 취하고 있다.

해설 국가는 지방자치단체에 이양한 사무가 원활히 처리될 수 있도록 행정적·재정적 지원을 병행하여야 한다(지방자치분권 및 지방행정체제개편에 관한 특별법 제11조).
② 자치분권 및 지방행정체제 개편을 추진하기 위하여 대통령 소속으로 자치분권위원회를 둔다(지방자치분권 및 지방행정체제개편에 관한 특별법 제44조).
③ 중앙행정기관의 장과 지방자치단체의 장이 사무를 처리할 때 의견을 달리하는 경우 이를 협의·조정하기 위하여 국무총리 소속으로 행정협의조정위원회를 둔다(지방자치법 제187조 제1항).
④ 1988년 이후 「지방자치법」은 원칙적으로 사무배분방식에 있어서 포괄적 예시주의를 취하고 있다.

25 지방직 9급 기출

「지방교부세법」상 지방교부세에 대한 설명으로 옳지 않은 것은?

① 지방교부세의 재원에는 종합부동산세 총액, 담배에 부과하는 개별소비세 총액의 일부 등이 포함된다.
② 보통교부세의 산정기일 후에 발생한 재난을 복구하거나 재난 및 안전관리를 위한 특별한 재정수요가 생기거나 재정수입이 감소한 경우 특별교부세를 교부할 수 있다.
③ 지방교부세의 종류는 보통교부세, 특별교부세, 부동산교부세 및 교통안전교부세로 구분한다.
④ 지방행정 및 재정운용 실적이 우수한 지방자치단체에 재정지원 등 특별한 재정수요가 있을 경우 특별교부세를 교부할 수 있다.

해설 지방교부세(Local Share Tax)는 지방자치단체의 행정운영에 필요한 재원을 국가에서 교부하여 그 재정을 조정함으로써 지방행정의 건전한 발전을 기함을 목적으로 하는 교부금이다. 지방교부세는 보통교부세, 특별교부세, 부동산교부세, 소방안전교부세의 네 종류로 구분된다.

26

지방자치단체의 재정자립도에 대한 설명으로 가장 옳은 것은?

① 재정자립도는 세입총액에서 지방세수입이 차지하는 비율을 나타낸다.
② 재정자립도가 높다고 지방정부의 실질적 재정이 반드시 좋다고 볼 수는 없다.
③ 자주재원이 적더라도 중앙정부가 지방교부세를 증액하면 재정자립도는 올라간다.
④ 국세를 지방세로 이전할 경우 재정자립도는 낮아진다.

해설 지방자치단체의 재정자립도가 높다고 해서 반드시 재정의 규모나 재정력이 높은 것을 의미하는 것은 아니므로, 지방정부의 실질적 재정이 반드시 좋다고 볼 수는 없다.
① 재정자립도는 지방자치단체의 세입총액(자주재원 + 의존재원)에서 자주재원(지방세수입과 세외수입)이 차지하는 비율을 나타낸다.
③ 지방자치단체의 재정자립도는 세입총액(자주재원 + 의존재원)에서 자주재원이 차지하는 비율을 나타내는데, 지방교부세는 의존재원에 해당하므로 중앙정부의 지방교부세 증액은 자치단체의 재정자립도를 떨어뜨린다.
④ 국세를 지방세로 이전하게 되면 지방자치단체의 자주재원 비중이 높아지므로, 재정자립도 증대에 도움이 된다.

27 지방직 9급 기출

지방재정조정제도 중 「지방교부세법」에서 규정하고 있지 않은 것은?

① 소방안전교부세
② 보통교부세
③ 조정교부금
④ 부동산교부세

해설 「지방교부세법」에서 규정하고 있는 지방재정조정제도에는 보통교부세, 특별교부세, 부동산교부세, 소방안전교부세의 4종류가 있다. ③의 조정교부금은 「지방교부세법」이 아니라 「지방재정법」에 규정된 제도로, 국가가 아닌 광역자치단체가 기초자치단체에 대하여 실시하는 재정조정제도이다.

28

지방세 원칙 중 가급적 많은 주민이 지방자치단체의 행정에 소요되는 경비를 분담해야 한다는 원칙은?

① 부담분임의 원칙　② 부담보편의 원칙
③ 응익성의 원칙　　④ 효율성의 원칙

해설 지방세 원칙 중의 하나인 부담분임의 원칙(분담성의 원칙)은 가급적 많은 주민이 경비를 나누어 분담해야 한다는 원칙으로, 주민세 개인분, 과세최저한도제, 비례세율제도 등이 이 원칙이 적용되는 대표적 예이다.

핵심정리

지방세 원칙

재정수입 측면	• 충분성의 원칙 : 지방자치를 위하여 충분한 금액 • 보편성의 원칙 : 세원이 지역 간에 균형적(보편적)으로 분포 • 안정성의 원칙 : 경기변동에 관계없이 세수가 안정적으로 확보 • 신장성의 원칙 : 행정수요에 대응하여 매년 지속적으로 세수 확대 • 신축성(탄력성)의 원칙 : 자치단체의 특성에 따라 탄력적으로 운영
주민부담 측면	• 부담분임의 원칙 : 가급적 많은 주민이 경비를 나누어 분담 • 응익성(편익성)의 원칙 : 향유 이익(편익)의 크기에 따라 부담 • 효율성의 원칙 : 자원배분의 효율화에 기여 • 부담보편(평등성, 형평성)의 원칙 : 주민에게 공평(동등)하게 부담
세무행정 측면	• 자주성의 원칙 : 중앙정부로부터 독자적인 과세주권 확립 • 편의 및 최소비용의 원칙 : 징세의 용이 및 징세경비의 절감 • 국지성의 원칙 : 과세객체가 관할구역 내에 국한(지역 간 이동이 금지)

29 [서울시 9급 기출]

우리나라의 지방재정에 대한 설명으로 가장 옳지 않은 것은?

① 지방자치단체의 세입재원은 크게 자주재원과 의존재원으로 나눌 수 있는데, 자주재원에는 지방세와 세외수입이 있고, 의존재원에는 국고보조금과 지방교부세 등이 있다.
② 지방세 중 목적세로는 담배소비세, 레저세, 자동차세, 지역자원시설세, 지방교육세 등이 있다.
③ 지방교부세는 지방자치단체 간 재정력의 불균형을 조정하는 재원으로, 보통교부세·특별교부세·부동산교부세 및 소방안전교부세로 구분한다.
④ 지방재정자립도를 높이기 위해 국세의 일부를 지방세로 전환할 경우 지역 간 재정불균형이 심화될 수 있다.

해설 지방세 중 목적세로는 지역자원시설세, 지방교육세 등이 있다. 담배소비세, 레저세, 자동차세는 지방세의 보통세에 해당된다.

핵심정리

지방세의 체계

구분		도세	시·군세	특별시· 광역시세	자치 구세
지방세	보통세	취득세, 등록면허세, 레저세, 지방소비세	주민세, 재산세, 자동차세, 담배소비세, 지방소득세	취득세, 주민세, 자동차세, 담배소비세, 레저세, 지방소비세, 지방소득세	등록 면허세, 재산세
	목적세	지방교육세, 지역자원시설세	–	지방교육세, 지역자원시설세	–

정답 25 ③　26 ②　27 ③　28 ①　29 ②

30 지방직·서울시 9급 기출

지방재정에 대한 설명으로 옳지 않은 것은?

① 재정자립도는 일반회계 세입 중 지방세와 세외수입이 차지하는 비중을 말한다.
② 국고보조금은 지방재정운영의 자율성을 제고한다.
③ 지방교부세는 지역 간의 재정 불균형을 시정하기 위한 제도이다.
④ 지방자치단체는 재해예방 및 복구사업에 경비를 조달하기 위해서 지방채를 발행할 수 있다.

해설 국고보조금은 중앙 부처의 소관 예산을 재원으로 하며 용도가 지정되어 통제·감독 수반되는 특정재원으로 자율성이 제한된다.
① 재정자립도는 일반회계 세입총액에서 자주재원(지방세와 세외수입)이 차지하는 비율이다.
③ 지방교부세는 지방의 재정적 필요 및 재정적 결함에 따라 지급하는 수직적·수평적 조정재원으로 지방재원의 균형화 기능, 지방재원의 보강기능을 한다.
④ 지방채는 지방자치단체의 항구적 이익이 되거나 긴급한 재난복구 등의 필요가 있을 때 재정상황 및 채무규모 등을 고려하여 발행 한도액의 범위 안에서 발행한다.

> **핵심정리**
> **지방세입의 분류**
> • **자주재원과 의존재원** : 자주재원 비중이 높을수록 재정자립도가 높음
>   - 자주재원 : 지방세와 세외수입
>   - 의존재원 : 국고보조금, 지방교부세, 조정교부금, 재정보전금
> • **일반재원과 특정재원** : 일반재원의 비중이 높을수록 운영의 탄력성·독자성이 높아짐
>   - 일반재원 : 지방세, 세외수입, 지방교부세
>   - 특정재원 : 국고보조금 등
> • **경상재원과 임시재원** : 경상재원의 비중이 높을수록 재정 건전성이 높아짐
>   - 경상재원 : 지방세, 사용료, 수수료, 보통교부세 등
>   - 임시재원 : 부동산 매각수입, 부담금, 분담금, 기부금, 전입금, 이월금, 지방채수입 등

31 서울시 9급 기출

지방교부세에 대한 설명으로 가장 옳지 않은 것은?

① 국고보조금과 함께 지방재정조정제도로 운영되고 있다.
② 대표적 지방세로, 내국세 총액의 19.24%와 종합부동산세 총액으로만 구성된다.
③ 보통교부세는 용도를 특정하지 않은 일반재원이다.
④ 소방안전교부세 중 「개별소비세법」에 따라 담배에 부과하는 개별소비세 총액의 20%를 초과하는 부분은 소방 인력의 인건비로 우선 충당하여야 한다.

해설 지방교부세는 지방세가 아니며, 지방교부세의 재원은 일정 내국세 총액의 19.24% + 종합부동산세의 100% + 담배에 부과되는 개별소비세의 45%로 구성된다.
① 지방교부세는 국고보조금과 함께 우리나라의 대표적인 지방재정조정제도이다.
③ 지방교부세 중 보통교부세는 특별교부세와 달리 용도를 특정하지 않은 일반재원이다.
④ 소방안전교부세의 재원은 종래에 담배에 부과되던 개별소비세의 20%에서 45%로 증가되었으며 소방교부세 용도에도 '소방인력 운용 추가', 증가된 재원(담배개별소비세의 25%)은 소방인력 인건비로 우선 충당한다.

> **핵심정리**
> **지방교부세의 종류**
> • **보통교부세** : 소방안전교부세를 공제한 내국세 총액의 19.24%에 해당하는 금액과 전년도 내국세 정산에 따른 교부세 정산액의 97%에 해당하는 금액
> • **특별교부세** : 나머지 3%에 해당하는 금액
> • **부동산교부세** : 종합부동산세의 총액
> • **소방안전교부세** : 담배에 부과되는 개별소비세 총액의 45%에 해당하는 금액

32

자치단체의 정책 결정 시 주민참여의 순기능에 관한 설명으로 옳지 않은 것은?

① 대의민주정치의 결함을 보완하여 행정의 민주화확립에 기여한다.
② 정책의 정당성 및 정책순응을 확보할 수 있다.
③ 주민의 권리와 책임의식을 고양시킨다.
④ 행정의 서비스와 전문화를 향상시킨다.

해설 주민참여는 행정서비스 개선에 기여하나, 행정의 전문성을 저하시켜 적절한 행정대응을 어렵게 한다는 단점이 있다.
① 주민참여는 대의민주주의를 보완하고 민주주의 발전과 행정의 민주화에 기여한다.
② 행정에 대한 참여와 이해·협력 증진을 통해 정책의 정당성과 집행의 순응을 확보할 수 있다.
③ 주민의 민주주의의식을 자각하게 하여 권리와 책임의식을 고양할 수 있다는 것도 주민참여의 장점이 된다.

핵심정리

주민참여의 한계(단점, 역기능)
- 신속한 행정의 저해, 비능률과 비용 과다
- 전문성의 부족으로 적절한 행정대응 곤란
- 이해관계 조정 능력의 부족
- 주민참여의 형식화·동원화 우려
- 활동적 소수로 인한 침묵하는 다수의 의견반영 곤란 (대표성 문제)

33 국가직 9급 기출

우리나라의 주민소환제도에 대한 설명으로 옳지 않은 것은?

① 가장 유력한 직접민주주의 제도이다.
② 비례대표 지방의회의원은 주민소환 대상이 아니다.
③ 심리적 통제 효과가 크다.
④ 군수를 소환하려고 할 경우에는 해당 군의 주민소환투표 청구권자 총수의 100분의 10 이상의 서명을 받아 청구해야 한다.

해설 군수 등 기초자치단체의 장을 소환하고자 할 경우에는 해당 군의 투표청구권자 총수의 15/100 이상의 서명을 받아 청구해야 한다. 단, 입법예고된 '주민소환에 관한 법률'에 따르면 청구요건인 서명 주민 수는 해당 지방자치단체 또는 선거구의 주민소환투표청구권자 총수를 기준으로 세분하여 규정하고 있으므로 법률이 통과되면 바뀌게 된다.
① 주민에 의하여 직접 선출된 지방공직자에 대한 해임을 주민들이 직접 결정하는 제도로 가장 강력한 직접민주주의 제도이자 주민통제 방식이다. 따라서 우리나라의 경우 논란 끝에 가장 늦은 2007년도에 도입되었다.
② 비례대표는 소환대상이 아니며 모든 자치단체장, 비례대표를 제외한 지방의회의원 등이 소환대상이다.
③ 주민소환제도는 선출 이후에도 주민에 의하여 감시받는다는 심리적 통제효과가 크다.

34 서울시 9급 기출

다음 중 주민의 직접적 지방행정 참여제도와 가장 거리가 먼 것은?

① 주민소환제도
② 주민감사청구제도
③ 주민협의회제도
④ 주민참여예산제도

해설 주민협의회제도는 간접적 참여제도이다.
① 주민소환제도 : 유권자의 일정 수 이상의 연서에 의하여 지방자치단체 장, 의원, 기타 주요 지방공직자의 해직이나 의회의 해산 등을 청구하여 주민투표나 의회의 동의로 결정하는 제도
② 주민감사청구제도 : 주민이 자치단체와 그 장의 권한에 속하는 사무의 처리가 법령에 위반되거나 공익을 현저히 해한다고 인정되는 경우에 감사를 청구하는 제도
④ 주민참여예산제도 : 지방자치단체가 독점적으로 행사해왔던 예산 편성권을 지역주민들과 함께 행사하는 것으로 지역 주민들이 예산편성 과정에 직접 참여하는 제도

핵심정리

간접적 · 직접적 참여제도
- **간접적 참여제도** : 자문위원회, 도시계획위원회, 환경연합회, 주민협의회제도 등
- **직접적 참여제도** : 주민과의 공개대화, 주민감사청구제도, 주민투표제도, 주민소환제, 주민옴부즈만제, 납세자소송제도, 주민참여예산제도 등

35

「지방자치법」상 주민의 감사청구에 대한 설명으로 옳은 것은?

① 지방자치단체의 19세 이상의 주민은 시·도는 500명, 인구 50만명 이상 대도시는 200명, 그 밖의 시·군 및 자치구는 100명 이내에서 그 지방자치단체의 조례로 정하는 수 이상의 19세 이상이 연대 서명하여 감사를 청구할 수 있다.
② 주민의 감사청구는 사무처리가 있었던 날이나 끝난 날부터 2년이 지나면 제기할 수 없다.
③ 다른 기관에서 감사한 사항이라도 새로운 사항이 발견되거나 중요 사항이 감사에서 누락된 경우는 감사청구의 대상이 될 수 없다.
④ 주무부장관이나 시·도지사는 감사청구를 수리한 날부터 60일 이내에 감사청구된 사항에 대하여 감사를 끝내는 것을 원칙으로 한다.

해설 청구접수를 받은 주무장관이나 시·도지사는 감사청구를 수리한 날로부터 60일 이내에 청구사항에 대한 감사를 종료하고, 그 결과를 청구인의 대표자와 해당 단체장에게 서면으로 통지하고 공표하여야 한다.
① 지방자치단체의 18세 이상의 주민은 시·도는 300명, 인구 50만 이상 대도시는 200명, 그 밖의 시·군 및 자치구는 150명 이내에서 그 지방자치단체의 조례로 정하는 수 이상의 18세 이상이 연대 서명하여 감사를 청구할 수 있다.
② 주민의 감사청구는 사무처리가 종료된 날로부터 3년 이내에 제기해야 한다.
③ 다른 기관에서 감사한 사항이라도 새로운 사항이 발견되거나 중요 사항이 감사에서 누락된 경우는 감사청구의 대상이 된다.

핵심정리

주민감사청구제도
- 의의 : 주민이 지방자치단체와 그 장의 권한에 속하는 사무의 처리가 법령에 위반되거나 공익을 현저히 해친다고 인정되는 경우 감사를 청구할 수 있는 제도
- 요건 및 절차
  - 지방자치단체의 18세 이상의 주민은 시·도는 300명, 인구 50만 이상 대도시는 200명, 그 밖의 시·군 및 자치구는 150명 이내에서 그 지방자치단체의 조례로 정하는 수 이상의 18세 이상의 주민이 연대 서명하여 그 지방자치단체와 그 장의 권한에 속하는 사무의 처리가 법령에 위반되거나 공익을 현저히 해친다고 인정되면 시·도의 경우에는 주무부장관에게, 시·군 및 자치구의 경우에는 시·도지사에게 감사를 청구할 수 있음
  - 주무부장관이나 시·도지사는 감사 청구를 수리한 날부터 60일 이내에 감사 청구된 사항에 대하여 감사를 끝내야 하며, 감사 결과를 청구인의 대표자와 해당 지방자치단체의 장에게 서면으로 알리고, 공표하여야 함
  - 다만, 그 기간에 감사를 끝내기가 어려운 정당한 사유가 있으면 그 기간을 연장할 수 있으며, 기간을 연장할 때에는 미리 청구인의 대표자와 해당 지방자치단체의 장에게 알리고, 공표하여야 함. 청구는 사무처리가 있었던 날이나 끝난 날부터 3년이 지나면 제기할 수 없음
- 청구 제외 대상 : 수사나 재판에 관여하게 되는 사항, 개인의 사생활 침해의 우려가 있는 사항, 다른 기관에서 감사하였거나 감사 중인 사항(단, 다른 기관에서 감사한 사항이라도 새로운 사항이 발견되거나 중요사항이 감사에서 누락된 경우나 주민소송대상이 되는 경우에는 청구 가능), 동일사항에 대해 주민소송이 계속 중이거나 그 판결이 확정된 사항

36
우리나라 지방자치단체 주민투표제도에 대한 설명으로 가장 옳지 않은 것은?

① 실제로 시행된 것은 2004년 「주민투표법」이 제정·시행된 후부터이다.
② 일반 공직선거와 마찬가지로 외국인은 어떠한 경우에도 주민투표에 참여할 수 없다.
③ 지방자치단체의 장은 주민 또는 지방의회의 청구에 의하거나 자신의 직권으로 주민투표를 실시할 수 있다.
④ 주민투표에 부쳐진 사항은 법에서 정한 경우를 제외하고는 주민투표권자 총 수의 3분의 1 이상의 투표와 유효투표수 과반수의 득표로 확정된다.

해설 주민투표(Referendum)는 자치단체의 중요 사안에 대하여 주민으로 하여금 결정권을 행사하도록 하는 직접민주주의적 제도로, 출입국관리 관계 법령에 따라 대한민국에 계속 거주할 수 있는 자격을 갖춘 외국인으로서 지방자치단체의 조례로 정한 사람은 주민투표에 참여할 수 있다.
① 1994년에 개정된 「지방자치법」에 근거를 두고 있으나, 실제로 시행된 것은 2004년 「주민투표법」이 제정·시행된 후부터이다.
③ 지방자치단체의 장은 주민 또는 지방의회의 청구에 의하거나 자신의 직권으로 주민투표를 실시할 수 있다.
④ 주민투표에 부쳐진 사항은 법에서 정한 경우를 제외하고는 주민투표권자 총 수의 3분의 10 이상의 투표와 유효투표수 과반수의 득표로 확정된다. 단, 입법예고된 주민투표법 개정안에 따르면 주민투표권자 총수의 1/4 이상의 투표와 유효투표 총수의 과반수를 득표로 확정되도록 하고 있으므로 시험 전에 법률안 국회 의결 여부를 확인해야 한다.

정답 34 ③ 35 ④ 36 ②

제3장 도시행정

실전문제

대표유형문제

지방직 9급 기출

다음 중 소규모 자치행정 구역을 지지하는 논리로 맞는 것을 모두 고른 것은?

> ㄱ. 티부(Tiebout) 모형을 지지하는 공공선택이론가들의 관점
> ㄴ. 새뮤얼슨(Samuelson)의 공공재 공급 이론
> ㄷ. 지역격차의 완화에 공헌
> ㄹ. 주민과 지방정부 간의 소통·접촉 기회 증대

① ㄱ, ㄷ   ❷ ㄱ, ㄹ   ③ ㄴ, ㄷ   ④ ㄴ, ㄹ

정답해설 ㄱ. 소규모 자치행정 구역에 의한 지방분권을 지지하는 논리로는 티부 모형을 지지하는 공공선택이론 등이 있다. 티부 가설은 주민들이 지역 간에 자유롭게 이동할 수 있기 때문에 지방공공재에 대한 주민들의 선호가 표시되며 지방공공재 공급의 적정 규모가 결정될 수 있다는 것으로, '발에 의한 투표'를 행사할 수 있다는 가정에 근거하고 있다.
ㄹ. 지방분권은 주민과 지방정부 간의 소통·접촉 기회를 증대시켜 지역 실정에 맞는 행정의 구현이 가능하다.

오답해설 ㄴ. 새뮤얼슨의 공공재 공급 이론은 공공재 성격상 시민들의 선호를 파악할 수 없으므로 중앙정부가 공공재 공급에 대해 정치적 결정을 해야 한다는 것으로 중앙정부의 공공재 공급을 지지하는 논리이다.
ㄷ. 중앙집권을 지지하는 논리이다. 지방분권은 자치단체의 재정력에 따라 지역 간 격차가 발생할 수 있다.

핵심정리 티부가설(Tiebout hypothesis)
• 주민의 자유로운 선호(이동)에 의하여 도시의 적정규모가 결정된다는 이론
• 행정서비스 등에 만족하지 못할 경우 주민은 다른 지방으로 자유롭게 이주(발에 의한 투표, voting with feet)할 수 있으므로, 공공재에 대한 주민 선호를 만족시키기 위해서 지방정부들이 서로 경쟁하게 되며 이 과정을 통하여 지방공공재의 적정한 공급이 가능

01

다음 중 도시의 유형에서 구조적 분류에 해당하지 않는 것은?

① 단핵도시　　② 다핵도시
③ 대상도시　　④ 전원도시

해설 구조적 분류에는 단핵도시, 다핵도시, 대상도시, 선상도시가 있으며, 전원도시는 시책적 분류에 해당한다.

> **핵심정리**
>
> **도시의 유형(구조적 분류)**
> - 단핵도시(핵심도시)
>   - 도시의 중추기능이 하나의 중심부에 집중
>   - 가로망은 주로 방사형(부채꼴형)을 취함
>   - 도시규모 증대에 따라 도심과밀화 문제가 발생
> - 다핵도시
>   - 도시의 집중적 활동이 몇 군데로 나누어져 있는 도시
>   - 같은 규모의 몇 개의 도시가 기능적으로 협력하고 연합화를 거쳐 복합화함
>   - 단핵도시의 폐단을 개선하기 위한 도시로, 교통이 발달된 유럽·미국 중서부 등에 주로 나타남
> - 대상(帶狀)도시
>   - 도시의 집중적 활동이 선상(線狀)을 띠고 모여 있는 도시
>   - 평면적 확대 속에 도시활동을 배치하고, 하나의 중심축을 따라 주요 교통노선과 도시 중추기능이 집중되어 허리띠처럼 길게 형성
>   - 미국동북부 대서양 연안지방 등에서 나타남
> - 선상(線狀)도시
>   - 선형의 도시의 중심축에 주요 교통노선과 도시의 중추기능을 집중
>   - 대상도시의 초기에 나타나는 도시 유형

02

다음 중 개발도상국의 도시화 현상으로 볼 수 없는 것은?

① 종주도시화　　② 가도시화
③ 역도시화　　　④ 과잉도시화

해설 역도시화는 결과적으로 도시권 전체의 인구와 고용이 감퇴되는 현상, 즉 교외지역에서도 인구감소 현상이 나타나기 시작하여 도시가 쇠퇴·황폐화되어 가는 현상으로 선진국의 도시화 단계에 해당한다(슬럼화·노령화 등이 나타나며, 도시재개발이 필요).
선진국의 도시화는 집중적 도시화, 분산적 도시화(교외화, 준도시화), 역도시화, 재도시화의 단계를 보인다.

> **핵심정리**
>
> **개발도상국의 도시화 특성**
> - 종주도시화 : 종주도시(수위도시)는 한 국가에 있어서 모든 다른 도시들보다 영향력과 인구규모가 가장 큰 도시를 말하는데, 여기로 과도한 인구 및 경제활동의 집중으로 과대·과밀화 현상이 발생되고 중소도시의 침체를 초래함
> - 가도시화 : 도시의 산업화가 없이 진행되는 산업화 이전의 도시화로, 악성 도시행정수요가 유발됨
> - 과잉도시화 : 도시화 수준이 산업화 수준보다 높은 상태, 즉 한 국가의 경제발전 또는 산업화 수준에 비해서 도시에 거주하는 인구비율이 더 큰 경우를 말함
> - 간접도시화 : 행정구역이 실질적인 도시화 구역보다 넓어져 도시지역 내의 농촌인구 비율이 높아지는 현상(도시지역 내의 농촌인구가 도시인구로 간주되는 도시화)

정답 01 ④　02 ③